Torsten W. Leine
Magischer Realismus als Verfahren der späten Moderne

Studien zur deutschen Literatur

Herausgegeben von
Georg Braungart, Eva Geulen,
Steffen Martus und Martina Wagner-Egelhaaf

Band 215

Torsten W. Leine

Magischer Realismus als Verfahren der späten Moderne

Paradoxien einer Poetik der Mitte

DE GRUYTER

Dieses Buch wurde gefördert mit Mitteln des im Rahmen der Exzellenzinitiative des Bundes und der Länder eingerichteten Exzellenzclusters der Universität Konstanz „Kulturelle Grundlagen von Integration".

ISBN 978-3-11-068286-1
e-ISBN (PDF) 978-3-11-054524-1
e-ISBN (EPUB) 978-3-11-054429-9
ISSN 0081-7236

Library of Congress Cataloging-in-Publication Data
A CIP catalog record for this book has been applied for at the Library of Congress.

Bibliografische Information der Deutschen Nationalbibliothek
Die Deutsche Nationalbibliothek verzeichnet diese Publikation in der Deutschen Nationalbibliografie; detaillierte bibliografische Daten sind im Internet über http://dnb.dnb.de abrufbar.

© 2019 Walter de Gruyter GmbH, Berlin/Boston
Dieser Band ist text- und seitenidentisch mit der 2018 erschienenen gebundenen Ausgabe.
Druck und Bindung: CPI books GmbH, Leck
♾ Gedruckt auf säurefreiem Papier
Printed in Germany

www.degruyter.com

Dank

Allen voran gilt mein Dank Moritz Baßler, der mir die entscheidenden Anstöße zur Erforschung des Magischen Realismus gegeben hat und die Arbeit bis zuletzt durch ausführliche Gespräche, kritische Überlegungen und motivierende Anregungen begleitet hat. Ebenso danke ich Juliane Vogel, die mir neben wichtigen fachlichen Anstößen eine neue Denkweise aufgezeigt hat, ohne die ich die Arbeit nicht hätte fertigstellen können. Für ihre wertvollen Hinweise danke ich außerdem Martina Wagner-Egelhaaf. Weiterhin gilt mein Dank dem Cusanuswerk für die ideelle und finanzielle Förderung in den entscheidenden ersten Jahren der Promotion.

Im Laufe der Promotion gab es zudem verschiedene Personen und Arbeitsgemeinschaften, denen ich zu Dank verpflichtet bin. So danke ich erstens der Graduate School *Practices of Literature* an der WWU-Münster, die mir vor allem in den Anfängen meiner Arbeit einen wichtigen institutionellen Rahmen bereitgestellt hat, der viele gute Diskussionen mit anderen Forschenden ermöglicht hat. Zweitens danke ich den Mitgliedern des von Moritz Baßler geleiteten Oberseminars zum Realismus, die mich zur vertiefenden Realismusforschung motiviert haben. Drittens danke ich den Teilnehmenden des von Juliane Vogel geleiteten Kolloquiums an der Universität Konstanz, die die Fertigstellung dieser Arbeit durch viele fachliche und persönliche Gespräche überhaupt erst möglich gemacht haben. Ein besonderer Dank gilt hier Janine Firges für ihre zahlreichen kritischen Rückmeldungen.

Schließlich danke ich meiner Familie – meinen Eltern, die mich immer in meinem Lebensweg bestärkt haben; meiner Frau, die mich nie an der Fertigstellung dieser Arbeit hat zweifeln lassen und auch sonst nie an mir gezweifelt; und meiner wunderbaren Tochter, die mit ihrem Erscheinen dankenswerterweise bis zum Abschluss der Promotion gewartet hat.

Meersburg, Juli 2017

Inhalt

Siglenverzeichnis —— XIII

Einleitung —— XV

I Magischer Realismus – Theorie und historischer Kontext

1 Figurationen der Mitte – Expressionismus, Nachexpressionismus, Magischer Realismus —— 3
1.1 Die Mitte im Expressionismus – Ludwig Rubiners *Der Mensch in der Mitte* (1917) —— 3
1.2 Die Mitte im Nachexpressionismus – Felix Weltschs *Das Wagnis der Mitte* (1937) —— 7
1.3 Dualismen der Moderne und das Projekt der Vermittlung im Magischen Realismus —— 12

2 Magischer Realismus als Realismus der späten Moderne —— 17
2.1 Der literarische Realismus und die Metonymie —— 17
2.2 Das Kippmodell des Poetischen Realismus —— 21
2.3 Magischer Realismus als (Poetischer) Realismus der Spätmoderne —— 25

3 Das doppelkonditionierte Verfahren des Magischen Realismus —— 29
3.1 Die Geschichte des Begriffs und das Problem seiner Bestimmung —— 29
3.2 Paradoxien des Magischen Realismus —— 34
3.3 Doppelkonditionierung – Ein Strukturmodell magisch-realistischer Texte —— 37
3.3.1 Kritik der verfügbaren Beschreibungsmodelle – Hybridität und Synthese —— 37
3.3.2 Semiotische Doppelkonditionierung und metaphysischer Ausgleich —— 41
3.3.3 Historische Differenzierung —— 44

II Ansätze zu einer magisch-realistischen Poetik im Nachexpressionismus

1   **‚Kultivierter Expressionismus'** —— **49**
1.1   Kontinuitäten, Brüche und Übergänge —— **49**
1.1.1   Epochen-Markierungen nach dem Expressionismus —— **49**
1.1.2   Die Programmatik des Magischen Realismus und die 1920er Jahre —— **52**
1.2   „Übergänge und heterogene Mischungen" – Ansätze zur Konzeption eines literarischen Nachexpressionismus unter magisch-realistischen Vorzeichen —— **59**
1.2.1   Programmatische Entwürfe zu einem ‚gegenständlichen Erzählen' um 1920 —— **59**
1.2.2   Übergänge – Expressionismuskritik aus dem Geist des Expressionismus —— **64**
1.2.3   Rudolf Kayser – Ansätze zu einer Vermittlung von Mythos und Wissenschaft —— **68**
1.2.4   Oskar Loerkes Poetologie einer bürgerlichen und poetischen Mitte —— **70**
1.2.5   Franz Roh und der Nachexpressionismus – Einordnung eines Exportschlagers —— **75**
1.2.6   Weichenstellung für eine Programmatik des Magischen Realismus —— **79**

2   **Erzählen zwischen Realismus und Expressionismus – Oskar Loerkes Prosa** —— **81**
2.1   „Es gibt Bücher, die aus weiter nichts als Übergängen bestehen" – Expressionismus und Nachexpressionismus in Loerkes „Die Puppe" (1919) —— **81**
2.1.1   Der expressionistische Dilettant —— **81**
2.1.2   Loerkes Erzählung im Spiegel von Edschmids Essay „Puppen" (1917) —— **84**
2.1.3   Die Puppe in der Puppe – Selbstironischer Expressionismus —— **89**
2.2   Zwischen Realismus und Rauschen – Loerkes *Der Prinz und der Tiger* (1920) —— **91**
2.2.1   Realismus statt Montage —— **91**
2.2.2   Das Rauschen als Außen der Sprache —— **96**
2.2.3   Relative Prosa – Möglichkeiten und Grenzen des doppelkonditionierten Verfahrens —— **101**

2.3	Erzählen gegen die Sinnlosigkeit der Welt – Loerkes *Der Oger* (1921) —— **105**	
2.3.1	Der Einbruch des Ogers als Metapher —— **105**	
2.3.2	Zwischen Mondlicht und Laterne – Ein epistemologischer Kompromiss —— **111**	
3	**Poesie im Spannungsfeld von Natur und Kultur – Wilhelm Lehmanns frühe Romane —— 116**	
3.1	(Natur-)Poesie jenseits repressiver Kultivierungsmaßnahmen —— **116**	
3.2	Jenseits von Abstraktion und Konkretion? – Lehmanns *Weingott* (1921) —— **124**	

III Poetiken des Ausgleichs im Magischen Realismus um 1930

1	**„Spannung zwischen zwei Polen" – *Die Kolonne* (1929–32) —— 137**	
1.1	„Gottfried Benn sind auch wir" – *Die Kolonne* und der Expressionismus —— **137**	
1.2	Zwischen Sprachkritik und Ideologisierung – Zur Komposition einer Ausgabe —— **145**	
1.3	Die Publizistik der *Kolonne* zwischen den Fronten —— **155**	
1.3.1	Zwischen Ideologiekritik und Entpolitisierung – Horn und Benn —— **155**	
1.3.2	Zum Projekt einer Zeitschrift zwischen den Fronten – Raschke und Eich —— **161**	
1.3.3	Politische Konsequenzen einer ‚unpolitischen' Kunst nach 1932 —— **166**	
2	**Poetologie des Ausgleichs – Elisabeth Langgässers frühe Prosa —— 173**	
2.1	Kritik einer abstrakten Moderne – „Merkur" —— **173**	
2.1.1	Langgässers „Triptychon des Teufels" (1932) und Otto Dix' Großstadttriptychon —— **173**	
2.1.2	Der „quecksilberne Tanz" der Zeichen – Abstraktionskritik in Langgässers *Merkur* —— **178**	
2.1.3	Die abstrakte Moderne als Auflösungsprozess —— **184**	
2.2	Poetologie des Ausgleichs – *Proserpina* (1933/49) —— **188**	
2.2.1	Zwischen Mythos und Logos —— **188**	

2.2.2 Ausgleich statt Entscheidung – *Proserpinas* Poetologie im Kontext der 1920er Jahre —— **194**
2.2.3 Die Umsetzung der Poetologie des Ausgleichs in *Proserpina* —— **202**

3 ‚Magie' oder ‚Magischer Realismus'? – Ernst Jüngers poetologische Texte um 1930 —— **205**
3.1 Ernst Jünger und der Magische Realismus —— **205**
3.2 Das „Abenteuerliche Herz" und das magische Weltverständnis —— **209**
3.3 Magischer Realismus? – Jüngers „Sizilischer Brief an den Mann im Mond" —— **213**
3.3.1 Vom magischen Weltverständnis zum Magischen Realismus —— **213**
3.3.2 Magischer Realismus und Stereoskopie —— **218**

IV Semiotik und Metaphysik – *Übersetzung* im Magischen Realismus

1 *Übersetzung* als Konkretisierung der magisch-realistischen Poetik —— **227**
1.1 *Übersetzung* im zwanzigsten Jahrhundert – Walter Benjamins frühe Schriften —— **227**
1.2 Die Poetologie der Übersetzung im Magischen Realismus —— **232**
1.3 Übersetzungspoetologie und das doppelkonditionierte Verfahren —— **236**

2 Grenzräume und Übersetzungsprozesse in den späten Texten des Magischen Realismus —— **239**
2.1 Grenzpoetik – Elisabeth Langgässers *Gang durch das Ried* (1936) —— **239**
2.1.1 Der *Gang durch das Ried* als Grenztext? —— **239**
2.1.2 „Ein Weg war etwas Gutes" – Eine Semantik im Aufbruch —— **241**
2.1.3 Lücke, Unkraut, Stellvertretung – Poetologische und christologische Übersetzung —— **248**
2.1.4 Grenzen der Übersetzung —— **252**
2.2 Arretierung der Grenzlinie – Horst Langes *Ulanenpatrouille* (1940) —— **257**
2.2.1 Getrennte Räume – Kultivierter Westen und wilder Osten —— **257**
2.2.2 Antimoderne Poetologie im Gewand eines moderat-modernen Verfahrens —— **263**

3	**Übersetzung im Zeichen von Sprache, Metaphysik und Topologie —— 268**	
3.1	Figurationen der Übersetzung in Ilse Aichingers *Die größere Hoffnung* (1948/60) —— **268**	
3.2	Ein Ende der Übersetzung – Eichs Hörspiel „Das Jahr Lazertis" (1953/58) —— **279**	

Schlussbetrachtungen und Ausblick —— 286

Literaturverzeichnis —— 296
    Quellen —— **296**
    Forschungsliteratur —— **299**

Personenregister —— 308

Siglenverzeichnis

AH	Ernst Jünger, Das Abenteuerliche Herz
AP	Werner von Trott, Anmerkungen zum Problem der Produktion
BS	Wilhelm Lehmann, Der Bilderstürmer
GH	Ilse Aichinger, Die größere Hoffnung
GH1	Ilse Aichinger, Die größere Hoffnung 1. A.
GR	Elisabeth Langgässer, Gang durch das Ried
JL	Günter Eich, Das Jahr Lazertis
LD	Horst Lange, Landschaftliche Dichtung
M	Elisabeth Langgässer, Triptychon des Teufels. Merkur
MM	Ludwig Rubiner, Der Mensch in der Mitte
N	Franz Roh, Nach-Expressionismus, Magischer Realismus
O	Oskar Loerke, Der Oger
P	Oskar Loerke, Die Puppe
PS	Elisabeth Langgässer, Proserpina
PT	Oskar Loerke, Der Prinz und der Tiger
R	Günter Eich, Radium
RK	Günter Eich, Rede vor den Kriegsblinden
SB	Ernst Jünger, Sizilischer Brief an den Mann im Mond
SR	Günter Eich, Der Schriftsteller vor der Realität
UP	Horst Lange, Ulanenpatrouille
ÜS	Walter Benjamin, Über die Sprache überhaupt und über die Sprache des Menschen
UT	Walter Benjamin, Ursprung des deutschen Trauerspiels
VJ	Wilhelm Lehmann, Vogelfreier Josef
W	Wilhelm Lehmann, Weingott
WM	Felix Weltsch, Das Wagnis der Mitte
ZM	Rudolf Kayser, Zeit ohne Mythos
ZW	Friedrich Markus Hübner, Zugang zur Welt

Einleitung

Gegen Anfang der 1920er Jahre bildet sich in der deutschsprachigen Literatur der Zwischenkriegszeit eine Schreibweise heraus, die sich von den Formexperimenten der Avantgarden und der emphatischen Moderne zunächst einmal dadurch unterscheidet, dass die Texte zu einem „im Ansatz realistischen"[1] Erzählen zurückkehren. Obwohl es mittlerweile einige Ansätze dazu gibt, diese Texte, die in der literaturwissenschaftlichen Forschung unter dem Begriff des Magischen Realismus geführt werden, aus narratologischer oder historisch-kritischer Perspektive zu bestimmen, fehlt bisher eine Untersuchung, die das spezifische, im Ansatz realistische Verfahren der Texte semiotisch beschreibt und literaturgeschichtlich verortet.[2] Dieses Forschungsdesiderat soll im Folgenden behoben werden. Dabei strebt die Arbeit ausdrücklich keinen Vergleich mit den wesentlich prominenteren Ausprägungen des Magischen Realismus der lateinamerikanischen bzw. englischsprachigen Tradition an, die vor allem im Kontext der Postcolonial Studies verhandelt werden.[3] Vielmehr geht es darum, die deutschsprachige Tradition des Magischen Realismus als ein spezifisches Phänomen der Spätmoderne zu bestimmen.[4]

---

[1] Michael Scheffel, Magischer Realismus. Die Geschichte eines Begriffes und ein Versuch seiner Bestimmung, Tübingen 1990 (Stauffenburg Colloquium. 16), S. 111.

[2] Scheffel arbeitet zwar die Begriffsgeschichte des Magischen Realismus auf, die Analyse der idealtypischen Merkmale magisch-realistischer Erzählprosa konzentriert sich jedoch vor allem auf Aspekte innerhalb der Diegese der Texte, wie etwa die Figurenperspektive und die Gestaltung der erzählten Welt. So kommt Scheffel wiederholt auf die Atmosphäre der Texte zu sprechen, „in der sich das Erzählte vollzieht. Auch sie wird oft als quälend, unheimlich und morbide von den Figuren erlebt und vom Erzähler beschrieben" (Scheffel Geschichte eines Begriffs, S. 71). Eine Einordnung der skizzierten Erzählweise in den Kontext der literarischen Moderne nimmt Scheffel nicht vor. Doris Kirchner begreift die Texte des Magischen Realismus, zu denen sie Texte von Marie-Luise Kaschnitz oder Eugen Gottlob Winkler zählt, als Reaktion auf historische Krisen und ein Phänomen der ‚Inneren Emigration' (Doris Kirchner, Doppelbödige Wirklichkeit. Magischer Realismus und nicht-faschistische Literatur, Tübingen 1993 (Stauffenburg-Kolloquium. 27), S. 8 ff.).

[3] „What the narrative mode [of Magical Realism] offers is a way to discuss alternative approaches to reality to that of Western philosophy, expressed in many postcolonial and non-Western works of contemporary fiction by, most famously, writers such as Gabriel Garcia Márquez and Salman Rushdie. It is this aspect that has made it most pertinent to late twentieth-century literature." (Maggie Ann Bowers, Magic(al) Realism, London, New York 2005 (The New Critical Idiom), S. 1.)

[4] Das heißt nicht zwangsläufig, dass sich keine poetologischen oder verfahrenstechnischen Überschneidungen mit anderen Traditionen des Magischen Realismus ausmachen lassen. Ein komparatistischer Vergleich, der den Rahmen dieser Arbeit sprengen würde, müsste jedoch den sehr unterschiedlichen historischen Kontext der verschiedenen Traditionen berücksichtigen. Eine

Den Ausgangspunkt der Untersuchungen bildet die Beobachtung, dass das realistische Verfahren, das nahezu alle Erzähltexte des Magischen Realismus im Ansatz bestimmt, gleichwohl in keinem der Texte konsequent umgesetzt wird. Es erweist sich vielmehr als eine grundsätzliche Eigenschaft der Texte, dass der Rückgriff auf realistische Zeichengebungsverfahren im Moment ihrer Einsetzung gleich wieder problematisch wird. Als Beispiel mag eine Erzählung Elisabeth Langgässers aus der 1938 in Österreich veröffentlichten Erzählsammlung „Rettung am Rhein" gelten.[5] Die mittlere von drei Erzählungen, die den Titel „Der gerettete Obolus" trägt, erzählt von einer mittellosen Frau, die sich während des Ersten Weltkriegs von einer rheinischen Stadt aus (möglicherweise Mainz) in den Odenwald begibt, um dort für sich und ihre Kinder um Essen zu bitten:

> Im November des Kriegsjahres 1917, an einem Tag auf der Grenze von Herbst und Winter [...] ging eine Frau, nicht jung und nicht alt, über die Limeshöhe des mittleren Odenwaldes, um nach Butter oder nach Schweineschmalz, nach Mehl oder nur einer Handvoll Grieß, einem Brot, ein paar Pfund Kartoffeln und fünf Eiern zu fragen, einerlei – was sie bekommen würde, war immer noch mehr als das, was sie hatte, nämlich nichts oder weniger als dieses Nichts: der Hunger ihrer zwei Kinder, den sie nicht stillen konnte.[6]

Während der Text zunächst mit einer realistischen Exposition beginnt, die Herkunft der Figur und den Anlass der Reise detailgetreu auserzählt, stellt der Text die Ordnung der erzählten Welt mit dem Eintritt der Frau in das fremde „Tal, welches andere Bäume hatte als das, woher sie gekommen war"[7], plötzlich infrage:

---

erste überzeugende Vergleichsstudie liefert der von Eugene Arva und Hubert Roland vorgelegte Sammelband: Magical Realism as narrative strategy in the recovery of historical traumata, 2014 (Interférences littéraires. Literaire interferenties. 14), http://www.interferenceslitteraires.be/nr14, abgerufen am 11.5.2017.

5 Langgässer hatte ab 1936 in Deutschland aufgrund ihrer halbjüdischen Herkunft Publikationsverbot (Sonja Hilzinger, Elisabeth Langgässer. Eine Biographie, Berlin 2009, S. 227 ff.).

6 Elisabeth Langgässer, Der gerettete Obolus. In: Langgässer, Gesammelte Werke. Bd. 5. Erzählungen, Hamburg 1964, S. 252–283, hier: S. 252. Eine erste Analyse der Erzählung findet sich bei Bettina Bannasch, Subversive Reichsmystik. Zur Modernität des Erzählens bei Elisabeth Langgässer. In: Poetologien deutschsprachiger Literatur. Kontinuitäten jenseits des Politischen, hg. von Moritz Baßler, Hubert Roland u. Jörg Schuster, Berlin, Boston 2016 (Untersuchungen zur deutschen Literaturgeschichte. 146), S. 195–214.

7 Langgässer, Der gerettete Obolus, S. 259. Die Andersartigkeit des fremden Raums wird noch weiter ausgeführt: „[...] einen anderen Menschenschlag, andere Häuser und eine andere Art, den Acker zu bestellen; ja selbst die Steine waren verschieden und hatten andere Flecken und Adern; sie brachen oder blätterten anders und wurden, wenn sie das Wasser zerfressen, die Stürme zermahlen hatte, zu einer anderen Erde, die andere Früchte brachte, Hausformen, Bäume und Menschen, und immer so im Kreis." (Langgässer, Der gerettete Obolus, S. 259 f.)

> Der Fuhrmann knallte, die Räder kreischten und bewegten sich doch nicht schneller, vielmehr, sie schienen sich, weil der Wagen sehr lange auf gleicher Höhe der gekrümmten Bergflanke nachging, an Ort und Stelle zu drehen, als mahlten sie Wüstensand. Auch die Zeit stand still oder war an diesem Ort völlig abhanden gekommen, so daß ihm etwas zum Ort und damit zu seinem Wesen fehlte, was ihn den Menschen erkennbar machte, worin sie sich heimisch fühlten und Wohnung nehmen konnten. Denn Peitschenknall, Räderrollen und späterhin das Gebell eines Hundes und das durchdringende Winseln einer verrosteten Pumpe hingen für sich allein in der Luft und erschienen in jenem gespenstischen Raum als verzauberte Gegenstände – weder gehörte ein Wagen zum Rad noch eine Faust zu dem Peitschenstock [...]. Alles war da, doch ganz ohne Zeit, daher ihm das Werden abging und das Gewordensein – dafür aber freilich auch jede Täuschung, jeder Wechsel und jeder Betrug.[8]

Was sich hier auf der Ebene der Diegese genau abspielt, lässt sich nur schwer paraphrasieren. Offenbar geht es um ein Stillstellen von Bewegung, das zur Folge hat, dass die einzelnen Elemente der Szene (Gegenstände, Geräusche) isoliert wahrgenommen werden und dadurch ‚gespenstisch' oder „verzaubert" erscheinen. Erschwert wird die Einordnung des Geschehens zudem dadurch, dass der Text keine eindeutige Fokalisierung anzeigt.[9] Versteht man die Szenenbeschreibung allerdings als poetologischen Kommentar, gewinnt sie deutlich an Plausibilität. Denn auf poetologischer Ebene führt der Text geradezu paradigmatisch eine Auflösung der kontigen Verknüpfung der Zeichen vor, die für das realistische Verfahren konstitutiv ist – die einzelnen Worte lösen sich aus dem zeitlichen Nacheinander des realistischen Narrativs. Die ambivalente Bewertung dieses Geschehens steht dabei ausdrücklich in der Tradition der sprachkritischen Moderne. So führt die Aufkündigung des narrativen Zusammenhangs einerseits dazu, dass der Text wie der unbestimmte Ort sein realistisches „Wesen" verliert, also das, „was ihn den Menschen erkennbar machte, worin sie sich heimisch fühlten und Wohnung nehmen konnten".[10] Dieser zunächst negativen Einschätzung steht jedoch eine positive gegenüber: Denn indem die Referenzillusion abbricht, verlieren die Worte gleichzeitig ihren Täuschungscharakter.

---

8 Langgässer, Der gerettete Obolus, S. 261.
9 Was Baßler für einen Auszug aus Langgässers Riedroman konstatiert, gilt symptomatisch auch für ihre frühen Erzählungen: „Erzähltechnisch bleibt in der Schwebe, ob diese und ähnliche Stellen auktorial oder personal erzählt sind" (Moritz Baßler, 1850 – 1950. Eine Geschichte literarischer Verfahren, Berlin 2015, S. 363).
10 Der fehlende Zusammenhang der einzelnen Worte knüpft auch an die Sprachkritik des Chandosbriefs an: „Es ist mir völlig die Fähigkeit abhanden gekommen, über irgend etwas zusammenhängend zu denken oder zu sprechen" (Hugo von Hofmannsthal, Ein Brief. In: Hofmannsthal, Sämtliche Werke. Bd. 31. Erzählungen, Erfundene Gespräche und Briefe, hg. von Ellen Ritter, Frankfurt a. M. 1991, S. 45 – 55, hier: S. 48).

Das Moment, das die Zeichen aus ihrer narrativen Verkettung löst und eine „Welt aus lauter Vordergrund"[11] hervorbringt, ist jedoch nur die eine Seite des magisch-realistischen Verfahrens, das an Langgässers Text exemplarisch sichtbar wird. Denn der Welt aus lauter Vordergrund, die einen kritischen Blick auf die realistische Darstellung eröffnet, folgt eine Welt aus *lauter Hintergrund*, wie in der Beschreibung eines vereinzelt stehenden Gehöfts sichtbar wird:

> In der Tiefe schwamm ein bleiches Gehöft und äugte mit einem Fenster gegen den Berghang hin; war es dunkel, so mußte die helle Scheibe wie ein brennender Öldocht über dem Fett einer kleinen Nachtlampe schweben; ja eigentlich konnte das Haus erst schwimmen, wenn Finsternis es auf den Rücken genommen und die Nachmittagssonne aufgeschluckt hatte, in deren Strom es jetzt lag wie ein Floß, besser noch: wie eine Arche auf einem riesigen Floß, das späterhin abgekettet und hinübergestoßen wurde. War es da oder dort? War es nah oder fern? So groß, wie es schien, oder kleiner? Es stand allein, und man konnte nicht sagen: das Haus steht hinter der Kirche oder in der und der Straße, gleich rechts um die Ecke herum. Doch auch so ging ein Weg hin, wenn schon ein krummer; aber wo war er heute gerade? Er schlängelte sich, aber Schlangenwege, ganze Nester von Schlangenwegen, bildeten heute die Welt.[12]

Die Herauslösung der einzelnen Worte aus ihrem realistischen Kontext wird also von einer Verdichtung von Bedeutung begleitet, der Suche nach einer Evidenz, die jenseits, hinter oder eben unterhalb der trügerischen, realistischen Ebene der Zeichen verborgen liegt. Die literaturwissenschaftliche Forschung zum Magischen Realismus spricht nicht ganz unbegründet von einem „magischen Hintersinn"[13] der Texte. Ein genauer Blick auf die zitierte Stelle zeigt allerdings, dass auch dieser Hintersinn letztlich trotz seiner semantischen Dichte keine Darstellung hervorbringt, die verlässlicher wäre als der zuvor suspendierte realistische Darstellungsmodus. Die Umschreibung des Gehöftes bedient sich divergenter, keinesfalls deckungsgleicher Metaphern, verliert sich in Fragen und Negativbeschreibungen, um letztlich in der poetologisch aufgeladenen Metapher des sich schlängelnden Wegs auf die Täuschung zu verweisen, die auch diesem (sprachlichen) Zugang eingeschrieben ist.

Das am Beispiel von Langgässers Erzählung aufgezeigte Verfahren wirft verschiedene Fragen auf, die im Kontext dieser Arbeit beantwortet werden sollen: Welche Funktion kommt der realistischen Schreibweise im Kontext eines magisch-realistischen Verfahrens zu? Wie verhalten sich die Texte des Magischen Realismus zur Sprachkritik und den experimentellen Verfahren der ästhetischen

---

11 Langgässer, Der gerettete Obolus, S. 261.
12 Langgässer, Der gerettete Obolus, S. 262f.
13 Burkhardt Schäfer, Unberühmter Ort. Die Ruderalfläche im Magischen Realismus und der Trümmer-literatur, Frankfurt a. M. 2001 (Tübinger Studien zur deutschen Literatur. 18), S. 50.

Moderne, speziell des Expressionismus? Wie lässt sich das Verhältnis zwischen realistischen und spezifisch modernen Verfahren in den magisch-realistischen Texten systematisch beschreiben? Ziel dieser Arbeit ist es, ein semiotisches Beschreibungsmodell für die Texte des deutschen Magischen Realismus der Zwischen- und Nachkriegszeit (1920–1960) zu entwickeln, das die Verfahrensweise der Texte expliziert und Abgrenzungen von anderen zeitgenössischen Darstellungsweisen wie etwa dem Expressionismus oder der Neuen Sachlichkeit ermöglicht. Die methodische Grundlage der Untersuchung bildet die Textverfahrensanalyse, die sich in Auseinandersetzung mit der struktural-semiotischen Schule[14] herausgebildet hat:

> Die Textverfahrensanalyse baut auf materielle Evidenzen, auf Effekte und Strukturen, die erkennbar und – im Sinne eines Rezeptionskonsenses – nachvollziehbar sind. Als Interpretation wird sie zum Kommentar des analytischen Modells. In diesem Sinne sichert sie die Dimensionen eines Textes: seine materiale, strukturale, semiotische, poetologische und diskursive Dimension.[15]

Um das Verfahren der Texte entsprechend beschreiben zu können, wird zunächst zu klären sein, welche poetologischen Strategien die programmatischen und literarischen Texte des Magischen Realismus zur Selbstbeschreibung ihrer Schreibweise entwerfen. Im Gegensatz zu früheren Ansätzen, die den literatur- und kulturgeschichtlichen Hintergrund der magisch-realistischen Texte weitestgehend ausgeblendet und die Erzählweise des Magischen Realismus als isoliertes Phänomen betrachtet haben, kommt in dieser Arbeit zudem der diskursiven Einbindung der literarischen Texte in ihr kulturelles Umfeld eine besondere Bedeutung zu.[16] Erst aus der diskursiven Verortung der Texte im kulturellen Archiv der Moderne lässt sich die Verfahrensweise der Texte beschreiben, die sich – wie im Verlauf der Analysen deutlich werden wird – wesentlich als Resultat einer kritischen Auseinandersetzung mit den Darstellungstechniken der Avantgarden erweist.

---

14 Vor allem: Jurij M. Lotman, Die Struktur literarischer Texte, übersetzt von Rolf-Dietrich Keil, München ³1993.
15 Mathias Erdbeer, Der Text als Verfahren. Zur Funktion des textuellen Paradigmas im kulturgeschichtlichen Diskurs. In: Zeitschrift für Ästhetik und allgemeine Kunstwissenschaft, 46, 2001, S. 77–105, hier: S. 104f.
16 Das diskursive Umfeld wird als Archiv von Texten verstanden, zu dem der literarische Text in einem intertextuellen Verhältnis steht. Die diskursive Dimension der Texte wird als diejenige Verfahrensebene verstanden, die konzeptionelle Verknüpfungen zu gesellschaftlichen Diskursen außerhalb des Textes herstellt: „Texte stehen in Diskursen, die Diskurse treffen sich im Text" (Erdbeer, Text als Verfahren, S. 102).

Einen ersten Hinweis auf die konzeptionelle und literaturgeschichtliche Verortung des Magischen Realismus bringt Langgässers kurze Erzählung selbst zum Ausdruck, insofern bereits die Exposition deutlich mit liminalen Konzepten operiert. Nicht nur das Alter der Protagonistin und der Zeitpunkt des erzählten Geschehens, sondern auch der Ort der Handlung ist in einem Zwischenraum angesiedelt, der „Limeshöhe des mittleren Odenwaldes". Die folgenden Ausführungen verstehen sich vor diesem Hintergrund als Versuch, die in den Texten des Magischen Realismus prominente Stellung von Konzepten der Mitte, des Ausgleichs und der Grenze für die Analyse der Texte sowie ihre literaturgeschichtliche Einordnung produktiv zu machen. Eine wesentliche Voraussetzung für die kulturelle Energie, welche die liminalen Entwürfe im Kontext des Magischen Realismus entwickeln, ist eine Neubewertung des Konzepts der Mitte, die sich im Übergang vom Expressionismus zum Nachexpressionismus vollzieht.

I Magischer Realismus – Theorie und historischer Kontext

1 Figurationen der Mitte – Expressionismus, Nachexpressionismus, Magischer Realismus

1.1 Die Mitte im Expressionismus – Ludwig Rubiners *Der Mensch in der Mitte* (1917)

1917 erscheint in Franz Pfemferts *Verlag der Wochenzeitschrift Die Aktion* Ludwig Rubiners Schrift *Der Mensch in der Mitte*[1], eine Anthologie aus verschiedenen in den 1910er Jahren hauptsächlich in der Zeitschrift *Die Aktion* veröffentlichten Essays, die sich mit der gesellschaftlichen Position und Funktion des modernen Künstlers auseinandersetzen. Bereits das Vorwort bringt zwei zentrale Prinzipien der expressionistischen Programmatik zum Ausdruck, die den Expressionismus als Teil der historischen Avantgarden ausweisen. Neben der für den expressionistischen Aktivismus zentralen Forderung, „Kunst in Lebenspraxis zu überführen"[2], steht das für den Avantgarde-Gedanken unverzichtbare „Innovationspathos"[3] im Vordergrund der Essaysammlung.[4] Aktivismuspostulat und Innovationspathos treffen sich in Rubiners Text in der Rede vom „Schöpfertum des Geistes" (MM, 6).

Obwohl der Begriff des „Geistes", das expressionistische „Schlagwort schlechthin"[5], in der Programmatik des Expressionismus „eine Vielzahl zugleich

---

[1] Ludwig Rubiner, Der Mensch in der Mitte, Berlin-Wilmersdorf 1917 [im Folgenden als MM im Fließtext zitiert].
[2] Peter Bürger, Theorie der Avantgarde, Frankfurt a.M. ²1974, S. 29; vgl. auch: Walter Fähnders, Avantgarde. Begriff und Phänomen. In: Literarische Moderne. Begriff und Phänomen, hg. von Sabina Becker u. Helmuth Kiesel, Berlin, New York 2007, S. 277–290, hier: S. 284. Fähnders nennt als weitere Merkmale, die alle Stile der historischen Avantgardebewegungen teilen, den Gruppen- und Bewegungscharakter, die Aufhebung der künstlerischen Autonomie und die Auflösung des Werkbegriffs (Fähnders, S. 284).
[3] „Die literarische Moderne, auch die expressionistische, ist ein Phänomen gesellschaftlicher Modernisierungsprozesse, insofern sie an einem für diese Prozesse konstitutiven Wert partizipiert: dem der Innovation." (Thomas Anz, Thesen zur expressionistischen Moderne. In: Becker/Kiesel, Literarische Moderne, S. 329–347, hier: S. 332) Bürger lehnt das Charakteristikum der Innovation als Merkmal der Avantgarde ab (Bürger, Theorie, S. 85 f.).
[4] Diese beiden Aspekte verbinden sich Klaus von Beyme zufolge zum Leitkonzept der Avantgarde-bewegungen: „Die Avantgarde als Ganze hatte nur sehr allgemeine Grundsätze gemeinsam – etwa die Einheit von Kunst und Leben, Bilden statt Abbilden" (Klaus von Beyme, Das Zeitalter der Avantgarden. Kunst und Gesellschaft 1905–1955, München 2005, S. 38).
[5] Thomas Anz, Michael Stark (Hg.), Manifeste und Dokumente zur deutschen Literatur 1910–1920, Stuttgart 1982, S. 215.

kulturkritischer und poetologischer Forderungen"[6] codiert, lässt sich seine Bedeutung vor allem auf zwei 1911/12 veröffentlichte Texte zurückführen: Heinrich Manns Essay „Geist und Tat" (1911), der für eine gesellschaftlich engagierte Kunst eintritt, indem er die Begriffe Geist und Tat programmatisch ineinander verschränkt,[7] und Wassily Kandinskys Abhandlung *Über das Geistige in der Kunst (1911/12)*, die das Geistige als das schlechthin Andere und Neue entwirft, das nur dem visionär begabten Künstler zugänglich ist. Für die gesellschaftliche Verortung des Geistigen prägt Kandinsky das Modell eines pyramidal ausgerichteten Dreiecks, das horizontal in verschiedene Ebenen unterteilt ist, die jeweils das gegenwärtige Erkenntnisvermögen der Gesellschaft repräsentieren, wobei sich das Dreieck in Richtung der Spitze vorwärts schiebt. In gleichem Maße, wie die Ebenen von oben nach unten entsprechend der Geometrie des Dreiecks immer größer werden, verteilt sich auch der Erkenntnisgrad der Gesellschaft, von einem genialen Ausnahmewissen zu einem der Allgemeinheit zugänglichen *common sense:*

> Ein großes spitzes Dreieck in ungleiche Teile geteilt, mit der spitzesten, kleinsten Abteilung nach oben gewendet – ist das geistige Leben schematisch richtig dargestellt. Je mehr nach unten, desto größer, breiter, umfangreicher und höher werden die Abteilungen des Dreiecks. Das ganze Dreieck bewegt sich langsam, kaum sichtbar nach vor- und aufwärts, und wo ‚heute' die höchste Spitze war, ist ‚morgen' die nächste Abteilung, d. h. was heute nur der obersten Spitze verständlich ist, was dem ganzen übrigen Dreieck eine unverständliche Faselei ist, wird morgen zum sinn- und gefühlvollen Inhalt des Lebens der zweiten Abteilung. An der Spitze der obersten Spitze steht manchmal allein nur ein Mensch. Sein freudiges Sehen ist der inneren unermeßlichen Trauer gleich. Und die, die ihm am nächsten stehen, verstehen ihn nicht. Entrüstet nennen sie ihn: Schwindler oder Irrenhauskandidaten.[8]

In poetologischer Hinsicht befindet sich an der Spitze der Ort, „wo direkt aus dem Substrat geschöpft wird. Diese Spitze nimmt in Kandinskys Modell natürlich die künstlerische Avantgarde ein. Sie allein hat unmittelbaren Kontakt zu dem Sub-

---

[6] Anz/Stark, S. 215.
[7] „Die von Kurt Hiller schon 1911 in der Aktion proklamierte ‚Litteraturpolitik' zielt auf eine Synthese von ‚Geist und Tat' im Sinne von Heinrich Manns gleichnamigem Essay (Pan, 1911), den Hiller noch fünf Jahre später in seinem ersten Ziel-Jahrbuch programmatisch voranstellt." (Peter Sprengel, Geschichte der deutschsprachigen Literatur 1900–1918. Von der Jahrhundertwende bis zum Ende des Ersten Weltkriegs, München 2004 (Geschichte der deutschen Literatur von den Anfängen bis zur Gegenwart. 9,2), S. 111) Allerdings wird der von Hiller propagierte Aktivismus nicht von allen Vertretern des Expressionismus mitgetragen (Sprengel, S. 111).
[8] Wassily Kandinsky, Über das Geistige in der Kunst. Insbesondere in der Malerei. Mit acht Tafeln und zehn Originalholzschnitten, München 1912, S. 29.

strat, auf dem sich das Dreieck vorwärtsschiebt, zur ‚absoluten Geistigkeit'"[9]. Die Innovationskraft des aus dem Substrat hervorgegangenen Kunstwerks zeigt sich historisch darin, dass dieses in der Rezeption durch die zeitgenössische Gesellschaft als „unverständliche Faselei" eines „Irrenhauskandidaten" wahrgenommen wird.

Gemäß der pyramidalen Poetologie, die Kandinsky in seinem einflussreichen Text entfaltet,[10] verortet auch Rubiner den expressionistischen Dichter emphatisch an der Grenze gesellschaftlich gesetzter Normen, in direkter Verständigung mit dem „Unbedingten", „Unmittelbaren", in unvermitteltem Kontakt mit der „Intensität des Lebens"[11]:

> Der Ruf: U n b e d i n g t h e i t ! darf nicht länger Legende bleiben. Der Grundplan allen öffentlichen Ausdrucks sei Willenshingabe. Ausgangspunkt ist: Das Leben im Unbedingten. Ziel ist: Das Leben in Unmittelbarkeit. Weg ist: Das Leben in Intensität. – Und die Erfahrung kann nur das Material sein, in dem wir arbeiten; die ewige Besonderheit des Lebens; die bloße Variation auf das Thema vom Geiste. (MM, 5)[12]

In direkter Umkehrung der Mimesis-Poetik des Realismus bzw. des Naturalismus stellt Rubiners Text den Schriftsteller nicht in den Dienst der Repräsentation einer dem Menschen vorangestellten Wirklichkeit, sondern versteht Wirklichkeit vielmehr als Resultat menschlicher Geist-Schöpfung.[13] Damit wird der im Verlauf der

---

9 Moritz Baßler, Die Entdeckung der Textur. Unverständlichkeit in der Kurzprosa der emphatischen Moderne 1910–1920, Tübingen 1994 (Studien zur deutschen Literatur. 134), S. 41.
10 Baßler spricht davon, dass sich die programmatischen Entwürfe des Frühexpressionismus „bei allem terminologischen Wirrwarr eigentlich durchweg auf Kandinskys übersichtliches Modell abbilden lassen" (Baßler, Entdeckung der Textur, S. 43).
11 In den Texten des Expressionismus erscheinen Leben und Geist in der Regel nicht als Widersprüche. Das immer wieder beschworene Geistige des Expressionismus erweist sich vielmehr als eine Kategorie, die grundsätzlich vitalistisch geprägt ist: „Daß in der zeitgenössischen Diskussion gelegentlich beide Begriffe [Leben und Geist] gegeneinander ausgespielt werden, ist seltener als ihre Synonymisierung." (Anz/Stark, S. 216.)
12 „Zum erstenmal heißt Welt-Fremdheit nicht mehr: Idiotie, sondern: höchste Bewußtheit. Nämlich: Platz auf einem der Welt überlegenen Standpunkt. Weltfremdheit heißt aber auch nicht mehr Weltferne, sondern äußerste Weltnähe; nämlich die Nähe des Schöpfers, des Menschen, zu seiner Schöpfung, der Welt." (MM, 7.)
13 In seiner Rezension des Buches bringt der expressionistische Schriftsteller Hatvani die poetologische Konsequenz aus einer dem ‚Unbedingten' verpflichteten Poetik des Geistigen für die Konzeption von Rubiners Text selbst zum Ausdruck. So bleibe die formale Struktur des Text Hatvani zufolge aufgrund seines essayistischen Stils, der bürgerlichen Konventionen verpflichtet ist, hinter der beschworenen Unbedingtheit zurück: „Das Wesentliche seines Inhalts, allerdings, muß sich zeitgemäß stotternd hinter den Metaphern einer zensurpflichtigen Weltanschauung verborgen halten. Unwesentlich aber wird die Metapher, wo jedes Wort für das Unbedingte, für das

Moderne vermeintlich verlorene Status des Menschen als Krone der Schöpfung nicht wiederhergestellt, sondern radikal überboten – war der Mensch ehedem in die Mitte der göttlichen Schöpfung gestellt, ist er nun Urheber und damit Mittelpunkt seiner eigenen Schöpfung. Der in Kandinskys Konzeption implizierte Begriff des Mediums (der Künstler wird zum okkulten Mittler des Geistigen) und die Bedeutung der Mitte als Zentrum fallen in Rubiners Mitte-Begriff zusammen:

> Es kommt darauf an, immer im Willen zu stehen, des göttlichen Planes eingedenk zu sein, und die Tatsachen zu schaffen. Nicht: Ereignisse zu antizipieren. Sondern: Vorbild für die Ereignisse zu sein. – Das Vorbild für die Ereignisse ist der Mensch. *Der Mensch ist die Mitte der Welt*. Um ihn, seinen Händen heiß entzischend von neugewonnener Gestalt, rast seine Schöpfung, die Welt der Ereignisse; stets bereit, wieder wirbelndes Chaos zu werden und den eigenen Schöpfer zu ersticken. (MM, 5, Hervorhebungen T. L.)

Diese radikal antimimetische Perspektive, die einer vom Ich des schöpferischen Menschen unabhängigen Welt, „die mit Millionen von einrauschenden Sonderklängen und nachleuchtenden Sonderfarben uns als ihr Objekt aufschlucken will, keine Eigenexistenz" (MM, 7) zubilligt, findet sich in verschiedenen Entwürfen der expressionistischen Programmatik wieder, prominent in Paul Hatvanis Prinzip der Ich-Überflutung: *„Im Expressionismus überflutet das Ich die Welt. So gibt es auch kein Außen mehr"*[14].

Mit der emphatischen Forderung nach einer Umkehr des Mimesis-Postulats zugunsten einer Entfaltung des geistbegabten, schöpferischen Ichs geht eine weitere Differenzierung einher. Denn die Verpflichtung auf das Unbedingte, Absolute ist nicht mit einer relativistischen Position in Einklang zu bringen und schließt jeden wie auch immer gearteten Kompromiss mit der Tradition aus. Der revolutionäre Gestus, der sich auf politischer wie auch auf ästhetischer Ebene gegen den Status quo der bürgerlichen Gesellschaft wendet, fordert eine eindeutige Entscheidung für oder gegen den Geist der ästhetischen wie politischen Revolution:

> Trostreiche Rettung ist es, daß wir unsere grausamsten Henker hinter uns lassen, die Ausflüchte, die Zweideutigkeiten, die Versteckspiele. Das Jüngste Gericht brüllt hinaus zur Welt mit allen Gigantenchören sternzitternder Wunderposaunen den schrillend gellenden Schrei: Entscheidung! Vor unsern Herzen ist kein Zweifel mehr möglich. Die Welt ist Gut oder Böse. Recht oder Unrecht. Liebe oder Gewalt. Freiheit oder Sklaverei. Alles was darüber, darunter, dazwischen ist, ist Betrug. Betrug zugunsten von Böse, Unrecht, Gewalt, Sklaverei. (MM, 8)

Menschlich-Absolute ausgesprochen ist." (Paul Hatvani, Der Mensch in der Mitte [Rezension]. In: Der Friede, 2, 1918, S. 12.)
14 Paul Hatvani, „Versuch über den Expressionismus". In: Theorie des Expressionismus, hg. von Otto F. Best, Stuttgart 2004, S. 68–73, hier: S. 68.

Während die Ausrichtung auf das Unbedingte auf der einen Seite die Grenzen gesellschaftlicher Professionen zugunsten einer Gemeinschaft derjenigen aufhebt, die sich als „Helden für den Geist" (MM, 18) verstehen, ist mit dem Zwang zur Entscheidung gleichzeitig der Ausschluss all derer verbunden, die nicht auf der Seite des „Geistigen" stehen. Das sind vor allem die, die sich nicht zur Revolution bekennen, sondern Kompromisse mit der bürgerlichen Gesellschaft suchen: „Klägliche Mittelwesen, Dazwischenkünftler, Kammerdiener mit alten Geheimnissen – Abtreten! Wimmernde Malcontenten, Verräter, Spitzel am Wort, an der Hingabe, Verdächtiger der Führung – Abtreten! Nieder die Schwindler!" (MM, 16)

Die Ablehnung jedweden Kompromisses mit der bürgerlichen Gesellschaft macht deutlich, dass es im Sinne des avantgardistischen Pathos, das sich „ins Vergleichslose"[15] setzt, nicht darum geht, die traditionellen ästhetischen oder politischen Verhältnisse der bürgerlichen Gesellschaft in eine neue Ordnung zu überführen, sondern die neue ästhetische und gesellschaftliche Ordnung aus dem Nichts bzw. dem „geistigen Substrat", dem „Willen" völlig neu zu setzen und die Tradition zu verabschieden. Rubiners Mensch in der Mitte ist also alles andere als eine zwischen gesellschaftlichen Positionen und Traditionen vermittelnde Instanz, sondern eine, die mit der Tradition radikal bricht: „Ich muss immer lachen, wenn ein Synthet ängstet: Destruktion. Uns macht nur die (einzig!) sittliche Kraft der Destruktiven glücklich." (MM, 21)

1.2 Die Mitte im Nachexpressionismus – Felix Weltschs *Das Wagnis der Mitte* (1937)

Zwanzig Jahre nach Rubiners Sammlung erscheint mit Felix Weltschs *Das Wagnis der Mitte* (1937) erneut ein emphatisches Bekenntnis, das Mensch und Mitte aufeinander bezieht: „Der Mensch ist ein Wesen der Mitte, nicht nur in dem Sinn, daß seine geistigen Funktionen sich nur in einem Spielraum der Mitte bewähren, [...] sondern auch in dem Sinn, daß seine metaphysische Situation und seine

---

15 Diesen Begriff prägt Schmidt-Burkhardt in Anlehnung an Arnold Gehlen: „‚Überall also ein *gewolltes* Neuansetzen auf Wegen, die das Denken, das Experimentieren, das Aufsuchen unbetretener Gebiete finden ließ' Avantgarde kam nach dieser Festlegung als selbstdefinierte Innovationsbewegung ohne Zurückführung in den Geschichtsverlauf aus. Indem sie sich nicht an der Vergangenheit maß, geriet sie außer Konkurrenz. Sie sprang regelrecht ins Vergleichslose und konnte sich so selbst neu definieren." (Astrit Schmidt-Burkhardt, Stammbäume der Kunst. Zur Genealogie der Avantgarde, Berlin 2004, S. 14.)

weltanschauliche Stimmung den deutlichen Charakter der Mitte tragen"[16]. Tatsächlich könnte der Unterschied zu Rubiners Entwurf jedoch nicht deutlicher ausfallen. Denn der mit Max Brod und Franz Kafka befreundete Prager Schriftsteller und Philosoph konzipiert die Mitte nicht als ein absolutes, schöpferisches Zentrum, sondern als Grenzgebiet zwischen Extremen, das vermittelnde Funktion übernimmt:[17]

> Für uns ist alles Mitte, was in irgendeinem Sinne zwischen den Gegensätzen liegt; das kann statisch als eine Linie oder als ein Raum, eine Zone, gedacht werden, dynamisch als ein Mittelweg, als eine Richtung der Mitte, als das, was zwischen den Gegensätzen hindurchführt, oder das, was Gegensätze vereinigt, was vermittelt, ausgleicht; ja selbst als jenes Mittel, das das Ganze samt seinen Gegensätzen vorwärtszubringen geeignet ist. (WM, 22)

Indem Weltsch im Namen des von Rubiner verlachten „Syntheten" das Wort ergreift, bringt er seinen Entwurf der Mediokrität explizit gegen eine dem Unbedingten verpflichtete Ästhetik der emphatischen Moderne[18] in Stellung, die er als den bestimmenden Zeitgeist zunächst aufgreift, um sich schließlich davon abzugrenzen:

> Das Ideal der Mitte entbehrt im allgemeinen aller ästhetischen Pracht, welche die Feen den Idealen des Extrems, des Radikalen, des Unbedingten in die Wiege gelegt haben. Uns bezaubert nun einmal der Superlativ und nicht die Mediokrität. Man bewundert den Schönsten, den Größten, den Kühnsten, aber selten den Mittelmäßigen. Man interessiert sich für

---

16 Felix Weltsch, Das Wagnis der Mitte. Ein Beitrag zur Ethik und Politik der Zeit, M.-Ostrau 1937, S. 168 [im Folgenden als WM im Fließtext zitiert].

17 Auf die Bedeutung, die der Begriff der Mitte als Mediokrität in der Geistesgeschichte des 20. Jahrhunderts einnimmt, weist bereit Annegret Pelz in ihrem Aufsatz hin: Pelz, Mitte-Konstellationen um 1945 (Rehm, Sedlmayr, Auerbach). In: Konstellationen. Versuchsanordnungen des Schreibens, hg. von Helmut Lethen, Annegret Pelz u. Michael Rohrwasser, Göttingen 2013 (Schriften der Wiener Germanistik. 1), S. 83–102. Allerdings konzentriert sich Pelz vor allem auf die Entwicklung von Mittekonstellationen um 1945, Weltschs Studie findet lediglich eine kurze Erwähnung.

18 In der Verwendung des Begriffs der ‚emphatischen Moderne' folge ich Baßler, der den Begriff in Anlehnung an Jauß für diejenigen Avantgarden vor dem Ersten Weltkrieg reserviert, mit denen die für die Literatur des 20. Jahrhunderts typischen Formexperimente beginnen. Baßler vermeidet den Begriff des ‚Expressionismus' zum Einen, um nicht von vornherein solche Autoren aus dem Textkorpus auszugrenzen, „die niemand je expressionistisch genannt hat" (Baßler, Entdeckung der Textur, S. 11) und zum Anderen, um den diskursiven Verknüpfungen Rechnung zu tragen, durch welche sich die Texte der 1910er Jahre innerhalb und außerhalb der deutschsprachigen Kultur wesentlich auszeichnen: „nie waren die Diskursfäden zahlreicher und straffer als zu dieser Zeit, die die deutsche Literaturszene mit der des Auslands (vor allem mit Italien und Frankreich) und dazu mit den bildenden Künsten daheim und auswärts verbanden." (Baßler, Entdeckung der Textur, S. 11).

> Spitzenleistungen, aber nicht für den Durchschnitt. Wir vermehren das Absolute, wir begeistern uns für das Unbedingte; uns imponiert das Entschiedene; wir lieben den, der Unmögliches begehrt. Wer aber vorsichtig den ausgetretenen Pfad der Mitte zieht, wird uns schwerlich mitreißen. (WM, 9)

Dem Ansatz der Avantgarden, der Innovation mit einem Standpunkt am äußersten Rand der Wissensordnung einer Gesellschaft verbindet, stellt Weltsch einen dialektischen Ansatz gegenüber, der das Neue als Synthese von zwei bereits vorhandenen, sich zunächst widersprechenden Standpunkten begreift. Die für die emphatische Moderne wesentlichen Begriffe des Schöpferischen, Absoluten, und Geistigen werden zwar aufgenommen, allerdings an die dialektische Figur der Vermittlung zurückgebunden. Die Intensität des „absolut Geistigen" der emphatischen Moderne wird sozusagen mit Hegels „absolutem Geist" amalgamiert und klingt in Weltschs Konstruktion allenfalls noch nach:

> Sie [die Mitte] ist immer ein Wagnis. I h r W e g i s t v i e l a u f r e g e n d e r a l s d e r v o r g e z e i c h n e t e W e g d e r F l ü g e l r a d i k a l i s m e n. Kein Dogma führt hier, immer wach ist der Zweifel, immer neu muss die Entscheidung erkämpft werden. Und überall lauert die Gefahr des Abgleitens. [...] Es gibt keinen ausgefahrenen Weg der schöpferischen Mitte. Es muß immer und überall neu gefunden werden. So wird Neues; so wird Gestalt; so wird Bewußtsein; so wird Geist; so wächst die Welt zum Absoluten hin. (WM, 60)

Die Grundlage für die Wiederherstellung einer idealistisch-dialektischen Position bildet die Historisierung der Avantgarden, deren Selbstentwurf des Vergleichslosen in ein übergreifendes Kulturschema re-integriert wird, innerhalb dessen die Avantgarden selbst die Position der wiederkehrenden revolutionären Instanz besetzen. Die Historisierung der Avantgarden bezeichnet das Herausgeberkollektiv des Bandes *Modern Times* – mit Verweis auf Chaplins gleichnamigen Film von 1936, der sich der verschiedenen Verfahren der ästhetischen Moderne bereits eklektizistisch-ironisch bedient – als entscheidenden kulturgeschichtlichen Prozess der 1920er Jahre:

> Wie an *Modern Times* ablesbar, ist ein besonderes Kennzeichen der Phase, daß Literatur und Kultur der frühen Moderne selbst in den Modernisierungsprozeß geraten: also historisch bilanziert, kritisierbar, als leitende Konzepte in Frage gestellt und schließlich transformiert werden. Eine epistemologische und kulturelle Öffnung der mittleren 1920er Jahre, die nun Schnittstellen zwischen Künsten, Populärkultur, ihren Medien und der Theorie zuläßt, erscheint kennzeichnend für die Situation des Umbaus der Moderne.[19]

---

19 Gustav Frank, Rachel Palfreyman, Stefan Scherer, *Modern Times?* Eine Epochenkonstruktion der Kultur im mittleren 20. Jahrhundert – Skizze eines Forschungsprogramms. In: Modern Times?

Indem Weltsch von einem historischen Wechsel radikal-revolutionärer und gemäßigt-vermittelnder Phasen ausgeht, weist er den „extremen Perioden des Weltgeschehens" zwar einen legitimen Ort zu, bindet sie jedoch selbst wiederum an ein dialektisches Modell von Geschichte zurück, das sich nur durch Vermittlung auf ein Absolutes zubewegt:

> Die Mitte hat in den verschiedenen Perioden des Weltgeschehens einen verschiedenen Kurs. Es gibt zentrifugale und zentripetale Phasen der Weltgeschichte. Die zentrifugalen streben von der Mitte weg, und erwarten das Heil von den Flügeln. In den zentripetalen Zeiten flutet das Leben wieder von den extremen Positionen gegen das Zentrum zurück. Die zentripetale Bewegung geht meist leise, fast unbemerkt vor sich. Umso größer ist der Lärm, welchen die zentrifugalen Bewegungen verursachen. Zu den Flügeln geht es im Sturmschritt, zum Zentrum in ruhigen Schritten. Wir leben in einer zentrifugalen Zeit. (WM, 11)

Vor allem in der Exilpresse wird Weltschs Entwurf positiv aufgenommen. Golo Mann etwa erkennt darin ein „ungewöhnlich gedankenreiches" Buch, das „dem Drang der Gegenwart"[20] – in den Worten Weltschs: der zentrifugalen Zeit – positiv entgegensteht. Mann hebt vor allem den zweiten Teil des Buches hervor, der die Rhetorik der Mitte für den politischen Diskurs fruchtbar machen will, und versteht Weltschs Text als produktiven Versuch, eine Mitte zwischen Faschismus und Liberalismus, Diktatur und Demokratie zu finden, wobei er die unterschwellige Präferenz des Autors für die Demokratie hervorhebt: „und wenn trotz aller Einräumungen das demokratisch-humanistische Prinzip am Ende meistens die Oberhand behält, desto besser für die Demokratie [...]; so wird hier die faschistische Position immer nur als Kritik der demokratischen entwickelt"[21]. In diesem Sinn gilt ihm *Das Wagnis der Mitte* als eine bürgerlich-konservative Kritik des Faschismus, die sich jedoch einer eindeutig politisch rechten oder linken Position verweigert und damit der Programmatik der von Thomas Mann und Konrad Falke herausgegebenen Exilzeitschrift *Maß und Wert* entspricht, in der Golo Manns Essay erscheint: „Es ist ein ernstes, zur Sache sprechendes Buch, metaphysisch bewusst und doch nichts weniger als unpraktisch. Es handelt von *unserer* Sache und eigentlich zum Verwundern ist, warum nicht mehr Bücher seiner Art außerhalb der Reichsgrenzen erscheinen."[22]

German literature and arts beyond political chronologies. Kontinuitäten der Kultur, hg. von Frank/Palfreyman/Scherer, Bielefeld 2005, S. 387–431, hier: S. 394.
20 Golo Mann, Felix Weltsch. Das Wagnis der Mitte [Rezension]. In: Mass und Wert, 1, 1937/38, S. 814–817, hier: S. 816.
21 Mann, Felix Weltsch, S. 815 f.
22 Mann, Felix Weltsch, S. 817. Im programmatischen Vorwort zur ersten Ausgabe der Zeitschrift *Mass und Wert* wirbt Thomas Mann für den bürgerlichen Standpunkt, der das „Maß verehrt" und

Auch Klaus Mann rezensiert das Buch und verleiht dem *Wagnis der Mitte* das Prädikat eines „wichtigen und ganz besonders lesenswerten" Buches, besonders weil der Autor nicht dem „rhetorisch-aktivistische[n] Typus" entspreche, sondern dem analysierenden, „dem es – merkwürdig genug! – auf die Wahrheit ankommt"[23]. Ähnlich wie sein Bruder sieht auch Klaus Mann in der von Weltsch propagierten schöpferischen Mitte einen Ausweg aus den Konflikten der Gegenwart, wobei er deutlicher als Golo Mann auf die Frage verweist, inwiefern sich eine Dialektik der Mitte tatsächlich noch als kritische bzw. als eine ‚links'-inspirierte Haltung denken lässt:

> Wie weit links hat diese Mitte zu liegen? Wie viel vom linken Extremismus, vom linken Totalismus wird in diese ‚schöpferische Mitte', in diesen neuen Humanismus einzubeziehen sein? An dieser Frage hängt viel, beinah alles. [...] Außerdem berühren wir mit solcher Fragestellung auch ein anderes, sehr komplexes Problem – nämlich das, was heute als ‚links' zu bezeichnen ist, was als rechts. Über diese Problematik des ‚Links' und des ‚Rechts' wäre ein eigenes Buch zu schreiben.[24]

Die Position eines politischen wie ästhetischen Mittel-Maßes, die noch in der Exilliteratur der 1950er Jahre als – wenn auch ambivalent bewerteter – Entwurf einer postfaschistischen Gesellschaft und Poetik funktioniert,[25] ist jedoch kein Spezifikum der Exilliteratur, sondern entspricht einer gemäßigten Reaktion auf die Avantgarden, die sich bereits in direkter Auseinandersetzung mit der expressionistischen Poetik in den frühen 1920er Jahren herausbildet. Diese Arbeit wird zeigen, dass die Texte des deutschen Magischen Realismus seit den 1920er Jahren Schreibweisen erproben, die formal und inhaltlich einer vermittelnden, Maß haltenden Ästhetik entsprechen wollen. Am Magischen Realismus lässt sich insofern exemplarisch aufzeigen, unter welchen Bedingungen das Unbedingt-

---

sich sowohl von einer falsch verstandenen Bürgerlichkeit (dem Spießigen) als auch von einer emphatischen politischen Parteinahme abgrenzt (Gesinnungsschund): „Künstler wollen wir sein und Anti-Barbaren, das Mass verehren, den Wert verteidigen, das Freie und Kühne lieben und das Spiessige, den Gesinnungsschund verachten – ihn am besten und tiefsten verachten, wo er sich in pöbelhafter Verlogenheit als Revolution gebärdet." (Thomas Mann: Mass und Wert [Vorwort]. In: Mass und Wert, 1, 1937/38, S. 1–16, hier: S. 2.)
23 Klaus Mann, Das Wagnis der Mitte. In: Mann, Das Wunder von Madrid. Aufsätze, Reden, Kritiken, 1936–1938, hg. von Uwe Naumann u. Michael Töteberg, Reinbek bei Hamburg 1993, S. 224–226, hier: 226.
24 Mann, Wagnis der Mitte, S. 225.
25 Vgl. dazu: Torsten W. Leine, Oskar Maria Graf: Die Flucht ins Mittelmäßige. Ein New Yorker Roman (1959). In: Handbuch der deutschsprachigen Exilliteratur. Von Heinrich Heine bis Herta Müller, hg. von Bettina Bannasch u. Gerhild Rochus, Berlin, Boston 2013, S. 314–321.

heitsparadigma der emphatischen Moderne in eine spätmoderne Poetik der „schöpferischen Mitte" überführt wird.

1.3 Dualismen der Moderne und das Projekt der Vermittlung im Magischen Realismus

Die Grundlage für Weltschs Projekt einer Philosophie des Mittelwegs bildet die Beobachtung, dass ein genuin menschlicher Impuls darin besteht, Gegensätze zu bilden. Dieser Impuls bestimme sowohl alltägliche Unterscheidungen als auch komplexe philosophische Theoreme:

> Die primitivsten Klassifizierungen der Gegenstände beruhen auf Gegensätzen: groß und klein, kalt und warm, kurz und lang. Ebenso haben unsere höheren Unterscheidungen polare Struktur: Wahr und falsch, gut und böse, schön und häßlich; Lust und Leid; Form und Inhalt; Ordnung und Chaos; Vergänglichkeit und Ewigkeit; Freiheit und Notwendigkeit; Optimismus und Pessimismus; Aktivismus und Passivität; Natur und Geist; Leben und Tod... Die Form des Gegensatzes hatten auch alle großen Probleme der Philosophie. Die Begriffe Idealismus-Materialismus, Rationalismus-Irrationalismus, Seele-Leib, Freiheit-Notwendigkeit, Optimismus-Pessimismus formulieren die ewigen immer wieder beantworteten und immer wieder neu aufgestellten Grundprobleme der Philosophie. [...] Es ist der Gegensatz, der uns als die Antinomie Trieb und Vernunft, oder Neigung und Pflicht, oder Eros und Ethos entgegentritt [...]. (WM, 13 f.)

Was Weltsch als „Die Polarität des bewussten Lebens" (WM, 13 f.) schlechthin bezeichnet und als grundlegende Eigenschaft des Menschen bestimmt, erweist sich jedoch als eine kulturelle Unterscheidung, die vor allem den Modernediskurs entscheidend strukturiert. Zwar gilt als ein wesentliches Merkmal der zivilisatorischen Moderne[26] das Prinzip der Ausdifferenzierung, das sich nicht nur in der funktionalen Herausbildung gesellschaftlicher Teilbereiche zeigt, sondern auch in der diesen Teilbereichen selbst wiederum eigenen Heterogenität: „[D]as Axiom der ‚funktionalen Ausdifferenzierung' gilt unbestritten. Kein Konzept, kein Diskurs der Moderne, dessen Bahnen, in welchem Abstand auch immer, derzeit nicht von diesem Gravitationszentrum gesteuert würden"[27]. Gegensätzlich zum Prinzip der Ausdifferenzierung wird jedoch gerade die Moderne von einer Tendenz zur

---

[26] Mit dem Begriff der zivilisatorischen Moderne wird allgemein die Moderne als gesellschaftsübergreifendes Phänomen seit dem 18. Jahrhundert bezeichnet, während der Begriff der ästhetischen bzw. literarischen Moderne im Besonderen für die Zeit von ca. 1890–1950 verwendet wird.
[27] Gerhard von Graevenitz, Einleitung. In: Graevenitz (Hg.), Konzepte der Moderne, Stuttgart 1999, (Germanistische Symposien-Berichtsbände. 20), S. 2–16, hier: S. 9.

„Universalisierung und Uniformierung"[28] bestimmt, die etwa darin zum Ausdruck kommt, „daß der systemlosen Heterogenität ausdifferenzierter Moderne-Diskurse ein stark zentriertes System dichotomischer Beschreibungsfiguren gegenübersteht"[29]. Das Gegensatzparadigma liegt letztlich in der Struktur der Moderne selbst begründet, die sich überhaupt erst durch die Abgrenzung von einer Tradition konstituiert und damit die Unterscheidung antik/modern bzw. alt/neu immer schon als diskursstrukturierende Dichotomie installiert.[30]

Während die Kultur der Moderne also insgesamt durch einen Hang zu binären Konstellationen charakterisiert werden kann, zeichnet sich die Phase der ästhetischen Moderne um 1900 dadurch aus, dass die modernetypischen Dichotomien eine zunehmende weltanschauliche Zuspitzung erfahren, die sich als „agonale Dramatisierung"[31] beschreiben lässt. In seiner lebensphilosophisch inspirierten Studie *Der Dualismus im modernen Weltbild* etwa bringt der Philosoph und Soziologe Alfred Vierkandt 1923 die Auffassung von einer agonalen Spannung zwischen der „animalisch-biologischen" und der „geistigen Welt"[32] als Grundlage der Weltanschauung des frühen zwanzigsten Jahrhunderts zum Ausdruck:

> Zwischen den beiden Welten der Natur und des Geistes besteht eine Spannung, die der höheren Welt keinen reinen Sieg ausstellt, sondern den Ausgang des Kampfes als ungewiß

---

28 Graevenitz, S. 9.
29 Graevenitz, S. 12.
30 Graevenitz, S. 10. Besonders anschaulich wird dies in Wehlers „Dualismus-Alphabet der Moderne" (Hans-Ulrich Wehler, Modernisierungstheorie und Geschichte, Göttingen 1975, S. 14f.), auf das auch Graevenitz verweist (Graevenitz, S. 10). Die dichotome Konfiguration der Moderne lässt sich über die inhaltlichen Oppositionspaare beschreiben, die durch die Diskurse der Moderne selbst hervorgebracht werden. Bereits für die Moderne bis 1900 ist festzustellen, dass im ästhetischen Diskurs „stets zwei ästhetische Kategorien gegenläufig aufeinander bezogen" werden, ohne dass die binären Oppositionen jeweils kongruent zueinander sind: „[B]eauté absolue und beauté relative, Schönheit und Erhabenheit, Anmut und Würde, schmelzende und energische Schönheit, Naivität und Sentimentalisches, Objektivität und Interesse, Klassisches und Romantisches, la beauté und le grotesque, Schönheit und Hässlichkeit [...], sowie Apollinisches und Dionysisches. Diese zweiseitige Struktur exponiert jedoch keine Reihe einfach geordneter Oppositionen, sondern eine Geschichte inhomogener Spannungsbeziehungen." (Carsten Zelle, Die doppelte Ästhetik der Moderne. Revisionen des Schönen von Boileau bis Nietzsche, Stuttgart 1995, S. 3.)
31 Graevenitz, Einleitung, S. 11. Die Beschreibungskriterien, welche die „Janusköpfigkeit" der Moderne strukturell repräsentieren, fasst von Graevenitz wie folgt zusammen: „Den Leittropen Dialektik, Paradox, Ambivalenz und Ironie" lassen sich die „Schemata teleologische Linearisierungen, agonale Dramatisierungen, spielerische Harmonisierungen zur Seite zu stellen, in denen sie argumentativ oder narrativ entfaltet werden." (Graevenitz, S. 12f.)
32 Alfred Vierkandt, Der Dualismus im modernen Weltbild, Berlin 1923, S. 6.

erscheinen läßt. Vom älteren, christlichen Dualismus unterscheidet sich der moderne dadurch, daß keine Welt der anderen dynamisch untergeordnet ist, beide Welten vielmehr gleichmäßig wesenhaft und in sich gegründet sind, jede mit gleicher Selbstständigkeit und vergleichbarer Kraft ausgestattet.[33]

Die agonale Dramatisierung der für die Moderne charakteristischen Ambivalenz, die in verschiedenen vitalistisch geprägten Schriften zwischen 1890 und 1930 ausgestaltet wird,[34] erreicht ihren unrühmlichen Höhepunkt in der völkisch-national codierten Rede vom Kampf der Prinzipien, etwa in den Schriften Alfred Baeumlers um 1930. Dabei ist dem agonalen Ansatz Baeumlers im Gegensatz zu Vierkandts Entwurf zugleich eine teleologische Tendenz unterlegt, die das geistige Prinzip (Okzident, Männlichkeit, Kultur) als Überwindung des stofflichen Prinzips (Orient, Weiblichkeit, Natur) figuriert:

> Ein stoffliches und ein unstoffliches Prinzip ringen in der Geschichte gegeneinander. Jenes hat seinen historischen Ausdruck im Orient, dieses im Okzident. Der Orient huldigt dem Naturstandpunkt, der Okzident ersetzt ihn durch den geschichtlichen [...] Die Erhebung des geschichtlichen Bewußtseins über den Naturgedanken ist das wichtigste Ereignis der Weltgeschichte, welche überhaupt dem Wesen nach ein Kampf zwischen Orient und Okzident ist.[35]

Die Texte des Magischen Realismus knüpfen diskursiv an die dualistischen Konfigurationen der Moderne an, indem sie die Oppositionspaare, die das Archiv der Moderne bereitstellt, aufgreifen und konsequent über eine Poetik der Mitte und des Ausgleichs verhandeln. Damit gestalten sie einerseits eine Alternative zu den prekären Entwürfen völkisch-nationaler Provenienz und setzen sich andererseits von dem Unbedingtheitsparadigma der emphatischen Moderne ab. Dieser Prozess lässt sich beispielhaft an der Umkodierung von Jugendlichkeit im Kontext des Magischen Realismus illustrieren. Galt das Prädikat des Juvenilen (als gegenbegriff zum Alter) im Expressionismus noch als Ausweis für die revolutionäre

---

33 Vierkandt, S. 10 f.
34 Als Beispiele für die agonale Dramatisierung dualistischer Konzeptionen im 19. Jahrhundert können gelten: Schopenhauers *Die Welt als Wille und Vorstellung* (1819) und Nietzsches *Die Geburt der Tragödie aus dem Geiste der Musik* (1872); für das 20. Jahrhundert ließen sich nennen: Otto Weinigers *Geschlecht und Charakter* (1903), Spenglers *Untergang des Abendlandes* (1926), Klages *Der Geist als Widersacher der Seele* (1929) Alfred Baeumlers Bachofen-Einleitung in *Der Mythus von Orient und Occident* (1926).
35 Alfred Baeumler, Bachofen, der Mythologe der Romantik. In: Der Mythus von Orient und Occident. Eine Metaphysik der alten Welt. Aus den Werken von J.J. Bachofen, mit einer Einleitung von Alfred Baeumler, hg. von Manfred Schröter, München ²1956, S. XXV – CCXCIV, hier: S. CCLXVII.

Überwindung einer verstaubten, überlebten Tradition,[36] wird es im bürgerlich-gemäßigten Kontext des Magischen Realismus zum Merkmal fehlender Reife, so etwa in Oskar Loerkes Essay „Die sieben jüngsten Jahre der deutschen Lyrik"[37] oder auch in Rudolf Kaysers später Publizistik. Noch 1918 veröffentlicht Kayser im ersten Jahrgang der Zeitschrift *Das neue Deutschland* seine vielzitierte Rezension zur Wiederaufführung von Hasenclevers Drama *Der Sohn* (1913), die das Interesse des Expressionismus für die Perspektive des Sohnes und den damit verbundenen „Sturm gegen die Väter" programmatisch geltend macht:

> ‚Der Sohn' ist ein Aufbruch. Das ist mehr als eine neue Kunstmethode oder neue moralische Doktrin. Eine Generation verlangt ihr Recht. Wir sehen den väterlichen Kerker, aus dem das junge Raubtier herausbricht. Die Gitter [...] zerfallen unter dem glühenden Anhauch junger Befreiung. Befreiung ist kein Duell. Deshalb heißt das Stück Der Sohn und nicht Väter und Söhne. [...] Es kommt nicht mehr auf die Väter an, sondern nur auf die Söhne. Hasenclever spricht für sie alle. [...] Das Menschen, ist der Auftakt zur neuen Zeit: Freudiges Brudertum. Sturm gegen die Väter.[38]

Weniger als drei Jahre später nimmt Kayser diese bedingungslose Protestgeste zurück, indem er die zeitgenössische Ästhetik nicht mehr auf die Perspektive der rebellierenden Söhne verpflichtet, sondern entsprechend seiner um 1920 ausgearbeiteten Poetik des Übergangs und der Mitte einen Standpunkt zwischen den Generationen postuliert: „Nach Jahren jugendlichen Brausens, aufflammender Rufe und Revolutionen müssen wir heute bekennen: uns ward keine Erfüllung; wir sind Gejagte und Suchende, wartend zwischen Sohnes- und Vaterschaft."[39] Nicht nur die programmatischen und literarischen Texte Oskar Loerkes, Rudolf Kaysers und Wilhelm Lehmanns ordnen ihre Texte poetologisch um eine schöpferische „Mitte,

---

36 Das auf den gesellschaftlichen und den ästhetischem Raum bezogene Erneuerungspathos des Expressionismus, das sich negativ im „„Überdruß' an der traditionsgeprägten Gegenwart [äußert], die in allen abgedruckten Texten als ‚erstarrt' charakterisiert ist" (Anz/Stark, S. 130) und im Ideal des Neuen Menschen seinen positiven Ausdruck findet, verbindet sich mit der „Hochwertung der Jugendlichkeit" insgesamt und einem grundsätzlichen „Interesse an Autoritäts- und Generationskonflikten [...]. Zu den verhaßten Repräsentationsfiguren der alten Generation gehörten vornehmlich Lehrer, Professoren, Pfarrer, Richter und vor allem Väter" (Anz/Stark, S. 144).
37 Oskar Loerke, Die sieben jüngsten Jahre der deutschen Lyrik, mitgeteilt von Reinhard Tghart. In: Jahrbuch der deutschen Schillergesellschaft, 8, 1964, S. 33–40. Das als Superlativ gebrauchte Adjektiv ‚jung' begründet die Kurzlebigkeit (7 Jahre) deutlich mit der fehlenden Reife der Bewegung.
38 Rudolf Kayser, Der Sohn. Anmerkungen zur Neu-Aufführung. In: Das junge Deutschland, 1, 1918, S. 315f.
39 Rudolf Kayser, Prolog. In: Verkündigung. Anthologie junger Lyrik, hg. von R. Kayser München 1921, S. V-XI, hier: S. V.

von der sich allein Welt gestalten lässt"⁴⁰. Elisabeth Langgässers Poetik der 1930er Jahre orientiert sich maßgeblich an Max Schelers kulturanthropologischer Philosophie des Ausgleichs, und noch die Nachkriegstexte Günter Eichs und Ilse Aichingers bestimmt eine vermittelnde Poetologie der Übersetzung, die programmatisch in einem Zwischenbereich von Sprache und Wirklichkeit bzw. Konkretion und Abstraktion verortet ist. Dem entspricht schließlich, dass auch die dem Magischen Realismus nahestehende literarische Zeitschrift *Die Kolonne* (1919–1932) als publizistischer Versuch angesehen werden kann, in dem von „Flügelradikalismen" (Weltsch) dominierten Literaturbetrieb der späten Weimarer Republik ein literarisches Publikationsorgan der ästhetischen und politischen Mitte einzurichten.

Das Wagnis der Mitte bestimmt im Magischen Realismus jedoch nicht nur die diskursive Verhandlung dualistischer Konstellationen, sondern auch die Verfahrensweise der Texte. Wie im Folgenden immer wieder aufgezeigt werden kann, werden die Verfahren und Programme der Avantgarden von den Autoren des Magischen Realismus in ästhetischer und epistemologischer Hinsicht als extrem und einseitig bewertet, eine gemäßigte Poetik wird eingefordert. Fragt man danach, auf welche Weise eine Poetologie der Mitte und des Maßes verfahrenstechnisch modelliert wird, so erweist sich der Rückgriff auf realistische Schreibweisen als auffälligste Differenz zu den Formexperimenten der Avantgarden. Vor allem am Beispiel der Texte Loerkes, Kaysers und Lehmanns, die sich in unmittelbarer zeitlicher Nähe mit den Programmen und Verfahren expressionistischer Texte befassen, lässt sich zeigen, dass der Magische Realismus auf den Realismus des neunzehnten Jahrhunderts zurückgreift, um dem Expressionismus eine komplementäre Poetik an die Seite zu stellen, die eine vermeintlich entgleiste Ästhetik in ein gemäßigtes Verfahren überführen soll. Dabei greift der Magische Realismus nicht nur das Verfahren des literarischen Realismus des neunzehnten Jahrhunderts auf, sondern auch die spezifische, idealistisch begründete Poetologie des Poetischen Realismus, die selbst bereits eine Poetik der Vermittlung darstellt.

Um den Magischen Realismus in seinem Spannungsverhältnis zwischen Realismus und literarischer Moderne beschreiben zu können, soll zunächst – unter Rückgriff auf die semiotische Realismusforschung – ein Vorschlag gemacht werden, den Literarischen Realismus als Textverfahren zu beschreiben. In einem zweiten Schritt wird es darum gehen, das spezifische Verfahrensmodell des deutschen Poetischen Realismus herauszustellen, um im Anschluss daran den Magischen Realismus als einen (poetischen) Realismus der Spätmoderne zu beschreiben.

---

40 Rudolf Kayser, Das Ende des Expressionismus. In: Der Neue Merkur, 4, 1920, S. 248–258, hier: S. 254.

2 Magischer Realismus als Realismus der späten Moderne

2.1 Der literarische Realismus und die Metonymie

Eine Definition des literarischen Realismus als Verfahrensweise muss sich zunächst von anderen Realismus-Definitionen abgrenzen, wie Roman Jakobson bereits in seinem frühen Aufsatz „Über den Realismus in der Kunst" (1921) gezeigt hat. Aus produktions- und rezeptionsästhetischer Perspektive lässt sich eine realistische Kunst zunächst über das Merkmal der Authentizität bzw. der Wahrscheinlichkeit definieren, insofern das als realistisch gilt, was einer bestimmten Anschauung von Welt besonders nahekommt.[41] In der Geschichte der Ästhetik begegnet dieser ‚weiche' Realismusbegriff nicht zuletzt als Strategie, um eine spezielle Auffassung von Kunst als besonders wahrhaftig zu markieren:

> Sofern wir also oben von der Bedeutung A des Terminus Realismus, d. h. von der Tendenz zur Wahrscheinlichkeit in der Kunst gesprochen haben, sehen wir nun, daß eine derartige Definition einer doppelten Deutung Raum gibt: A_1 ist die Tendenz zur Deformation bestehender künstlerischer Kanones, aufgefaßt als Annäherung an die Realität. A_2 ist die konservative Tendenz im Rahmen einer herrschenden künstlerischen Tradition, die als Wirklichkeitstreue aufgefasst wird.[42]

---

[41] Spätestens seit den Studien von Richard Brinkmann versteht die Forschung den literarischen Realismus nicht mehr als eine Darstellung ‚objektiver' Wirklichkeit: „Der übliche Begriff des Realismus im Sinne einer ‚getreuen' Aufnahme der tatsächlichen Wirklichkeit in die Dichtung läßt sich nicht halten. Diese Bedeutung geht von einer naiven Gegenstandsvorstellung aus, die schon die Naturwissenschaft und die Philosophie seit langem haben aufgeben müssen. [...] Erzählende Dichtung ist nicht Wiedergabe einer Wirklichkeit ‚draußen' mit mehr oder weniger ästhetischem Firnis. Sie baut eine eigene Wirklichkeit auf mit eigener Struktur, eigenen Gesetzen, eigener Logik" (Richard Brinkmann, Wirklichkeit und Illusion. Studien über Gehalt und Grenzen des Begriffs Realismus für die erzählende Dichtung des neunzehnten Jahrhunderts, Tübingen 1966, S. 309). Statt dessen spricht Brinkmann davon, dass der Realismus die subjektive „Wirklichkeit des einzelnen Menschen" (Brinkmann, S. 318) darstellt: „Je genauer sie [die realistische Literatur] das besondere, individuelle Tatsächliche in der Sprache zu erfassen und darzustellen versucht, umso mehr treten an die Stelle reiner intentionaler ‚Gegenständlichkeit', an die Stelle der ‚Gegenstände' die subjektiven Bestimmungen, mit denen sie in ihrer Besonderheit vorgestellt werden sollen" (Brinkmann, S. 311).
[42] Roman Jakobson, Über den Realismus in der Kunst. In: Poetik. Ausgewählte Aufsätze 1921–1971, hg. von Elmar Holenstein u. Tarcisius Schebert, Frankfurt a. M. 1993, S. 129–139, hier: S. 133.

Von dieser Tendenz einer realistischen Produktions- oder Rezeptionshaltung[43] ist der literarische Realismus des neunzehnten Jahrhunderts als literaturgeschichtliche Strömung zu unterscheiden. Obwohl die epistemologische Frage nach Realitätsnähe unter jeweils anderen Vorzeichen für jedes Kunstwerk gestellt werden kann, bleibt der Realismus des neunzehnten Jahrhunderts, den Jakobson in seinem Aufsatz als Realismus des Typus C bestimmt,[44] ein prototypischer Realismus. Prototypisch, weil Realitätsnähe – auch in Abgrenzung zur Romantik – emphatisch eingefordert und über den Begriff einer realistischen Kunst explizit verhandelt wird. Gleichzeitig macht das zeitgenössische ästhetische Interesse am Realismusbegriff bereits auf ein Problematischwerden von Realität als konzeptioneller Größe aufmerksam.[45] Insofern impliziert die Geltung des Realismusbegriffs im neunzehnten Jahrhundert nicht nur eine Verpflichtung der literarischen Produktion auf eine möglichst getreue Annäherung an die Wirklichkeit, sondern setzt bereits ein Reflexionsbewusstsein für das voraus, was epistemologisch als Realität in Erscheinung tritt und verweist „zumindest partiell und wie unvollständig immer [...] auf eine nur im Funktionieren von Sprache, Zeichen und Logik begründete Erkenntnis und auf eine relational bzw. funktional begriffene Wirklichkeit"[46].

Neben der programmatischen Verwendung des Realismusbegriffs als Alleinstellungsmerkmal einer Gruppe von Künstlern bzw. Rezipienten im Kontext des ästhetischen Wandels (Realismus A und B) und einem konkreten realistischen Programm, das sich im neunzehnten Jahrhundert herausbildet (Realismus C), nennt Jakobson zwei weitere Varianten des Realismus (D und E). Weil diese als Text- und nicht als Rezeptions- oder Produktionsphänomene in Erscheinung treten, lassen sie sich prototypisch als Verfahrensmerkmale realistischer Texte beschreiben. Neben der Verwendung „unwesentlicher Merkmale"[47] führt Jakob-

---

[43] Die rezeptionsästhetische Variante fasst Jakobson als Typ B (Jakobson, Über den Realismus, S. 133.)
[44] Jakobson, Über den Realismus, S. 134 f.
[45] Brinkmann, S. 313.
[46] Hans V. Geppert, Der realistische Weg. Formen pragmatischen Erzählens bei Balzac, Dickens, Hardy, Keller, Raabe und anderen Autoren des 19. Jahrhunderts, Tübingen 1994, S. 8.
[47] Jakobson, Über den Realismus, S. 136. Unwesentlich sind die realistischen Details zwar auf semantischer, aber nicht auf struktureller Ebene, ein Sachverhalt, den Roland Barthes als „Realitätseffekt" beschrieben hat. Sobald einzelnen semantischen Einheiten keine Funktion im Rahmen der Intrige eines Textes zukommt, die Beschreibung von Gegenständen, Personen, Ereignissen scheinbar völlig unmotiviert erfolgt und für den weiteren Verlauf der Geschichte ohne Bedeutung bleibt, erzeugen sie eine „referentielle Illusion", indem sie plötzlich Wirklichkeit als solche bedeuten: „Das als Signifikat der Denotation aus der realistischen Äußerung vertriebene ‚Wirkliche' hält als Signifikat der Konnotation wieder in ihr Einzug; denn in dem Augenblick, in

son die „Forderung nach konsequenter Motivierung, nach Realisierung der poetischen Verfahren"[48] an. Beide Verfahrenselemente zeichnen sich dadurch aus, dass sie der metonymischen Struktur entsprechen, die Jakobson in seinem späteren Essay über die *Zwei Seiten der Sprache* der Literatur des Realismus zuordnet – und zwar in Abgrenzung zur metaphorischen Struktur romantisch-symbolistischer Texte. Demnach akzentuieren realistische Texte primär das Kontiguitätsverhältnis eines Textes und strukturieren seinen *in praesentia* vorliegenden Bedeutungsrahmen. Während die Metapher nach dem Prinzip der Äquivalenz verfährt und der narrativen Wirklichkeit einen fremden Referenzrahmen gegenüberstellt, bewegt sich die Metonymie dem Prinzip der Kontiguität entsprechend in einem einheitlichen Bedeutungsrahmen.[49] Diese strukturalistische Unterscheidung prägt auch die theoretische Auseinandersetzung mit der Figürlichkeit von Metapher und Metonymie in der Nachfolge Jakobsons:

> Wie gesagt, manifestiert sich die poietische Metapher innerhalb einer umfassenden sprachlichen Äußerung als eine von dieser diktierten Entfremdungsempfindung, die aus der kookkurenten Artikulierung zweier Konzepte resultiert. Es dürfte klar sein, daß die metaphorische Entfremdung zu einer Verlangsamung des Leseprozesses Anlaß gibt – zu einer tatsächlichen Bedrohung des Verstehens: Der Text verliert in der Metapher seine Selbstverständlichkeit. [...] Die Beteiligung des Rezipienten am rekonstruktiven Eingriff ist [im Fall der Metonymie] auf den Nachvollzug der informationellen Komplementarität der betreffenden Konzepte beschränkt. Der Schwerpunkt der Aktivität wird also nicht verlagert. Und weil auch der Kookkurrenzzustand nicht verwirklicht wird, kommt es weder zu einer Kon-

---

dem diese Details angeblich direkt das Wirkliche konnotieren, tun sie stillschweigend nichts anderes als dieses zu bedeuten" (Roland Barthes, Der „Wirklichkeitseffekt" (1969). In: Barthes, Das Rauschen der Sprache, übersetzt von Dieter Horning, Frankfurt a.M. 2006 (Kritische Essays. 4), S. 164–172, hier: S. 171).

48 Jakobson, Über den Realismus, S. 138. Während in phantastischen Texten solche Ereignisse, die den Bedeutungsrahmen einer Szene sprengen, zur Anfechtung dieses Rahmens führen, tendieren realistische Texte dazu, die Ausbrüche etwa als Fiebertraum oder Sinnestäuschung an den realistischen Bedeutungsrahmen rückzubinden und so als zulässigen Bruch zu markieren (Jakobson, Über den Realismus, S. 138).

49 „Es gibt in der Dichtung verschiedene Motive, welche die Wahl zwischen diesen Möglichkeiten [Metonymie und Metapher] bestimmen. Das Primat des metaphorischen Prozesses in den literarischen Schulen der Romantik und des Symbolismus ist schon mehrfach anerkannt worden. Dagegen wurde noch ungenügend auf die tonangebende Rolle der Metonymie für die sogenannte ‚realistische' Literaturrichtung verweisen, welche eine Zwischenstellung zwischen der ausgehenden Romantik und dem entstehenden Symbolismus einnimmt und beiden gegenübertritt. Den Prinzipien der Kontiguitätsrelation folgend, geht der realistische Autor nach den Regeln der Metonymie von der Handlung zum Hintergrund und von den Personen zur räumlichen und zeitlichen Darstellung über. Er setzt gerne Teile fürs Ganze." (Roman Jakobson, Zwei Seiten der Sprache und zwei Typen aphatischer Störungen [1956]. In: Jakobson, Aufsätze zur Linguistik und Poetik, hg. von Wolfgang Raible, München 1974, S. 117–142, hier: S. 135.)

frontation noch zu einer interpretativen Verwertung: Metonymien und Synekdochen verursachen keinen ‚arousal jag'.[50]

Da die Metonymie sozusagen innerhalb desselben semantischen Feldes operiert, vollzieht sie im Gegensatz zur Metapher „keine Suspendierung des Konzeptualisierungsmusters" – oder rezeptionsästhetisch formuliert: „Der Leseprozeß verlangsamt sich nicht erheblich; auch das Niveau des konzeptuellen Bewußtseins des Lesers hebt sich nicht."[51]

Obwohl sich Jakobson deutlich an den Texten des literarischen Realismus des neunzehnten Jahrhunderts orientiert, bezeichnen die (metonymischen) Verfahrensmerkmale eine grundsätzliche Struktur realistischer Texte, die allerdings im europäischen Realismus des neunzehnten Jahrhunderts besonders ausgeprägt ist:[52] „Wenn man unter Realismus die Anwendung bestimmter Verfahren versteht, gibt es Realismus auch im 17., 18. Jahrhundert und im zwanzigsten Jahrhundert. Die Epoche des Realismus erscheint dann als besondere Ausprägung eines allgemeinen Modells realistischer Schreibweise."[53] Den Zusammenhang zwischen einer primär metonymischen Verfahrensweise und dem literarischen Realismus als historischer Strömung bestätigen die semiotisch angelegten Arbeiten Claus-Michael Orts und Hans-Vilmar Gepperts. So greift Geppert in seiner Studie *Der realistische Weg* die von Jakobson zur Disposition gestellte metonymische Struktur

---

50 Benjamin Biebuyck, Die poietische Metapher. Ein Beitrag zur Theorie der Figürlichkeit, Würzburg 1998 (Epistemata – Reihe Literaturwissenschaft. 204), S. 206, 253.
51 Biebuyck, Die poietische Metapher, S. 253. Zu den metonymischen Verfahren zählt schließlich auch die bei Roland Barthes so kritisierte Lesbarkeit realistischer Texte, die durch ein Verbergen des künstlerischen Verfahrens erreicht wird: „Lesbarkeit ist das Gegenteil der Verfremdung. Um Lesbarkeit zu erzeugen, muß der Autor das Bekannte auf übliche Weise darstellen, er muß auf Klischees und Normen zurückgreifen." (Rosmarie Zeller, Realismusprobleme in semiotischer Sicht. In: Begriffsbestimmung des literarischen Realismus, hg. von Richard Brinkmann, Darmstadt ³1987, S. 561–587, hier: S. 573) Metonymisch ist der Aspekt der Lesbarkeit nicht aufgrund des Verhältnisses zur Norm, sondern insofern er eine lineare, nicht unterbrochene Lektüre ermöglicht. Insofern kann ein lesbarer Text „gerade, um die Lesbarkeit zu erhalten sehr künstliche Mittel" (Zeller, Realismusprobleme, S. 573) verwenden. Mögliche Mittel sind ein Zurücktreten der narrativen Instanz und einer Bindung der Erzähllogik an den Ablauf der erzählten Ereignisse; vgl. auch Genette: „die rein textuellen Faktoren der Mimesis lassen sich, wie mir scheint, auf zwei Gegebenheiten zurückführen, auf die bereits Platon implizit hingewiesen hat: zum einen auf die Quantität der narrativen Information (möglichst ausführliche und *detaillierte* Erzählung), zum anderen auf die Abwesenheit (oder höchst schwache Anwesenheit) des Erzählers" (Gérard Genette, Die Erzählung, München ²1998, S. 118).
52 Jakobson spricht davon, „daß D häufig in C vertreten zu sein pflegt" (Jakobson, Über den Realismus, S. 137). Gleiches lässt sich in Bezug auf die Variante E sagen.
53 Zeller, Realismusprobleme, S. 564.

für eine eingehende Analyse realistischer Texte des neunzehnten Jahrhunderts auf und erweitert unter Rückgriff auf das Zeichenmodell von Peirce den Terminus des metonymischen Verfahrens um den Begriff der Indices, die er unter dem Aspekt ihrer metonymischen Funktion als „realistische Zeichen schlechthin" bezeichnet:

> Man liest realistische Texte, indem man ihren ‚synekdochischen' oder ‚metonymischen', auf Kontiguität beruhenden Vernetzungen folgt, als bewege man sich in einem System von Verkehrszeichen oder von Funkrelais oder in einer geordneten Folge ‚kommentierter Portraits'. Die Interpretanten ‚umkreisen' im Nexus der Indices eine je individuelle Realität, und die Lektüre bewegt sich in vom Text vorgezeichneten Bahnen.[54]

Die jüngere semiotische Realismusforschung knüpft an diese Untersuchungen an und ergänzt Gepperts Ansatz um ein Beschreibungsmodell, das die spezifische Poetik des sogenannten Poetischen Realismus berücksichtigt. Damit rückt die spezielle Form der deutschsprachigen Realismustradition in den Blick, die gegenüber dem europäischen Realismus mehrfach als *deutscher Sonderweg* beschrieben worden ist.

2.2 Das Kippmodell des Poetischen Realismus

Als *deutscher Sonderweg* wird in der Forschung der Umstand bezeichnet, dass der deutschsprachige literarische Realismus des neunzehnten Jahrhunderts einer naturalistisch-mimetischen Darstellung von Wirklichkeit von Beginn an mit Skepsis begegnet. Die Forschung hat diese Entwicklung einerseits als Verlust einer authentischen Darstellung gesellschaftlicher Realität zugunsten eines Rückzugs ins Subjektive,[55] andererseits als ein besonders hohes poetologisches Reflexionsniveau gewertet, das immer schon ein Problematischwerden von dem artikuliert, was als Realität überhaupt zu gelten hat:

> Dieses Reflexionsniveau drückt sich sowohl thematisch als auch stilistisch aus: thematisch, weil die Reflexion, der Bewusstseinsinhalt der Figuren geschildert wird; stilistisch, weil über

---

[54] Geppert, Der realistische Weg, S. 142. Ort geht davon aus, dass der Realismus einerseits zwar ikonische Zeichen generiert, diese dann aber konsequent metonymisch abbaut (Claus-Michael Ort, Zeichen und Zeit. Probleme des literarischen Realismus, Tübingen 1998, (Studien und Texte zur Sozialgeschichte der Literatur. 64) S. 95 ff.) Ort sieht in diesem Verfahren einen für den Realismus typischen Umgang mit individueller und kollektiver Vergangenheit. (Ort, Zeichen und Zeit, S. 18)
[55] Hermann Korte, Ordnung und Tabu. Studien zum Poetischen Realismus, Bonn 1989.

diese Reflexionsvorgänge von Seiten des Textes selber mittels dessen – expliziter oder impliziter – Erzählstimme reflektiert wird.[56]

Tatsächlich bestimmt die Frage, was überhaupt als Wirklichkeit gelten kann, bereits die programmatischen Debatten im Umfeld der literarischen Zeitschrift *Die Grenzboten* nach 1850. Schon der Publizist Julian Schmidt bezeichnet 1858 als „wahre[n] Realismus der Beobachtung" in Abgrenzung zu einem nur berichtenden Prosastil, „daß man Sinn für Realität hat, für den wahren Inhalt der Dinge"[57], eine Forderung, die auch in Fontanes Diktum expliziert wird: „Der Realismus will nicht die bloße Sinnwelt und nichts als diese; er will am wenigsten das bloß Handgreifliche, aber er will das Wahre"[58]. Das Wahre ist aber, so das erkenntnistheoretische Problem des ausgehenden neunzehnten Jahrhunderts, in der Realität eingeschlossen und muss in einem mühevollen Prozess „buchstäblich zutage gefördert werden"[59]: „Aber wir müssen damit anfangen, die Natur in ihrer Erscheinung und ihrem Gesetz sorgfältig zu beobachten, wenn wir zum Ideal durchdringen wollen"[60].

Auf der Verfahrensebene der Texte zeigt sich diese epistemologische Dopplung zwischen ‚Wirklichkeit' und ‚Wahrheit' darin, dass das metonymische Verfahren des Realismus immer wieder symbolisch mit einer als substantiell markierten Bedeutung aufgeladen wird. So unterlegt der Erzähler in Otto Ludwigs *Zwischen Himmel und Erde* die narrative Wirklichkeit des Textes mit einer verborgenen Realität zweiter Ordnung, die etwa das kulturelle Konzept von Heimat ontologisch legitimiert: „Wer ein scharfes Auge hätte, die Herzensfäden alle zu sehen, die sich spinnen die Straßen entlang über Hügel und Tal, dunkle und helle, je nachdem Hoffnung oder Entsagung an der Spule saß, ein traumhaftes Gewebe!"[61] Und in Gustav Freytags Roman *Soll und Haben* erkennt der Protagonist Anton Wohlfart während seiner Arbeit im Kontor die in der ökonomischen Wirklichkeit vermeintlich verborgen liegende Poesie:

---

56 Martin Swales, Epochenbuch Realismus. Romane und Erzählungen, Berlin 1997 (Grundlagen der Germanistik. 32), S. 47.
57 Julian Schmidt, Wahrer und falscher Realismus. In: Theorie des bürgerlichen Realismus, hg. von Gerhard Plumpe, Stuttgart 2005, S. 118–121, hier: S. 120.
58 Theodor Fontane, Realismus. In: Plumpe, Theorie des bürgerlichen Realismus, S. 140–148, hier: S. 147.
59 Ulf Eisele, Realismus und Ideologie. Zur Kritik der literarischen Theorie nach 1848 am Beispiel des ‚Deutschen Museums', Stuttgart 1976, S. 52.
60 Julian Schmidt, Idee und Wirklichkeit. In: Plumpe, Theorie des bürgerlichen Realismus, S. 121–124, hier: S. 121.
61 Otto Ludwig, Zwischen Himmel und Erde, Stuttgart 2001, S. 28.

> Wir leben mitten unter einem bunten Gewebe von zahllosen Fäden, die sich von einem Menschen zu dem anderen, über Land und Meer, aus einem Weltteil in den anderen spinnen. Sie hängen sich an jeden einzelnen und verbinden ihn mit der ganzen Welt [...]. Wenn ich einen Sack mit Kaffee auf die Waage setze, so knüpfe ich einen unsichtbaren Faden zwischen der Kolonistentochter in Brasilien, welche die Bohnen abgepflückt hat und dem jungen Bauernburschen, der sie zum Frühstück trinkt.[62]

Erst der Blick auf die der Wirklichkeit zugrundeliegende Ordnung garantiert und legitimiert hier die Realität und Sinnhaftigkeit übergreifender kultureller Konzepte, wie etwa Ökonomie oder Herkunft. Dem bloß „Handreiflichen", das als problematisch und legitimationsbedürftig erscheint, wird ein poetisches „Gewebe" der Realität gegenübergestellt, das den Ordnungszusammenhang der Wirklichkeit erst herstellt und das einzelne Geschehen der Gefahr der Kontingenz entzieht: „[D]enn der Literatur wurde die Aufgabe zugemutet, gerade angesichts einer als ‚undurchsichtig', abstrakt, oder ‚diffus' erfahrenen Lebenswirklichkeit die Möglichkeit einer harmonischen und in der Realität wiedererkennbaren Ordnung zu vergegenwärtigen."[63] Insofern sollte die realistische Literatur „das Ideale darstellen, das im ‚Weltstoff' verborgen liege."[64] Das metonymische Verfahren realistischer Darstellung wird im Poetischen Realismus also symbolisch überformt.

Allerdings ergibt sich der Zusammenhang zwischen Idee und Wirklichkeit im Poetischen Realismus nicht mehr selbstverständlich. Bereits Hegel hatte in seiner *Ästhetik* ein Auseinanderfallen einer einerseits alltäglichen und andererseits idealen Wirklichkeit herausgestellt, das schon in der Romantik zu beobachten sei:

> Auf die eine Seite nämlich stellt sich die reale Wirklichkeit in ihrer – vom Standpunkt des Ideals aus betrachtet – prosaischen Objektivität: der Inhalt des gewöhnlichen, alltäglichen Lebens, das nicht mehr in seiner Substanz, in welcher es Sittliches und Göttliches enthält, aufgefaßt wird, sondern in seiner Veränderlichkeit und endlichen Vergänglichkeit. Andererseits ist es die Subjektivität, welche mit ihrer Empfindung und Ansicht mit dem Recht und der Macht ihres Witzes sich zum Meister der gesamten Wirklichkeit zu erheben weiß.[65]

Die Vermittlung von Ideal und Wirklichkeit ist in den Texten des Poetischen Realismus nicht mehr Voraussetzung, sondern wird zur nachträglichen, ästheti-

---

62 Gustav Freytag, Soll und Haben. Roman in 6 Büchern, mit einem Nachwort von Helmut Winter, Waltrop, Leipzig 2002, S. 239.
63 Gerhard Plumpe, Einleitung. In: Plumpe, Theorie des bürgerlichen Realismus, S. 9–40, hier: S. 16.
64 Plumpe, Einleitung, S. 16.
65 Georg Wilhelm Friedrich Hegel, Ästhetik, Bd. 1, hg. von Friedrich Bassenge, Frankfurt a. M. 1966, S. 567.

schen Leistung der Texte. Ein Grund dafür ist, dass der zur Darstellung kommenden „prosaischen Objektivität" eine eigene Evidenz zukommt, die sich gegen die Einordnung in einen ‚höheren' Bedeutungszusammenhang sperrt.[66] In Anlehnung an Richard Brinkmann beschreibt Geppert realistische Schreibweisen allgemein als eine „Kunst des Einzelnen"[67], die übergeordnete Normkonzepte durch das Erzählen des Singulären irritiert und damit neue Möglichkeiten der Deutung von Welt vorbereitet: „Die realistische Schreibwiese repliziert [...] die vorgegebenen Normen und Konventionen. Sie zeigt ihre Vorgeschichte, ihr begrenztes oder falsches Funktionieren. Sie führt sie bis zu ihrem dialektischen Umschlag in genuine, rätselhafte Singularität."[68] In Bezug auf den (europäischen) Literarischen Realismus des neunzehnten Jahrhunderts spricht Geppert deshalb insgesamt von einer permanenten Desorganisation von Normen und Konventionen, einem Aufbrauchen der Codes.[69]

In den Texten des deutschsprachigen Poetischen Realismus führt die Diskrepanz zwischen einer einerseits realistischen Tendenz, die in der Ausgestaltung von Singularität und Kontingenz ihren Ausdruck findet, und einer idealistischen Tendenz, die nach den Ordnungsschemata, den übergeordneten Bedeutungszusammenhängen fragt, zu einem auf Dauer gestellten Kippmodell. Während realistische Texte also allgemein zu einem metonymischen Verfahren tendieren, erscheint dieses im deutschen Poetischen Realismus immer in Anführungszeichen, da die Texte die realistische Diegese wiederholt mit einer, allgemeine Gültigkeit beanspruchenden, Bedeutung aufladen, die sich dann wiederum an der Singularität der dargestellten Welt bewähren muss:

> Auf der Verfahrensebene führt das dazu, dass jedes Phänomen der Diegese zwar verklärt werden, also symbolisch für einen Code stehen soll, dass aber immer dann, wenn solche Phänomene tatsächlich mit Bedeutsamkeit aufgeladen werden, der realistische Charakter der Diegese (und damit automatisch auch des Textes) bedroht ist und der Text sofort wieder in eine metonymische Bewegung kippt. [...] Poetisch-realistische Zeichen sind Zeichen auf der Kippe.[70]

---

66 „Was unsere Zeit nach allen Seiten hin charakterisiert, das ist ihr Realismus. Die Ärzte verwerfen alle Schlüsse und Kombinationen, sie wollen Erfahrungen; die Politiker (aller Parteien) richten ihr Auge auf das wirkliche Bedürfnis und verschließen ihre Vortrefflichkeitsschablonen ins Pult; [...] die Welt ist des Spekulierens müde und verlangt nach jener ‚frischen grünen Weide', die so nah lag und doch so fern." (Fontane, Realismus, S. 141.)
67 Geppert, Der realistische Weg, S. 127.
68 Geppert, Der realistische Weg, S. 129.
69 Geppert, Der realistische Weg, S. 127.
70 Moritz Baßler, Zeichen auf der Kippe. Aporien des Spätrealismus und die Routines der Frühen Moderne. In: Entsagung und Routines. Aporien des Spätrealismus und Verfahren der Frühen Moderne, hg. von Moritz Baßler, Berlin, Boston 2013 (linguae & litterae. 23), S. 3–21, hier: S. 8; vgl.

2.3 Magischer Realismus als (Poetischer) Realismus der Spätmoderne

Der Magische Realismus knüpft in doppelter Weise an den Realismus des neunzehnten Jahrhunderts an. Auf Verfahrensebene aktualisieren die magisch-realistischen Texte gegenüber den metaphorisch dominierten Verfahren der literarischen Moderne (Symbolismus, Expressionismus, Dadaismus) das metonymische Verfahren des literarischen Realismus. Der Rückgriff auf den Realismus richtet sich in spezifischer Weise gegen ein zu Allgemeinplätzen erstarrtes Formelrepertoire des Spätexpressionismus (Oh-Mensch-Pathos), gegen eine Kunst, die sich vermeintlich in formalen Experimenten erschöpft, aber auch gegen eine ideologische Vereinnahmung von Literatur.[71] Dabei geht es nicht darum, die Entwicklungen der literarischen Moderne rückgängig zu machen, sondern diese in einer Vermittlung von Kunst und Leben,[72] Formauflösung und Formwahrung, Realismus und ästhetischer Moderne neu auszurichten.

Indem die Texte des Magischen Realismus die Vermittlungsidee aktualisieren, knüpfen sie zudem an die spezifische Programmatik des deutschen Poetischen Realismus an. Wie der Poetische Realismus auf formaler Ebene eine Vermittlung zwischen ‚Naturalismus' (Mimesis) und ‚Idealismus' (Symbol) ansteuert, zeigt sich sowohl in den programmatischen als auch den literarischen Texten des Magischen Realismus die Tendenz zu einer Vermittlung spezifisch realistischer und avantgardistischer Schreibweisen. Darüber hinaus knüpfen die magisch-realistischen Texte auch inhaltlich an den Poetischen Realismus an. Denn auch der Magische Realismus trifft eine ontologische Unterscheidung zwischen einer

---

auch Baßlers Beschreibung des Verfahrensmodells in einem früheren Aufsatz: „Die Individualitäten sperren sich der Symbolisch-Werdung, und die Ideen werden immer gleich wieder in ‚schlechte Individualitäten' metonymisiert, die mit ihnen nicht kongruieren wollen. […] Die beiden Achsen der Goetheschen Symbolik, auf die sich die Realisten berufen, werden also entarretiert. Das geschlossene und stabile Modell wird zur Kippfigur." (Moritz Baßler, Gegen die Wand. Die Aporie des Poetischen Realismus und das Problem der Repräsentation von Wissen. In: Magie der Geschichten. Weltverkehr, Literatur und Anthropologie in der zweiten Hälfte des 19. Jahrhunderts, hg. von Michael Neumann u. Kerstin Stüssel, Konstanz 2011, S. 429–443, S. 433.)

[71] Neben den programmatischen Texten zeigt sich diese kritische Auseinandersetzung mit der ästhetischen Moderne vor allem in Oskar Loerkes Erzählung *Die Puppe* (siehe Kapitel II.2.1) sowie Elisabeth Langgässers Erzählung *Merkur* (siehe Kapitel III.2.1).

[72] Gegenüber einer *pragmatisch* orientierten Verknüpfung von Kunst und Wirklichkeit (im Sinne von Klaus Manns *Geist und Tat*), die als politische und wirtschaftliche Vereinnahmung der Kunst bewertet wird, formulieren die Texte des Magischen Realismus das Ideal einer ideologiefreien Kunst, der das Begehren nach einer *epistemologisch-ontologischen* Vermittlung von Sprache und Wirklichkeit eingeschrieben ist (siehe dazu vor allem Kapitel III.1).

oberflächlichen Wirklichkeit und einer eigentlichen Wirklichkeit, einem „Geheimnis hinter den Dingen"[73]. Was jedoch auf den ersten Blick als schlichte Wiederholung der poetisch-realistischen Poetik erscheint, erfährt unter den Bedingungen der späten Moderne einige zentrale Modifikationen.

So hat auf der einen Seite das realistische Erzählen im Zuge der Sprach- und Erkenntniskritik der Moderne seine Evidenz eingebüßt.[74] Daher ist auch das realistische Verfahren im Magischen Realismus grundsätzlich brüchig, seine Legitimität muss sich erst erweisen bzw. neu begründen. Sobald die Texte des Magischen Realismus realistische Verfahren bemühen, wird diese Aktualisierung der literarischen Tradition von den kritischen Reflexionen der sprach- und erkenntniskritischen Moderne begleitet. Die „erkenntniskritische Reflexionsprosa"[75] des Expressionismus und der literarischen Moderne setzt sich, wie im Folgenden zu zeigen sein wird, in den Texten des Magischen Realismus fort. Gleichzeitig erweist sich auch der Zugriff auf ein „Geheimnis hinter den Dingen" als problematisch. Im Poetischen Realismus ist die ideale Ordnung des Wahren in der Regel zugleich eine des Schönen und sittlich Guten.[76] Im Kontext der literarischen Moderne wird die ‚hinter' der ‚oberflächlichen' Wirklichkeit liegende Ordnung jedoch ambivalent, wie sich beispielhaft an Gottfried Benns von der Philosophie Schopenhauers und Nietzsches beeinflusstem Oratoriumstext „Das Unaufhörliche" zeigen lässt, der das der Existenz zugrundeliegende Prinzip der Verwandlung als bedrohliches Element figuriert:

> Wir wissen von der Schöpfung nichts, als daß sie sich verwandelt –, und das Unaufhörliche soll ein Ausdruck für diesen weitesten Hintergrund des Lebens sein, sein elementarisches Prinzip der Umgestaltung und der rastlosen Erschütterung seiner Formen. [...] Auf das Individuum angewendet ist das Unaufhörliche allerdings ein tragisches, schmerzliches Gesetz, [...] es ist nicht optimistisch.[77]

Zudem wird der epistemologische Zugriff auf eine jenseits der alltäglichen Erfahrung liegende Ordnung selbst fraglich. Während im Poetischen Realismus die

---

[73] Scheffel, Geschichte eines Begriffes, S. 93.
[74] Die diskursive Anbindung der Texte an die Sprachkritik der Moderne und der damit verbundene Vorbehalt gegenüber einer realistischen Schreibweise werden in den folgenden Kapiteln immer wieder herausgestellt.
[75] Silvio Vietta, Hans-Georg Kemper, Expressionismus, München ⁵1994 (Deutsche Literatur im 20. Jahrhundert. 3), S. 153 ff.
[76] Vgl. dazu: Torsten W. Leine, „Unsere Jenny hat doch Recht" – Zur Poetologie des Spätrealismus in Fontanes „Frau Jenny Treibel". In: Baßler, Entsagung und Routines, S. 48–69.
[77] Gottfried Benn, Das Unaufhörliche. In: Benn, Sämtliche Werke. Bd. 7.1. Szenen, Dialoge, Das Unaufhörliche, Gespräche und Interviews, Nachträge, Medizinische Schriften, hg. von Holger Hof, Stuttgart 2003, S. 183–213, hier: S. 185 f.

Erkenntnis des ‚Wahren' unter den positivistischen und fortschrittsoptimistischen Vorzeichen des neunzehnten Jahrhunderts lediglich von der Qualität der Messwerkzeuge abhängig ist, die eingesetzt werden, ist die Möglichkeit eines Scheiterns von Erkenntnis in den Texten des Magischen Realismus grundsätzlich präsent bzw. wird zum Regelfall. Auch damit stehen die magisch-realistischen Texte letztlich in der Tradition der literarischen Moderne. Denn bereits die visionäre Sprachkunst des Frühexpressionismus, die in Anlehnung an Kandinskys Modell das „geistige Substrat" präsent macht, äußert sich nur im Paradox einer unverständlichen Textur, die sich dem hermeneutischen Zugriff entzieht.[78]

Der Magische Realismus als ein Realismus der Moderne sieht sich also mit einem doppelten Dilemma konfrontiert. Während im Poetischen Realismus ein emphatischer Realismus-Begriff von einem emphatischen Begriff des Wahren begleitet wird, kommt im Magischen Realismus beiden Konzepten ein prekärer Status zu. Besonders deutlich zeigt sich diese Transformation des poetisch-realistischen Modells in den Romanen Oskar Loerkes, die immer wieder den epistemologisch prekären Status *sowohl* einer realistischen *als auch* einer metaphysischen Ordnung markieren.[79] An die Stelle der für den Poetischen Realismus charakteristischen Kippfigur rückt im Magischen Realismus eine (chiastische) Konstruktion, die sich dadurch auszeichnet, dass auf der Verfahrensebene der Texte sowohl die metonymische Struktur des realistischen Dispositivs als auch eine metaphorisch erzeugte symbolische Bedeutung immer nur im fragilen Zustand des Vorläufigen, Unvollständigen erscheinen.

Was der Briefeschreiber in Ernst Jüngers „Sizilischer Brief an den Mann im Mond" als Formel beschreibt, die den Unterschied zwischen dem Realisten und dem Romantiker aufhebt – „Nein, das Wirkliche ist ebenso zauberhaft, wie das Zauberhafte wirklich ist"[80] – lässt sich gleichermaßen optimistisch und pessimistisch verstehen: als Unterwanderung der für die Moderne charakteristischen Dichotomien zugunsten eines synthetischen Zustandes der Einheit oder als Auflösung von zwei homogenen, in sich geschlossenen kulturellen Zeichenregimes (Romantik – Realismus) zugunsten eines prekären Zwischenstatus. Im Folgenden soll ein theoretischer Entwurf vorgestellt werden, der dieses ambivalente Ver-

---

[78] Das Verfahren der expressionistischen Prosa, das die programmatisch postulierte Unverständlichkeit prototypisch zum Ausdruck bringt, bezeichnet Baßler als Textur. Von klassisch strukturierten Texten lässt sich der texturierte Text dadurch unterscheiden, dass er sich „nicht in einer narrativen Struktur repräsentieren läßt" (Baßler, Entdeckung der Textur, S. 15).
[79] Siehe Kapitel II.2.2. Vgl. auch die Einordnung von Elisabeth Langgässers *Der gerettete Obolus* in der Einleitung dieser Arbeit.
[80] Ernst Jünger, Sizilischer Brief an den Mann im Mond. In: Jünger, Sämtliche Werke. 2. Abt. Bd. 9. Essays III. Das Abenteuerliche Herz, Stuttgart 1979, S. 10–22, hier: S 22.

fahren kultursemiotisch beschreibbar macht. Dazu wird zunächst aufgearbeitet, wie sich die literaturwissenschaftliche Forschung dem Phänomen des deutschsprachigen Magischen Realismus bisher genähert hat.

3 Das doppelkonditionierte Verfahren des Magischen Realismus

3.1 Die Geschichte des Begriffs und das Problem seiner Bestimmung

Der Begriff des ‚Magischen Realismus' kommt zwischen 1924 und 1950 in unterschiedlichen Zusammenhängen vor. Neben Franz Rohs kunsthistorischer Studie *Nachexpressionismus – Magischer Realismus. Probleme der neusten europäischen Malerei* und seiner Verwendung außerhalb der deutschsprachigen ästhetischen Debatten,[81] fällt der Begriff zunächst mehrfach im Kontext der Neubestimmung der Literatur nach 1945.[82] In der deutschen Literaturwissenschaft wird der Begriff, möglicherweise indirekt beflügelt von der literarischen Diskussion der späten 1940er Jahre, ab 1950 verstärkt für die Autoren im Umfeld der literarischen Zeitschrift *Die Kolonne* (1929–1932) und einige andere Autoren der Zeit, insbesondere Ernst Jünger, verwendet.[83] Jünger ist zudem der einzige Schriftsteller aus dem hier bearbeiteten Korpus, der den Begriff selbst für seine, seit den 1930er Jahren verfassten Texte reklamiert.[84]

Dabei erweist sich die Verwendung des Begriffs für die Schreibweise der hier untersuchten Texte zunächst aus zwei Gründen als problematisch. Erstens hat sich in der vergleichenden Literaturwissenschaft der Begriff ‚Magischer Realismus' primär als Bezeichnung für eine lateinamerikanisch und anglistisch geprägte postkoloniale literarische Strömung etabliert.[85] Diesem Problem kann je-

---

[81] Die Geschichte des Begriffs ‚Magischer Realismus' hat Scheffel aufgearbeitet (für die Verwendung des Begriffs über den deutschsprachigen Kontext hinaus, siehe: Scheffel, Geschichte eines Begriffs, S. 7 ff.).
[82] Scheffel, Geschichte eines Begriffs, S. 22 ff.
[83] Scheffel, Geschichte eines Begriffs, S. 22 ff. Eine Ausnahme bildet hier die Arbeit von Ludvík Václavek, Der deutsche magische Roman. In: Philologia Pragensia, 13, 1970, S. 144–156. Václavek versteht unter dem „neuen magischen Roman" vor allem Romane Kafkas, Meyrinks und Hesses. Kafka und Meyrink werden auch noch bei de Winter zu den magisch-realistischen Autoren im engeren Sinne gezählt (Steven de Winter, Der magische Realismus und die Dichtung Hermann Kasacks. In: Studia Germanica Gandensia, 3, 1961, S. 249–276).
[84] George Saiko benutzt den Begriff zum ersten Mal 1952 in einem Aufsatz (Scheffel, Geschichte eines Begriffs, S. 32 ff.), während Jünger den Ausdruck erst 1962 retrospektiv auf sein eigenes Werk bezieht (Julia Draganovic, Figürliche Schrift. Zur darstellerischen Umsetzung von Weltanschauung in Ernst Jüngers erzählerischem Werk, Würzburg 1998 (Epistemata: Reihe Literaturwissenschaft. 199), S. 82).
[85] Bowers, Magic(al) Realism, S. 31 ff.

doch dadurch begegnet werden, dass die unterschiedlichen Entstehungskontexte der verschiedenen Traditionen des Magischen Realismus mitreflektiert und Unterschiede und Gemeinsamkeiten bezüglich der Verfahrensweise der Texte sichtbar gemacht werden.[86] Zweitens stellt der Begriff des ‚Magischen Realismus' in der deutschen Literaturwissenschaft eine nachträgliche Konstruktion der Forschung dar und findet sich weder in den programmatischen noch in den literarischen Texten der Autoren, die unter dem Begriff subsummiert werden. Selbst Franz Rohs Studie, auf die sich die begriffsgeschichtlich orientierte Forschung in der Regel bezieht, misst der Bezeichnung keine besondere Relevanz bei:

> Auf den Titel ‚magischer Realismus' legen wir keinen besonderen Wert. Da das Kind einen wirklichen Namen haben mußte und Nachexpressionismus nur Abstammung und zeitliche Beziehung ausdrückt, fügten wir, nachdem das Buch längst geschrieben war, jenen zweiten hinzu. Er erschien uns wenigstens treffender als ‚idealer Realismus' oder als ‚Verismus' und ‚Neuklassizismus', welche ja nur einen Teil der Bewegung darstellen.[87]

Es stellt sich damit die Frage, warum die Schreibweise der hier diskutierten Autoren überhaupt mit dem Begriff des ‚Magischen Realismus' tituliert werden sollte – zumal durchaus Alternativen bereitstehen, etwa der von Hans-Dieter Schäfer geprägte Begriff der „Modernen Klassik"[88].

Die Ansätze der bisherigen Forschung, die eine von dem Begriff hergeleitete Analyse der Texte vornehmen und sich dabei primär am Epitheton des ‚Magischen' orientieren, können nicht überzeugen, zumal dessen Definition widersprüchlich bleibt und „keine deutlichen Konturen"[89] gewinnt. So definiert Forster in seinem frühen Aufsatz zum Magischen Realismus in der deutschen Literatur „Magie" zunächst als „ein Wissen um geheime Kräfte", das auf der Voraussetzung beruhe, „dass alle Naturerscheinungen miteinander und mit dem Menschen in geheimer Beziehung stehen"[90]. Gleichzeitig deutet er die magisch-realistische Schreibweise wiederum als psychologisch motivierten Versuch, den ganzen

---

86 Ähnlich argumentieren auch Eugene Arva, Hubert Roland, Writing Trauma. Magical Realism and the Traumatic Imagination, in: Arva, Roland, Magical Realism as Narrative Strategy, S. 7 ff. Die Autoren des Sammelbandes gehen von einer allgemeinen Bedeutung des Magischen Realismus als narrative Strategie zur Überwindung historischer Traumata aus, um dann verschiedene historische Ausprägungen des Phänomens anzuschließen.
87 Franz Roh, Nachexpressionismus – Magischer Realismus. Probleme der neusten europäischen Malerei, Leipzig 1925, Vorwort (unpaginiert).
88 Hans-Dieter Schäfer, Das gespaltene Bewußtsein. Deutsche Kultur und Lebenswirklichkeit 1933–1945, München, Wien 1981, S. 55 ff.
89 Scheffel, Geschichte eines Begriffs, S. 37.
90 Leonard Forster, Über den „Magischen Realismus" in der heutigen Dichtung. In: Neophilologus, 34, 1950, S. 86–99, hier: S. 87.

Menschen „samt den Tiefen seines Wesens"[91] zu erschließen. Die wechselseitige Beziehung zwischen Magie und Tiefenpsychologie leistet in Forsters Konzeption ein beiden Wissensbereichen eigener Antirationalismus: „In der Abkehr vom Rationalismus denkt man wieder an die irrationale – vorrationale – Wissenschaft. So hatten es schließlich die Romantiker auch getan. [...] Ihren Spuren folgten in unseren Tagen die Surrealisten."[92] In dieser Weise in den Kontext einer subjektzentrierten Moderne hinübergerettet, wird der Magische Realismus letztlich als literarische Methode beschrieben, die entweder den (antirationalen) Mythos psychologisiert bzw. ästhetisiert oder – ähnlich wie der Surrealismus – den dunklen und irrationalen Vorgängen des menschlichen (Unter-)Bewusstseins zur Darstellung verhilft:

> Hier werden drei Wege eingeschlagen: erstens die Adaptierung und Deutung der alten Mythologie, vor allem in der Nachfolge Nietzsches; zweitens die Ergründung der Traumwelt; drittens die Erfassung und Deutung der äußeren Welt im Lichte des Unbewussten. Dies heißt, so wie ich es verstehe ‚magischer Realismus'.[93]

Dass diese psychologisch motivierte Perspektive auf den *Magischen* Realismus jedoch von Forster nicht stringent verfolgt, sondern immer wieder zugunsten einer emphatischen Perspektive auf ein Magisch-Numinoses aufgegeben wird, zeigt sich beispielhaft in den mahnenden Schlussversen des Aufsatzes, die selbst einen ‚magischen' Tonfall übernehmen: „Alles ist überall – der Mythos lebt in uns, in uns weben die Urkräfte der Natur, die wir so lange vergaßen, dass wir die Atombombe zustande gebracht haben. Das ist der Sinn des Magischen Realismus, der es uns überlässt, Konsequenzen zu ziehen."[94] Diese widersprüchliche Erklärung des Magischen Realismus – aus einer Faszination an einem antirationalen Wissen um geheimnisvolle, in der Wirklichkeit waltende Kräfte einerseits

---

91 Forster, S. 87.
92 Forster, S. 87.
93 Forster, S. 87. Die psychoanalytische Perspektive auf den Magischen Realismus lässt sich jedoch weniger auf die Autoren im Umfeld der *Kolonne* anwenden, sondern entspricht weitestgehend George Saikos „Magischem Realismus des inwendigen Menschen", der sich auf rätselhafte tiefenpsychologische Prozesse konzentriert, auf das verborgene „Agens der Tiefe" (George Saiko, Roman und Film. Die Formen unserer Weltinterpretation. In: Saiko: Sämtliche Werke. Bd. 4. Drama und Essays, hg. von Adolf Haslinger, Salzburg, Wien 1986, S. 241); in diesem Sinne konstatiert Hubert Roland: „Dieses ausdrückliche Interesse für die Psychologie bzw. die Psychoanalyse unterscheidet ihn von anderen Theoretikern des ‚magischen Realismus'" (Hubert Roland, George Saikos Kriegserzählungen und die Tradition des „magischen Realismus" in der österreichischen Literatur der Nachkriegszeit. In: Germanistische Mitteilungen, 67, 2008, S. 172–185, hier: S. 178).
94 Forster, S. 99.

und der Darstellung tiefenpsychologischer Prozesse andererseits – findet sich auch in de Winters späterem Essay.[95]

Während Forster und de Winter den Begriff des ‚Magischen' ausführlich verhandeln, rückt der Realismusbegriff in den Hintergrund und spielt für die literaturwissenschaftliche Einordnung der Schreibweise kaum eine Rolle. Im Gegensatz dazu setzt sich Scheffel in seiner Studie zum Magischen Realismus sowohl mit dem Magie- als auch dem Realismusbegriff auseinander. Als realistisch versteht Scheffel zunächst eine „Literatur, die in der als weitestgehend objektiv verstandenen Darstellung der empirischen Wirklichkeit ihr eigentliches Anliegen sieht"[96] (als Beispiel dient ihm hier der Realismus des neunzehnten Jahrhunderts). Diese Perspektive erweitert Scheffel durch einen „auf die Ontologie der dargestellten Welt abhebende[n] Ansatz"[97], der nicht nach der objektiven Darstellung von Welt fragt, sondern nach der Darstellung der Erfahrung von Welt. Der Realitätsgehalt eines literarischen Textes lässt sich demzufolge durch das Maß der Annäherung an eine „world of everyday experience"[98] messen. Dieser Realismusbegriff, der weitestgehend den Prämissen Richard Brinkmanns folgt, bleibt jedoch für die Bestimmung eines magisch-realistischen Textverfahrens unzureichend. Erstens gerät der Realismusbegriff als literarhistorische Kategorie, etwa im Kontext literatur-programmatischer Überlegungen, aus dem Blickfeld. Zweitens verliert der ‚weiche' Realismusbegriff in Bezug auf den Doppelbegriff des ‚Magischen Realismus' an Relevanz, was sich darin zeigt, dass sich auch Scheffels erzähltheoretische Analyse primär am Begriff des ‚Magischen' orientiert. Zur Bestimmung des ‚Magischen' greift Scheffel, wie schon Forster, auf das der

---

95 So setzt auch de Winter zunächst damit an, dass er das ‚Magische' des Magischen Realismus phänomenologisch beschreibt: „Magie im poetischen und ich möchte sagen volkstümlichen Sinn ‚fühlt' man dort, wo das Unbeseelte plötzlich zu eigentümlichem Leben kommt [...], wo das Alltägliche mysteriös wird [...], wo aus der Stille fremde Töne aufklingen, wo aus dem Dunkel das helle Sonnenlicht bricht. Oft wird diese Magie mit den bescheidensten Mitteln – mit trübem Licht, Schatten, plötzlichen Übergängen – erreicht; dennoch bleibt ihr Wesen unerklärt" (Winter, Der magische Realismus, S. 249); um dann jedoch ebenfalls eine psychoanalytische Lesart vorzuschlagen: „Jedenfalls kommt es jetzt darauf an, den rationalen, bewussten Menschen in den Tiefen seines Wesens zu erfassen. Im Grossen und Ganzen kann man in der magisch-realistischen Literatur drei Verfahren unterscheiden, die selbstverständlich in einem Werk neben- und durcheinander angewendet werden können. Erstens die Anpassung und Deutung der alten Mythologie (Langgässer, Kasack, Warzinsky, Joyce u.a.), zweitens die Ergründung der Traumwelt (Hoffmann, Meyrink, Jünger), drittens die Erfassung und Deutung der Welt im Lichte des Unbewussten, oder besser des Unterbewussten." (Winter, S. 252.)
96 Scheffel, Geschichte eines Begriffs, S. 63.
97 Scheffel, Geschichte eines Begriffs, S. 64.
98 Scheffel, Geschichte eines Begriffs, S. 64f.

Anthropologie entlehnte „Gesetz der Teilhabe" zurück, das eine „prälogische"[99] Denkweise impliziere. Obwohl Scheffel bemüht ist, die Definition des ‚Magischen' auf konkrete Aspekte zuzuspitzen, die sich zudem erzähltheoretisch beschreiben lassen, steht auch im Zentrum seiner Definition schließlich das schon bei Forster und de Winter zu findende Prinzip des Antirationalismus:

> Wesenheiten, Phänomene und Gegenstände können hier gleichzeitig sie selbst und andere sein, die Kategorien von Raum und Zeit werden – im Unterschied zum rational geordneten Weltbild – als durchlässig begriffen, Natürliches wie Übernatürliches wird als untrennbar zusammengehörig, als ‚magische Totalität' erlebt. Mikrokosmos und Makrokosmos stehen in einem unmittelbaren Bedeutungszusammenhang, ‚Symbol und Realität fließen in Eines, ‚es ist' und ‚es bedeutet' sind nicht getrennte Dinge'.[100]

Das Problem eines derart allgemein gefassten Begriffs des Magischen als antirationales Wissen liegt jedoch darin, dass dieser kaum noch Unterscheidungen innerhalb der ästhetischen Moderne erlaubt, insofern diese insgesamt dadurch bestimmt ist, dass sie die Kategorie der Rationalität verschiedenartig auf den Prüfstand stellt. Als Konsequenz verschwimmt die Grenze zu anderen Poetiken der Moderne, wie etwa Symbolismus, Expressionismus oder auch Surrealismus, die ebenfalls einem wie auch immer gearteten Antirationalismus verpflichtet sind.

Wenn der Begriff des ‚Magischen Realismus' trotz der Problematik, die sich mit einer Definition des ‚Magischen' verbindet, als Bezeichnung der hier bestimmten Verfahrensweise verwendet wird, geschieht das aus folgendem Grund: Die paradoxale Struktur des Begriffs erweist sich als in besonderer Weise geeignet, um die historische und systematische Position der hier untersuchten Texte zwischen Traditionalismus und Moderne, Expressionismus und Realismus zum Ausdruck zu bringen. Damit erweist sich aber nicht das numinose ‚Magische' als Alleinstellungsmerkmal der Schreibweise, sondern die paradoxe Struktur der magisch-realistischen Poetik. Unter dieser Perspektive markiert der Begriff des ‚Magischen' nicht so sehr eine Differenz zur ästhetischen Moderne, sondern erweist sich vielmehr als dasjenige Element, das den Magischen Realismus mit dieser verbindet. Darauf macht bereits Schäfer in seiner Studie zur Ruderalfläche beiläufig aufmerksam:

> Es ist zu überlegen, ob in dem Oxymoron ‚Magischer Realismus' dieses Zugleich von Modernität und Traditionalismus nolens volens zum Ausdruck kommt. Das ominöse ‚Magische'

---

99 Scheffel, Geschichte eines Begriffs, S. 64.
100 Scheffel, Geschichte eines Begriffs, S. 67. Im letzten Satz zitiert Scheffel Alfred Bertholet, Das Wesen der Magie. In: Magie und Religion, hg. von Leander Penzholdt, Darmstadt 1978 (Wege der Forschung. 337), S. 109–135, S. 118.

der Texte konserviert die unterschiedlichsten Moderne-Diskurse unter Zuhilfenahme traditionell mimetischer Vertextungsstrategien (= ‚Realismus').[101]

Im begrifflichen Paradox eines ‚Magischen Realismus' spiegelt sich damit bereits die Schreibweise der Texte, die nicht mehr ausschließlich über ein realistisch-metonymisches oder modern-metaphorisches Verfahren bestimmbar ist, sondern beide Strukturprinzipien gleichzeitig abruft.

3.2 Paradoxien des Magischen Realismus

Die paradoxe Semantik des Begriffs bestimmt – unabhängig von der Frage nach einer spezifischen Definition der Begriffe des ‚Magischen' und ‚Realistischen' – den grundsätzlichen Umgang vor allem der neueren Forschung mit dem Phänomen des Magischen Realismus als Schreibweise. Während Forster den Magischen Realismus noch deutlich auf der Seite der Antirationalität verortet, geht schon de Winter verstärkt auf die im Begriff angelegte Ambivalenz ein und bestimmt den Versuch, Gegensätze in einer höheren Synthese zu vermitteln, als ein wesentliches Merkmal des Magischen Realismus des zwanzigsten Jahrhunderts, den er als magischen Realismus „im engeren Sinn" beschreibt:

> Der Unterschied mit dem magischen Realismus im engeren Sinn liegt darin, dass dieser in bewusster, fast systematischer und oft verwegener Weise anstrebt, was jede Kunst, die zwischen den Polen von Vernunft und Gefühl, von Wirklichkeit und Traum, von Klassizismus und Romantik schwankt, zu erreichen versucht: die Begründung des tieferen und höheren Sinnes des wunderbaren Daseins. [...] Es ist als ob der magische Realismus jeden Dualismus aufheben möchte. Oben wurde schon erwähnt, wie alle Gegensätze gleichsam in einem ewigen Ausgleich gefühlt werden, als zwei Hälften derselben Einheit.[102]

Die von de Winter in den Vordergrund gerückte Tendenz zu einem versöhnenden Ausgleich von zunächst unvereinbaren Gegensätzen, die sich formal in einer nicht näher bestimmten Synthese von Wirklichkeit und Traum, Vernunft und Gefühl, Klassizismus und Romantik ausdrückt, wird von Scheffel in seiner erzähltheoretischen Studie im Grundsatz übernommen. In einem späteren Artikel charakterisiert er die magisch-realistische Schreibweise dezidiert als einen

---

101 Schäfer, Unberühmter Ort, S. 80, Fußnote 200.
102 Winter, S. 251, 266.

„neuen Realismus, der Sachlichkeit und Wunder, Rationalität und Irrationalität in programmatisch paradoxer Weise vereint."[103]

Anders als de Winter betont Scheffel jedoch die Ambivalenz, die der erzählten Welt magisch-realistischer Texte selbst innewohnt. So beobachtet Scheffel neben einem Harmonisierungsstreben (im Sinne de Winters) gleichzeitig die Tendenz zu einer „Fragmentarisierung der gegenständlichen Welt"[104]. Der „Sehnsucht nach Harmonie und dauerhafter Ordnung" stehe kontrastiv die narrative Gestaltung der „zeitgenössische[n] Lebenswirklichkeit des Chaos und der Zerstörung"[105] gegenüber. Diese Doppelstruktur der Texte sieht Scheffel jedoch nicht im Spannungsverhältnis von Magie und Realismus, sondern im Merkmal des Magischen selbst ausgedrückt, insofern das Attribut magisch „sowohl in der Bedeutung von ‚rätselhaft' als auch in der Bedeutung von ‚auf geheime Weise Gegensätze zusammenbindend' zu verstehen"[106] sei:

> Mit der auf die beschriebene Weise erzählten Welt sind zwei aus der Begriffsgeschichte abzuleitende Bedingungen für die Rede von einem ‚magischen' (in der Bedeutung von ‚unheimlich', ‚rätselhaft' und ‚auf geheime Weise Gegensätze zusammenbindend') Realismus erfüllt: einer für das Individuum ebenso desorientierenden wie undurchschaubaren Fragmentarisierung der gegenständlichen Welt steht gegenüber ihre Harmonisierung in einem letzten unsichtbaren Grund.[107]

Zusammenfassend lässt sich konstatieren, dass die Forschung zum Magischen Realismus von Forster bis Scheffel insgesamt eine paradoxale Struktur der Texte ausmacht, die im Grundsatz auf die Ambivalenz des Begriffs eines Magischen (ir-

---

103 Michael Scheffel, Magischer Realismus, in: Reallexikon der deutschen Literaturwissenschaft, Bd. 2, hg. von Harald Fricke u. a., Berlin, New York 2000, S. 526 f., hier: S. 526.
104 Scheffel, Geschichte eines Begriffs, S. 72.
105 Scheffel, Magischer Realismus, S. 527.
106 Scheffel, Magischer Realismus, S. 526.
107 Scheffel, Geschichte eines Begriffs, S. 112. In der Beschreibung der konkreten erzählerischen Mittel, die Scheffel dem Magischen Realismus als Erzählstil zuweist, kehrt diese paradoxale Struktur des Magischen wieder, insofern diese entweder zu einer Fragmentarisierung der erzählten Welt beitragen („vage zeitliche und räumliche Lokalisierung und unvollständige kausale Motivation der erzählten Geschichte"; „Motive des Morbiden, Dämonisierung alltäglicher Gegenstände"), eine Harmonisierungstendenz andeuten („in der Erzählerrede die Behauptung eines geheimen Sinns, einer transzendent, aber nicht eigentlich religiös begründeten höheren Ordnung der Wirklichkeit") oder aber beiden Prinzipien verpflichtet sein können („auf der Figurenebene das Erlebnis einer besonderen, ‚überdeutlichen Wahrnehmung, die zum Verlust jeder strukturierenden Perspektive führt und teils mit dem Gefühl der' Vereinzelung, teil mit dem der Verschmelzung alles Seienden zu einem großen Ganzen verbunden ist"), Scheffel, Magischer Realismus, S. 526.

rational) Realismus (rational) zurückgeht.[108] Während die älteren Ansätze Forsters und de Winters die Texte in einem analytisch diffus bleibenden Zwischenfeld von Magie und Tiefenpsychologie verorten, zeigt Scheffel – gestützt auf eine begriffsgeschichtliche Analyse – Perspektiven auf, das ‚Magische' des Realismus erzähltheoretisch zu verorten, in einem Spannungsfeld von Fragmentarisierung und Harmonisierung der gegenständlichen Welt. Damit leistet Scheffels Ansatz einen ersten Schritt zu Klassifizierung einer magisch-realistischen Erzählweise. Es bleibt jedoch auch hier fraglich, ob die idealtypischen Erzählmerkmale, die Scheffel aufzählt, tatsächlich ein Alleinstellungsmerkmal des Magischen Realismus darstellen oder ob diese nicht vielmehr dem Arsenal der literarischen Moderne entlehnt sind. Wie bereits in Bezug auf Scheffels Definition des Magischen konstatiert wurde, lässt sich auch hier feststellen, dass die ausgearbeiteten Merkmale des Magischen Realismus nicht so sehr ein Ausnahmekriterium des Erzählstils darstellen, sondern diesen zunächst einmal in die Tradition der literarischen Moderne stellen.

Im Unterschied zu Scheffels Arbeit, die sich vor allem mit dem Aufbau der erzählten Welt bzw. der Figurenperspektive beschäftigt und auf der Ebene der Diegese operiert, präsentiert Burkhardt Schäfers Studie *Unberührter Ort. Zur Ruderalfläche im Magischen Realismus und der Trümmerliteratur* eine semiotische Analyse magisch-realistischer Textverfahren. Schäfer fasst das von Scheffel und anderen auf der inhaltlichen Ebene der Texte beschriebene Paradox (zwischen Antirationalismus und Rationalismus, Fragmentarisierung und Harmonisierung) vorrangig als semiotische Struktur, die den Magischen Realismus in ein Spannungsverhältnis zur Avantgarde setzt. Im Zentrum seiner Untersuchungen steht die Ruderalfläche, ein aus der Botanik entlehnter Begriff, der einen Raum bezeichnet, der zwar vom Menschen beeinflusst, aber nicht wirtschaftlich genutzt und deshalb von Pflanzen überwuchert wird. Als semantisch unbestimmter, „,halbgestalteter' Zwischen-Raum"[109] avanciere die Ruderalfläche im Magischen Realismus (und der Trümmerliteratur) zur poetologischen Reflexionsfläche, die im realistischen Text den Raum für eine moderne Poetologie eröffne. Letztere werde jedoch nicht mehr auf der Ebene des Verfahrens umgesetzt (wie etwa in der texturierten Prosa des Frühexpressionismus), sondern auf der Ebene der Diegese in den (von Pflanzen halb) überwuchernden Zwischenorten nur noch zitiert:

---

108 Dieses im Begriff angelegte Spannungsverhältnis konstatiert auch Scheffel, auch wenn es für seine Analyse eine untergeordnete Rolle spielt: „Die Rede von einem ‚Magischen Realismus' beruht auf einer Amalgamierung zweier miteinander unverträglich scheinender Elemente. In der seltsamen Spannung, die von ihr ausgeht, besteht offensichtlich die Faszination" (Scheffel, Geschichte eines Begriffs, S. 62).
109 Schäfer, Unberührter Ort, S. 78.

Die Modernität, die den Texten des Magischen Realismus im allgemeinen abgesprochen wird, ist in den stillgelegten Ödflächen gleichsam eingeschrieben und ‚überwintert' dort als Moderne-Topos. Die AutorInnen des Magischen Realismus beerben zwar rein inhaltlich ‚die' Avantgarde, aber inszenieren deren emphatische Modernität in ihren Textverfahren nicht mehr, sondern konservieren sie in der poetologischen Reflexionsfigur der Ruderalfläche.[110]

Schäfers Untersuchung stellt wichtige Aspekte bereit, um die Verfahrensweise magisch-realistischer Texte nicht nur semiotisch zu beschreiben, sondern auch mit den Verfahren der literarischen Moderne in Beziehung zu setzen. Als besonders wertvoll erweist sich der Ansatz, die doppelbödige Perspektive, die den Magischen Realismus in einem Spannungsfeld von Traditionalismus und Moderne verortet, um eine Perspektive zu erweitern, die in den Texten selbst poetologisch aufgeladene Zwischenräume festmacht. Problematisch bleibt jedoch die deutliche Differenz, die Schäfer zwischen der modern codierten Ruderalfläche und einem traditionell-realistischen Rest der Texte zieht.

In kritischer Anlehnung vor allem an Scheffels und Schäfers Arbeiten soll im Folgenden ein Entwurf vorgestellt werden, der das Verfahren des Magischen Realismus über den Topos der Ruderalfläche hinaus im Spannungsfeld von Moderne und Tradition bzw. Expressionismus und Realismus beschreibt.

3.3 Doppelkonditionierung – Ein Strukturmodell magisch-realistischer Texte

3.3.1 Kritik der verfügbaren Beschreibungsmodelle – Hybridität und Synthese

Vor dem Hintergrund der in dieser Arbeit vorgestellten These, dass der Magische Realismus sowohl auf Diskurs- als auch auf Verfahrensebene eine Strategie der Vermittlung und des Ausgleichs umsetzt, lassen sich die Überlegungen Schäfers wie folgt erweitern: Nicht nur die Ruderalfläche, sondern der magisch-realistische Text insgesamt fungiert als ein poetologischer Zwischenraum, der die (traditionelle) Schreibweise des Realismus mit den Formexperimenten der literarischen Moderne verschränkt bzw. vermittelt. Es bleibt jedoch die Frage, wie sich „dieses hybride Zugleich von emphatischer Modernität (‚Textur') und nach-avantgardistischen Textverfahren (Struktur)"[111], die auf traditionelle Schreibweisen zurückgreifen, theoretisch einordnen lässt.

---

110 Schäfer, Unberühmter Ort, S. 80.
111 Schäfer, Unberühmter Ort, S. 80.

Das vor allem im Postmoderne-Diskurs prominente Konzept der Hybridität, das Schäfer selbst ins Spiel bringt, legt den Fokus auf den Aspekt der Vermischung: „Hybrid ist alles, was sich einer Vermischung von Traditionslinien oder von Signifikantenketten verdankt, was unterschiedliche Diskurse und Technologien verknüpft, was durch Techniken der *collage*, des *samplings*, des Bastelns zusammengekommen ist."[112] Die Vermischung von Traditionen wird als „unerschöpfliche Vieldeutigkeit" gedacht, die Idee einer (wieder) herzustellenden Einheit wird verabschiedet: „Die Postmoderne Situation, von Peter Fuchs mit den Schlagworten Polykontextualität, Hyperkomplexität und Heterarchie beschrieben, erzwingt in weiten Bereichen ein Umstellen von Idealen der Einheit auf ein Management von Diversität"[113]. Damit verbindet sich eine emphatische Aufwertung des Zwischenstatus, der als „Signum einer paradoxen, weil nicht mehr normierbaren ‚Normalität' der (Post-)Moderne"[114] auf Dauer gestellt wird. In den Texten des Magischen Realismus bleibt der Zwischenraum jedoch ein prekärer Zustand. Während das Konzept der Hybridität das „liminale[...] ‚Spiel auf der Schwelle'"[115] zur Gesetzmäßigkeit erhebt, bleibt dieses im Magischen Realismus ein – wenn auch nicht zu überwindendes – Übergangsstadium, das auf den Ausgleich von Spannungen, die Vermittlung von Gegensätzen und damit die (Wieder-)Herstellung eines Ordnungszustandes gerichtet bleibt.

Diese Ausrichtung auf eine sinnstiftende Ordnung, die über die Texte des Magischen Realismus hinaus die Konzeption literarischer Texte ab den 1920er Jahren bestimmt, veranlasst Frank/Palfreyman/Scherer dazu, von einer Makroepoche der „Synthetischen Moderne" zu sprechen, wobei der Begriff des Synthetischen zwei Aspekte umfasst. Erstens verweist der Begriff medial auf einen künstlich-*synthetischen* Gebrauch avantgardistischer Verfahren. Die Voraussetzung dafür bildet das bereits thematisierte Historischwerden der Avantgarden, das den Stilpluralismus der ästhetischen Moderne in Form von strukturellen Varianten offenlegt: „Die Abkopplung vom Zerstörungs- und Überbietungskonzept der Avantgarde macht den Verfahrenspluralismus historisch bewußt. Das Spektrum wird als Inventar von Strukturen verfügbar"[116]. Zweitens trägt der Be-

---

112 Elisabeth Bronfen, Marius Benjamin, Einleitung. In: Hybride Kulturen. Beiträge zur anglo-amerikanischen Multikulturalismusdebatte, hg. von Elisabeth Bronfen, Marius Benjamin u. Therese Steffen, Tübingen 1997 (Stauffenburg-Discussion. 4), S. 1–29, hier: S. 14.
113 Bronfen/Benjamin, S. 23.
114 Albrecht Koschorke, Ein neues Paradigma in den Kulturwissenschaften. In: Die Figur des Dritten. Ein kulturwissenschaftliches Paradigma, hg. von Eva Esslinger u. a., Frankfurt a. M. 2010, S. 9–31, hier: S. 14.
115 Koschorke, Ein neues Paradigma, S. 18.
116 Frank/Palfreyman/Scherer, Epochenkonstruktion, S. 410.

3.3 Doppelkonditionierung – Ein Strukturmodell magisch-realistischer Texte — 39

griff der Synthetischen Moderne der Beobachtung Rechnung, dass die Texte trotz der Krisenbefunde der Moderne an einem Ordnungsbegehren festhalten und damit auf eine weltanschauliche Synthese zusteuern:

> Die spezifische Homogenität der Literatur zwischen 1925 und 1955 erschließt der Begriff der ,Synthetischen Moderne'. Er bezeichnet die Doppelung von literarischer Modernität und Synthesis auf dem aktuellen Stand der Formgeschichte. Der doppelte Ursprung von literarischer Syntheseproduktion und ,reflexiver Reaktion' (in den ideologisch eingesetzten Totalisierungen im Zeitalter der Extreme) um 1925 reagiert auf das Historischwerden der künstlerischen Avantgarden: auf die Historisierung der Frühen Moderne. Die poetischen Bilanzen der Epoche in einer ,reflektierten' und ,kombinatorischen Moderne' dienen der Sichtung und Bändigung der gesellschaftlichen und ästhetischen Modernisierung. ,Synthesen' bearbeiten die Krisen und Destabilisierungserfahrungen seit dem Ersten Weltkrieg und die massenmedialen Repräsentationsformen der neuen Populärkultur durch eine ebenso poetische wie metaphysische Integration der neuen ,Tatsachen'.[117]

Als Beispiel der Makroepoche der Synthetischen Moderne, die sowohl die Texte der Neuen Sachlichkeit als auch diejenigen des Magischen Realismus umfasst, dient den Autoren Döblins Roman *Berlin Alexanderplatz*, der Moderne und Traditionalismus synthetisiert, indem der Text eine „avantgardistische[...] Montagetechnik [...] metaphysisch überbaut"[118].

Was leistet der Begriff der ,Synthetischen Moderne' für die Analyse magisch-realistischer Texte? Er überträgt zunächst die von Scheffel auf der Erzählebene konstatierte Dynamik von Fragmentarisierung und Harmonisierung auf die Verfahrensebene der Texte, indem er zwischen einer *modernen* formalen Synthese einerseits und einer *traditionalistischen* weltanschaulichen Synthese andererseits unterscheidet. Mit der Synthetischen Moderne ist also ein Begriff gefunden, der die Vermittlung von Traditionalismus und Moderne in den Texten zwischen 1925 und 1955 literaturgeschichtlich verallgemeinernd beschreibt. Gleichwohl bleibt der Begriff für die Bezeichnung magisch-realistischer Textverfahren aus mehreren Gründen problematisch. Als Merkmal der ,synthetischen' Verfahrensweise der Texte bestimmen Frank/Palfreymann/Scherer die Verschmelzung unterschiedlichster (avantgardistischer) Praktiken, wie sie beispielhaft an Döblins Berlin Alexanderplatz ablesbar ist.[119] Eine synkretistische Montage, die zudem als sol-

---

117 Frank/Palfreyman/Scherer, Epochenkonstruktion, S. 404 f.
118 Frank/Palfreyman/Scherer, Epochenkonstruktion, S. 427.
119 „An Döblins Epochenroman *Berlin Alexanderplatz* (1929) lässt sich sehr genau beobachten, wie literarische Verweisungen neben aller Metaphysik des ,Lebens' das heterogene Sprach-Material von Dokument (Montage der Großstadt) und ,Fiktion' (die ,Geschichte' des kleinen Ganoven Bieberkopf) samt motivischen Reminiszenzen auf Bibel, Antike und klassische Literatur und Verfahrensbezügen auf das frühneuzeitliche Erzählen im ,Volksbuch') miteinander verknüpfen.

che markiert ist, findet sich jedoch in den Texten des Magischen Realismus lediglich als Negativpoetik formuliert. Denn die Zusammenführung realistischer und moderner Textverfahren geschieht hier gerade nicht unter den Bedingungen einer künstlichen Verknüpfung, sondern unter ontologischen Gesichtspunkten (um Natur und Kultur, Sprache und Welt zu vermitteln). So inszeniert etwa Oskar Loerkes Roman *Der Prinz und der Tiger* die Technik der Collage/Montage dezidiert als pervertierte (kulturelle) Schöpfung, die von den Gesetzen des Marktes bestimmt wird.[120] Die Texte des Magischen Realismus setzen eben nicht auf eine „rhetorische Harmonisierung", die ein „klitternde[s] Bewußtsein"[121] setzt, sondern auf eine ‚echte' Synthese, die letztlich auch die Dichotomie von natürlicher und kultureller Schöpfung überwinden soll.

Der Unterschied zu einem idealistischen Synthesemodell besteht deshalb nicht in der bewussten Artifizialität, sondern in der systematischen Verzögerung der Synthese. Hier schließt sich der zweite Kritikpunkt an Frank/Palfreymann/Scherers Begriff an, denn auch das ‚weltanschauliche' Synthesemoment, das die sinnstiftende Funktion in der Bedeutungsstruktur der Texte bezeichnet, erweist sich als problematisch, da – trotz aller Verweise auf „eine kriseninduzierte Situation ‚offener Epistemologie'"[122], die in den Texten zur Geltung komme – letztlich eine semiotisch geschlossene Struktur der Texte impliziert wird. Insofern wiederholt die These von der synthetischen Moderne letztlich die schon bei Scheffel prominente Rede von einem gesetzten harmonischen Fluchtpunkt der Texte:

> Die ‚synthetische Moderne' bleibt so kraft ihrer Struktur des Doppelsehens, die hinter der empirisch erfaßten wie der diskursiv und medial erzeugten Welt eine zweite Wirklichkeit als höhere Ordnung durchscheinen läßt, getragen von der Kunst als Ethikangebot. Aller Dissonanz der modernen ‚Tatsachen' und aller Einsichten in die (natur-)wissenschaftliche, mediale und diskursiv gesteuerte Produktion zum Trotz hält sie mit der Metaphysik einer höheren Ganzheit die Idee der Integration oder gar der Versöhnung präsent.[123]

Zum Schluss löst sich der Roman als ‚modernes Epos' in ein Bild von Leben und Tod durch Klang und Rhythmus auf, das Döblins Auffassung von menschlichen ‚Elementarsituationen' entspricht, die er in der gleichzeitig mit dem Roman entstandenen Programmschrift *Der Bau des epischen Werks* (1929) als zentrales Darstellungsinteresse seiner Literatur verhandelt." (Frank/Palfreyman/Scherer, Epochenkonstruktion, S. 404 f.)

120 Siehe dazu Kapitel II.2.2.1.
121 Frank/Palfreyman/Scherer, Epochenkonstruktion, S. 400.
122 Frank/Palfreyman/Scherer, Epochenkonstruktion, S. 401 f.
123 Frank/Palfreyman/Scherer, Epochenkonstruktion, S. 405 f.

Um die Verfahrensweise der magisch-realistischen Texte im Spannungsfeld von Moderne und Tradition, Expressionismus und Realismus zu fassen, erweisen sich die hier diskutierten Konzepte somit als nicht hinreichend. Während der Begriff der Hybridität den Texten eine offene Struktur unterlegt, die den Zustand des Dazwischen, der Grenze auf Dauer stellt, verlagert der Begriff der Synthese das Gewicht einseitig auf die ordnungsstiftende Sinnstruktur (bzw. trifft eine Unterscheidung zwischen einer experimentellen Tendenz auf formaler und einer traditionalistischen auf inhaltlicher Ebene). Alternativ zu den Konzepten der Hybridität und der Synthese greift diese Arbeit deshalb auf den Terminus der Doppelkonditionierung zurück, wie ihn Albrecht Koschorke in seiner kultursemiotisch angelegten Erzähltheorie bestimmt.

3.3.2 Semiotische Doppelkonditionierung und metaphysischer Ausgleich

Der Terminus der Doppelkonditionierung beschreibt zunächst die Überschneidung von in der Regel zwei unterschiedlichen, sich gegenseitig ausschließenden Zeichensystemen als prekären Zustand der Ambivalenz. Koschorke spricht von „epistemischen Situationen",

> die durch Mehrdeutigkeit in einem präzisen Sinn gekennzeichnet sind. Sie resultieren aus der Überlagerung mehrerer – im einfachsten und wohl auch Regelfall zweier – Zeichenregimes, die unterschiedlich, ja gegensätzlich codiert sind und wechselseitig unassimilierbar bleiben. Während jedes der Zeichenregimes eigenen, benennbaren Verknüpfungsregeln gehorcht, lässt sich auf ihr Zusammenkommen und den dabei entstehenden Raum keines der beteiligten Regelwerke anwenden: Es gibt keinen Metacode, der einen unstrittigen, von allen Seiten im gleichen Maß anerkannten, ja überhaupt explizit zu machenden Übersetzungsschlüssel zwischen den aufeinander auftreffenden Ordnungsprinzipien liefert.[124]

Semiotisch bezeichnet die Doppelkonditionierung also weder eine hybride Zusammenführung verschiedener Codes zu einem mehrstimmigen Ensemble, noch eine Synthese von Fragmenten, sondern die paradoxe Überlagerung von zunächst zwei genuin gegensätzlichen Zeichenregimes. Diese Überlagerung von zwei binären Codes (A/B) erzeugt dabei einen (virtuellen) Grenzbereich (C), der in keinem der beiden Codes restlos aufgeht:

> Es geht dabei nicht einfach um Pluralität oder Polyperspektivismus, sondern um die Superimposition zweier Koordinatensysteme, die gewissermaßen gegeneinander verschoben

---

[124] Albrecht Koschorke, Wahrheit und Erfindung. Grundzüge einer allgemeinen Erzähltheorie, Frankfurt a. M. 2012, S. 368.

> sind [...] und beide auf ihre Weise das gesamte Feld kartographieren, nur dass eben die beiden Karten nicht passgenau übereinandergelegt werden können. Jede hat ihre Zentrierung und damit auch ihren blinden Fleck, den die andere nicht hat, sodass sich ein Bild des Ganzen allein in der Oszillation zwischen zwei unvollständigen und sich sogar wechselseitig ausschließenden Perspektiven herstellt. Diese Oszillation lässt sich weder mit den Vorgaben des einen noch des anderen Systems beherrschen, sondern bringt eine Art Restunschärfe ins Spiel, die mit den Mitteln einer herkömmlichen Logik, das heißt nach apriorischen, einheitlichen, gleichmäßigen und unveränderlichen Gesetzmäßigkeiten, nicht bearbeitet werden kann.[125]

Im Gegensatz zum Begriff der Synthese richtet derjenige der Doppelkonditionierung den Blick nicht auf eine Lösung des Konflikts, sondern auf die durch diesen Konflikt freigesetzte kulturelle Energie. Diese Dynamik lässt sich anhand einer besonderen Ausprägung von Doppelkonditionierung aufzeigen, die Koschorke als „Koexistenz konfligierender Normpaare" fasst: „Darunter ist nicht eine schlichte Ambivalenz zu verstehen, sondern das gegenstrebige Zusammenspiel zweier normativer Programme, die jeweils ihre eigene Schlüssigkeit und Folgerichtigkeit haben, ohne doch in ihren Forderungen miteinander vereinbar zu sein."[126] Eine Auflösung der Doppelkonditionierung liegt dabei zwar im epistemologischen, aber nicht im poetologischen Interesse, wie sich an der kulturellen Modellierung der christlichen Maria-Figur zeigt:

> Die christliche Theologie, die Maria, die Mutter Jesu, zur Jungfrau und zum Antitypus der menschlichen Urmutter Eva erklärt, hat den Frauen, die ihr Leben am Vorbild der heiligen Jungfrau ausrichten wollen, ein unnachahmbares Modell zur Nachahmung aufgetragen: zugleich rein im Sinne sexueller Unberührtheit zu sein und mit mütterlicher Innigkeit ihr Kind in den Armen zu wiegen, wie es ihnen die Bildtradition der Heiligen Familie vor Augen stellt. [...] Denn gerade die Tatsache, dass [die Forderungen] sich zu einer unendlichen, unerfüllbaren Aufgabe zusammenfügen, verleiht ihnen über zwei Jahrtausende hinweg eine nicht versiegende phantasmatische Energie.[127]

Die poetologische Funktion der doppelkonditionierten Motivkomplexe, die Koschorke auch als „kulturell dynamisierende[...] Dilemmata" beschreibt, liegt also nicht primär darin, einen Ausgleich herzustellen, sondern diesen Ausgleich aufzuschieben: „Zwar drängen sie auf einen Spannungsausgleich innerhalb der aufgegeben Paradoxie; aber was sie antreibt, ist in Wahrheit die Unmöglichkeit ihrer Schlichtung, von der eine fortdauernde Restunruhe ausgeht."[128]

---

125 Koschorke, Wahrheit und Erfindung, S. 370 f.
126 Koschorke, Wahrheit und Erfindung, S. 371 f.
127 Koschorke, Wahrheit und Erfindung, S. 373.
128 Koschorke, Wahrheit und Erfindung, S. 373.

Die folgenden Untersuchungen sollen zeigen, dass der Begriff der Doppelkonditionierung für die semiotische Beschreibung magisch-realistischer Texte in mehrfacher Hinsicht produktiv gemacht werden kann. Zunächst lässt sich mit dem Begriff der Doppelkonditionierung das Verfahren der Texte beschreiben, das zwei widersprüchliche Zeichenregimes aktualisiert, ohne eines dieser Regimes vollständig umzusetzen. Die Zusammenführung genuin realistischer und moderner bzw. expressionistischer Darstellungsweisen lässt sich unter dieser theoretischen Betrachtungsweise als poetologischer Entwurf verstehen, „das Bild eines Ganzen allein in der Oszillation zwischen zwei unvollständigen und sich sogar wechselseitig ausschließenden Perspektiven" herzustellen. Während das Konzept des Hybriden den Zwischenzustand absolut setzt und die Kategorie der Synthetischen Moderne eine Differenz zwischen formaler Collage und inhaltlicher Synthese installiert, akzentuiert der Terminus der Doppelkonditionierung also auf formaler Ebene den Zwischenzustand der Texte und hält das Begehren nach Versöhnung in der Oszillation der poetologischen Oppositionen dennoch latent präsent.

Eine weitere Eigenart magisch-realistischer Texte lässt sich nun darin ausmachen, dass das doppelkonditionierte Verfahren, das zwischen Realismus und Moderne changiert, seine Entsprechung in der diskursiven Verhandlung konfligierender Normpaare (Männlich-Weiblich, Kultur-Natur, Geist-Leben) über die Kategorie der Mitte und des Ausgleichs findet. Indem die Unterscheidung zwischen Natur und Kultur in die Ausgleichsbewegung aufgenommen wird, arbeiten die Texte des Magischen Realismus (durchaus im Sinne der literarischen Moderne) programmatisch an der Überwindung der Grenzen von Sprache und Wirklichkeit. Anschaulich wird diese Perspektive anhand einer Äußerung aus Elisabeth Langgässers spätem Briefverkehr: „Das Problem, das Sie in ihrem Brief anrühren, ist vollkommen das meine – nämlich die Inkarnation und das Dichten über sich selbst *hinaus*. Aufhebung der ‚Nur'-Dichtung mit den Mitteln der Dichtung."[129] Aus kultursemiotischer Perspektive lässt sich die Unterscheidung zwischen Natur und Kultur nur asymmetrisch beschreiben – als Paradox oder Aporie: „Jede Aussage über die Natur ist [...] nur als kulturelles Symptom lesbar und berührt den Bereich außerhalb der Kulturgrenzen nicht."[130] In den magisch-realistischen Texten mündet die programmatisch eingeforderte Überwindung der Grenzen von Natur und Kultur in eine metaphysische Perspektivierung, welche zunächst einmal im Gegensatz zur semiotischen Dynamik der Texte steht. In

---

129 Elisabeth Langgässer, Brief an Felix Stössinger [11.1.1949]. In: Langgässer, Briefe 1924–1950. Bd. 2, hg. von Elisabeth Hoffmann, Düsseldorf 1990, S. 863 f, hier: S. 864.
130 Koschorke, Wahrheit und Erfindung, S. 257.

Einzelanalysen wird zu zeigen sein, wie genau die Texte das Zusammenspiel von semiotischer und metaphysischer Ausgleichsbewegung jeweils gestalten. Von zentraler Bedeutung ist dabei die Frage, ob und inwiefern die Paradoxien und Aporien des magisch-realistischen Vermittlungsprojekts in den jeweiligen Texten selbst reflektiert werden.

3.3.3 Historische Differenzierung

Die systematische Beschreibung des Magischen Realismus als Textverfahren wird in dieser Arbeit durch eine historische Perspektivierung ergänzt, die Kontinuitäten und Brüche des Verfahrens herausstellt. Diese Herangehensweise, die sich nicht primär an historischen Zäsuren, sondern an der Entwicklung ästhetischer Verfahren orientiert, folgt einer aktuellen Tendenz innerhalb der Literaturwissenschaft. Dabei geht es nicht um die Nivellierung historischer Zäsuren, sondern um ihre kritische Überprüfung.[131] Im Gegensatz zu den in der Regel kurzlebigen Ismen der ästhetischen Moderne umspannt die Schreibweise des Magischen Realismus mit den Jahren 1920–1960 einen längeren Zeitraum und überdauert historische Zäsuren, wie den Beginn des Nationalsozialismus 1933 und das Ende des zweiten Weltkriegs 1945.[132] Trotz der grundsätzlichen Kontinuität des magisch-realistischen Verfahrens lassen sich sowohl im Bereich der programmatischen als auch der literarischen Texte Brüche, Modifikationen und Neubestimmungen ausmachen, die im jeweiligen kulturellen Entstehungskontext begründet liegen.

Diese historische Differenzierung findet in der Gliederung der Kapitel dieser Arbeit ihre Berücksichtigung. So beschäftigt sich der an die theoretischen Überlegungen anschließende zweite Teil der Arbeit vor allem mit den Bedingungen, unter denen sich ein magisch-realistisches Erzählen in Auseinandersetzung mit der ästhetischen Moderne, speziell mit dem Expressionismus, herausbildet. Im

---

131 Damit knüpft die Arbeit an verschiedene Forschungsprojekte der letzten Jahre an, die sich zum großen Teil in folgendem Sammelband finden: Baßler/Roland/Schuster, Poetologien deutschsprachiger Literatur; vgl. auch: Jörg Schuster, Die vergessene Moderne. Deutsche Literatur 1930–1960, Stuttgart 2016 (Kröners Taschenausgabe. 219).
132 Von Beyme spricht von dem „Gesetz der Kurzlebigkeit der modernen Ismen", von dem einzig der Surrealismus auszunehmen sei. (Beyme, Zeitalter, S. 117) Strukturell lässt sich die Persistenz der Schreibweise möglicherweise auch damit begründen, dass die magisch-realistischen Texte dem „Innovationsdruck" (Beyme, S. 41) der Avantgarden nicht nachgeben, sondern sich auf eine vermittelnde Poetik zurückziehen, die das Formenarsenal der Moderne in einer moderaten Struktur konserviert.

Zentrum steht dabei die Frage, wie eine zwischen Expressionismus und Realismus verortete Poetik der Mitte auf programmatischer Ebene sowie auf der Verfahrensebene der Texte modelliert wird. Der dritte Teil der Arbeit zeigt zunächst auf, dass die Texte Elisabeth Langgässers, Ernst Jüngers wie auch die Publizistik der Zeitschrift *Die Kolonne* in unterschiedlicher Weise an die Programme und Verfahren des Magischen Realismus der frühen 1920er Jahre anknüpfen, um dann nach den spezifischen Modifikationen zu fragen, welche die Poetik des Magischen Realismus in den Texten der frühen 1930er Jahre erfährt. So ist auf der einen Seite das Verhältnis des Magischen Realismus zur Neuen Sachlichkeit zu berücksichtigen, insofern mit der Neuen Sachlichkeit eine am Gegenstand orientierte Schreibweise zur Disposition steht, die gewissermaßen in Konkurrenz zum Magischen Realismus tritt.[133] Auf der anderen Seite wird vor allem hinsichtlich der Publizistik der Kolonne sowie der frühen Prosa Langgässers diskutiert, wie sich die Poetik der Vermittlung gegenüber einer für die 1930er Jahre charakteristischen Politisierung dualistischer Konzeptionen verhält. Dabei wird auf die Schriften Alfred Baeumlers und Max Schelers zurückgegriffen, die in den späten 1920er Jahren sehr unterschiedliche Entwürfe vorstellen, um die modernetypischen Dualismen zu verhandeln. Außerdem wird zu klären sein, inwiefern sich die um 1930 publizierten Texte Jüngers, die in der Forschung verschiedentlich unter dem Etikett des ‚Magischen Realismus' verhandelt werden, überhaupt in die hier aufgezeigte Tradition des Magischen Realismus einordnen lassen. Der vierte und letzte Teil der Arbeit geht schließlich den Kontinuitäten und Brüchen magisch-realistischen Erzählens in den 1930er und 1940er Jahren am Beispiel programmatischer und literarischer Texte Elisabeth Langgässers, Horst Langes, Günter Eichs und Ilse Aichingers nach. Die poetologischen Konzepte der Mitte und des Ausgleichs werden hier durch das Konzept der Übersetzung ergänzt. In diesem Zusammenhang wird es zunächst darum gehen, die verschiedenen Codierungen der Übersetzungspoetik (poetologische, topologische und metaphysische) herauszuarbeiten, um im Anschluss daran zu fragen, inwiefern die Übersetzung als eine Konkretisierung der magisch-realistischen Poetologie beschrieben werden kann.

---

133 Mitte der 1920er Jahre (zwischen 1922–1929) finden sich kaum (Prosa-)Texte des Magischen Realismus, was sich damit begründen ließe, dass magisch-realistische Texte vor allem gesellschaftliche bzw. menschliche Krisen thematisieren. Das Ausbleiben magisch-realistischer Texte verhält sich zudem komplementär zum Erfolg von Texten der Neuen Sachlichkeit. Dem entspricht, dass die Neue Sachlichkeit als Phänomen beschrieben wird, dass von den Krisen um 1920 und 1930 geradezu eingerahmt wird. So knüpft Helmuth Lethen die Texte der Neuen Sachlichkeit an die „ökonomische Aufschwungphase der Jahre 1924 bis 1929" (Helmut Lethen, Neue Sachlichkeit 1924–1932. Studien zur Literatur des ‚weißen Sozialismus', Stuttgart 1970, S. IX).

Die in dieser Arbeit vorgelegte Verfahrensanalyse hat also ein doppeltes Interesse: Einerseits geht es darum, die Kontinuität magisch-realistischen Erzählens aufzuzeigen, andererseits sollen die zeit- und textspezifischen Akzentuierungen der programmatischen und literarischen Entwürfe herausgestellt werden. Dabei wird auch zu zeigen sein, an welchen Stellen bzw. in Bezug auf welche Texte das hier entwickelte Beschreibungsmodell selbst an seine Grenzen stößt.

II Ansätze zu einer magisch-realistischen Poetik im Nachexpressionismus

1 ‚Kultivierter Expressionismus'[1]

1.1 Kontinuitäten, Brüche und Übergänge

1.1.1 Epochen-Markierungen nach dem Expressionismus

Die literaturwissenschaftlichen Arbeiten, die sich mit einem realistischen Erzählen nach den Avantgarden beschäftigen, setzen in der Regel frühestens ein Jahrzehnt nach der Hochkonjunktur von Expressionismus und Dada ein.[2] Obwohl diese Ansätze von einer Fortsetzung realistischen Erzählens im zwanzigsten Jahrhundert trotz der Avantgarden ausgehen, das aufgrund dieser jedoch zweifellos Umgestaltungen erfährt, bleiben gerade diejenigen im Ansatz realistischen Texte, die im direkten Umfeld vor allem des Expressionismus entstehen und sich in unmittelbarer zeitlicher Nähe mit den Programmen und ästhetischen Praktiken der Avantgarden auseinandersetzen, weitestgehend unberücksichtigt.[3] Dies zeigt sich in besonderer Weise im Hinblick auf die Texte des deutschsprachigen Magischen Realismus, da dieser in den einschlägigen Untersuchungen zumeist erst mit Beginn der dreißiger Jahre angesetzt wird. Problematisch ist diese Einordnung vor allem deshalb, weil sie sich weniger an der Kontinuität oder Unterbrechung ästhetischer Verfahren und Programme orientiert, sondern historische Zäsuren in den Vordergrund rückt.

An Michael Scheffels begriffsprägenden Arbeiten zur Erzählweise des Magischen Realismus der 1930er und 40er Jahre ist diese Praxis beispielhaft ablesbar. Sind die frühen Romane Wilhelm Lehmanns (*Der Bilderstürmer* von 1916, *Die Schmetterlingspuppe* von 1918 und *Weingott* von 1922) in Scheffels früher Monographie noch Bestandteil des für die Untersuchung relevanten Textkorpus, werden diese vor 1930 publizierten Texte (wie auch Ernst Jüngers „Das Aben-

---

[1] In Anlehnung an Clemens Heselhaus, Oskar Loerke und Konrad Weiß. Zum Problem des literarischen Nachexpressionismus. In: Der Deutschunterricht, 6, 1954, S. 28–55, hier: S. 35.
[2] Dies gilt, wie im Folgenden zu zeigen sein wird, sowohl für die Arbeiten Scheffels als auch für aktuellere Ansätze, die sich dem Problem eines realistischen Schreibens nach den Avantgarden annähern, wie etwa den Band von Claudia Öhlschläger, Lucia Perrone Capano, Vittoria Borsò (Hg.), Realismus nach den europäischen Avantgarden. Ästhetik, Poetologie und Kognition in Film und Literatur der Nachkriegszeit, Bielefeld 2012.
[3] Diese Problematik kritisiert auch Haefs in seinem Versuch, eine literarische Bestimmung des Nachexpressionismus vorzunehmen. (Wilhelm Haefs, Nachexpressionismus. Zur literarischen Situation um 1900. In: Georg Britting (1891–1964). Vorträge des Regensburger Kolloquiums 1991, hg. von Bernhard Gajek u. Walter Schmitz, Frankfurt a. M. u. a. 1993 (Regensburger Beiträge zur deutschen Sprach- und Literaturwissenschaft. 52), S. 74–98, hier: S. 78.)

teuerliche Herz", erste Fassung von 1929) in späteren Aufsätzen zur Bestimmung der magischen-realistischen Erzählweise explizit ausgeklammert.[4] Noch deutlicher als Scheffel orientiert sich Doris Kirchner an historischen Markierungen, indem sie den Erzählstil des Magischen Realismus als literarische Reaktion auf die politischen Entwicklungen der 1930er und 40er Jahre begreift und als Phänomen der Inneren Emigration beschreibt.[5]

Vor allem Scheffel knüpft mit seiner zeitlichen Rahmung des Textkorpus an die kulturgeschichtliche Einteilung Hans-Dieter Schäfers an, die er in seiner breit angelegten Studie zur deutschen Kultur und Lebenswirklichkeit während der NS-Herrschaft vorschlägt. Während Schäfer, im Gegensatz etwa zu Kirchner, zwar explizit dafür eintritt, 1933 und 1945 als literaturgeschichtliche Zäsuren kritisch zu hinterfragen, weist er der ebenfalls primär historisch begründeten Epochenschwelle 1930 eine umso größere Bedeutung zu:

> Erst kürzlich konnte nachgewiesen werden, daß sich unter der [NS-] Diktatur – trotz zunehmender Behinderungen – ein vielgestaltiges literarisches Leben bewahrt und daß ein großer Teil der späteren ‚Nullpunkt-Generation' an dieser Entwicklung produktiven Anteil genommen hatte. Dadurch ist das Problem der Kontinuität ins Blickfeld gerückt worden, aber auch die Aufgabe, nun mehrere einander ablösende oder sich überschneidende Richtungen herauszupräparieren. Die moralische Fixierung auf den Nationalsozialismus hatte bis dahin zu einer Überbetonung der Zäsuren von 1933 und 1945 geführt und eine literaturgeschichtlich differenzierte Darstellung der verschiedenen Strömungen sowie die Bestimmung des Epochenzusammenhangs über diese Daten hinaus verhindert. [...] Zweifellos verstärkten die Schrecken der Diktatur, die Not der Ausbürgerung und des Krieges den Rückzug auf alte Ordnungen, doch die Krise von 1930 [Weltwirtschaftskrise, Krise der Demokratie nach dem Rücktritt des Kabinetts Müller] ist – übrigens auch international – das entscheidende Ereignis, das der neuen Epoche die Bahn öffnete.[6]

Schäfer zufolge verbindet sich mit der „neuen Epoche" ab 1930, die er als „Moderne Klassik"[7] bezeichnet, ein auffälliger Rückgriff auf Erzählverfahren und philosophische Konstellationen vor den Avantgarden: „Wenn es einen gemeinsamen stilistischen Bezugspunkt für die in den dreißiger und vierziger Jahren entstandenen Werke der jungen Generation gibt, so scheint er in der Literatur der Jahrhundertwende und in den klassischen und realistischen Richtungen der

---

4 Michael Scheffel, „Wunder und Sachlichkeit". Martin Raschke und der „magische Realismus" einer um 1930 jungen Genration. In: Martin Raschke (1905–1943). Leben und Werk, hg. von Wilhelm Haefs u. Walter Schmitz, Dresden 2002 (Arbeiten zur Neueren deutschen Literatur. 11), S. 59–77, hier: S. 66.
5 Kirchner, Doppelbödige Wirklichkeit, S. 8 ff.
6 Schäfer, Das gespaltene Bewusstsein, S. 56.
7 Schäfer, Das gespaltene Bewusstsein, S. 23.

Vormoderne zu liegen."[8] Obwohl Schäfer darin zuzustimmen ist, dass sich vor allem der Bezug auf den Realismus des neunzehnten Jahrhunderts als entscheidendes Merkmal des Magischen Realismus der Zwischenkriegszeit erweist,[9] ist der Versuch, den „Rückzug auf alte Ordnungen" als das grundlegende Charakteristikum einer „neuen Epoche" ab 1930 zu bestimmen, gleich in mehrfacher Hinsicht problematisch. Denn anstatt historische Zäsuren mit ästhetischen Kontinuitäten und Brüchen zu vermitteln, rückt Schäfers Einteilung eine neue historische Zäsur in den Vordergrund, sodass der Eindruck entsteht, die Literatur vor 1930 bewege sich noch im Fahrwasser der Avantgarden, während sich die Literatur ab 1930 aufgrund bestimmter historischer Krisen ganz grundsätzlich auf restaurative Verfahren zurückzieht. Diese kategorische Unterscheidung, von der Schäfer selbst in anderen Arbeiten Abstand nimmt,[10] ist jedoch schon deshalb nicht aufrechtzuerhalten, weil bereits die frühen 1920er Jahre von Krisenerfahrungen und Umwälzungsprozessen (Ende des Kaiserreiches, Erster Weltkrieg, Inflation) geprägt sind, vor deren Hintergrund die experimentelle Ästhetik des frühen zwanzigsten Jahrhunderts neu verhandelt wird. Auch von einem Standpunkt aus betrachtet, der sich primär an historischen Markierungen orientiert, stellt sich also die Frage, weshalb die literarische Verhandlung realistischer Traditionen und der Rückgriff auf traditionelle literarische Verfahren erst ab 1930 und nicht bereits um 1920 einsetzen sollte.

Obwohl die im Kontext dieses Kapitels dargestellte Perspektive, die ein magisch-realistisches Erzählen bereits in den 1920er Jahren verortet, also auch ereignisgeschichtlich begründet werden kann, stehen historische Zäsuren hier nicht im Vordergrund. Wenn im Folgenden der Versuch unternommen wird, den Magischen Realismus als literarische Schreibweise zu bestimmen, die in direkter Auseinandersetzung mit den Poetiken der Avantgarden auf genuin realistische Schreibweisen zurückgreift, geht es primär darum, Kontinuitäten, Übergänge und Transformationen literarischer Textverfahren darzustellen, um diese dann in einem zweiten Schritt vor dem Hintergrund historischer Zäsuren zu reflektieren. Dabei wird explizit vermieden, von literaturgeschichtlichen Wendepunkten und Abgrenzungen zu sprechen. Stattdessen geht es darum, durchlässige Übergangsphasen literarischer Schreibweisen in einem größeren Kontext der späten Moderne aufzuzeigen. Vor diesem Hintergrund werden die Texte der Autoren, die Schäfer unter dem Sammelbegriff der „Modernen Klassik" zusammenfasst, dann auch nicht einseitig auf die Rezeption einer vormodernen Ästhetik befragt, son-

---

8 Schäfer, Das gespaltene Bewusstsein, S. 48.
9 Siehe Kapitel II.1.2.
10 Hans Dieter Schäfer, Naturdichtung und Neue Sachlichkeit. In: Die deutsche Literatur in der Weimarer Republik, hg. von Wolfgang Rothe, Stuttgart 1974, S. 359–381.

dern vielmehr dahingehend untersucht, inwiefern sie sowohl realistische als auch spezifisch moderne Textverfahren neu verhandeln und für ein magisch-realistisches Erzählen produktiv machen.

1.1.2 Die Programmatik des Magischen Realismus und die 1920er Jahre

Im Gegensatz zu Hans-Dieter Schäfers Studie findet sich der Fokus auf die 1920er Jahre im begriffsgeschichtlichen Teil von Scheffels Monographie ansatzweise realisiert. Obwohl sich Scheffels Analyse des magisch-realistischen Erzählstils „zwischen Weimar und Bonn"[11] hauptsächlich auf Romane und Erzählungen der (späten) 1930er und 1940er Jahre konzentriert, lokalisiert er die *programmatische Diskussion* um einen neuen Realismus/Naturalismus eindeutig in den 1920er Jahren. Den Grund für die zeitliche Diskrepanz zwischen programmatischer Diskussion und literarischer Gestaltung sieht er darin, dass sich zunächst ein allgemeines „Wiederaufleben realistischer und naturalistischer Tendenzen"[12] in den ästhetischen Debatten der zwanziger Jahre feststellen lässt, welches dann für die literarischen Texte des Magischen Realismus ab den dreißiger Jahren nachträglich den „geistesgeschichtlichen Nährboden bildet"[13]. Scheffel koppelt die literarischen Texte des Magischen Realismus damit deutlich ab von einer zum großen Teil bereits verebbten Diskussion, die ihren Ausgangspunkt in einer kritischen Auseinandersetzung mit dem Expressionismus hat und mit der Herausbildung der Neuen Sachlichkeit ihr vorläufiges Ende findet.[14] Das Hauptinteresse seiner Untersuchungen konzentriert sich dann auch nicht auf die Frage, ob und in welcher Weise die Texte des Magischen Realismus an der Debatte um ein realistisches Erzählen nach dem Expressionismus teilhaben, sondern darauf, inwiefern der Magische Realismus in Reaktion auf die Neue Sachlichkeit „wesentliche Elemente der ‚neusachlichen' Ästhetik übernimmt und neu funktionalisiert"[15]. Die damit einhergehende Einengung des Magischen Realismus auf die dreißiger und vierziger Jahre kritisiert bereits Burkhardt Schäfer, wenn er konstatiert,

---

11 Scheffel, Geschichte eines Begriffs, S. 82.
12 Scheffel, Geschichte eines Begriffs, S. 72.
13 Scheffel, Geschichte eines Begriffs, S. 77.
14 „Mit Beginn der zwanziger Jahre setzt auf breiter Ebene eine antiexpressionistische Bewegung ein. Sie ist gegen alles Subjektivistische, Emotionale, Rauschhafte, Utopische, in irgend einer Form exaltierende gerichtet und durch den ‚radikalen Willen zur Wirklichkeit' gekennzeichnet" (Scheffel, Geschichte eines Begriffs, S. 74).
15 Scheffel, Wunder und Sachlichkeit, S. 60.

Scheffel betrachte den Magischen Realismus „weder prospektiv aus dem ausgehenden Expressionismus, noch retrospektiv von der ‚Trümmerliteratur'"[16].

Scheffels wie auch Hans-Dieter Schäfers Bindung des Magischen Realismus bzw. der Modernen Klassik an die 1930 und 1940er Jahre kann sich dabei auf die Gründung der literarischen Zeitschrift *Die Kolonne* (1929–1932) stützen, in der einige der Autoren, die zum Magischen Realismus gerechnet werden, Gedichte oder Prosaauszüge veröffentlichen. Indem Scheffel und Schäfer die Zeitschrift an den Anfang des neuen Stils stellen, bzw. diesen mit der Gründung der *Kolonne* ihrer Gründung beginnen lassen, folgen sie jedoch zunächst einmal der Rhetorik, die Martin Raschke im programmatischen Vorwort der Zeitschrift selbst vorgibt. Denn der ironische Gestus von Raschkes Text besteht darin, dass eine sich selbst als progressiv verstandenen wissen wollende *Neue* Sachlichkeit, die sich „im Besitz eines sauber ausgearbeiteten Zukunftsschemas" wähnt, 1929 bereits als unzeitgemäße „literarische Mode" abgetan werden kann, die der Vergangenheit angehört:

> Allein der Angst, den Anschluß an eine Wirklichkeit zu verlieren, die aus sich einer gelobten Zukunft zuzustreben scheint, ist das Entstehen einer Sachlichkeit zuzuschreiben, die den Dichter zum Reporter erniedrigte und die Umgebung des proletarischen Menschen als Gefühlsstand des modernen Dichters propagierte.[17]

Der im Präteritum beschriebenen ausrangierten Mode der Sachlichkeit stellt Raschke dann im Präsens das aktuelle Textangebot der *Kolonne* gegenüber, „einige literarische Arbeiten, vorzüglich Dresdener Schriftsteller", die eine neusachliche Ästhetik dadurch überwinden sollen, dass sie es „hinfort unterlassen, Wunder und Sachlichkeit gegeneinander abzugrenzen"[18]. Mit Erscheinen der Kolonne, so ist Raschkes programmatisches Vorwort zu lesen, beginnt ein neuer literarischer Trend, der es jedoch im Gegensatz zur Neuen Sachlichkeit nicht mehr nötig hat, sich selbst als modisch zu inszenieren.

Neben den von Raschke verfassten programmatischen Texten erklärt Scheffel vor allem Friedrich Markus Huebners 1929 entstandene Schrift *Zugang zur Welt. Magische Deutungen* zu einem entscheidenden programmatischen Text für den „ideologischen Hintergrund"[19] des Magischen Realismus. Da Huebners Schrift in der Kolonne jedoch lediglich an einigen Stellen in Form kurzer, aus dem Zu-

---

16 Schäfer, Unberühmter Ort, S. 77.
17 Martin Raschke, Vorspruch. In: Die Kolonne. Zeitung der jungen Gruppe Dresden [ab dem 7. Heft ersetzt durch den Untertitel: Zeitschrift für Dichtung], 1, 1929, S. 1–2, hier: S. 1.
18 Raschke, Vorspruch, S. 1.
19 Scheffel, Wunder und Sachlichkeit, S. 62.

sammenhang gelöster Zitate auftaucht und von anderen *Kolonne*-Autoren nicht weiter rezipiert wird, scheint die zentrale Position, die Scheffel diesem Text zuspricht, kaum gerechtfertigt.[20] Ähnliches lässt sich für die programmatische Bedeutung der Zeitschrift insgesamt festhalten. Denn die in der *Kolonne* veröffentlichten programmatischen Texte stellen keineswegs ein repräsentatives Repertoire einer magisch-realistischen Poetik dar, sondern spiegeln vor allem die Auffassung der Herausgeber, speziell Martin Raschkes, wieder.[21] So hatte Hans-Dieter Schäfer in seiner Überblickstudie *Das Gespaltene Bewußtsein* zwar noch betont, die Rolle der *Kolonne* könne für die Transformation der „Kunstrevolution" der Avantgarden in eine „Moderne Klassik" „nicht hoch genug eingeschätzt werden"[22]. In einem späteren Aufsatz Schäfers, der neben den programmatischen Texten der Zeitschrift auch den Briefverkehr zwischen den Herausgebern und den Autoren des *Kolonne*-Kreises berücksichtigt, erfährt diese Einschätzung jedoch eine deutliche Relativierung:

> Die Kolonne diente vor allem Raschkes Selbstdarstellung; er druckte sich sechsunddreißig mal, wobei die vielen redaktionellen Stellungnahmen, die vermutlich ebenfalls von ihm stammen, nicht mitgezählt sind; um diese Häufigkeit zu vertuschen, veröffentlichte er außerdem als Otto Merz und Peter Anders. Obgleich A(dolf) Artur Kuhnert seit der ersten Nummer als Mitherausgeber geführt wurde, betreute Raschke fast alle Nummern allein, so dass die Zeitschrift Gefahr lief, zu sehr seine eigene ‚persönliche Färbung' anzunehmen, wie Horst Lange kritisierte.[23]

Auch wenn die Zeitschrift *Die Kolonne* (1929–32) und deren Nachfolgezeitschrift *Der weiße Rabe* (1932–34) als Versuch verstanden werden können, nach dem Vorbild der expressionistischen Zeitschriften *Die Aktion* und *Der Sturm* ein poetologisches Zentrum im Literaturbetrieb der späten Weimarer Republik zu etablieren, ist eine mit dem Expressionismus vergleichbare Relevanz für die Ausprägung einer allgemein anerkannten magisch-realistischen Poetik nicht erkennbar. Dies liegt nicht zuletzt darin begründet, dass der Expressionismus ex-

---

20 Zu den inhaltlichen Übereinstimmungen zwischen Huebner und der Poetologie der magisch-realistischen Autoren siehe Kapitel III.1.2.1.
21 Zur poetologischen Konzeption der Kolonne siehe Kapitel III.1.
22 Schäfer, Das gespaltene Bewußtsein, S. 59. Abweichend von dieser Grundthese kommt Schäfer jedoch in Einzelstudien etwa zur Lyrik Loerkes, Lehmanns und anderer Autoren gerade zu dem Ergebnis, dass die Texte, die im Rahmen des Kolonne-Kreises entstehen, die Moderne gerade während des Dritten Reichs fortschreiben bzw. sich in ihrer Modernität nicht wesentlich von den Texten der Neuen Sachlichkeit unterscheiden (Schäfer, Naturdichtung, S. 362ff.).
23 Hans-Dieter Schäfer, Der Mythos der jungen Kolonne. In: Haefs, Martin Raschke, S. 25–36, hier: S. 30.

plizit als literarische Bewegung auftritt, während Autoren wie Oskar Loerke, Elisabeth Langgässer und Günter Eich sich selbst immer wieder gegen die Vereinnahmung durch eine politische oder ästhetische Bewegung wenden und demgegenüber die Singularität und Unabhängigkeit des Dichters hervorheben.[24] Was Krolow in Bezug auf die Repräsentanten der modernen Naturlyrik konstatiert, gilt auch für die Autoren des Magischen Realismus: „Die Kolonne sammelt für einen Augenblick Kräfte, die sich später – und ein für allemal – zerstreuen werden. Die Vorstellung, die Naturlyrik als Gruppe oder gar als Schule zu sehen – ein Mißverständnis – stammt zweifellos aus *Kolonne*-Zeiten"[25].

Sucht man nach den poetologischen Grundlagen derjenigen Verfahren, die für die Texte Langgässers, Eichs, Aichingers, Langes und anderer Autoren des Magischen Realismus von Bedeutung sind, gilt es also, wesentlich früher als 1930 ansetzen. Die folgenden Ausführungen werden belegen, dass die Zeitschriften *Die Kolonne* und *Der weiße Rabe* ein magisch-realistisches Erzählen nicht erst begründen, sondern vielmehr eine literarische Schreibweise programmatisch begleiten bzw. gegenüber der Neuen Sachlichkeit neu in Stellung bringen, die sich bereits im Zuge der Auseinandersetzung mit den Texten des Expressionismus Ende der 1910er Jahre herausbildet. Anders formuliert: Die programmatischen und literarischen Texte der frühen zwanziger Jahre stellen Motive und Verfahren bereit, die für die Texte im Umfeld der beiden literarischen Zeitschriften stilprägend werden.

Diese Perspektive auf die Autoren des Magischen Realismus ist keineswegs neu, sondern wurde bisher allein im Bereich der Erzählprosa weitestgehend ausgeblendet. Ein Gattungswechsel in den Bereich der Lyrik zeigt, dass hier die Rolle der Zeitschriften *Die Kolonne* und *Der Weiße Rabe* – und damit verbunden auch die vermeintlich gesetzte Epochenschwelle 1930 – eine deutlich geringere Rolle spielen.[26] So haben unter dem Konzept einer ‚modernen Naturlyrik' verschiedene Untersuchungen die Entwicklung des Naturgedichts von den frühen lyrischen Texten Oskar Loerkes (zum Teil bereits aus den 1910er Jahren) und

---

[24] Loerke wendet sich direkt gegen eine Vereinnahmung seiner Person für die expressionistische Bewegung und hebt die Individualität seines Stils hervor (vgl. Kapitel II.1.2.4).
[25] Karl Krolow, Eine folgerichtige Entwicklung: Das neue deutsche Naturgedicht. In: Kindlers Literaturgeschichte der Gegenwart. Autoren, Werke, Themen, Tendenzen seit 1945. Die Literatur der Bundesrepublik. Bd. 2, hg. von Dieter Lattmann, Frankfurt a.M. ²1980, S. 38–99, hier: S. 40.
[26] Dies ist zunächst verwunderlich, weil sich die literarischen Zeitschriften ja hauptsächlich durch die Publikation von lyrischen Texten auszeichnen. Ein Grund für die größere Bereitschaft in der Lyrik-Forschung, Traditionslinien zwischen der jüngeren Generation im Umfeld der *Kolonne* und den Vertretern der älteren Generation, vor allem Oskar Loerke und Wilhelm Lehmann, auszumachen, könnte darin liegen, dass Langgässer, Eich und Krolow nach 1945 diese Kontinuitätsperspektive für den Bereich der Lyrik wesentlich mitbestimmt haben.

Wilhelm Lehmanns bis in die Nachkriegszeit der BRD (Karl Krolow, Rolf Dieter Brinkmann) dargestellt.[27] Als repräsentativ für den literaturwissenschaftlichen Zugang zur Naturlyrik des zwanzigsten Jahrhunderts kann die Klassifizierung Lampings gelten:

> Die naturmagische Lyrik gehört zur modernen nachexpressionistischen Dichtung [...]. Sie erreicht ihren Höhepunkt in den 30er und 40er, entsteht aber schon in den 20er Jahren: in Oskar Loerkes Gedichtband ‚Der längste Tag' von 1926, dessen erster Teil programmatisch ‚Der magische Weg' überschrieben ist, hat sie ihre erste deutlich Ausprägung.[28]

In einem frühen Aufsatz, auf den Lamping sich wiederholt bezieht, setzt auch Hans-Dieter Schäfer den Beginn einer modernen Naturlyrik dezidiert in den 1920er Jahren an. Anstatt wie Scheffel den Magischen Realismus auf die Neue Sachlichkeit folgen zu lassen, verortet Schäfers Aufsatz die Naturlyrik im direkten Umfeld der Neuen Sachlichkeit und zeigt zahlreiche Überschneidungen zwischen Naturdichtung und Neuer Sachlichkeit auf.[29] Unmissverständlich setzt auch Karl Krolow an den Anfang seiner Ausführungen „Eine folgerichtige Entwicklung: Das neue deutsche Naturgedicht" Oskar Loerkes Lyrik der 1910er und 1920er Jahre:

> Die Wirkung, die von einer erneuten Befassung mit Natur und Landschaft, Jahreszeit (in einem weiten Sinne) ausgeht, lässt sich auf die zwanziger Jahre, wenigstens auf die zweite Hälfte dieses Jahrzehnts zurückführen. Sie setzt ein mit der ersten Anerkennung des Werkes, das Oskar Loerke (1884–1941) in der Stille (trotz seiner Lektoratstätigkeit) nach 1910 geschaffen hatte. Von ihm ist zu sprechen, ehe von späterer Naturlyrik gesprochen werden kann.[30]

Schließlich knüpft auch Christian Kohlross in seiner aktuellen Studie zur *Theorie des modernen Naturgedichts* an diese Forschungsperspektive an, indem er die poetologische Kontinuität zwischen den frühen lyrischen Texten Loerkes, den seit den späten 1920er Jahren publizierten Gedichten Günter Eichs und Rolf Dieter

---

27 Schon Vietta zieht die Tradition einer modernen Lyrik von Novalis über Oskar Loerke bis Paul Celan (Silvio Vietta, Sprache und Sprachreflexion in der modernen Lyrik, Berlin, Zürich 1970 (Literatur und Reflexion. 3)). In diesem Sinne auch Axel Goodbody, Natursprache. Ein dichtungstheoretisches Konzept der Romantik und seine Wiederaufnahme in der modernen Naturlyrik (Novalis – Eichendorff – Lehmann – Eich), Neumünster 1985 (Kieler Studien zur deutschen Literaturgeschichte. 17).
28 Dieter Lamping, Das lyrische Gedicht. Definitionen zu Theorie und Geschichte der Gattung, Göttingen ³2000, S. 221.
29 Schäfer, Naturdichtung, S. 362 ff.
30 Krolow, S. 40.

Brinkmanns nach 1960 entstandener Lyrik hervorhebt. Die Gemeinsamkeit zwischen den Texten der drei Autoren zeige sich vor allem darin, dass sie allesamt auf die „Sprachkrise zu Beginn dieses [des 20.] Jahrhunderts, wie sie in Hofmannsthals ‚Chandosbrief' ihren Ausdruck findet"[31], reagieren und vor diesem sprachkritischen Hintergrund bewusst „ihr Verhältnis zur Natur"[32] reflektieren. Im Gegensatz zu Schäfers literaturgeschichtlichem Raster, das die ‚Klassische Moderne' und die ‚Moderne Klassik' über einen literaturgeschichtlichen Wendepunkt 1930 in Opposition zueinander setzt, macht Kohlross' Analyse deutlich, dass mit dem Votum für eine literaturgeschichtliche Kontinuität zwischen 1920 und 1960 auch eine kulturgeschichtliche Neuperspektivierung der literarischen Texte einhergeht. Diese werden deutlich stärker in ihrem Verhältnis zur ästhetischen Moderne verhandelt und weniger in ihrem Verhältnis zur Kultur(politik) des Dritten Reichs. Dieser Perspektive folgt schließlich auch Hermann Korte, wenn er als Beispiel für eine Lyrik, die trotz eines „traditionalistischen Zug[s] nicht von vornherein Paradigmen einer bloß antimodernen Restauration mit affirmativen Tendenzen" reproduziert, vor allem auf die naturlyrischen Texte Loerkes, Lehmanns und des *Kolonne*-Kreises „der zwanziger und frühen dreißiger Jahre"[33] verweist.

Die Ansätze aus der Lyrik-Forschung aufgreifend wird es im Folgenden darum gehen, auch die Texte des Magischen Realismus insgesamt nicht ausschließlich als Produkt der 1930er und 1940er Jahre und damit als literarisches Begleitphänomen einer politischen Restaurationsphase zu begreifen, sondern in die literarisch und programmatisch geführte Debatte um ein realistisches Erzählen *nach* und *mit* der emphatischen Moderne zu integrieren. Eine wichtige Grundlage für die hier entwickelte Perspektive bildet Burkhardt Schäfers Arbeit zur Ruderalfläche im Magischen Realismus und der Trümmerliteratur. Schäfers Untersuchung öffnet die Diskussion um einen Magischen Realismus der deutschen Zwischen- und Nachkriegszeit, indem sie erstmals Texte Oskar Loerkes aus den 1920er Jahren für die Begründung eines magisch-realistischen Verfahrens fruchtbar macht. Die Studie zeigt deutliche poetologische Kontinuitäten vor allem zwischen den Texten Loerkes und Elisabeth Langgässers auf und kommt zu dem Ergebnis, „daß Oskar Loerke einer der wichtigsten (und frühesten) Vertreter des

---

31 Christian Kohlroß, Theorie des modernen Naturgedichts. Oskar Loerke – Günter Eich – Rolf Dieter Brinkmann, Würzburg 2000 (Epistemata. 303), S. 8.
32 Kohlroß, S. 8.
33 Hermann Korte, Lyrik am Ende der Weimarer Republik. In: Literatur der Weimarer Republik 1918–1933, hg. von Bernhard Weyergraf, München, Wien 1995 (Hansers Sozialgeschichte der deutschen Literatur vom 16. Jahrhunderts bis zur Gegenwart. 8), S. 601–635, hier: S. 632.

Magischen Realismus ist"[34]. Dementsprechend muss ihm die Textauswahl Scheffels als unzureichend erscheinen: „Es ist bezeichnend, daß Michael Scheffel zwei der wichtigsten und avanciertesten Vertreter des Magischen Realismus – Oskar Loerke und Günter Eich – nicht behandelt, ja nicht einmal erwähnt."[35]

Die in Burkhardt Schäfers Studie angestoßene Auseinandersetzung mit den Texten Loerkes wird in dieser Arbeit kritisch aufgenommen und ausgeweitet. Als *literarische* Textgrundlage werden dabei nicht nur weitere von der Forschung bisher kaum beachtete Erzählungen und Romane Loerkes, sondern auch die seit 1916 entstehenden Prosaarbeiten Wilhelm Lehmanns diskutiert. Es soll gezeigt werden, dass die Texte beider Autoren nicht nur im Bereich der Naturlyrik wichtige Vorläufer darstellen, sondern auch einem magisch-realistischen Erzählen Vorschub leisten. Gleichzeitig gilt es, die von Scheffel und Schäfer weitestgehend außeracht gelassene programmatische Diskussion um ein ‚am Gegenstand orientiertes' Erzählen nach der Avantgarde aufzuarbeiten und für die Analyse der Texte fruchtbar zu machen. Neben Franz Rohs vielbeachteter kunsthistorischer Studie werden dazu erstmals Aufsätze aus den gleichzeitig expressionismusnahen wie auch -kritischen Zeitschriften *Der Merkur* und *Die Neue Rundschau* diskutiert. Besonders aufschlussreich sind in diesem Zusammenhang, neben Loerkes eigenen poetologischen Kommentaren, die Texte des Publizisten Rudolf Kayser, der sich in verschiedenen Essays kritisch mit dem Expressionismus auseinandersetzt und ein ‚gegenständliches' Erzählen einfordert, das sich jedoch nicht, wie Sabina Becker annimmt, in die Schablone einer neusachlichen Ästhetik fügt.[36] Obwohl die Texte Loerkes und Kaysers nicht im Rahmen eines gemeinsamen poetischen Programms erscheinen, werden im Bereich der Expressionismuskritik und der Entwicklung einer nachexpressionistischen Schreibweise entscheidende Gemeinsamkeiten sichtbar, die im Folgenden herausgestellt werden.

---

34 Schäfer, Unberühmter Ort, S. 67.
35 Schäfer, Unberühmter Ort, S. 76, Fußnote 184.
36 Sabina Becker, Neue Sachlichkeit. Bd. 1. Die Ästhetik der neusachlichen Literatur. Köln, Weimar, Wien 2000, S. 97 ff.

1.2 „Übergänge und heterogene Mischungen" – Ansätze zur Konzeption eines literarischen Nachexpressionismus unter magisch-realistischen Vorzeichen

1.2.1 Programmatische Entwürfe zu einem ‚gegenständlichen Erzählen' um 1920

Um 1920 entstehen verschiedene Entwürfe zu einem an Sachlichkeit und Gegenständlichkeit orientierten literarischen Verfahren, ohne dass sich ein klares Programm, geschweige denn ‚Neue Sachlichkeit' als einheitlicher Begriff durchsetzt. Sobald man Abstand nimmt von einer normativen Entwicklung, die eine lückenlose Abfolge von Expressionismus und Neuer Sachlichkeit voraussetzt, erscheinen gerade die frühen zwanziger Jahre nicht als diffuse Zwischenzeit, als literaturgeschichtliches Niemandsland ohne eindeutige poetische Agenda, sondern (ähnlich wie die sogenannten Nuller Jahre des zwanzigsten Jahrhunderts) als ein offener Raum für unterschiedliche ästhetische Experimente, wobei die kritische Auseinandersetzung mit dem Schule machenden Expressionismus im Zentrum der Bemühungen um eine neue Poetik steht. Ein Blick in die von Sabina Becker aufgestellte umfangreiche Zusammenstellung zur Programmatik der Neuen Sachlichkeit zeigt, dass die Texte mit einem explizit ‚neusachlichen' Programm erst in den späten 1920er Jahren bzw. um 1930 entstehen, während die meisten Texte vor 1925, die Becker als Frühformen der neusachlichen Programmatik begreift, sich zunächst allgemein um eine kritische Revision des Expressionismus bemühen.[37] Dabei wird die Auseinandersetzung mit dem Expressionismus um 1920 vor allem von Autoren geführt, die dem Expressionismus in den 1910er Jahren selbst nahestanden (bspw. Rudolf Kayser, Oskar Loerke, Alfred Döblin, Ivan Goll). So wundert sich Rudolf Leonhard noch 1922 darüber,

> daß seit unserer expressionistischen Revolte keine neue Generation gekommen ist und uns als Idioten zum alten Eisen geworfen hat, wie es eigentlich hätte sein müssen. Erstaunlich bleibt, daß die übereilte, wenn auch zunächst nur beredte und wieder sehr programmatisch experimentierende Reaktion auf den Expressionismus von gewesenen Expressionisten, die keine mehr sein wollen und die es nicht gewesen sein wollen, ausgeht.[38]

Welches Verfahren die expressionistische Poetik ersetzen soll, ist bis zur Mitte der 1920er Jahre noch völlig offen. Während die Rundfrage „Ein Neuer Natura-

---

37 Becker, Neue Sachlichkeit, S. 9 ff.
38 Rudolf Leonhard, Antwort auf die Rundfrage „Ein neuer Naturalismus?". In: Das Kunstblatt, 6, 1922, S. 411–414, hier: S. 414.

lismus?", die Paul Westheim 1922 im Rahmen der Zeitschrift *Das Kunstblatt* unter „führenden Künstlern, Schriftstellern, Museumsleitern und Kunstgelehrten"[39] veranstaltet, zwar einen neo-naturalistischen Trend suggeriert, zeugen die im neunten Heft des Jahrgangs veröffentlichten Antworten von einem erstaunlich breiten Spektrum poetologischer Ansätze. Auf der einen Seite halten Künstler wie Wassily Kandinsky vehement an der „Entwicklung der abstrakten Kunst"[40] fest. Er erkennt in dem Ruf nach einem neuen Naturalismus den „unwillkürlichen Wunsch der Schwächeren, im Reich der gewohnten, längere und lange Zeit geprüften Formen Atem zu schöpfen"[41]. Auf der anderen Seite finden sich Kommentare, die den Wandel hin zu einem neuen Naturalismus ausdrücklich unterstützen. So postuliert vor allem Alfred Döblin entsprechend seines Bekenntnisses zum Naturalismus von 1920, „der Künstler muss heraus aus der Kunst"[42], und sich „von der Leinwand, von der Farbe, vom Wort, vom Ton"[43] distanzieren.

Neben den eindeutigen Standpunkten Döblins und Kandinskys überwiegen jedoch zurückhaltende und vermittelnde Positionen, die entweder einen allgemeinen Naturalismusbegriff als Grundvoraussetzung jeder künstlerischen Epoche voraussetzen oder aber eine neue Tendenz zur Gegenständlichkeit einfordern, die jedoch vom Naturalismus des neunzehnten Jahrhunderts deutlich unterschieden wird. Die Vertreter der letzten Position, zu denen Rudolf Kayser und Rudolph Leonhard zählen, lehnen einen unvermittelten Naturalismusbegriff ab und stellen verschiedene Alternativen zur Diskussion, wie etwa „naturalistischer Manierismus", „transzendenter Naturalismus", „intensiver Naturalismus", „Supranaturalismus"[44] (Leonhard) oder auch „natürlicher Idealismus" und „radikaler Realismus"[45] (Kayser). Obwohl die Versuche Leonhards und Kaysers auf den ersten Blick in dieselbe Richtung gehen, insofern sie die neu eingeforderte

---

39 Paul Westheim, Rundfrage des Kunstblatts: „Ein neuer Naturalismus?". In: Das Kunstblatt, 6, 1922, S. 369.
40 Wassily Kandinsky, Antwort auf die Rundfrage, S. 384–387, hier: S. 384.
41 Kandinsky, Antwort, S. 384. Ähnlich unterstreicht auch Georg Kaiser sein Bekenntnis zum Expressionismus und weist jede wie auch immer geartete ‚Reaktion' auf diesen als Niederlage zurück: „Der Mensch (Künstler) weiß die Idee – er ringt um ihren Ausdruck. Erfolgreich nur im Expressionismus. [...] Expressionismus ist die Dauer der Kunst. Mit beispiellosem Elan ist die Plattform für den Expressionismus heute erobert. Der heiße Schrecken, der den Unbeteiligten in den Hals gefahren ist, keucht belanglosen Protest. Jede Reaktion ist Eingeständnis der Niederlage – diesmal der ewigen. Wir erleben die größte Epoche der Kunst: – Der Expressionismus ist da." (Georg Kaiser, Antwort auf die Rundfrage, S. 406.)
42 Alfred Döblin, Antwort auf die Rundfrage, S. 372–375, hier: S. 372.
43 Döblin, Antwort, S. 374.
44 Leonhard, Antwort, S. 414.
45 Rudolf Kayser, Antwort auf die Rundfrage, S. 408–411, hier: S. 411.

Poetik „mit Hilfe von zweigliedrigen Begriffskonstruktionen als eine besondere Form des Realismus [respektive des Naturalismus] beschreiben"[46] und gegenüber einem genuin mimetischen Verfahren „auf ein die unmittelbare Wirklichkeit der ‚Sachen' transzendierendes Moment der neuen Kunst hin[weisen]"[47], unterscheiden sie sich in einem wesentlichen Punkt voneinander. Denn Leonhard geht es primär darum, den „neuen Naturalismus" als Teil des expressionistischen Projekts zu rahmen. Somit kommt den Attributen „transzendent", „intensiv" und dem Präfix „Supra-" die Funktion zu, die naturalistische Tendenz abzuschwächen und den vermeintlich neu proklamierten Stil mit den programmatischen Attributen der emphatischen Moderne auszustatten. Diese Strategie ermöglicht es Leonhard dann, die relevanten Werke des Expressionismus retrospektiv als im eigentlichen Sinne ‚naturalistisch' und dem aktuellen Trend entsprechend bzw. diesem sogar vorausgehend auszuweisen:

> Dieser etwaige: neue Naturalismus kann nur existieren, wenn er die Ergebnisse der expressionistischen Schulung einbezogen hat, und er wird also, wie es schon einige stärkste Werke des sogenannten Expressionismus waren, kein eigentlicher Naturalismus, sondern ein naturalistischer Manierismus, ein Stil jenseits der naturalistischen ‚Schule', ein transzendenter Naturalismus, ein intensiver Naturalismus, ein über-sinnlicher in beiden Bedeutungen des Wortes, ein Supranaturalismus sein.[48]

Auch Rudolf Kaysers programmatische Versuche zu einer neuen Poetik bleiben, wie später noch zu zeigen sein wird, dem Expressionismus im Ansatz verpflichtet. Hinter seinem Vorschlag, den Naturalismusbegriff durch den eines „radikalen Realismus" bzw. „natürlichen Idealismus" zu ersetzen, verbirgt sich jedoch mehr als eine expressionismusaffine Korrektur des naturalistischen Paradigmas. Es handelt sich vielmehr um die Aktualisierung einer völlig anderen literarischen Tradition, nämlich der des Poetischen Realismus des neunzehnten Jahrhunderts. Dies wird vor allem darin deutlich, dass Kayser einen allgemeinen Naturalismusbegriff nicht einfach durch einen allgemeinen Realismusbegriff ersetzt, wenn er von einer „Erneuerung der Form" spricht, die „mit dem Realismus Hand in Hand"[49] geht. Er bezieht sich vielmehr dezidiert auf das für den Poetischen Realismus des neunzehnten Jahrhunderts charakteristische, dem Idealismus verpflichtete ästhetische Modell, das eine Vermittlung von Idee und Wirklichkeit bzw. Phantasie und Gegenständlichkeit zum Ziel hat:

---

46 Scheffel, Geschichte eines Begriffs, S. 72.
47 Scheffel, Geschichte eines Begriffs, S. 72.
48 Leonhard, Antwort, S. 414.
49 Kayser, Antwort, S. 411.

> Letzten Endes gab es immer ein Doppel-Dasein in der Kunst: die dialektische Spannung zwischen dem Ideal-Geistigen und dem Real-Natürlichen, die sowohl nacheinander wie miteinander in Erscheinung treten. Die Frage nach naturalistischer Kunst ist deshalb, ebenso wie die gegnerische Frage nach idealistischer, die Frage nach Kunst überhaupt: da Natur und Geist, Umwelt und Innenwelt, Gegenständlichkeit und Romantik der Phantasie wie der Ideen die ewig bleibenden, sich gegenseitig bereichernden und bedingenden Kunstmittel sind.[50]

Zeichnen sich die Avantgarden gerade dadurch aus, dass sie ihrem Selbstverständnis zufolge einen radikalen Bruch mit der Tradition einleiten, indem sie sich gegenüber dem Archiv der Vergangenheit ins Vergleichslose setzen, stellt das Vermittlungsmodell des Poetischen Realismus eine integrative Position bereit, die problemlos scheinbar widersprüchliche literarische Standpunkte, wie Naturalismus und Idealismus, zusammenfassen kann. So formuliert schon Otto Ludwig beispielhaft für die poetisch-realistische Programmatik:

> Der Hauptunterschied des künstlerischen Realismus vom künstlerischen Idealismus ist, daß der Realist seiner wiedergeschaffenen Welt so viel von ihrer Breite und Mannigfaltigkeit läßt, als sich mit der geistigen Einheit vertragen will, wobei diese Einheit selbst, zwar vielleicht schwerer, aber dafür weit großartiger ins Auge fällt. Dem Naturalisten ist es mehr um die Mannigfaltigkeit zu tun, dem Idealisten mehr um die Einheit. Diese beiden Richtungen sind einseitig, der künstlerische Realismus vereinigt sie in einer künstlerischen Mitte.[51]

An diese von Ludwig formulierte programmatische Perspektive, die Naturalismus und Idealismus vermittelt, knüpft Kayser an, wenn er feststellt, dass Mimesis und Poiesis (Natur und Geist, Umwelt und Innenwelt usw.) „sich gegenseitig bereichernde Kunstmittel sind". Indem er die „dialektische Spannung zwischen dem Ideal-Geistigen und dem Real-Natürlichen" als Grundprinzip der Ästhetik beschreibt, nimmt er sowohl dem abstrakten Expressionismus als auch dem mimetischen Naturalismus die Spitze und deutet einen poetologischen Kompromiss an, der wie der Poetische Realismus auf eine „künstlerische Mitte" (Ludwig) hin zusteuert und so das Gleichgewicht wiederherstellt, das sich im Zuge der Moderne auf die Seite des Abstrakten verlagert hat: „So ist auch in unserer Zeit die Abwanderung vom abstrakten zum natürlichen Idealismus möglich, ja wahrscheinlich"[52].

Während die Nähe der sogenannten naturmagischen Schule zur literarischen Romantik vor allem im Bereich der Lyrik wiederholt diskutiert worden ist,[53] fehlt es an einschlägigen Untersuchungen zum Verhältnis von Magischem Realismus

---

50 Kayser, Antwort, S. 408–411.
51 Otto Ludwig, Der poetische Realismus. In: Plumpe, Theorie, S. 148–150, hier: 149.
52 Kayser, Antwort, S. 411.
53 Goodbody, S. 241–362.

und Poetischem Realismus. Zwar spricht Hans-Dieter Schäfer allgemein von der Nähe der Modernen Klassik zu den klassischen und realistischen Richtungen der Vormoderne. Und auch Daniel Hoffmann stellt in seiner Studie zum Verhältnis von Literatur und Religion zwischen den Weltkriegen fest: „Der Realismus Kellers, Stifters und Mörikes ist wie Goethes Dichtkunst des Realen die literaturgeschichtliche Wurzel des neuen Weltgefühls bei Loerke, Lehmann, Britting, Penzoldt und E. Langgässer"[54] – allerdings bleibt es bei diesen Andeutungen. Selbst Scheffel und Kirchner setzen in ihren Arbeiten, die sich speziell mit dem Phänomen des realistischen Erzählens in der Moderne auseinandersetzen, einen sehr allgemeinen Realismusbegriff voraus, sodass der poetische Realismus des neunzehnten Jahrhunderts als historische Konstellation keine Rolle spielt. Dabei verspricht die Frage nach den literarischen Traditionen des Magischen Realismus einigen Aufschluss im Hinblick auf die Unterscheidung der in den 1920er Jahren in Reaktion auf den Expressionismus entstehenden ‚am Gegenstand' orientierten Schreibweisen. Während die Verbindungen der neusachlichen Ästhetik zum Naturalismus in der Forschung mehrfach aufgezeigt worden sind,[55] kann diese Arbeit zeigen, dass die magisch-realistischen Programme und Verfahren primär auf den Poetischen Realismus zurückgreifen. In ähnlicher Weise, wie das Vermittlungspostulat bereits für den Poetischen Realismus neben der einer grundsätzlich realistischen Schreibweise eine Integration verschiedener Verfahren (Idealismus, Naturalismus) ermöglicht, wird mit der Transformation des poetisch-realistischen Vermittlungsanspruches in die Spätmoderne programmatisch ein realistisches Verfahren rehabilitiert, das gleichwohl entscheidende Merkmale der emphatischen Moderne aufnehmen kann – eben weil das Real-Natürliche (Realismus, Naturalismus) und das Ideal-Geistige (Romantik, Expressionismus) als „sich gegenseitig bereichernde und bedingende Kunstmittel" betrachtet werden.

Ein auf die historischen Traditionen des Naturalismus und des Expressionismus folgender ‚radikale Realismus' bzw. ‚natürliche Idealismus' erweist sich dann nicht als Wiederholung des Realismus des neunzehnten Jahrhunderts, sondern als Transformation von Schreibweisen der literarischen Moderne. Eine nähere Auseinandersetzung mit den um 1920 entstehenden programmatischen

---

54 Daniel Hoffmann, Die Wiederkunft des Heiligen. Literatur und Religion zwischen den Weltkriegen, Paderborn u. a. 1998, S. 109.
55 „Insbesondere in Zusammenhang mit der Bestimmung der Neuen Sachlichkeit als Gegenströmung zum Spätexpressionismus greift man auf den Vergleich mit dem historischen Naturalismus zurück" (Becker, Neue Sachlichkeit, S. 108). Vgl. auch: So „knüpft das Realismuskonzept der Neuen Sachlichkeit vorzugsweise an den Naturalismus der 1890er Jahre an; die Tatsache, daß sich die neusachliche Bewegung zu Beginn der zwanziger Jahre als ein ‚neuer Naturalismus' konstituiert, verleiht diesen Bezügen Ausdruck" (Becker, Neue Sachlichkeit, S. 364).

Texten Loerkes und Kaysers zeigt dann auch, dass die Anbindung an die realistische Tradition nicht allein aus einer Ablehnung der expressionistischen Poetik erwächst, sondern der expressionistischen Poetik in vielfacher Hinsicht verpflichtet bleibt. Dementsprechend wird das Verhältnis des Magischen Realismus zum Expressionismus auch nicht als Bruch, sondern vielmehr als Übergang erkennbar.

1.2.2 Übergänge – Expressionismuskritik aus dem Geist des Expressionismus

> Expressionismus, Lunapark aus Pappe und Stuck, mit all den Illusionspalästen und Menschenmenagerien, wird abgebaut. Der Karussellbesitzer zählt die Kassa. Der Revolutionsmann hängt sich hinterm Gartenzaun auf. Bald, in einer Stunde, ist der Platz ein Haufen Balken und Staub und Papier. Expressionismus ist eine verschossene, verlassene Barrikade. Expressionismus ist ein verkrachter Kriegsschieber: es wurden zuviel Sterne produziert für den Frieden. Die Warenhäuser machen Bestellungen rückgängig. Pathos ist um 80%, Bruderliebe um 130% gesunken.[56]

In den literarischen Zeitschriften um 1920 finden sich zahlreiche Abgesänge auf den Expressionismus, wobei auch seitens der einstigen Expressionisten kaum mit Polemik gespart wird, wie hier am Beispiel Iwan Golls deutlich wird. Auch der Publizist und spätere Literaturhistoriker Rudolf Kayser setzt sich in verschiedenen programmatischen Texten mit dem Konzept einer nachexpressionistischen Kunst auseinander. Anders als Goll zeichnet sich Kaysers Verhältnis zum Expressionismus aber nicht durch polemische Ablehnung, sondern durch eine ambivalente Haltung aus. Besonders deutlich kommt diese Ambivalenz darin zum Ausdruck, dass er 1921 mit der Anthologie *Verkündigung* eine der „bekanntesten Sammlungen expressionistischer Lyrik"[57] herausgibt, aber das „nichtsnutzige Wort ‚Expressionismus'"[58] in seiner Einleitung explizit zurückweist.[59] Stattdessen

---

56 Ivan Goll, Das Wort an sich. Versuch einer Poetik. In: Die Neue Rundschau, 32, 1921, S. 1082–1085, hier: S. 1082.
57 Otto F. Best, Autoren- und Quellenverzeichnis. In: Best, Theorie, S. 278–293, hier: S. 287.
58 Kayser, Verkündigung, S. IX.
59 Oskar Loerke lobt bezeichnenderweise Kaysers Einleitung, kritisiert jedoch die Auswahl der Gedichte, die tatsächlich nicht von Kayser selbst stammt: „Sagen wir es ohne Umweg: Das Buch ist missglückt. Es stehen viele schöne, einige hervorragende Gedichte in ihm, – es ist mißglückt. Rudolf Kayser sagt in seinem Prologe sehr gute Worte, – es ist mißglückt." (Oskar Loerke, Verkündigung. Anthologie junger Lyrik, in: Loerke, Der Bücherkarren. Besprechungen im Berliner Börsenkurier. 1920–1928, hg. von Hermann Kasack, unter Mitarbeit von Reinhard Tghart, Heidelberg, Darmstadt 1965 (Veröffentlichungen der Deutschen Akademie für Sprache und Dichtung. 34), S. 33.)

sieht er die versammelte Lyrik als Zeugnis einer literarischen und kulturellen Übergangszeit, wie schon das bei Novalis entlehnte Eingangswort deutlich macht:

> ‚Nichts ist poetischer als alle Übergänge und heterogene Mischungen' [...]. Diese Zeit – es ist Herbst 1920, und die Atmosphäre ist sehr müde und verbraucht – ist alles andere als Aufstieg und Vollendung. Sie ist Unter- und Übergang, und Aufgang erst als fahler Schatten vorm Morgendämmer. (Verkündigung, S. V)

Dass Kayser den Begriff des „Übergangs" nicht im Sinne einer deutlichen Abgrenzung verwendet, sondern als Ausdruck einer kulturgeschichtlichen Schwellensituation versteht, die tatsächlich „heterogene Mischungen" produziert und produzieren soll, zeigt sich auch in der weiteren Essayistik Kaysers. In einem ein Jahr zuvor in der *Neuen Rundschau* veröffentlichen Essay mit dem Titel „Das Ende des Expressionismus" erklärt er den Expressionismus in letzter Konsequenz zwar für gescheitert, weil dieser die Form- und Sinnstrukturen der traditionellen Ästhetik aufgebrochen habe, ohne neue bereitzustellen. Unter Rückgriff auf den Topos der Entdeckung Amerikas beschreibt er so die expressionistische Bewegung gerade nicht als „Entdeckungsfahrt", die eine „neue Welt" erschließt, sondern als einen Prozess „zielloser Auswanderung aus dem sterbenden Erdteil, eine neue Europamüdigkeit"[60]:

> Diese Stimmung ist nicht nur berechtigt, sondern sogar geschichtlich notwendig. Aber man unterschätze nicht ihren negativen Charakter, der negativ ist sowohl der Vergangenheit als auch der Zukunft gegenüber: durch das Zerbrechen alter, morsch gewordener Vorstellungen und Formen (sicher die eigentliche geschichtliche Tat des Expressionismus, aber eben doch nur Vernichtung) und jener Beschwörung neuen Menschentums, die trotz aller starken Worte doch nur bange Messiassehnsucht verbirgt.[61]

Trotz der kritischen Haltung gegenüber dem expressionistischen Projekt wird deutlich, dass Kayser keineswegs einen eindeutig antiexpressionistischen Standpunkt einnimmt. Er versteht den Expressionismus vielmehr als eine „geschichtlich notwendige" Tat, die lediglich ihren eigenen Ansprüchen und programmatischen Vorgaben nicht gerecht geworden sei. So wendet sich Kayser mit dem Expressionismus weiterhin gegen „Analytik, Psychologie, Impressionismus", die er polemisch als „relativistische Weltanschauung des Beschreibens"[62] bezeichnet, und hebt die Sichtbarmachung sprachlicher Eigendynamik als eine entscheidende Leistung des literarischen Expressionismus hervor:

---

60 Kayser, Ende des Expressionismus, S. 248.
61 Kayser, Ende des Expressionismus, S. 248 f.
62 Kayser, Ende des Expressionismus, S. 250.

> Doch werden wir nicht ungerecht; immerhin sind erhebliche Möglichkeiten, wenn auch keine Resultate, gewonnen. Wir haben vor allem, hierin Fortsetzer Nietzsches und Georges, das Erlebnis der Sprache; unverlierbar ist uns das Bewußtsein um die Magie des Wortes, des Rhythmus der Sätze, des klanglichen Ausschwingens von Gefühlen und Gedanken.[63]

Neben den formalen Innovationen findet vor allem die metaphysische Ausrichtung der expressionistischen Programmatik Kaysers Anerkennung, während er die (spät-)expressionistische Vorliebe für pathetische Formeln heftig kritisiert:

> [W]ir betonen noch einmal: die expressionistische Programmatik ist richtig; [...] wir streben allerdings wieder zu metaphysischem Jenseits, aber wir erreichen es nicht, wenn wir ‚Gott' sagen und Heiligenbilder malen; wir müssen allerdings von protestantischer Nur-Innerlichkeit loskommen, aber das geschieht nicht, wenn wir stündlich ‚Gemeinschaft' sagen.[64]

Tatsächlich sieht Kayser zwischen dem „Zerbrechen alter, morsch gewordener Vorstellungen und Formen" (des Frühexpressionismus) und der Inflation von Pathosformeln, als sprachliches Symptom einer übersteigerten „Innerlichkeit" (im Spätexpressionismus), einen direkten Zusammenhang. Eben, weil die expressionistische Kunst zwar die traditionellen Gestaltungsmuster und Sinnstrukturen verabschiedet, aber keine neuen bereitgestellt habe, werde diese Leerstelle nun mit politischen oder religiösen Begriffen besetzt, die jedoch als leere Gesten und formale Platzhalter ehemals übergreifender Sinnkonstruktionen über das Bedürfnis nach einem neuen Sinn- und Formzusammenhang nur hinwegtäuschen:

> Die letzte Tatsache versuchte man lange zu vertuschen, indem man wie auf der Shakespearebühne, kindliche Tafeln mit Inschriften wie ‚Gott', ‚Religion', ‚Menschheit', ‚Erlösung' baute und recht kunstgewerbliche Spiele vor ihnen aufführte. Daß über diese Spiele nunmehr der Vorhang gefallen ist: das bedeutet das Ende des Expressionismus.[65]

Kaysers zentraler Vorwurf an die Literatur des Expressionismus ist damit letztlich derjenige der Inkonsequenz: Anstatt eine neue Wirklichkeitsordnung zu generieren, die das Andere, Primäre, Metaphysische sichtbar macht, ziehe man sich letztlich wieder auf die vertrauten ideologischen Positionen und subjektive Empfindungen zurück. Den einzigen Ausweg aus der Krise einer Poetik, die lediglich „kunstgewerblichen Spiele" vor „starken Worten" vollführt, sieht Kayser

---

63 Kayser, Ende des Expressionismus, S. 255.
64 Kayser, Ende des Expressionismus, S. 250f.
65 Kayser, Ende des Expressionismus, S. 249.

in der Aufwertung der referentiellen Dimension der Sprache, die der Expressionismus zu voreilig bzw. zu kategorisch verabschiedet habe:

> Man hatte die Vorherrschaft der (inneren und äußeren) Natur aufgegeben, das Wort befreit von der Unterdrückung durch die Objekte, aber noch keinen Standpunkt gefunden, der jenseits materieller und psychologischer Wirklichkeit liegt. Man ist zu keiner Religion gekommen, so sehr man nach ihr schrie. Man entfaltete alle subjektiven Kräfte; doch mit Naturalismus und Psychologie verfeindet, vermochte man nicht, neue Wirklichkeit zu schaffen. Ungeheure Energien wurden entfacht; aber es fehlten ihnen die Arbeitsmöglichkeiten: der Stein zum Behauen; die Ideen zur Formulierung; die Welt zur Gestaltung. So haben wir die Beziehungen zu den empirischen Wirklichkeiten abgebrochen, ohne die zu den metaphysischen gewonnen zu haben.[66]

Mit der Forderung nach einer Rückkehr zu den „empirischen Wirklichkeiten" als Gegenstand der Kunst qualifiziert sich Kayser für Sabina Becker als Vordenker bzw. Wegbereiter der neusachlichen Ästhetik.[67] Diese zeichnet sich nach Becker im Kern dadurch aus, dass die „in Reaktion auf die fragmentarischen Wahrnehmungsformen" entwickelte Poetik der klassischen Moderne in den Hintergrund tritt und durch vermehrt dokumentarische Verfahren ersetzt wird, welche die gesellschaftliche Wirklichkeit nun „synchron"[68] begleiten. Die von Kayser wiederholt eingeforderte Rückkehr zu den empirischen Wirklichkeiten ist jedoch gegenüber der gesellschaftlichen Realität gerade als asynchrones Verfahren konzipiert. Denn die Aufwertung der empirischen Wirklichkeit und ihre Übersetzung in ein referentiell-mimetisches Verfahren bleibt in Kaysers Texten letztlich immer nur das Mittel, um zu einer eigentlichen, metaphysischen Wirklichkeit zu gelangen. In der so angelegten Verknüpfung von Empirie und Metaphysik, die sowohl realistische als auch expressionistische Perspektiven aufgreift, steuert auch Kaysers Essay über „Das Ende des Expressionismus" auf die, schon aus der Antwort auf die Frage des Kunstblatts bekannte, ausgleichende Position zu, auf „die Mitte, von der allein sich die Welt gestalten läßt"[69]. Diese vermittelnde Position bildet auch den Fluchtpunkt von Kaysers Schrift *Zeit ohne Mythos* (1924), die

---

66 Kayser, Ende des Expressionismus, S. 252.
67 Becker, Neue Sachlichkeit, S. 103. Dass Kayser sich in seinen Texten wiederholt von dem Begriff des „Naturalismus" (und später auch von dem der ‚Neuen Sachlichkeit') distanziert und demgegenüber immer wieder alternative Bezeichnungen anführt, macht Becker zu einem rein begrifflichen Problem, indem sie die von Kayser verwendeten Ausdrücke zu Synonymen des Begriffs ‚Neue Sachlichkeit' erklärt.
68 Damit einher gehe die „Absage an Autonomieästhetik der ästhetischen Strömungen", eine „Funktionalisierung der Literatur" und ihre „Annäherung an die Publizistik" (Becker, Neue Sachlichkeit, S. 365).
69 Kayser, Ende des Expressionismus, S. 254.

einen dialektischen Entwurf einer Vermittlung von Mythos und Wissenschaft vorlegt.

1.2.3 Rudolf Kayser – Ansätze zu einer Vermittlung von Mythos und Wissenschaft

Im Zentrum von Kaysers Schrift *Zeit ohne Mythos*, die zum großen Teil aus verschiedenen vor 1924 publizierten Essays zusammengestellt ist und einen Ansatz zu einer „Soziologie der modernen Kultur"[70] vorlegen will, steht eine scharfsinnige Analyse der Abhängigkeit des modernen Menschen von sozialen Bezugssystemen. So sieht er den Menschen der Gegenwart verstrickt in „ein unauflösbares Netz von Abhängigkeiten, die mit der Tageszeitung beginnen und in einem dumpfen Materialismus als Quasi-Metaphysik enden." (ZM, 48) Dieses „Netz von Abhängigkeiten", das er als „Ebene der Legalität" bezeichnet, bestimme den Menschen und entfremde ihn einer den sozialen Strukturen vorgelagerten Wirklichkeit:

> [U]nd da beginnt sofort der soziogische Konflikt der modernen Kultur: daß es den Menschen, losgelöst von diesen Bezugssystemen, – nicht gibt. Er ist unfrei, daß das reine Aufnehmen des ihm Gebotenen kaum möglich ist. Immer bedrängen ihn Assoziationen, die ihn aus der natürlichen Beziehung zwischen Subjekt und Objekt hinausschleudern, hinein in die soziale Wirklichkeit und der von ihr bestimmten Verhaltensweisen. Er kommt nicht los vom zeiträumlichen Alltag, von den Erfahrungen im Beruf, von einer Systematik der Menschenwelt, die aus keinerlei Wertmaßstäben, sondern allein aus Technik und Nützlichkeit geschaffen ist. Er sieht Landschaft als Gegenstand der Sonntage und Urlaubsreisen, und Berg, Ebene und Meer sind in ihrem Rhythmus und Atem kaum anders unterschieden als durch die veränderten äußeren Lebensverhältnisse, die sie bedingen. (ZM, 47)

Während die kulturellen Einrichtungen ursprünglich gedacht waren, das Leben der Menschen zu erleichtern, wurde im Verlauf der Moderne aus einer „Hilfskonstruktion [...] ein mächtiges Gefüge von Verfassungen, Gesetzen, Einrichtungen, Verbänden, die jedes Leben einbezogen in ein vielmaschiges, abstraktes und künstliches, gänzlich ungöttliches System" (ZM, 53). In der Tradition der von Nietzsche erarbeiteten Dialektik und durchaus auf der Höhe postmoderner Theoriebildung schreibt er dem System der Legalität selbst eine quasi-mythologische Struktur zu, die ihren mythologischen Status jedoch verbirgt und dem Subjekt auf diese Weise die Rolle des vermeintlichen Akteurs vortäuscht: „Man

---

[70] Rudolf Kayser, Zeit ohne Mythos, Berlin 1923, Inhaltsverzeichnis [im Folgenden mit ZM im Fließtext zitiert].

sah nicht den neuen Mythos der Legalität, weil nicht wie im offenbarten Mythos der Mensch zur Gottheit als einer causa finalis betet, vielmehr die Gottheit den Menschen zu umschmeicheln beginnt und seine individuelle Herrlichkeit heuchlerisch preist." (ZM, 60)

Aufgabe einer zukünftigen Kultur sei es nun, gegen die „Quasi-Metaphysik" des „dumpfen Materialismus" eine Beziehung zwischen Subjekt und Welt zu ermöglichen, die sich eben nicht ausschließlich über die sozialen Bezugssysteme herstellt, sondern sich von ihnen loslöst. Dabei wendet sich Kayser vor allem gegen das Prinzip der Abstraktion:

> Freiwerden von der furchtbarsten Sklaverei, die der menschliche Geist zu erleiden vermag: der Abstraktion. [...] Endlich erwacht wieder der Wunsch, Mensch, Ding und Welt direkt anzusprechen; nicht mehr mit den Zauberformeln, die die vielfältigen Bezugssysteme unseres Lebens vorschreiben, sondern mit den Klängen unserer menschlichen Natur. (ZM, 106)

Kaysers Diagnose eines „Konflikts der modernen Kultur" überschneidet sich zu einem großen Teil mit den Perspektiven postmoderner Theoriebildung. Während die postmoderne Theorie die Abhängigkeit und Unterwerfung des Subjekts von den sozialen Institutionen jedoch als unumkehrbaren Prozess beschreibt und dementsprechend Strategien entwickelt, um mit dieser Dynamik produktiv umzugehen, geht es in Kaysers modernem Entwurf gerade darum, einen Standpunkt jenseits der sozialen Bezugsysteme – eine „natürliche Beziehung zwischen Subjekt und Objekt" – gegen das Paradox umzusetzen, dass es einen solchen Standpunkt eigentlich nicht gibt. An Kaysers kritische Analyse der modernen Gesellschaft schließt sich somit die Forderung an, den Quasi-Mythos des Materialismus durch einen neuen Mythos zu ersetzen. Dies sei nicht zuletzt deshalb notwendig, weil die „Mythossehnsucht" (ZM, 75) des (vor allem jungen) Menschen als Faktum angesehen werden müsse:

> Gibt es für die Jugend keinen Gott mehr, keinen wahrhaften, lebendigen, der herzlich und hirnlich sich offenbart, so ist sie damit der Zukunft beraubt. Es fehlen ihr Quelle und Ziele. Jede Jugend denkt und empfindet absolut: sie braucht deshalb ein Bezugssystem, das Empfindungen, Gedanken, Erlebnisse völlig gleichmäßig umfaßt. (ZM, 76 f.)

Obwohl Kayser dann sehr deutlich macht, was er unter einem neuen Mythos nicht versteht,[71] bleibt eine positive inhaltliche Bestimmung des Mythos aus. Statt-

---

71 So grenzt er sich konsequent von zeitgenössischen politischen und religiösen Ideologien ab: „Man stürzt sich auf die bestehenden Dogmensysteme: die politischen, die religiösen, die weltanschaulichen. Die deutschnationalen, die kommunistischen Jugendbünde; Hakenkreuz und Blauweiß; Monistenbund und Theosophie; Taoismus und Proletkult." (ZM, 75 f.)

dessen kommt er gegen Ende seiner Schrift auf die schon für den Bereich der Poetik formulierte Vermittlungsidee zurück, die nun als gesamtgesellschaftliches Konzept figuriert wird. So widmen sich die letzten Kapitel des Bandes der Idee einer *eurasischen* Kultur, in der die Gegensätze, die große Teile des kulturellen Diskurses des frühen zwanzigsten Jahrhunderts bestimmen, zusammengeführt und vermittelt werden. Am Ende seiner Ausführungen steht somit die emphatisch formulierte „Erkenntnis, daß Eurasien Mythos und Wissenschaft, Gebet und Forschung, Gesang und Maschine ist" (ZM, 80), wobei der Mythosbegriff selbst paradoxerweise wiederum in die vermittelnde Idee ‚Eurasien' integriert wird.

Als gemeinsamer Nenner von Kaysers Essayistik lässt sich also der Gedanke der Vermittlung bzw. der Mitte bestimmen, der sowohl die Überlegungen zu einer neuen gesellschaftlichen Leitidee als auch die Konzeption einer im besten Sinne nachexpressionistischen Poetik zwischen Expressionismus und Realismus strukturiert. Eben dieser Vermittlungsgedanke, den Kayser dem Poetischen Realismus des neunzehnten Jahrhunderts entlehnt, bestimmt auch Loerkes um 1920 verfasste Programmatik.

1.2.4 Oskar Loerkes Poetologie einer bürgerlichen und poetischen Mitte

In seiner Studie *Oskar Loerkes Poetologie*, die sich primär den zahlreichen Essays zuwendet, die Loerke über die Werke anderer Künstler (etwa Alfred Mombert oder Johann Sebastian Bach) und im Rahmen seiner Lektoratstätigkeit im S. Fischer-Verlag verfasst hat, spricht Walter Gebhard in Bezug auf die poetologische Grundhaltung Loerkes von einer „Bereitschaft zum verantworteten Ausgleich"[72], die sich vor allem in der Poetologie der Mitte zeige, die seit den frühen Aufsätzen eine besondere Rolle spiele: „Der Sinn des Loerkeschen Mitte-Begriffs ist der einer Integration von Extremen. Deshalb erscheint so häufig das Bild des Kreises als der Rahmen, in dem der ‚Mitte' dann nur die Funktion des lösenden, antwortenden, ja rettenden Symbols zukommt"[73]. Ohne Loerkes literarische Auseinandersetzung mit dem Expressionismus ausführlich zu verfolgen, stellt Gebhard die These auf, dass die „Idee des Gleichgewichts [...] so sehr ein Grundprinzip in Loerkes Gedanken- und Gefühlswelt [ist], daß seine gesamte Auseinandersetzung mit dem ‚Expressionismus' von ihr aus verstanden werden kann."[74] Tatsächlich ist die Idee des Gleichgewichts, des Ausgleichs und der Mitte

---

72 Walter Gebhard, Oskar Loerkes Poetologie, München 1968, S. 251.
73 Gebhard, S. 251.
74 Gebhard, S. 277.

für Loerkes Auseinandersetzung mit dem Expressionismus zentral, insofern Loerke wie Kayser den Expressionismus als Ästhetik des Extremen fasst, die erst dann ihre positive Wirkung entfaltet, wenn ihre Vermittlung mit einem realistischen Verfahren gelingt.

Vergleichbar den poetologischen Vorstößen Kaysers lässt sich auch für Loerkes Essayistik um 1920 eine ambivalente Haltung gegenüber dem Expressionismus ausmachen. Zwar zeigt sich Loerke schon früh vielen Texten expressionistischer Autoren gegenüber sehr aufgeschlossen, wie aus seinen literaturkritischen Kommentaren hervorgeht, sieht sich allerdings selbst nicht als Teil der expressionistischen Bewegung. Als Kasimir Edschmid ihn in seinem Vortrag „Expressionismus in der Dichtung" (1917) selbst zu den Lyrikern des Expressionismus zählt, reagiert er deutlich irritiert:

> Mancher Autor, der vor einigen Monaten hier Edschmids Vortrag über den Expressionismus in der Literatur las, wird erstaunt gewesen sein, darin seinen Namen zu finden. Er hatte dabei vielleicht das Gefühl, als müsse er auf der Plattform eines vollbesetzten elektrischen Wagens eingequetscht und gestoßen dahersausen, während er lieber, zwar nicht so auffällig wie auf dem zischenden und polternden Mirakel, aber selbstständiger und stolzer nebenan zu Fuß ginge.[75]

In einer Sammelrezension von 1920 bezeichnet Loerke Kurt Pinthus' Anthologie *Menschheitsdämmerung* (1919), in der seine eigenen Gedichte nicht auftauchen, zwar noch als gelungenen „Ausdruck der Gegenwart" und ist sichtlich begeistert von den Texten: „Noch nie habe ich eine Auswahl von Dichtungen mit solcher Ergriffenheit gelesen, hingenommen, fortgeleitet, beständig viele Worte von unterwegs auf den Lippen, während schon neue das Ohr verführen – bis zum Schlusse."[76] Etwas mehr als ein Jahr später deutet Loerke in dem in dieser Form zunächst unveröffentlicht gebliebenen Dokument „Die sieben jüngsten Jahre der deutschen Lyrik"[77] (1921) den Expressionismus jedoch bereits als etwas, das „jetzt in Scherben hinter uns liegt [...]. Der Rausch der Erkenntnis und der Ahnung einer

---

75 Oskar Loerke, Vielerlei Zungen (NR XXIX, 9 – 1918) In: Loerke, Literarische Aufsätze aus der ‚Neuen Rundschau' (1909–1941), hg. von Reinhard Tghart, Heidelberg, Darmstadt 1967, S. 101–103, hier: S, 101. Loerkes Kommentar verweist auf zentrale Punkte, die letztlich auch für die Autoren im Umkreis der *Kolonne* wichtig werden, wie etwa die Distanzierung von den technikaffirmativen Aspekten des Expressionismus, sowie die Skepsis gegenüber einer literarischen *Bewegung* überhaupt, gegen die eine ‚stolze Selbstständigkeit' in Anschlag gebracht wird. Auf diese für die Autoren des Magischen Realismus typischen Selbstbeschreibungen wird später noch einzugehen sein.
76 Oskar Loerke, Gerichtstage, In: Loerke, Literarische Aufsätze, S. 140–151, hier: S. 144.
77 Oskar Loerke, Die sieben jüngsten Jahre, S. 33–40. Einige Teile des Essays sind in verschiedene Rezensionen Loerkes geflossen.

gemeinsamen Situation ist vorüber."[78] Dabei geht der Essay deutlich über die Kritik an der wachsenden Popularisierung der literarischen Bewegung hinaus und mündet in eine grundlegende poetologische Auseinandersetzung mit dem Expressionismus. Loerke beschreibt ihn hier als gescheiterten Versuch, eine gesamte Poetik auf der „Wahrheit des eigenen Innern" zu gründen. Diese einseitige Fixierung auf das Seelenleben, die sowohl für die versöhnlichen (sanftmütigen) als auch die polarisierenden (trotzigen) Autoren des Expressionismus charakteristisch sei, führe zu einer willkürlichen Schreibweise, zu einem „Impressionismus der Unverbindlichkeit, des unkontrollierbaren Ungefährs", der keinen Bezug zur Wirklichkeit außerhalb des Subjekts mehr zulasse:

> Der glühende Zustand und die Bewegung der verborgenen Seele, die, entsprungen der Empfindung allgemein menschlicher Brüderlichkeit, hilfreicher Güte, in einem Drang in die Freiheit bei den Sanften, in einem Kampf gegen die Unterdrückung bei den Trotzigen, endlich offenbar werden sollte, musste beherzt durch Worte gebannt werden, durch zauberische, hastige, heftige, atemlose, getürmte, unbändige, nötigenfalls zerfetzte, schreiende, grellfarbige, grausame Worte.[79]

Neben der Fixierung auf die „Wahrheit des eigenen Innern" sieht Loerke einen entscheidenden Grund für das Scheitern des Expressionismus darin, dass sich dieser formal dem Fortschritts-Gedanken verschrieben hat, ohne jedoch ein inhaltliches Ziel zu artikulieren, auf das sich dieser Fortschritt richtet:

> Er wurde mit eiligen, unzulänglichen, übertreibenden Begründungen und Folgerungen gestützt. Stichhaltig konnte seine theoretische Herleitung nicht sein, denn er hatte keinen klaren Begriffsinhalt, er war nur die Ortsbezeichnung eines Aufschwungs, der sich von früheren dichterischen Erhebungen dadurch unterschied, daß er keine gültigen Werke schuf, sondern vorläufige Neuerungen um der Neuerung willen.[80]

Sowohl Loerkes und Kaysers kritische Perspektiven auf den Expressionismus als auch die daraus abgeleiteten Konsequenzen für eine nachexpressionistische Poetik überlagern sich in mehreren Punkten. Auch Loerke kritisiert einen fehlenden Inhalt der formalen Überbietungsgesten und die Produktion emotional gefärbter Ausdrücke. Und wie Kayser sieht auch Loerke eine Lösung des Problems darin, die durch den Expressionismus gewonnenen Verfahren an eine realistische Schreibweise zurückzubinden. In einer Rezension zu verschiedenen zeitgenössischen Romanprojekten mit dem bezeichnenden Titel „Vom Ideengehalt des

---

78 Loerke, Die sieben jüngsten Jahre, S. 35.
79 Loerke, Die sieben jüngsten Jahre, S. 35.
80 Loerke, Die sieben jüngsten Jahre, S. 35.

Stoffes" (1919) findet sich die auch schon für Kayser typische Anerkennung des expressionistischen Bruchs mit der Tradition, die jedoch mit der Initiative für ein am Gegenstand orientiertes Erzählen verknüpft wird:

> Die jüngsten Bestrebungen der Neuprägung haben einen Klang von Wahrheit und Freiheit in die Dichtung gebracht, der vor ihnen nicht da war. Sie zerstörten in der Folgerichtigkeit zuweilen die Kunst. Vielleicht könnte eine neue Willigkeit zum Stoffe die Einfachheit erringen, die bisher zur Festigung dieser Errungenschaften fehlte. Souveränität schließt Treue nicht aus, und Treue ist nicht gleichbedeutend mit Biederkeit. Daß in der Konvention des Romans Wirklichkeit häufig unkontrolliert passierte, bedeutet nicht, daß sie unkontrollierbar sei. Daß die Schilderungen langweilig, stumpf und philiströs waren, heißt nicht, daß sie es sein müßten. Erfindung von Schicksalen und Figuren mit Schwindel und Zeitraub gleichzusetzen, heißt nicht Künste, sondern Kunst überhaupt verachten. Versuchte Naturgestaltung a priori höhnisch ablehnen, heißt Naturwiederholung a priori voraussetzen.[81]

Auch Loerke geht es nicht darum, die Bestrebungen des Expressionismus zu verabschieden, sondern durch ein gesundes Maß kontrollierter Naturgestaltung zu „befestigen". Auf den damit einhergehenden Kompromiss zwischen emphatischer Moderne und Realismus kommt Loerke auch an anderer Stelle zurück. In einem Essay desselben Jahres, „Wege zu einer geistigen Kunst", in dem Loerke Realismus, Impressionismus und Expressionismus in eine Reihe vermeintlich überwundener Strömungen stellt („Verworfen wird aller Realismus [...]. Verworfen wird der Impressionismus [...]. Verworfen wird auch schon der Expressionismus"[82]), findet sich ein klares Votum dafür, die literarischen Schreibweisen zu verbinden bzw. zur Entwicklung einer neuen „geistigen Kunst" zu vermitteln. Dabei fällt die Empfehlung für den durch den künstlerischen Zeitgeist verachteten Realismus, den Loerke von dem Vorwurf befreit, keine im Sinne des Expressionismus „geistige" Kunst darzustellen, am deutlichsten aus:

> Verworfen wird aller Realismus, weil er ungefähr das Gegenteil von Geistigkeit sei. Aber der Geist, gefühlsgeführt, arbeitet darin vielleicht ebenso stark wie unter irgendwelchen anderen Widerständen. Er ist in der Fleischlichkeit nur nicht nackt sichtbar und der jetzigen Generation darum nicht faßbar.[83]

Gegenüber der Anerkennung des Realismus ist die Akzeptanz des Expressionismus an gewisse Bedingungen geknüpft. Zwar erkennt Loerke den „soforti-

---

81 Oskar Loerke, Vom Ideengehalt des Stoffes. In: Loerke, Literarische Aufsätze, S. 124–125, hier: S. 124.
82 Oskar Loerke, Wege zu einer geistigen Kunst, in: Loerke, Literarische Aufsätze, S. 128–131, hier: S. 128.
83 Loerke, Wege zu einer geistigen Kunst, S. 128.

ge[n Gewinn]" des Expressionismus in der „früheren Meistern befremdliche[n] unausgesetzte[n] Wachsamkeit"[84]. Diese Wachsamkeit – als kritische Haltung gegenüber dem ästhetischen und gesellschaftlichen Status quo – müsse jedoch ihrerseits an eine konkrete Vorstellung von einer besseren Zukunft geknüpft sein, wenn sie sich nicht in einer schlichten Protestgeste erschöpfen soll:

> Gegen die Außenwelt gerichtet erscheint sie [die Wachsamkeit] als der Kampf gegen das Bürgerliche, genauer: gegen das Spießbürgerliche, Schale, Unerregte, Hausbackene, Unangefochtene, Wagnislose, Satte, nach einer Zukunft Unsehnsüchtige. Voraussetzung dafür ist aber eine gleichsam bürgerliche Anschauung dieser unbürgerlichen Zukunft: oder es tummelt sich doch nur der Spießer, vermummt als Kodexrevolutionär, Dogmenquerulant, papierender Heiland.[85]

Hinter der Forderung von einer „bürgerlichen Anschauung dieser unbürgerlichen Zukunft" verbirgt sich eine gegen das rein formale Experiment gerichtete Verpflichtung auf Sinn, um zu verhindern, dass der „Ausdruckswille [...] zu einer solchen Intensität [gesteigert wird], daß Rhythmen und Reime nur noch als Abstraktionen, ohne ihren Inhalt wahrgenommen werden können"[86]. Auch in Loerkes programmatischen Forderungen fungiert der Realismus damit als ein komplementäres Gegenüber, das einer vermeintlich einseitigen Poetik des Expressionismus neuen Halt geben soll.[87]

Bevor die hier entwickelten poetologischen Perspektive in den literarischen Texten Loerkes und Wilhelm Lehmanns weiterverfolgt werden, soll abschließend Bezug auf Franz Rohs Studie zum Magischen Realismus bzw. Nachexpressionismus in der Bildenden Kunst genommen werden, deren Relevanz als Programm-

---

[84] Loerke, Wege zu einer geistigen Kunst, S. 128.
[85] Loerke, Wege zu einer geistigen Kunst, S. 129.
[86] Loerke, Wege zu einer geistigen Kunst, S. 128.
[87] Dass die Kritik der „Verabsolutierung der Imagination" (Vietta, Sprache und Sprachreflexion, S. 75) in Loerkes Texten nicht erst aus der Auseinandersetzung mit dem Expressionismus hervorgeht, hebt schon Vietta hervor. Bereits 1907 findet sich in Loerkes Tagebucheinträgen ein Kommentar zu Novalis, der den Solipsismus des Dichters beklagt: „Aber nachher konnte ich nicht einschlafen vor Schreck über diese Unfähigkeit, aus dem Ich herauszugehen. Ich traue diesem Dichter keine Gestalten zu. Seine Geliebte ist Er. Seine Muttergottes ist Er. Ich meine nicht, sie ist von ihm, er darin nicht verkennbar – sondern Er ohne objektive Züge, er berührt sich nicht mit der Welt, in der er lebt." (Oskar Loerke, Eintrag vom 26. Juli 1907, in: Loerke, Tagebücher 1903–1939, hg. von Hermann Kasack, Heidelberg 1956 (Veröffentlichungen der deutschen Akademie für Sprache und Dichtung, Darmstadt, 5), S. 41) Die Wiederholung der Kritik in der Auseinandersetzung mit dem Expressionismus weist umso deutlicher auf das Bedürfnis einer vermittelnden Konzeption, die das realistische Erbe bemüht.

text des Magischen Realismus vor dem Hintergrund der hier gewonnenen Ergebnisse neu bewertet werden kann.

1.2.5 Franz Roh und der Nachexpressionismus – Einordnung eines Exportschlagers

Unter den zahlreichen Texten, die sich in den 1920er Jahren mit einer nachexpressionistischen Poetik auseinandersetzen, sticht Franz Rohs Studie *Nach-Expressionismus, Magischer Realismus. Probleme der neusten europäischen Malerei* (1925) zunächst vor allem deshalb heraus, weil sie in der Forschung in unterschiedlichen Kontexten regelmäßig (zumeist mit Verweis auf Scheffel) zitiert wird. Dies liegt nicht zuletzt darin begründet, dass Rohs Begriff des ‚Magischen Realismus' in der Literatur des zwanzigsten Jahrhunderts seine ganz eigene Erfolgsgeschichte geschrieben hat.[88] Während der Begriff, wie Scheffel gezeigt hat, tatsächlich auf Rohs Untersuchung zurückgeführt werden kann, speisen sich Rohs Ausführungen zu einer nachexpressionistischen Poetik jedoch zum großen Teil aus den bereits für die frühen 1920er Jahre dargestellten Debatten, an denen auch Loerke und Kayser teilhaben. Diese von Scheffel nicht berücksichtigte Nachträglichkeit liegt schon in der Textsorte begründet. Denn im Unterschied zu den programmatischen Texten Kaysers und Loerkes, die eine ästhetische Entwicklung nicht nur begleiten, sondern direkt mitgestalten, handelt es sich bei Rohs Monographie, „die im Grunde nur den neuen malerischen Typus Europas von 1920–1925 geben will"[89], primär um eine historische Analyse, die bestimmte ästhetische Entwicklungen retrospektiv im Rahmen der Kunstgeschichte sichtbar macht. Rohs Untersuchung eignet sich damit nur bedingt als programmatischer Grundlagentext für eine nachexpressionistische Ästhetik, wie bereits Haefs in kritischer Auseinandersetzung mit der literaturwissenschaftlichen Forschung hervorhebt:

> Die Kategorien Rohs wurden vielfach auf die literarischen Entwicklungen seit den 1920er Jahren rückprojiziert. So ersparte man sich die Mühe der Rekonstruktion dessen, was die Jahre unmittelbar nach Ende des Ersten Weltkriegs an literarisch und programmatisch Unterscheidbarem, im Anschluß und im Gegenzug zum Expressionismus, hervorgebracht haben.[90]

---

88 Scheffel, Geschichte eines Begriffs, S. 17 ff.
89 Franz Roh, Nachexpressionismus – Magischer Realismus. Probleme der neusten europäischen Malerei, Leipzig 1925, S. 3 [im Folgenden als „N" im Fließtext zitiert].
90 Haefs, Nachexpressionismus, S. 78. Neben der Problematik der zeitlichen Verortung hat die jüngere literaturwissenschaftliche Forschung auch auf die nur eingeschränkt gewährleistete

Wenn die Studie hier dennoch in den Kontext des Nachexpressionismus gestellt wird, dann nicht in der Weise, dass Rohs Kategorien auf die Entwicklung seit den 1920er Jahren rückprojiziert werden. Vielmehr kann Rohs Studie sowohl als Effekt als auch als Katalysator der nachexpressionistischen Debatten verstanden werden.

Eine eindeutige Verortung der Arbeit im diskursiven Umfeld des Nachexpressionismus erweist sich jedoch als schwierig. Denn obwohl Roh seine Untersuchung selbst als kunstgeschichtliche Darstellung ausweist, nähert sie sich nicht selten einem essayistisch-programmatischen Stil an, der ohne Fußnotenapparat auskommt. Während die Analysen einzelner Kunstwerke in der Regel durch Verweise auf die im Anhang enthaltenen Beispiele unterstützt werden, bleiben die zahlreichen Bezüge auf programmatische Texte aus dem Umfeld des Nachexpressionismus zum großen Teil ganz ohne Verweis auf bestimmte Texte oder Autoren. So spricht Roh entweder allgemein vom „Nachexpressionismus" als Bewegung oder bedient sich der Personalpronomen „sie" und „man", wenn er das programmatische Selbstverständnis der Nachexpressionisten referiert.[91] Tatsächlich zeigt sich, dass mit der unterschiedlichen methodischen Herangehensweise – der Bildanalyse einerseits und der Analyse der nachexpressionistischen Programmatik andererseits – auch eine verschiedene Einschätzung des Nachexpressionismus selbst einhergeht.

Die im zweiten Teil der Arbeit unter der Überschrift „Richtungen des Nachexpressionismus" geleistete Analyse der im Anhang aufgeführten Bilder bzw. die konkrete Einteilung der im Anhang verzeichneten Künstler in verschiedene Untergruppen, zielt vor allem darauf ab, die Unterschiede zum Expressionismus hervorzuheben. Dabei genießt der von Roh in Anlehnung an Hausenstein als „Verismus" bezeichnete Typus nachexpressionistischer Kunst, der in der Forschung zumeist mit der Neuen Sachlichkeit parallel gesetzt wird, besondere Aufmerksamkeit.[92] Aus der Beschäftigung mit dem Verismus zieht Roh dann auch

---

mediale Übersetzbarkeit von Rohs Kategorien hingewiesen, da diese speziell in Auseinandersetzung mit der darstellenden Kunst entstanden sind und sich nicht ohne weiteres auf literarische Texte übertragen lassen. „Das durch ihn [Franz Roh] erarbeitete Oppositionsschema wurde vorbehaltlos auf die literarische Situation übertragen, obgleich die Kriterien aus dem Bereich der Malerei gewonnen waren." (Becker, Neue Sachlichkeit, S. 101). Becker selbst nimmt Rohs Studie aus diesem Grund nicht auf und geht auch nicht weiter auf sie ein.

91 „Sie sehen ihn [...]. So sieht der neueste Klassizismus z. B. im Expressionismus" (N, 65); „Der Nachexpressionismus empfindet" (N, 68).

92 „Ausführlicher und grundsätzlicher ist derjenigen Richtung zu gedenken, die am wörtlichsten den Wideranschluß an die bestehende Objektwelt suchte und darum am heftigsten befehdet wurde. Wir meinen den sogenannten Verismus, wie er sich in Grosz, Dix, Scholz, Smith, Hubbuch, Sebba, Dreßler, zum Teil auch in Scholz, Schnarrenberger, Schlichter u. A. darstellt." (N, 82)

den Großteil der Merkmale, die seine tabellarische Gegenüberstellung von Expressionismus und Nachexpressionismus kennzeichnen. Der Verismus sei als „Gegenschlag gegen die übertrieben ‚religiöse' Thematik und Geste, gegen das zu dreiste, ja plumpe Mystifizieren gewisser Expressionisten" (N, 92) zu verstehen und entscheidende „Bildmittel des Verismus" seien „das unerhört Unbeteiligte, die metallische Kälte, Regungslosigkeit und unerbitterliche Durchführung" sowie eine „eiserne Objektivität, mit der bis in die Poren des unverdunkelten Gegenstandes mikroskopiert wird" (N, 94).[93] Einige Merkmale des Verismus sind direkt in die Tabelle übernommen, andere lassen sich deutlich in Verwandtschaft zu diesen Klassifikationen setzen:

Expressionismus	Nachexpressionismus
Ekstatische Gegenstände	Nüchterne Gegenstände
Viele religiöse Vorwürfe	Sehr wenig religiöse Vorwürfe
Objekt unterdrückend	Objekt verdeutlichend
Rhythmisierend	Darstellend
Erregend	Vertiefend
Ausschweifend	Eher streng, puristisch
Dynamisch	Statisch
Laut	Still
Summarisch	Durchführend
Vordergründig	Miniaturartig
Warm	Kühl, bis kalt
Dicke Farbsubstanz	Dünne Farbschicht
Aufrauhend	Glättend, vertrieben
Wie unbehauenes Gestein	Wie blank gemachtes Metall
Arbeitsprozess (Faktur) spüren lassend	Arbeitsprozess austilgend (reine Objektivation)
Expressive Deformierung der Objekte	Harmonische Reinigung der Gegenstände
Diagonalreich (in Schrägen), oft spitzwinklig	Eher rechtwinklig, dem Rahmen parallel
Gegen die Bildränder arbeitend	In ihnen festsitzend
Urtümlich	Kultiviert
(N, 119 f.)	

Während die anderen Richtungen auf etwa 1–3 Seiten behandelt werden, beschäftigt sich Roh mit dem Verismus fast 15 Seiten lang.

93 Den sechs übrigen Richtungen des Nachexpressionismus teilt Roh in der Regel keine eigenen Merkmale zu, sie werden hauptsächlich daraufhin beurteilt, inwiefern sie dem Verismus nahe kommen. Eine Ausnahme bildet hier der fünfte Stil, für den Roh eine melodische Darstellung gegenüber den „hackenden Rhythmen" (N, 80) des Expressionismus verzeichnet. Selbst das für die sechste Gruppe charakteristische Merkmal des Mikroskopischen, „das der Winzigkeit unserer gesamten Existenz neuen Ausdruck verleih[t]" (N, 81), ist ebenfalls als Merkmal des Verismus angeführt.

Dieser Zugangsweise, die vor allem die Unterschiede zum Expressionismus aufzeigt und klare Dichotomien erzeugt, steht ein anderer Zugang gegenüber, der den Nachexpressionismus nicht so sehr in Opposition zum Expressionismus stellt, sondern als einen auf verschiedenen Ebenen vermittelnden Stil begreift. Diese Perspektive, die vor allem im ersten Teil von Rohs Ausführungen zum Ausdruck kommt, wird weniger deutlich als der zweite Teil von Bildanalysen geprägt, sondern beruft sich wiederholt – in eben der bereits angedeuteten allgemeinen Weise – auf eine nachexpressionistische Programmatik.

Aus dieser Perspektive erscheint der Nachexpressionismus nicht als Gegenprojekt, sondern vielmehr als Erweiterung des Expressionismus. Während dieser als das „große abstrakte System" (N, 80) den Aspekt der Gegenständlichkeit aus den Augen verloren habe, werde im Nachexpressionismus durch die Anknüpfung an die Naturdarstellung das künstlich-abstrakte „Scheinen" des Expressionismus wieder mit dem „Sein" der Natur und Gegenstandswelt verbunden. Bezeichnenderweise geht es Roh in dieser Argumentationskette nicht darum, den Nachexpressionismus wie in der Tabelle kategorisch mit dem Sein zu verknüpfen (nüchterne Gegenstände, Objekt verdeutlichend), sondern als vermittelnde Position zu markieren:

> Diese Gegenüberstellung von Sein und Scheinen wurde erst möglich nach Wiedereinsetzung der Gegenstandswelt, die mehr oder weniger fehlte im Expressionismus, der das Bild der bestehenden Natur von vornherein verabschiedet hatte zugunsten einer gleichsam geistigen Welt. (N, 31)

Wie in den Entwürfen Kaysers und Loerkes stehen sich die „Wiedereinsetzung der Gegenstandswelt" und die „geistige Welt" nicht unversöhnlich gegenüber, sondern werden im Nachexpressionismus vielmehr in einer Art Symbiose vermittelt: „Diese neue Kunst stellt sich entschlossen zwischen die Extreme: sie steht zwischen strukturlosem Sensualismus und überstrukturierender Schematik, wie etwa eine wahre Philosophie zwischen naivem Realismus und überspanntem Idealismus stände." (N, 34)

Besonders deutlich wird das vermittelnde Element des Nachexpressionismus in der Auseinandersetzung mit der von Worringer geprägten Dichotomie von Einfühlung und Abstraktion. Bezeichnenderweise verwendet Roh an dieser Stelle nicht den die Polarität zwischen Expressionismus und Nachexpressionismus unterstützenden Begriff des Verismus, sondern den des „magischen Realismus":

> Wenn man die Kunst des neunzehnten Jahrhunderts samt Impressionismus als die einer Einfühlungszeit bezeichnen will, so ist die des Expressionismus eine Abstraktionskunst zu nennen. Der magische Realismus kann sozusagen als Durchdringung beider Möglichkeiten

gefaßt werden, nicht als Nivellierung oder Verwischung beider Gegensätze, sondern als zarte aber stetige Hingabe an die vorgefundene Welt und klarem Bauwillen ihr gegenüber. (N, 40)

Während in der an den Verismus angelehnten Tabelle das nicht ganz kongruente Oppositionspaar vordergründig (Expressionismus) – miniaturartig (Nachexpressionismus) verzeichnet ist, attestiert Roh in einem Kapitel, das mit *Das Unterlebensgroße* betitelt ist, dem Nachexpressionismus keine einseitige Aufwertung des Miniaturartigen, sondern eine gegenüber dem Expressionismus ausgeglichene Darstellung:

> Der Expressionismus war einseitig monumentalisierend, der Nachexpressionismus ist wieder siegreiche Kreuzung. Auch hier darf die Spannung zwischen beiden Möglichkeiten nie aufgehoben werden, weshalb denn der Nachexpressionismus auch hier – bald bewußt, bald unbewußt – jede ‚organische' Mittellinie zwischen beiden Darstellungsweisen meidet, sie vielmehr einander verschränkt [...]. (N, 59)

1.2.6 Weichenstellung für eine Programmatik des Magischen Realismus

Kaysers und Loerkes um 1920 verfasste programmatische Texte erweisen sich als Versuche, zentrale Elemente der expressionistischen Poetik in ein nachexpressionistisches Erzählen zu überführen. Während sich vor allem die spätere Programmatik der Neuen Sachlichkeit dadurch auszeichnet, dass sie sich explizit in Opposition zu einem als überwunden betrachteten Expressionismus stellt,[94] lesen sich die Ansätze Kaysers und Loerkes als Korrektur und Weiterführung der expressionistischen Poetik. Insofern lassen sich die hier verhandelten programmatischen Texte zunächst allgemein in die Kategorie des Nachexpressionismus einordnen, wie Haefs sie begründet. Er versteht den Begriff Nachexpressionismus „nicht als Lebens-, Denk-, und Stilform"[95] (wie ihn Roh verwendet), sondern als heuristische Kategorie für solche Texte die „explizit oder implizit auf den Expressionismus (und insgesamt auf die künstlerisch-literarischen Erscheinungen der Avantgarde) [...] reagieren und programmatisch darüber hinausführen wollen."[96]

Die Einordnung der von Loerke und Kayser formulierten nachexpressionistischen Entwürfe lässt sich jedoch weiter präzisieren. So begründen sie die Aktualisierung eines gegenständlichen Erzählens im Unterschied zur neusachlichen

---

94 Becker, Ästhetik, S. 108 ff.
95 Haefs, Nachexpressionismus, S. 78.
96 Haefs, Nachexpressionismus, S. 78 f.

Ästhetik nicht durch den Bezug auf den Naturalismus, sondern durch den Rückgriff auf den literarischen Realismus des neunzehnten Jahrhunderts. Dieser Bezug zeigt sich nicht allein in dem Postulat nach „kontrollierter Naturgestaltung" (Loerke), sondern auch in der Transformation des für die Programmatik des Poetischen Realismus zentralen Vermittlungsmodells. Es konnte gezeigt werden, dass die Adaption des poetisch-realistischen Vermittlungsmodells, das selbst wiederum Anleihen bei der idealistischen Poetik macht, eine poetologische Zusammenführung realistischer und expressionistischer Schreibweisen möglich macht, indem die beiden sich vermeintlich widersprechenden Poetiken als sich gegenseitig bereichernde und unterstützende ästhetische Verfahren beschrieben werden. Im Folgenden wird zu klären sein, ob und inwiefern die um 1920 entstehenden Prosatexte Oskar Loerkes und Wilhelm Lehmanns die hier aufgezeigten programmatischen Perspektiven poetologisch aufgreifen und ein zwischen Expressionismus und Realismus angesiedeltes Verfahren literarisch umsetzen.

2 Erzählen zwischen Realismus und Expressionismus – Oskar Loerkes Prosa

2.1 „Es gibt Bücher, die aus weiter nichts als Übergängen bestehen"[97] – Expressionismus und Nachexpressionismus in Loerkes „Die Puppe" (1919)

2.1.1 Der expressionistische Dilettant

Die im Februar 1919 im Jahrbuch der Zeitschrift *Das Neue Pathos* veröffentlichte Erzählung „Die Puppe", die zu den wenigen nach 1945 neu aufgelegten Prosatexten Loerkes zählt und in Karl Ottens Sammlung expressionistischer Prosa *Ahnung und Aufbruch* wie auch in Fritz Martinis Band *Prosa des Expressionismus* Eingang findet,[98] wird allgemein als Satire verstanden, die „auf die Ohnmacht der expressionistischen Ideologien"[99] anspielt. Während Martini die Erzählung als „tragische Groteske" bezeichnet, die „den Expressionismus schon hinter sich zurückgelassen"[100] hat, geht Burkhardt Schäfer soweit, dem Text die Position eines literaturgeschichtlichen Wendepunktes zuzusprechen: „Loerkes *Puppe* markiert exemplarisch das Ende des Expressionismus im Besonderen und – verallgemeinernd gesagt – das Ende der emphatischen Moderne überhaupt"[101].

Auf der Ebene der Diegese wird die kritische Distanz zum Expressionismus bereits dadurch deutlich, dass in Loerkes Erzählung nicht der bodenständige Bürger, sondern der expressionistische Dichter in den Mittelpunkt ironischer Darstellung rückt. Mit 35 Jahren besitzt der Protagonist Friedrich Schedel, ein „Dichter ohne Buch und Vers" (P, 273), nicht nur das Alter der in den 1880er Jahren geborenen expressionistischen Generation, er zitiert auch unentwegt

---

[97] Oskar Loerke, Eintrag vom 16. März 1905. In: Loerke, Tagebücher, S. 27.
[98] Oskar Loerke, Die Puppe. In: Prosa des Expressionismus, hg. von Fritz Martini, Stuttgart 2003, S. 272–281 [im Folgenden als P im Fließtext zitiert]. Aufgrund der guten Zugänglichkeit des Textes wird diese Publikation verwendet, die sich auf die Erstpublikation im *Jahrbuch der Zeitschrift das Neue Pathos* bezieht.
[99] Schäfer, Unberühmter Ort, S. 58.
[100] Fritz Martini, Einleitung. In: Martini, Prosa des Expressionismus, S. 3–48, hier: S. 43.
[101] Schäfer, Unberühmter Ort, S. 59. Vor diesem Hintergrund fordert Schäfer in kritischer Anlehnung an Martini, nicht nur danach zu fragen, „was die Puppe ‚schon hinter sich zurückgelassen' hat", sondern herauszuarbeiten, „was sie denn möglicherweise ‚bereits erreicht' hat" (Schäfer, Unberühmter Ort, S. 58).

„Kennworte des expressionistischen Idealismus"[102], vor allem „expressionistische Pathosformeln"[103]. In der überbetont expressiven und sprunghaften Sprechweise Schedels kommt zur Darstellung, was Loerke in seinem Essay „Die jüngsten Jahre der deutschen Lyrik" als „Impressionismus der Unverbindlichkeit" bezeichnet. Nicht der Text, sondern Schedels Stimme produziert hier unentwegt „zaubrische, hastige, heftige, atemlose, getürmte, unbändige, nötigenfalls zerfetzte, schreiende, grellfarbige, grausame Worte"[104]:

> Sie [Schedels Stimme] überschlug sich in Eroberungssucht, Eitelkeit, eifrischem Schmerz und Tränen, heimlicher Frechheit und öffentlicher Feigheit. Inbrünstig quoll es immer aus seinem Munde: Menschheit! Entsagungsvoll rief ein seraphischer Fuchs in ihm: Friede! Er hatte nicht viel zu essen und litt, wenn er die Satten beneidete. Brüder! Im nebligen Froste [...] streichelte er die verlaufenen Hunde, vor ihrem weichlichen Maul und ihrem Speichel ängstlich und ekel. Allseele der Kreatur! (P, 273)[105]

Dabei gelingt es Schedel trotz der Hinwendung zum Kreatürlichen nicht, einen greifbaren Bezug zu seiner Umwelt herzustellen. Er verstrickt sich vielmehr in seiner eigenen Gedankenwelt, wie eine Episode aus Schedels Schülerzeit deutlich macht: In der slapstickartig gezeichneten Szene entschuldigt sich Schedel nach der Unterrichtsstunde bei einem Lehrer für eine Ohrfeige, die er diesem lediglich in seiner Vorstellung gegeben hatte. (P, 274 f.)

Poetologisch kommt das problematische Verhältnis zwischen Ich und Welt in der Begegnung Schedels mit einem Koffer zum Ausdruck, den er auf einem verlassenen, eingezäunten Landstrich am Stadtrand Berlins entdeckt. Anstatt über den Zaun zu klettern und den Koffer zu öffnen, wie ihm einige Kinder unverblümt nahelegen, führt er eine imaginäre Debatte um dessen Inhalt. Dabei fungiert der verschmutzte Koffer, der in Schedels Vorstellung ausrangierte Alltagsgegenstände beherbergt, gerade nicht als produktive „Projektionsfläche für moderne Textverfahren"[106], wie Burkhardt Schäfer annimmt, sondern als Ansatzpunkt für einen sehr konventionellen, geradezu ‚verstaubten' literarischen Katalog, wie die Attribuierung deutlich macht:

---

102 Martini, Einleitung, S. 42.
103 Schäfer, Unberühmter Ort, S. 57.
104 Vgl. die Ausführungen zu Loerkes Essayistik im vorigen Kapitel.
105 Schedels Glaube, er könne sich von der „Gefahr der kurzen Überfahrt von Tod zu Tod durch Güte" (P, 272) befreien, entspricht der in Loerkes Essay den ‚sanften' Vertretern des Expressionismus zugeschriebenen Empfindung ‚allgemein menschlicher Brüderlichkeit, hilfreicher Güte', ihrem ‚Drang in die Freiheit' (s.o.).
106 Schäfer, Unberühmter Ort, S. 63.

> Mit halben Gedanken hatte er dem Koffer seit seinem ersten Vorüberschreiten einen Inhalt zugefabelt. Bald war es eine Tabakspfeife gewesen, bald eine *steife mürbe* Drillichjacke, durch deren Schluchten und Schlünde Ameisen rannten, bald ein spitzer *staubiger* Strohhut, wie man ihn den Omnibuspferden gegen die Hitze aufsetzt, bald eine *vertrocknete* Scheibe Pumpernickel in Staniol, bald ein *zerschlissener Muff*. Zuletzt hatte sich in ihm die Vorstellung festgesetzt, es müsse eine Puppe sein. (P, 278, Hervorhebungen T. L.)

An die Stelle einer emphatischen Textur, wie sie für die frühexpressionistische Prosa charakteristisch ist,[107] setzt Loerkes „Die Puppe" eine unmotivierte Aufreihung ‚ausgedienter' Begriffe, die im Kontrast zu der von Schedel intendierten Bedeutungsfülle steht und dadurch grotesk wirkt. Als groteske Gestalt erscheint dann auch die vermeintlich im Koffer befindliche Puppe, deren einzige Verbindung zur Wirklichkeit außerhalb des Koffers ein Zeitungsblatt darstellt: Schedel „sah sie auf dem Rücken liegen, ein Zeitungsblatt bedeckte ihre immer lachenden Porzellanpausbacken und ihre immer offenen Augen, welche vor den allzunahen, übermäßig vergrößerten Buchstaben vielleicht schielten" (P, 279). Die groteske Zeitungslektüre der Puppe weist auf zwei für die poetologische Einordnung des Textes entscheidende Punkte hin: Erstens macht sie auf die Überblendung von Friedrich Schedel und der Puppe aufmerksam, die in der Erzählung geradezu inflationär markiert wird.[108] Denn auch Schedel ist aufgrund seines Berufs unablässig zum Lektorat verpflichtet. Anstatt originelle Dichtung zu produzieren, arbeitet er „in einer kleinen Berliner Redaktion bei kargem Solde mit Papierschere, Pinsel und Kleistertopf als ein Chirurg anderer Leute Gedanken" (P, 273).[109] Zweitens spiegelt die Zeitungslektüre der Puppe Schedels Realitätsverlust. So zeichnet sich die Puppe als Spiegelbild Schedels zwar dadurch aus, dass ihre Augen immer geöffnet sind – anstatt sich jedoch der Wirklichkeit selbst anzunähern, sind die diese auf das Zeitungsblatt fixiert. Das eröffnet jedoch keinen Zugang zur Wirklichkeit außerhalb des Koffers, weil sich die Lektüre der Puppe nicht auf den Inhalt der Zeitung, sondern ausschließlich auf das formale

---

[107] Moritz Baßler, Absolute Prosa. In: Expressionistische Prosa, hg. von Walter Fähnders, Bielefeld 2001 (Studienbücher. 1), S. 59–78, hier: S. 59 ff.
[108] Als weitere Belege dafür, dass „Schedel in der Puppe sein alter ego wiederfindet" (Schäfer, Unberührter Ort, S. 64) führt Schäfer an, dass Schedel selbst am Ende der Erzählung die strukturlose Haltung einer Puppe (als Marionette) annimmt, wie auch den Umstand, dass beiden Gestalten ein Portemonnaie zugeordnet wird. (Schäfer, Unberührter Ort, S. 64) Diese letztere, anhand eines pekuniären Zusammenhangs hergestellte Parallele entlarvt zudem Schedels ökonomisches Interesse (das bereits in der Gegenüberstellung von Journalist und Dichter angelegt ist).
[109] Auch das Schielen der Puppe ließe sich als ein Hinweis auf diese Verdopplung verstehen, insofern das Doppeltsehen als Folge des Schielens auftreten kann.

Arrangement des Zeichenmaterials richtet, die „allzunahen, übermäßig vergrößerten Buchstaben".

Vor dem Hintergrund der von Loerke und Kayser um 1920 formulierten poetologischen Perspektiven erscheint Friedrich Schedel damit als Beispiel eines expressionistischen Dichters, der den Bezug zur Wirklichkeit verloren hat. Epistemologisch bleibt Schedel auf die „Wahrheit seines eigenen Innern" und auf die formale Anordnung der Zeichen fixiert. Produktionsästhetisch bedient er sich lediglich des Sprachmaterials, das andere Leute bereitstellen. Diese Lesart lässt sich durch eine nähere Betrachtung des Motivs der Puppe unterstreichen, das in Loerkes Erzählung deutlich übercodiert ist und im Zentrum der poetologischen Auseinandersetzung steht.

2.1.2 Loerkes Erzählung im Spiegel von Edschmids Essay „Puppen" (1917)

Für die Frage nach der poetologischen Bedeutung der Puppe in Loerkes Erzählung ist ein Text aufschlussreich, der 1917 in der *Neuen Rundschau* erscheint und Loerke offenbar für seine eigene Erzählung Modell gestanden hat – Kasimir Edschmids Essay „Puppen"[110]. Anhand der Verhandlung des Puppenmotivs in Edschmids und Loerkes Text lassen sich zentrale Unterschiede zwischen Expressionismus und Nachexpressionismus bzw. emphatischer Moderne und Magischem Realismus benennen.

Stellt man Edschmids Essay Loerkes Erzählung gegenüber, fällt sofort ein wesentlicher Unterschied auf: Edschmid beschäftigt sich mit realen Objekten der Künstlerinnen Lotte Pritzel und Erna Pinner. Nach Edschmid eignen sich vor allem die Porzellanpuppen Pinners aufgrund der Passivität und der Neutralität ihrer Gesichtszüge als Projektionsfläche für die Imagination des Betrachters. Dieser sei aufgerufen, das, was „eingeschlossen in der zuerst nur von außen phänomenalen Ruhe der Puppen liegt"[111], an die Oberfläche zu bringen. Auf diese Weise werden die Puppen zum „Spiegelbild eines Menschen in der Pupille des Schauenden"[112]:

> Sie sind der große Spiegel, der alles genau zurückspielt, aber es wiedergibt objektiver, der Ferne näher gerückt und fremder geworden in der Strahlung. Ihre Passivität, die dennoch voll Wirkung ist, ist ihr unerhörter Reiz. Ihr konsequentes Schweigen wird aktiv. Ihre Ruhe

---

[110] Kasimir Edschmid, Puppen. In: Edschmid, Frühe Schriften, hg. von Ernst Johann, Neuwied, Berlin 1970, S. 114–118.
[111] Edschmid, Puppen, S. 116.
[112] Edschmid, Puppen, S. 117.

wird Bewegung. Schließlich im einfachsten Kreislauf der Empfindung sind sie alles und nichts. Sie sind sich selbst und sind ihr Gegenteil, Duellant und Partner, beides in einer Figur.[113]

In Edschmids Essay wird die Puppe zum „objektiven Spiegel" des Ichs, das sich selbst in der Verdopplung durch die Puppe begegnet und sich dabei der Zerrissenheit seiner eigenen Existenz bewusst wird, weil sich das Ich in einem ihm äußerlichen Gegenstand begegnet: „Sie [die Puppen] sind etwas Zweigespaltetes, etwas außer uns und etwas in uns [...]. Aus dieser Dualität hinausführen können wir nicht. Das Innen und Außen zu vermischen ist uns nicht gegeben."[114] Damit fügt sich Edschmids Entwurf zunächst in die klassische Figuration des Doppelgänger-Motivs in der Literatur der Moderne ein, wie sie Gerald Bär in seiner umfangreichen Studie beschreibt. So leitet das Auftreten des Doppelgängers in der Regel einen „Prozess des ‚Sich-selbst-bewusst-werdens'"[115] ein, insofern der Doppelgänger eine Perspektive auf das eigene Ich eröffnet, die auf andere Weise nicht möglich wäre: „Da also der Mensch kein Organ zur Introspektive besitzt, bedeutet dies, dass seine Innenwelt – oder was er dafür hält – in die Außenwelt projiziert werden muss, will er sich selbst, ohne sich auf das Urteil anderer zu verlassen, Aufschluss darüber geben, wer dieses ‚Ich' eigentlich sei."[116] Weil das Ich dabei jedoch gleichzeitig als Subjekt und Objekt in Erscheinung tritt, führt „das ‚Sich-selber-sehen' als Mittel der Suche nach Selbsterkenntnis [...] in ausweglos scheinende Widersprüchlichkeiten im erkenntnistheoretischen Bereich"[117].

---

113 Edschmid, Puppen, S. 115.
114 Edschmid, Puppen, S. 117.
115 Gerald Bär, Das Motiv des Doppelgängers als Spaltungsphantasie in der Literatur und im deutschen Stummfilm, Amsterdam, New York 2005 (Internationale Forschungen zur allgemeinen und vergleichenden Literaturwissenschaft. 84), S. 455.
116 Bär, S. 455.
117 Bär, S. 454. Dass sich diese erkenntnistheoretische Dynamik nicht nur mit dem Motiv des Doppelgängers im Allgemeinen verbindet, sondern mit dem der Puppe im Besonderen, wird exemplarisch darin deutlich, dass ein kürzlich publizierter Sammelband das anhaltende Interesse für die Puppe als kulturellem Gegenstand seit der Moderne in ganz ähnlicher Weise begründet: „Künstliche Menschen üben eine immense Anziehungskraft aus. Ihre Faszination resultiert aus widersprüchlichen Eigenschaften. Zum einen bieten sie sich als Alter ego an, das im Akt der Objektivierung ein Selbstbild entstehen läßt. Alle menschlichen Kunstfiguren bergen daher etwas von jedem ‚Augenpüppchen', das nichts ist als die Projektion des Eigenen auf ein verwandtes Anderes." (Pia Müller-Tamm, Katharina Sykora, Puppen, Körper, Automaten. Phantasmen der Moderne. In: Puppen, Körper, Automaten. Phantasmen der Moderne [erscheint anläßlich der Ausstellung Puppen, Körper, Automaten – Phantasmen der Moderne, Kunstsammlung Nordrhein-

Die Markierung der Puppe als Spiegelbild des Menschen führt in Edschmids Essay allerdings dazu, dass diese als Gegenstand ganz in den Hintergrund tritt. Obwohl Erna Pinners ästhetische Objekte im Zentrum des Textes stehen sollten, wie zumindest der Untertitel der Zweitveröffentlichung verspricht,[118] erfährt man über die einzelnen Puppen als Kunstfiguren kaum etwas, da sie völlig in der Funktion der „Objektivierung des Selbst" aufgehen. Das, was sie an Lebendigkeit und Dynamik besitzen, wird allein durch den augenblicklichen Zugriff des Betrachters (Edschmid nennt ihn den ‚großen Einsamen') vermittelt:

> Sie [die Puppen] müssen die Gefährten der großen Einsamen sein, große Zuhörer nächtlicher Monologe, parierende Partner leidenschaftlicher Evolution, bald aufglühend mit der inbrünstigen Ekstase, bald undurchdringlicher Wall vor der schrankenlosen Flut des Zorns nach dem Unerreichbaren, große Gegenspieler ohne Miene, ohne Wort [...]. Sofort aus Symbolen absoluter Ruhe werden sie die des Gegenteils. Sie werden sogleich fließende Gefühlswelle ohne Grenze und Halt.[119]

Edschmids Einbindung der Puppen Pinners in den „Kreislauf der Empfindungen" des (männlichen) Betrachters bewegt sich damit ganz in dem Verständnis von Ich und Welt, wie es für die expressionistische Programmatik charakteristisch ist: Das künstlerische Bewusstsein ist der Welt nicht nachgeordnet, sondern vorgeschaltet, Welt entsteht immer erst nachträglich als Produkt des schöpferischen Ichs[120]:

> Im Impressionismus hatten sich Welt und Ich, Innen und Außen, zu einem Gleichklang verbunden. Im Expressionismus überflutet das Ich die Welt. So gibt es auch kein Außen mehr [...]. Die Kunst vermittelt also zwischen Bewußtsein und Welt; oder, wenn man will, sie entsteht im Werden des Bewußtseins. So ist also die große Umkehrung des Expressionismus: das Kunstwerk hat Bewußtsein zur Voraussetzung und die Welt zur Folge. [...] Der Künstler

---

Westfalen, Düsseldorf, vom 24. Juli bis 17. Oktober 1999], hg. von Pia Müller-Tamm u. Horst Bredekamp, Köln 1999, S. 65–93, hier: S. 65.)
118 So zumindest der gegenüber der Erstausgabe veränderte Titel in der Zweitveröffentlichung: Kasimir Edschmid, Zu den Puppen der Erna Pinners. In: Das Puppenbuch, (ohne Herausgeber), Berlin ²1921.
119 Edschmid, Puppen, S. 114–116. „Diese Puppen haben Schönheit in einfachem künstlerischem Sinn und bedürfen doch unserer ordnenden Hand, des Zwanges zum Spiel, um ihr Leben zu erhalten, ihre Haltung und ihr Rolle. Ihnen, unseren Geschöpfen spielen wir vor, Akteure unserer Leidenschaft, aber wir zwingen sie nicht, denn an ihrem Lächeln zerschellt unsere Welt" (Edschmid, Puppen, S. 114).
120 Wobei die Position des Künstlers in Edschmids Essay nicht von der Schöpferin der Puppen, Erna Pinner, besetzt wird, sondern von dem Rezipienten als demjenigen, der sich diesen Puppen als Subjekt nähert.

schafft seine Welt in seinem Ebenbilde. Das Ich ist auf eine divinatorische Art zur Herrschaft gelangt.[121]

Was Hatvani 1917 als die große Leistung der expressionistischen Kunst feiert, wird in Loerkes Erzählung allerdings zum Problem, weil sich die Welt, die sich das „divinatorisch herrschende" Ich erschafft, verselbstständigt und an der Wirklichkeit außerhalb dieses Ichs vorbeigeht. So wird die urbane Umgebung Berlins als Schauplatz der Erzählung durch Schedels Imagination bis zur Unkenntlichkeit überformt und erscheint als überstilisierte Version eines expressionistischen Kunstwerks. Während auf der Baustelle in Wilmersdorf handfeste Gebäude errichtet werden, ist Schedel mit der Errichtung von flüchtigen, substanzlosen Gedankenkonstruktionen beschäftigt, wie die Wolkenmetaphorik deutlich macht:

> Ging Schedel über das leere Bauland Wilmersdorfs, so verweilten die Häuserreihen fern und zwecklos wie viereckige rosa und violette Wolken. Die Gitter um die Villen blitzen wie Feuermuster, nur Idee, überall durchschreitbar, Buchstaben, Zirkel eines Gotteswortes, sichtbar gewordene Rufe. In der Laubwolke der Gärten schwebte in lockeren Scheffeln fast reifes Obst, ein Schaugericht für alle. Fast barst die Brust. (P, 272)

Gleichsam wie die realistische Oberfläche der Stadt (das Baugelände Wilmersdorf) in der Imagination Schedels entschwindet, wird in Loerkes Erzählung auch die Realität der Puppe getilgt, die in Edschmids Essay immerhin noch die Bedingung darstellt, auf deren Grundlage sich das „Werden des Bewußtseins" (Hatvani) überhaupt entfalten kann. Die Erzählung verhandelt zwar vordergründig die Frage nach dem Inhalt des Koffers als geheimnisvolles Rätsel, das über die Existenz Schedels entscheidet – tatsächlich ist diese Frage in Loerkes Text immer schon beantwortet. Weil sich die Suche nach dem Kofferinhalt ausschließlich innerhalb der Gedankenwelt Schedels abspielt, kann der Koffer nichts zum Inhalt haben, das außerhalb dieser existiert – Schedel muss also notwendigerweise sein eigenes Spiegelbild im Koffer vorfinden.[122] Dementsprechend trägt Schedel Merkmale einer Porzellanpuppe[123] und erscheint am Ende der Er-

---

121 Hatvani, Versuch über den Expressionismus, S. 68, 72f.
122 Diese Tautologie wiederholt sich in der Kongruenz zwischen dem leeren Koffer und dem leeren ‚Schädel' Schedels: „Der Koffer war leer, es war ihm jetzt ganz gewiß." (P, 267) „Er [Schlegel] suchte nichts, war ungeduldig, dabei leer im Hirn" (P, 277). „Der Koffer ragte unberührt an seinem alten Fleck. Er ist leer, dachte Schedel" (P, 280). „Was schadete es denn auch, selbst wenn der Koffer leer wäre, fragte es plötzlich in Schedel. Doch als er den Zweifel seines Herzens vernommen hatte, verzog er schmerzlich das Gesicht" (P, 281).
123 So heißt es, dass Schedel „mit 35 Jahren einen Glatzkopf" (P, 273) trägt, sein Schädel selbst also – ähnlich einer Porzellan-Puppe, eine ‚polierte Oberfläche' darstellt.

zählung selbst als Gliederpuppe: „Er gab seinem Körper eine lose Haltung, rief alle rebellische Wallung aus Fingern, Armen, Beinen und Rumpf ab, schlug gemächlich, etwas schwer, mit den Augenliedern, wie man ohne Hast ausgelesene Buchseiten umblättert." (P, 280)[124]

Die in sich selbst kreisende Logik, die sich ausschließlich auf die „Wahrheit des eigenen Innern" beschränkt, schließt in „Die Puppe" jede Möglichkeit einer Veränderung aus und endet in Stagnation. Der für die Poetik des Expressionismus zentrale Begriff der *Wandlung* wird in Loerkes Text zwar mehrfach aufgerufen, aber nicht eingelöst, wie sich wiederum am Motiv der Puppe belegen lässt. Denn neben der Bedeutung als Spiegelbild des Menschen aktualisiert die Erzählung eine Bedeutung des Begriffs ‚Puppe', die ein ganz anderes Paradigma aufruft. Wiederholt verweist der Text auf die Semantik von Verwandlung oder Geburt, auf das Übergangsstadium der Larve zum Insekt („War er entflohen um nicht entlarvt zu werden. Entlarvt?" P, 277) oder vom Ei zum schlüpfenden Jungtier: „Sei doch einfach ruhig", teilt Schedel eine Stimme unbekannter Herkunft mit, „wie das wochenlang reglose Ei, wenn sich der Vogel in seinem Dotter bildet" (P, 280). Eine Metamorphose Schedels bleibt jedoch aus,[125] weil sich seine ‚Verpuppung' als wirkungsloses Spiel innerhalb der Phantasie ereignet. Auch der radikalste Versuch, eine Wandlung herbeizuführen – der Selbstmord als Übergang vom Leben zum Tod – misslingt.[126] Am Ende bleibt Schedel nichts weiter als die große Geste: „Von Atemnot überwältigt, warf er endlich seinen Körper seitlich herum, sprang in die Luft wie ein getroffener Hase, stolperte und brach im

---

124 Tatsächlich trägt Schedel auch im intertextuellen Vergleich diejenigen Merkmale, die Edschmid in seinem Essay den Porzellanpuppen zuschreibt: So schildert Edschmid die Puppen als „parierende Partner leidenschaftlicher Evolution, bald aufglühend mit der inbrünstigen Ekstase, bald undurchdringlicher Wall vor der schrankenlosen Flut des Zorns nach dem Unerreichbaren […]. Sofort aus Symbolen absoluter Ruhe werden sie die des Gegenteils. Sie werden sogleich fließende Gefühlswelle ohne Grenze und Halt." (Edschmid, S. 114–116) Diese Charakterisierung, die hier im Unterschied zu Loerkes Erzählung nicht ironisch markiert ist, überschneidet sich sehr deutlich mit der Charakterisierung Schedels zu Anfang der Erzählung (s. o.). Edschmid bezeichnet die Puppen weiterhin als „Zuhörer nächtlicher Monologe", während sie selbst „ohne Miene, ohne Wort" bleiben. Und auch Schedel lauscht regelmäßig den „prophetischen Chöräle[n] der Nacht" (P, 273), während er selbst bis auf seine pathetischen Ausrufe sprachlos bleibt: „Hätte er gesprochen und geschrieben, so wäre sein heiliger Geist nicht hungrig und störrisch geblieben" (P, 273).
125 Schedel bedient sich am Ende der Erzählung immer noch derselben Floskeln: „Menschheit! arme Brüder!" (P, 280).
126 „Entschlossen stürmte er vor den Wagen [der Tram], stand geschlossenen Auges eine Sekunde und fegte dann mit breiten Schritten zwischen den Gleisen vor dem Wagen her. Als dieser ihn beinahe erfaßt hatte, der Fahrer wütend läutete, bremste und schrie, tat er einen Satz beiseite." (P, 281).

Rinnstein zusammen. Er regte sich nicht. Vorübergehende richteten ihn auf und führten ihn eine kleine Strecke." (P, 281)

2.1.3 Die Puppe in der Puppe – Selbstironischer Expressionismus

Nachdem ausführlich dargestellt worden ist, in welcher Weise Loerkes „Die Puppe" kritische Perspektiven auf den Expressionismus entwickelt, bleibt die Frage offen, ob der Text im Sinne Burkhard Schäfers möglicherweise bereits die poetischen Grundlagen für ein magisch-realistisches Textverfahren legt. Schäfers Hauptargument dafür, dass die Erzählung den Expressionismus überwindet und poetologisches Neuland betritt, ist die Überkodierung des Landstrichs, auf dem Schedel den Koffer mit der vermeintlichen Puppe entdeckt. Das am Stadtrand Berlins brach liegende „Unlandstück", das von „wildwachsende[m] Roggen" und „Brennesselwäldern umwuchert" (P, 275) wird, evoziere eine poetologische Lesart und verweise auf ein „dicht gewirkte[s] Textgewebe"[127]. Vor allem die „Regenflecken und Tintenklexe [...]", die den Koffer verunreinigen, deutet Schäfer als Verweis auf eine nicht dechiffrierbare, „unverständliche Botschaft"[128], die im Gegensatz zu den expressionistischen Texturen jedoch auf Lesbarkeit ausgerichtet sei:

> Die Ruderalfläche ist semantisch unbestimmt (vage). Besser gesagt: sie ist zugleich unter- und überdeterminiert. Der ‚Koffer' ist einerseits mehr als ein gewöhnlicher Koffer (Geheimnis), andererseits weniger (Müll). Diese Unspezifik kann semantisch neu ‚besetzt' werden, die Ruderalfläche ist damit auch eine Projektionsfläche [...].[129]

Schäfers Argumentation setzt allerdings voraus, dass sich entweder die Phantasterei Schedels als Reflex auf die poetologische Kodierung der Ruderalfläche als produktiver Prozess beschreiben lässt, oder aber der Text selbst jenseits von Schedels Vorstellung eine unverständliche Botschaft ‚versteckt', die der Figur Schedel verborgen bleibt. Der erste Punkt wurde bereits widerlegt, indem gezeigt

---

127 Schäfer, Unberühmter Ort, S. 63.
128 Schäfer, Unberühmter Ort, S. 63.
129 Schäfer, Unberühmter Ort, S. 78. Vgl. auch Schusters Position, der hier weitestgehend der Analyse Schäfers folgt: Schuster, Die vergessene Moderne, S. 71 ff. Den Unterschied zu den expressionistischen Texturen sieht Schäfer darin, dass Loerkes Text zwar einerseits mit dem Unlandstück einen hoch poetologischen „Zwischen-Raum" generiert, der semantisch unbestimmt bleibt und dadurch einen „magischen' Hintersinn" erzeugt. Andererseits bleibe dieser ‚Hintersinn' „durchweg an reale Alltagsmodi gebunden. Loerkes Texte sind weder phantastisch noch texturiert" (Schäfer, Unberühmter Ort S. 68).

werden konnte, dass die Einbildungskraft Schedels keine neuen Formen produziert, sondern lediglich ‚verstaubte' Kataloge oder überstilisierte Bilder entwirft, die in keinem produktiven Verhältnis zu einer Wirklichkeit außerhalb von Schedels Vorstellungswelt stehen. Auf der Ebene der Diegese spiegelt sich diese poetologische Stagnation darin, dass auch Schedel selbst keine Verwandlung vollzieht, sondern in seinen alten Denk- und Handlungsmustern verhaftet bleibt. Das für den Expressionismus charakteristische Wandlungsparadigma, das programmatisch den Übergang zu einer neuen Wirklichkeit bzw. zum neuen Menschen[130] zum Ausdruck bringt, wird zwar mehrfach zitiert, aber nicht realisiert.

Auch der zweite Punkt lässt sich nicht bestätigen, da sich kaum eine Textpassage findet, die von der ironisch markierten Perspektive des Protagonisten unangetastet bleibt. Obwohl die Erzählung mit einer Nullfokalisierung eröffnet und abschließt, bleibt über weite Strecken völlig unklar, an welchen Stellen der Text zwischen interner Fokalisierung und Nullfokalisierung wechselt.[131] Als Beispiel kann folgender Abschnitt dienen:

> Er wandte sich nicht in die Straße, sondern überquerte den breiten Damm und blieb gegenüber stehen, wo ein zerrissener Stacheldrahtzaun die Lücke zwischen zwei wüsten Brandmauern verschloß, diesen Riesentrommelfellen des Geisterwindes. Unter seinen Füßen rauschte die Untergrundbahn. Ein verborgener Komet schälte sich eine heiße Bahn in der Erde. Wie unwahrscheinlich das war – denn seine Augen hafteten auf einem verfluchten Unlandstücke, das mitten in der Stadt wie in einer mit dem Messer in die gewaltigen, eleganten Häuser eingeschnittene Wunde lag. (P, 275)

Zwar scheint es zunächst so, dass sich der Text von der „magische[n] Vorstellungskraft", mit der Schedel seine Umwelt „beseelt"[132], anstecken lässt – allerdings markiert der Einschub „Wie unwahrscheinlich das war" den Abschnitt nachträglich als erlebte Rede des Protagonisten. Der Gedankenstrich lässt dann zwar wiederum die Möglichkeit offen, dass die nachfolgenden Sätze von der Wahrnehmung der Figur abstrahieren; allerdings geht der vermeintliche Bericht

---

130 Das Motiv des ‚Neuen Menschen' nimmt in zahlreichen Texten des Expressionismus eine zentrale Rolle ein und markiert den Übergang von einer überlebten, traditionell-bürgerlichen Ordnung in eine neue heilsbringende Ordnung, deren Realisierung noch aussteht. Dabei spielt das aus dem religiösen Kontext entlehnte Wandlungsparadima eine entscheidende Rolle, insofern es die Entwicklung vom alten zum neuen Menschen als einen grundsätzlichen, existentiellen Wandel beschreibt. Als besonders prominent erweist sich diese Konstellation in den sogenannten Wandlungsdramen des Expressionismus (Anz/Stark, S. 128 ff.).
131 So spricht auch Bär von einer mit dem Protagonisten „verschmelzende[n] Erzählerfigur" (Bär, S. 359).
132 Bär, S. 359.

ohne einen deutlichen Bruch wiederum in erlebte Rede über bzw. wird retrospektiv als solche gekennzeichnet. Das wird spätestens dann deutlich, wenn der Text von der Existenz der gelben Puppe berichtet, die – wie der Leser weiß – lediglich in Schedels Vorstellung existiert.[133]

Obwohl sich der Text sowohl auf inhaltlicher als auch formaler Ebene kritisch mit dem Expressionismus auseinandersetzt, stellt Loerkes „Die Puppe" somit keine alternative Poetologie bereit. Als Groteske bedient sich die Erzählung vielmehr über weite Strecken selbst expressionistischer Schreibweisen. Dieses Verhältnis zwischen Textgegenstand und Textverfahren spiegelt sich auch im Bezug von Text und Paratext. Indem der Titel „Die Puppe" auf einen Gegenstand verweist, der innerhalb der Erzählung nur als Gedankenexperiment bzw. als Metapher vorkommt, gibt der Text sich selbst als selbstreferentielles Spiel zu erkennen. Der ironische Gestus des Textes wäre damit (auch) ein selbstironischer.

Im Gegensatz zu „Die Puppe" lassen sich Loerkes Erzählung *Der Prinz und der Tiger* (1920) und der Roman *Der Oger* (1921), die gleichzeitig die umfangreichsten und letzten Prosatexte des Autors bilden, parallel zu den um 1920 veröffentlichten poetologischen Kommentaren, als Versuche verstehen, expressionistische und realistische Verfahren in Bezug zueinander zu setzen. Hier steht nicht der ironische Blick auf den Expressionismus im Vordergrund, sondern die programmatisch von Loerke und Kayser postulierte Vermittlungsstrategie.

2.2 Zwischen Realismus und Rauschen – Loerkes *Der Prinz und der Tiger* (1920)

2.2.1 Realismus statt Montage

Loerkes umfangreiche Erzählung *Der Prinz und der Tiger* (1920)[134] knüpft zunächst poetologisch an „Die Puppe" an, insofern auch hier ein Sprachgebrauch zurückgewiesen wird, der lediglich auf einer abstrakten Ebene kultureller Zeichengebung operiert. Als ein Negativbeispiel moderner Kulturtechnik führt Loerkes Text die Tätigkeit in einem Werbeunternehmen bzw. einer „Annoncenfirma" vor. Im bloßen Arrangement der Zeichen wird die Frage nach dem Verhältnis von Sprache und Wirklichkeit bzw. Ich und Welt obsolet, insofern hier eine eigene künstliche Welt aus kulturellen Artefakten erschaffen wird:

---

133 Bär, S. 359.
134 Oskar Loerke, Der Prinz und der Tiger, Berlin 1920 [im Folgenden als PT im Fließtext zitiert].

> Die langen grauen Papierscheren fraßen rastlos in den Inseratseiten herum. Die vier Geschäftsmänner hockten wie verzauberte greisenhafte Störche auf je drei Holzbeinen und jappten und klapperten mit den stählernen Schnäbeln, sie mussten still sitzen, während die zerrissene weiß-schwarze Landschaft unter ihnen langsam fortwanderte, mit muffigem Dufte, verdorben, sich bauschend, stauend und lösend, mit Schattenbildern von Schafen und Pferden, Fischen und Vögeln, mit ausgestreutem Hausrat und Werkzeug. Es gab bei dem Fortgehen Katastrophen, stille Erdbeben, Spalten und Risse, und die vier Demiurgen fuhren dann auch mit dem Pinsel in den Kleistertopf und flickten und leimten. (PT, 61f.)

Dabei richtet sich die ironisch markierte Verwendung von Papierschere und Kleistertopf, die an die Charakterisierung Friedrich Schedels als ein „Chirurg anderer Leute Gedanken" erinnert, jedoch nicht nur gegen ein künstlerisches Montageverfahren als solches, sondern vor allem gegen dessen marktstrategischen Gebrauch:

> Der Sinn aber war der: zu kontrollieren, ob die Inserate erschienen waren, [...] unsichere Geschäftsgründungen aufzubauen, Türme aus Worten, Grundbalken aus fettem Druck zu fügen, Farben aus übertreibenden Beiworten aufzupinseln, Erfolge vorzutäuschen, aus nichts etwas zu machen und aus dem Rollen des Geldes hin und her ein paar Münzen für den eigenen Bedarf herauszuhaschen. (PT, 62)

In dieser kritischen Perspektive, die auf den hinter den Kulturtechniken stehenden „Einfluß kapitalistischer Erwerbsinteressen"[135] aufmerksam macht, berührt sich Loerkes Text mit den Poetiken der Avantgarde. Während sich der Umgang mit „Papierschere und Kleistertopf" etwa bei den Dadaisten jedoch gerade durch „die Nähe [...] zu jenem Werbungs- und Inseratenwesen [auszeichnet], das sie gleichzeitig bekämpften"[136], kommt ein produktiver Umgang mit den Zeugnissen der Massenkultur in Loerkes Text nicht zur Darstellung. Stattdessen bildet diese Technik, die sich synchron (Becker) zu den sozialen bzw. kulturellen Bezugssystemen der Gesellschaft verhält, in Loerkes Text die Negativfolie, vor deren Hintergrund Ansätze zu einer alternativen Poetik durchgespielt werden, die über ein bloßes Arrangement kultureller Zeichen hinausweisen soll. Diese Perspektive bringt Daniel Hoffmann zum Ausdruck, wenn er Loerkes Weltverständnis (durchaus affirmativ) gegen eine vermeintliche „Weltfeindlichkeit" seiner Zeit in Stellung bringt:

---

135 Juliane Vogel, Anti-Greffologie. Schneiden und Kleben in der Avantgarde. In: Impfen, pfropfen, transplantieren, hg. von Uwe Wirth, mit einem Beitrag von Emmanuel Alloa, Berlin 2011 (Wege der Kulturforschung. 2), S. 159–172, hier: S. 63.
136 Vogel, Anti-Greffologie, S. 167.

> Sobald [...] die Ordnung des Sichtbaren als Wirklichkeit nicht mehr unmittelbar erlebt, sondern in abstrakter Allegorie reflektiert wird, verliert Dichtung den Bezug zu den ursprünglichen Intentionen der Wirklichkeitserkenntnis. Sie gerät ungewollt in die Nähe irrationalistischer Weltfeindlichkeit ihrer Zeit, ohne selbst weltfeindlich zu sein. Aber ihr Dichten spielt sich jetzt nur noch vor den Fenstern des Geistigen ab.[137]

In Abgrenzung zu einer Poetik, die sich vor allem am pragmatischen Wert des Kunstwerks orientiert und auf die ästhetische Modellierung (bzw. Montage) setzt, lässt sich Loerkes Erzählung als Versuch verstehen, den literarischen Text im Spannungsfeld von Selbst- und Fremdreferenz neu zu verorten und einen Sinn herzustellen, der ökonomisch bzw. ideologisch nicht vereinnahmt werden kann. Es geht also um das paradoxe und für die Moderne gleichsam repräsentative Projekt, eine vor-sprachliche – und damit auch ‚vor-ideologische' – Wirklichkeit präsent zu machen, die sich nicht ausschließlich ‚vor den Fenstern des Geistigen' abspielt.

Dafür greift der Text zunächst auf die literarischen Vorgaben des neunzehnten Jahrhunderts zurück und entwirft eine klassisch realistische Erzählsituation mit einem extradiegetisch-homodiegetischen Erzähler, der das Geschehen in der Berliner Druckerei retrospektiv „aus bescheidener Berliner Alltagsrealität" entfaltet und „mit unphantastischen Mitteln"[138] arbeitet. Der Auftakt der Erzählung erinnert deutlich an die Rahmenerzählungen realistischer Novellen: „Das Jahr 1916 hat begonnen. Nun ist auch die Knabenzeitschrift, die ich bisher redigierte, dem Kriege zum Opfer gefallen. Ob ich bald einen neuen Broterwerb finden werde? Vorläufig habe ich Muße." (PT, 9)[139] Zudem wird schon zu Beginn die Authentizität der Erzählung verbürgt. Obwohl die eigentliche Niederschrift des Textes in der Schreibstube des Erzählers stattfindet, wird der ‚dokumentarische' Rückgriff auf reale Ereignisse deutlich herausgestellt: „Solange ich in der Schreibstube arbeitete, habe ich nichts Erregendes erfahren, erst der Werksaal der Druckerei öffnete mir ein sonderbares Stück Welt." (PT, 9f.) Damit steht das Projekt des Erzählers in deutlichem Gegensatz zur Arbeit der „vier Geschäftsmänner" in der Reklamewerkstatt, deren „Schöpfung" sich eben nicht aus der Wirklichkeit außerhalb des Arbeitszimmers speist, sondern auf bloße „Schat-

---

[137] Hoffmann, Wiederkunft, S. 110. Das Problem von Hoffmanns affirmativer Lesart besteht darin, dass er den Wirklichkeits- bzw. Weltbegriff Loerkes nicht problematisiert. Ähnlich auch Gebhard: „Loerkes Poetologie wehrt das Aufbrechen, Aussaugen der Dinge durch Artistik und Ausdruckskunst ab, weil sein Denken die liberale Struktur des Ausgleichs nie aufgeben mochte." (Gebhard, Loerkes Poetologie, S. 282.)
[138] Erica Lozza, Die Prosaepik Oskar Loerkes, Zürich 1972, S. 131.
[139] Die Tagebücher Loerkes aus den Jahren 1916 bis 1920 sind nicht überliefert (Loerke, Tagebücher, S. 76).

tenbilder" wirklicher Ereignisse zurückgreift. Trotz der Verpflichtung auf die Authentizität der Erzählerrede wird das realistische Verfahren im Verlauf der Erzählung wiederholt zum Problem, was sich bereits darin andeutet, dass auch das „sonderbare Stück Welt" der Druckerei, das der Erzähler aus seiner Schreibstube beschwört, letztlich wiederum in einem Raum lokalisiert ist, an dem vor allem kulturelle Zeichen produziert werden.

Die Entwicklungen auf der Ebene der Diegese bestätigen die Vermutung, dass sich der Zugriff auf die realistische Poetik des neunzehnten Jahrhunderts nicht ohne Widerstand vollzieht. Am deutlichsten sind die Einflüsse des Poetischen Realismus in der metadiegetisch platzierten Erzählung um die Figuren Hey und Marta ausgestaltet. Sie spielt nicht nur zum großen Teil in einem dörflichen, vorindustriellen Milieu, sondern aktualisiert auch das klassische Dilemma einer Dreiecksbeziehung, mit dem sich die realistischen Erzählungen des neunzehnten Jahrhunderts in Endlosschleife beschäftigen: Hey fühlt sich seit seiner Jugend zu Marta hingezogen, diese liebt allerdings den Schmied Stallmann, der wiederum eine andere Frau begehrt. Da Stallmanns Geliebte kurz nach der Geburt des gemeinsamen Kindes stirbt, heiratet dieser Marta als Mutterersatz für sein Neugeborenes und zieht mit seiner Familie nach Berlin, wohin Hey ihnen folgt. Obwohl Stallmann schließlich aus Schuldgefühlen gegenüber Marta Selbstmord begeht, weil er ihre Liebe nicht erwidern kann, und somit aus der Dreieckskonstellation ausscheidet, finden Hey und Marta nicht zueinander. Zwar verbringen sie schließlich einen großen Teil ihrer Zeit zusammen, aber eben nicht als Paar, sondern als Arbeitskräfte in der Druckerei. Entsprechend bemerkt Hey nicht ohne Bitterkeit: „Ja, sie sitzt mit mir unter einem Dache und lebt doch mir unerreichbar wie damals in dem fernen östlichen Dorfe." (PT, 68)

Da sich Hey dennoch für Marta und ihr adoptiertes Kind aufopfert, anstatt sein Glück woanders zu suchen, wird die Figur des Setzers in der älteren Forschung zum Helden der Erzählung stilisiert. So vollziehe sich an der Figur Hey beispielhaft „die Umwandlung des dem Menschen vom Schicksal aufgezwungenen Schmerzes in ein freiwilliges, opferbereites Leiden durch den Aufstieg zur ‚Freiheit der Güte'"[140]. Erica Lozza bezeichnet Hey aus diesem Grund als „die schönste und ergreifendste Gestalt"[141] Loerkes. Diese Deutung erscheint jedoch schon deshalb fragwürdig, weil die Figur des Setzers Hey große Ähnlichkeiten zur ironisch gezeichneten Figur Friedrich Schedel aufweist, der ebenfalls daran glaubt, sich „von der kurzen Überfahrt von Tod zu Tode durch Güte" (P, 272) befreien zu können. Bei näherer Betrachtung zeigt sich dann auch Hey als

---

140 Lozza, S. 25.
141 Lozza, S. 25.

deutlich ironisch markierte Figur. So arbeitet er selbst ununterbrochen an seiner eigenen Idealisierung: „Ausgezeichnet, erwählt vor anderen fühlte er sich, und die Bangigkeit, die ihn nicht schlafen ließ, war die unnennbar süße Verehrung des Entsagenden, war keine Angst, sondern jenes Mitleiden der Leiden der Welt, das Liebe ist." (PT, 118)[142]

Nicht nur das Setting und die Figurenkonstellation, sondern auch der Eifer des Protagonisten, das eigene Handeln idealistisch zu verklären, verbindet Loerkes Text mit der Prosa des Poetischen Realismus. Allerdings gelingt die Verklärung in *Der Prinz und der Tiger* nicht mehr ohne weiteres. Während in den Erzählungen des Poetischen Realismus die Protagonisten in der Regel trotz gegenseitiger Zuneigung entsagen, um ein moralisches Ideal aufrechtzuhalten,[143] finden Hey und Marta schlicht deswegen nicht zueinander, weil Marta nichts für Hey empfindet. Loerkes Text zeichnet den Setzer Hey also keinesfalls als Idealgestalt, sondern vielmehr als pathologische Figur, die daran scheitert, das eigene Leben in einen allgemeingültigen Sinnzusammenhang einzuordnen. Damit wird die Figur Hey zum Spiegel der poetologischen Problematik des Textes. Denn auch auf der poetologischen Ebene des Textes geht es um die Frage, inwieweit dem erzählten Geschehen ein Sinn abgerungen werden kann, der sich jenseits einer subjektiven Innerlichkeit wie auch einer arbiträren kulturellen Produktion erschließt. Dass die Lösung nicht in einer schlichten Rückkehr zu einem realistischen Erzählen liegen kann, wird schnell deutlich.

---

142 Vor dem Hintergrund der deutlich überzeichneten Darstellung von Heys vermeintlich selbstloser Aufopferung ist die von Lozza konstatierte Verklärung der Figur nicht haltbar: „Ein Käfer war in der Wagenspur auf den Rücken gefallen. Er trug ihn beiseite und richtete ihn auf die Beine. In seinem blauen Panzer hatte die Sonne ein Abbild eines feierlich frostigen unbegreiflich aufgereckten Weltraums, in dem die Kaskaden der himmlischen Feuer tobten, eingekapselt. [...] Nachmittags gar gab es der Zufall, daß er ein Kind vor dem Ertrinken retten konnte." (PT, 119.)
143 Das Motiv der Entsagung findet sich in den Texten des Poetischen Realismus nicht nur auf der Ebene der Diegese, sondern erweist sich als wichtiges Strukturprinzip der Texte, ein „technischer[r] Trick, der dazu dient, trotz der Kippfigur, die die semiotische Textbewegung eigentlich auf ‚undendlich' stellt, eine poetisch befriedigende *clôture* zu erreichen. Die Entsagung ermöglicht, das Modell auf der metonymischen Achse zu belassen und also am Ende einen ‚realistischen' lebbaren Zustand herzustellen, der gleichwohl auf der metaphorischen Achse als defizitärer markiert bleibt und also weiterhin auf den abwesenden Metacode verweist." (Baßler, Aporien des Spätrealismus, S. 9) Diese Strukturfunktion lässt sich für die Texte des Magischen Realismus nicht mehr ausmachen.

2.2.2 Das Rauschen als Außen der Sprache

Die Grenzen des realistischen Verfahrens zeigen sich besonders deutlich in einer Szene, in der nicht der Erzähler spricht, sondern die Figur Hey in direkter Rede ein Erlebnis auf den Straßen Berlins schildert. Während des Besuchs auf einem Berliner Wochenmarkt entgleitet der Figur die realistische Darstellung der Umgebung des Marktplatzes und der angrenzenden Berliner Straßenkreuzung:

> [...] der endlose Zug von Wagen, der von rechts und links ganz plötzlich die Straße füllte, dünkte mich in meiner haltlosen Traurigkeit nur eine phantastische, fieberhafte Gestaltung des Ohrenbrausens [...] Rollte das alles über mich mit immer neuem Flimmern? Omnibusse, Straßenbahnen, dicht aufgefahren, knirschten heran, ein Dutzend Paketpostchaisen nahmen die Straßenmitte ein. Ich musste zählen und einem Ausfrager, der meinen Angstschweiß erpreßte Rechenschaft geben. Mir schwindelte. Die Räder kletterten unheimlich sicher auf die Dächer, brachen in die Mauern ein, die Wagen richteten sich in endlosem Zuge schräg in den Himmel, sausten in Spiralen wie ein ungeheures Karussell um mich [...] ein Rollwagen, hoch mit Reisekörben bepackt, ein anderer, auf den zwei Etagen braune Steinkruken gebaut sind, ein dritter, der einem wandernden Schober gleicht und, mit weißen, giftgrünen, knallgelben, himmelblauen, krebsroten Papierfetzen von den Litfaßsäulen beladen, mühsam dahinächzt [...] Wo bin ich? – – Ohrenrauschen, ein Wall aus Ohrenrauschen um mich [...] Mir klopfte das Herz. (PT, 154 f.)

In deutlicher Absetzung zum realistischen Auftakt der Erzählung versammelt die Szene zahlreiche Anspielungen auf Verfahren und Topoi der emphatischen Moderne: die Großstadtkreuzung als Ort des Geschehens, die unruhig expressive Farbmetaphorik (giftgrün, knallgelb, krebsrot), die futuristisch anmutende Zeichnung der Fahrzeuge im Geschwindigkeitsrausch, die Auflösung eindeutiger Wahrnehmungszusammenhänge und schließlich das „Ohrenrauschen", das die verstörende Erfahrung der Figur rahmt, aber auf der Ebene der Diegese zunächst unmotiviert bleibt.

In Anlehnung an Michel Serres bestimmt Siegert den „wahrnehmungspsychologischen Vorgang der Rauschunterdrückung"[144] als Grundvoraussetzung abstrakter, symbolischer Kommunikation: „Der Akt der Beseitigung der Kakographie, also der Versuch, das Rauschen zu eliminieren, ist die Voraussetzung für das Erkennen der abstrakten Form und zugleich die Voraussetzung für das Gelingen der Kommunikation."[145] Und tatsächlich steht mit dem Einbruch des

---

[144] Bernhard Siegert, Die Geburt der Literatur aus dem Rauschen der Kanäle. Zur Poetik der phatischen Funktion. In: Electric Laokoon. Zeichen und Medien, von der Lochkarte zur Grammatologie, hg. von Michael Franz u. a., Berlin 2007, S. 5–41, hier: S. 7.
[145] Michel Serres, Le troisiéme homme ou le tiers exclu. In: Les études philosophiques, 21, 1966, S. 46, zitiert nach: Siegert, Geburt der Literatur, S. 7.

,Ohrenrauschens' eine gelungene Kommunikation gleich zweifach auf dem Spiel: Im Rahmen der erzählten Welt der Metadiegese verliert Hey den Zugriff auf die ihn umgebende Realität der Berliner Straßenkreuzung und im Gespräch mit dem Druckereidirektor gerät Heys realistischer Erfahrungsbericht selbst ins Stocken. Wird am Anfang des zitierten Absatzes die Abfolge unterschiedlicher Fahrzeuge noch als ‚der endlose Zug von Wagen' benannt und damit immerhin ein narrativer Zusammenhang hergestellt, so nimmt die Beschreibung mit dem Eintreten des Ohrenrauschens einen zunehmend staccatohaften Tonfall an. Die Szenenbeschreibung verkürzt sich zu einer bloßen Aufzählung von Wagen bzw. Wagenteilen und schließlich von Farben, bis zum Rauschen selbst: In Loerkes Text, so könnte man mit Siegert sagen, findet das Medium der Sprache über das Rauschen zu sich selbst.

Überzeugt die medientheoretische Begründung des Rauschens mit dem Verweis auf Siegert/Serres zunächst, bleibt die Frage nach der Motivation des „Ohrenrauschens" innerhalb der Erzählung gleichwohl unbeantwortet. Denn in *Der Prinz und der Tiger* stehen keinesfalls elektronisch unterstützte, sondern klassische Kommunikationsstrategien im Vordergrund: mündliche Erzählung und – mit der Druckerei als Setting – Schriftkultur *par excellence*. Was also sucht das Rauschen im (realistischen) Text? Einen Hinweis darauf gibt ein intertextueller Verweis, der direkt an das Auftreten des Ohrenrauschens geknüpft ist. In Anspielung an E.T.A. Hoffmanns „Der Goldene Topf" endet die Straßenkreuzungsepisode damit, dass der verwirrte Hey in den Stand eines Obsthändlers stolpert, dessen Marktware ruiniert und unter den höhnischen Blicken der Schaulustigen für den materiellen Schaden aufkommen muss. (PT, 155 ff.)[146] Neben einigen weiteren markanten Parallelen treffen sich beide Erzählungen schließlich darin, dass auch Hoffmanns Anselmus im Anschluss an die Marktszene „ein sonderbares Rieseln und Rascheln" vernimmt, ein „Gelispel und Geflüster und Geklingel"[147], ein unbestimmtes Geräusch also, das die Koordinaten seiner Wirklichkeit erschüttert und neu ordnet. Hoffmann wie Loerke greifen damit auf den irritierenden Effekt nicht dechiffrierbarer Laute zurück, um die semantische Eindeutigkeit eines klassischen Wirklichkeitsverständnisses und damit auch den realistischen Ereignisbericht zu unterlaufen. Über einen deutlich markierten intertextuellen Verweis ruft Loerkes zunächst realistisch codierter Text also einen Klassiker der Romantik auf den Plan, ohne jedoch in ein romantisches Verfahren einzumünden.

---

[146] E.T.A. Hoffmann, Der goldene Topf. In: Hoffmann, (Sämtliche Werke. Bd. 2.1. Fantasiestücke in Callot's Manier, hg. von Hartmut Steinecke, Frankfurt a.M. 1993 (Sämtliche Werke. Bd. 2.1.), S. 229–321, hier: S. 229.
[147] Hoffmann, Der goldene Topf, S. 233.

Denn während Hoffmanns Erzählung der realistischen eine phantastische Wirklichkeit gegenüberstellt, bleibt der Zusammenbruch der ‚wirklichen Ordnung' in Loerkes Text auf sich selbst verwiesen – eine neue phantastische Welt erschließt sich Hey nicht.[148]

Die für Loerkes Text zentrale diskursive Anbindung der scheinbar aus dem Nichts kommenden Laute leistet dann auch nicht Hoffmanns Erzählung selbst, sondern Otto Klinkes 1908 veröffentlichte interdisziplinäre Studie *E.T.A. Hoffmanns Leben und Werk. Vom Standpunkte eines Irrenarztes*[149], die Friedrich Kittler an prominenter Stelle in *Aufschreibesysteme* diskutiert.[150] Erst Klinkes Interpretation jener Laute, die Anselmus vernimmt, liefert das für Loerkes Text zentrale Konzept des „Ohrgeräusches":

> Es ist bekannt, dass sich nervösen Menschen öfter wie zwangsläufig abnorme Gedankenverbindungen, unverständliche Worte und Laute, auch einzelne Melodien oder Ansätze dazu aufdrängen. [...] Es kommt auch vor, und namentlich bei Geisteskranken ist dies der Fall, daß diese Laute und Worte in einen gewissen Rhythmus, scharf abgesetzt, gleichsam taktmäßig, von dem innern Ohr gehört und nach irgendeiner Stelle des eigenen Körpers oder auf die Umgebung projiziert werden. Dieser Rhythmus, der dann weiter zu Assonanzen, Alliterationen und Reimen überhaupt führt, ist oft durch Ohrgeräusche, die mit Herz- und Pulsbewegung synchron sind, hervorgerufen oder wird auch durch gleichmäßige äußere Geräusche, taktmäßiges Marschieren, neuerdings auch durch das gleichmäßige Rollen der Eisenbahnräder ausgelöst und unterhalten.[151]

In der psychopathologischen Disziplin des Irrenarztes Klinke ist das „Ohrengeräusch" eine durch äußere oder somatische Rhythmen hervorgerufene Erscheinung, die, unabhängig von der bewussten Kontrolle des Subjekts, Einfluss auf die Gestaltung des Denkens und Sprechens nimmt. Sowohl die äußere wie auch die innere Motivierung des Ohrengeräuschs ist bei Loerke deutlich markiert: „Omnibusse, Straßenbahnen, dicht aufgefahren, knirschen heran" und kommen als Generatoren des auditiven ‚Flimmerns' in Frage, in gleichem Maße wie somatische Effekte: „Mir klopfte das Herz" (s.o.). Durch den Bezug auf Klinkes Studie erklärt sich der Zusammenbruch der realistischen Zeichenordnung in Loerkes Erzählung also als eine Reaktion des intradiegetisch-homodiegetischen Erzählers Hey auf einen äußeren bzw. somatischen Reiz. Das Rauschen setzt den realisti-

---

148 Dies entspricht der Definition magisch-realistischer Prosa, wie sie Michael Scheffel vornimmt (Scheffel, Geschichte eines Begriffs, S. 93).
149 Otto Klinke, E.T.A. Hoffmanns Leben und Werk. Vom Standpunkte eines Irrenarztes, Halle a.S. ²1908.
150 Friedrich A. Kittler, Aufschreibesysteme 1800/1900, München ²1987, S. 224 ff.
151 Klinke, S. 100 f.

schen Text als Referenzmodell also nicht nur aus, sondern erweist sich vielmehr als eine spezifisch moderne Form sprachlicher Referenz. Wie das realistische Dispositiv dient auch das Rauschen in Loerkes Text letztlich dem paradoxen Versuch, eine Wirklichkeit außerhalb subjektiver bzw. kultureller Sinngebung sprachlich präsent zu machen.

Diese Verschiebung, die die Aufmerksamkeit auf eine Wirklichkeit außerhalb des subjektiven Bewusstseins richtet, spiegelt sich in dem Verhältnis von Binnen- und Rahmenerzählung wider, insofern der eigentliche Ursprung des Ohrenrauschens erst jenseits des Erfahrungshorizonts der Figur Hey und damit auch jenseits von dessen Bericht verortet wird. Dies wird durch eine weiterführende medientheoretische Einordnung des Ohrenrauschens deutlich. Kittler liefert Klinkes Interpretation des Ohrengeräusches den Beweis für eine kulturhistorische Verschiebung zur Zeit der Jahrhundertwende, insofern nicht mehr das beobachtende bzw. schöpferisch dichtende Subjekt, sondern kontingente, maschinell gedachte Instanzen zu den entscheidenden Akteuren poetischen Sprechens aufsteigen:

> Psychophysik stößt hinter aller Sinnstiftung und ihrer durchsichtigen Willkür auf den sinnlosen Körper, der eine Maschine unter Maschinen ist. Ohrensausen und Bahngeräusche sind gleichermaßen imstande, irren Hirnen Assonanzen, Alliterationen und Reime einzugeben [...] Um 1900 rauscht es allenthalben.[152]

Betrachtet man die Konzeption der Rahmenerzählung in Loerkes *Der Prinz und der Tiger* genauer, so zeigt sich, dass diese von Kittler konstatierte Verschiebung auf den „sinnlosen Körper, der eine Maschine unter Maschinen ist", auch hier im Hintergrund steht und poetologisch ausgestaltet wird.

Für den gesamten Textaufbau spielt die Druckerei als Setting eine besondere Rolle, da sie den Ort markiert, an dem die Figur Hey dem extradiegetischen Erzähler seine Lebensgeschichte schildert. Seit Erfindung des Buchdrucks das bestimmende Werkzeug kultureller Zeichenproduktion, entwickelt die Druckerei in Loerkes Erzählung allerdings ein Eigenleben und tritt ausgerechnet als Instanz in Erscheinung, die das kulturelle Gefüge zu unterwandern droht. In der Druckerei – so macht der Text von Beginn an deutlich – obliegt die Handlungsmacht nicht dem menschlichen Subjekt, sondern den Maschinen:

> Nur die Maschinen gingen und glichen unbeholfenen Meertieren, welche pfauchend auf die Dunkelheit zuschwammen. Da die Stockwerke unter uns jetzt alle von den Arbeitern verlassen waren und mit Stille und Leere innerhalb der Stallböden der Zwischendecken eine ansaugende Kraft auszuüben schienen, scholl das Getöse ängstlich und verstärkt, bebte das

---

[152] Kittler, S. 225.

> Haus tiefer und einsamer hinab. Ich sah die Schornsteine in der Phantasie bis unten als Türme und die Wände als hohe Umfassungsmauern hinabverlängert. Wir befanden uns, gleichsam durch einen Fußboden getragen, fast wie schwebend ganz in der Höhe, über geheimnisvollem Finster, mit unserem zwielichtigen Schachtelwerk von Setzkasten und mit den schwarzen Polypen der eisernen Öfen. (PT, 68)

Entscheidend für den Fortgang der Erzählung ist dabei, dass die Maschinen der Druckerei nicht nur als bedrohlicher Faktor innerhalb der Rahmenerzählung auftauchen, sondern über ihr „Getöse" selbst an der Genese der Binnenerzählung beteiligt sind. Damit untergraben sie nicht nur die Handlungsmacht der Figuren, sondern auch den realistischen Bericht des Erzählers. Retrospektiv ist dieser nicht mehr in der Lage, die Stimme Heys von derjenigen der Maschinen zu trennen, ihr „Tönen" legt sich über bzw. unter die Worte des Setzers. In Opposition zum Bericht Heys, der vor allem die semantischen Bausteine liefert, die der Erzähler dann zu einer Erzählung ausbaut, übermittelt die ‚Sprache' der Maschinen allerdings keine neue Semantik, sondern unverständliche Geräusche:

> Und der Aufenthalt in dem gewitternden Fabrikhause ließ mich zuweilen vergessen, daß ein Mensch redete: das Eisen selbst schien zu lallen, zu schnalzen, zu flennen, zu lachen, zu knurren. Mauern und Mörtel gaben ein Echo, Dunst und Staub der Straßen und der Rauch der Häuser bildeten etwas wie ein spukhaftes Raubtier über dem Phantom der Stadt, – die Fabriken und Kontore der Hinterhäuser tönten mit ihren Geräten und Maschinen ihre Arbeit wie eine grausame Ballade heraus. Schreibend möchte ich von alledem wieder etwas vernehmen. (PT, 41 f.)

Damit ist der poetologische Ursprung des Ohrenrauschens benannt: Im Ohrenrauschen schreibt sich das Tönen der Maschinen als „Lallen, Schnalzen, Flennen, Lachen, Knurren" in die Erzählung ein. Mit dem realistischen Ansatz auf der einen Seite und der Einbeziehung des unverständlichen Rauschens auf der anderen Seite führt Loerkes Text damit zwei gänzlich unterschiedliche, sich widersprechende Verfahren vor, um den Zugriff auf eine außersprachliche Wirklichkeit zu modellieren. Eine nähere Betrachtung der Rahmenerzählung zeigt jedoch, dass in *Der Prinz und der Tiger* nicht nur der epistemologische Status des realistischen Textes, sondern auch derjenige des Rauschens als problematisch markiert werden. Damit unterscheidet sich die Figuration des Rauschens in Loerkes Text nicht nur von den Sprachspielen, die Kittler um 1900 lokalisiert, sondern auch vom ‚semantischen Rauschen' der expressionistischen Textur.

2.2.3 Relative Prosa – Möglichkeiten und Grenzen des doppelkonditionierten Verfahrens

In der Prosa des Expressionismus führt die programmatisch einforderte Verabsolutierung bzw. Überflutung des Ich, die „kein Außen mehr"[153] kennt, auf Verfahrensebene dazu, dass „die sprachlichen Referenzen [...] wenn nicht gekappt, so doch geschwächt werden"[154]:

> Das hypertrophe Ich des Expressionismus bezeichnet infolgedessen, pointiert gesagt, kein Innenleben einer Person mehr, kein psychologisch beschreibbares Subjekt, das kriseln könnte, sondern ein von Rücksichten auf anderswo definierte Gegebenheiten weitgehend unabhängiges Textverfahren.[155]

Anders als die von Kittler untersuchten Sprachspiele, die letztlich auf einer, im Idealfall, zufälligen Kombinationen von Zeichen beruhen, ist den texturierten Texten des Expressionismus programmatisch ein ‚Sinn' eingeschrieben, der sich hermeneutisch jedoch nicht mehr rekonstruieren lässt, sondern lediglich behauptet wird. Was auf Verfahrensebene als zur Unverständlichkeit tendierende Textur beschreibbar ist und über die Schwächung der referentiellen Funktion den formalen Charakter des sprachlichen Erzeugnisses in den Vordergrund rückt, trägt programmatisch immer das „Versprechen eines Ganz Anderen, einer Primärwirklichkeit"[156], die sich ja gerade dadurch auszeichnet, dass sie ihren Ursprung außerhalb gesellschaftlicher Zeichengebungsprozesse hat. „Textur und Diskurs", so beschreibt Baßler dieses Paradox, „treten unter den Bedingungen der literarischen Moderne auseinander."[157] Die Texte des Magischen Realismus arbeiten nun gerade daran, Textur und Diskurs wieder zusammenzuführen – gelingt das?

Loerkes Erzählung, so lässt sich zunächst festhalten, realisiert Sprache weder als willkürlich kombiniertes Spiel, noch als expressionistische Textur. Die durch das Rauschen provozierte Störung der realistischen Zeichenordnung verweist zwar auf eine Primärwirklichkeit außerhalb der Sprache – diese wird jedoch auf Textebene nicht umgesetzt. Durch den Verweis auf das Rauschen zeigt der Text vielmehr die Grenzen des realistischen Narrativs auf, ohne eine neue Zeichenordnung einzusetzen. Im Unterschied zur expressionistischen Textur wird das

---

153 Hatvani, Versuch über den Expressionismus, S. 68.
154 Baßler, Absolute Prosa, S. 61.
155 Baßler, Absolute Prosa, S. 63.
156 Baßler, Absolute Prosa, S. 74.
157 Baßler, Absolute Prosa, S. 78.

‚ganz Andere' nicht in einer unverständlichen Prosa *präsent*, sondern bleibt letztlich in einer weitestgehend verständlichen Prosa *absent*. Der Grund für die Verschiebung lässt sich letztlich darin ausmachen, dass Loerkes Erzählung den absoluten Status des schöpferischen Ichs verabschiedet. Die über das Rauschen evozierte Primärwirklichkeit liegt außerhalb des Zugriffs der Figuren, wie auch des Textes.

Damit erhält letztlich sowohl das realistische als auch das moderne Verfahren den Status des Defizitären bzw. Unvollständigen. Dieser doppelte poetologische Vorbehalt wird am Ende von *Der Prinz und der Tiger* noch einmal expliziert. So entgleitet schließlich nicht nur der Figur Hey, sondern auch dem Druckereidirektor der ‚realistische' Zugriff auf seine Umgebung:

> Während ich zur Bahn ging, entglitt mir das uns Menschen vorbestimmte Formbewusstsein, das den Raum in uns ordnet, die Gegenstände auswählt und uns zuschiebt, an denen die Augen sich halten sollen, die Ruhe der Farben und Laute, aus denen sich immer Alltag – das wahrhaft Übernatürliche – bildet, in dem wir so still und sicher werden, das wir es verwunderlicherweise wagen, die Füße voreinander zu setzen, unseren Hunger zu stillen und uns zu freuen. (PT, 175)

An die Stelle einer realistischen Ordnung tritt unter dem Einfluss eines dichten Schneetreibens nun ein visuelles Rauschen, das auf der Ebene der Diegese die Wahrnehmung der Figur irritiert und auf der Verfahrensebene die metonymische Struktur des realistischen Textes in eine metaphorische Reihung[158] überführt:

> Überaus dichtes Schneetreiben verwirrte die Straßen und verklebte die Augen. Die sahen oft *wie* durch Prismen. Das Pflaster wogte und brach in geschichteten Schollen entzwei, daß es *flügelgleich* sanft in den Himmel hätte schlagen können. Das Grau der Höhe stieg hernieder, daß die bunten Litfaßsäulen darin aufragten, *wie* Burgen in der Stadt Gottes und die Sterne *gleich* Bienenschwärmen musizierend ihnen nachflogen. Die Häuserlängen schlichen *gleich* einem Rauch davon, die Läden, in die man sah, hatten geheimnisvoll die Kanten verloren und waren ascheumkrustete Höhlen um einen Feuerschein, dessen nährende Glutquelle unfaßbar fern rauschte. Unfaßbar fern alles. (PT, 175, Hervorhebungen T. L.)

Die letzten Worte des Abschnittes benennen jedoch gleichzeitig die Problematik auch dieses Verfahrens. Denn weder die realistische Zeichenordnung noch die emphatische (zur Textur tendierende) Metaphorik weisen letztlich aus der Selbstreferentialität der Sprache. Wie „der Alltag – das wahrhaft Übernatürli-

---

[158] Der Begriff des Metaphorischen ist hier in der in Anlehnung an Jakobson eingeführten Terminologie verwendet, als Gegenpol zu einem metonymischen Verfahren realistischer Texte. Eine weitere Klassifikation der metaphorischen Rede in der zitierten Passage schließt sich in der folgenden Diskussion an.

che" – bleibt auch das metaphorische Verfahren eine Konstruktion des subjektiven „Formbewusstseins" und eröffnet lediglich einen „imaginären Raum" (PT, 175). Eine wie auch immer geartete Wirklichkeit außerhalb des Formbewusstseins der Figur bleibt „unfassbar fern". Die aus dem akustischen und visuellen Rauschen fabrizierte Bedeutung stellt „wieder nur eine Erscheinungsform der inneren Stimme" (PT, 179) dar.

Mit dem akustischen und visuellen Rauschen bietet Loerkes Text letztlich die zentralen medientheoretischen Selbstbeschreibungsmodi auf, die das Archiv der Moderne zu bieten hat. Umso erstaunlicher ist es, dass der Text eine experimentelle Ausgestaltung dieser medialen Erscheinungen zurückweist. Das realistische Dispositiv wird weder durch ein Sprachspiel noch durch eine Textur ersetzt, sondern durch eine Schreibweise, die im Grenzbereich von metonymischer und metaphorischer Sprache, Struktur und Textur operiert. Dabei wird sowohl der realistische Text als auch ein metaphorisches Verfahren in Anführungszeichen gesetzt, weil beide daran scheitern, einen Zugriff auf eine Welt außerhalb der Sprache, eine (objektive) Primärwirklichkeit zu gestalten. An die Stelle der paradoxen *absoluten* Prosa des Expressionismus rückt in Loerkes Erzählung damit eine *relative* Prosa, die formal durch das Prinzip der für den Magischen Realismus typischen Doppelkonditionierung bestimmt wird.

Ein formaler Indikator dieser doppelkonditionierten, relativen Prosa ist die Verwendung der für die Texte der emphatischen Moderne eher untypischen Vergleichspartikeln (vgl. die Hervorhebungen in der zuletzt zitierten Passage). Noch in seiner Nachkriegsrede „Probleme der Lyrik" (1951) wendet sich Gottfried Benn an prominenter Stelle gegen den Vergleich und bezeichnet diesen als Symptom einer traditionalistischen Poetik: „Bitte beachten Sie, wie oft in einem Gedicht ‚wie' vorkommt. Wie, oder wenn, oder es ist, als ob, das sind Hilfskonstruktionen, meistens Leerlauf. [...] Das wie ist immer ein Bruch in der Vision, es holt heran, es vergleicht, es ist keine primäre Setzung."[159] Aus der Tradition der expressionistischen Poetik heraus, die dem Anderen, Visionären verpflichtet ist, lehnt Benn den Vergleich ab und feiert die Metapher.[160] Die Prominenz des Vergleichspartikels ‚wie' in Loerkes Text – und in den Texten des Magischen Rea-

---

[159] Gottfried Benn, Probleme der Lyrik. In: Benn, Sämtliche Werke. Bd. 6. Prosa 4 (1951–1956), hg. von Holger Hof, Stuttgart 2001, S. 18.
[160] Diese hierarchische Unterscheidung zwischen Metapher und Vergleich bestimmt noch aktuelle sprachtheoretische Überlegungen: „Zunächst ist darauf aufmerksam zu machen, daß ein Vergleich – gerade wegen der Vergleichspartikel – keine Störung des Konzeptualitätsmusters bewirkt und somit nicht zur Entfremdung Anlaß gibt. [...] Der Vergleich ruft – im Gegensatz zum metaphorischen Ereignis – keine Entfremdung hervor, keine Konfrontation, keine deutende Verwertung" (Biebuyck, S. 258 f.).

lismus überhaupt – ist jedoch nicht einfach ein Ausdruck schlechten Stils, sondern erfüllt eine entscheidende Strukturfunktion. Wenn der Magische Realismus, wie in dieser Arbeit behauptet wird, ein doppelkonditioniertes Verfahren realisiert, das an der Grenze zwischen realistischer Darstellung (Struktur) und moderner Textur operiert und zwischen Metonymie und Metapher changiert, erscheint der Vergleich – gegenüber der ‚absoluten Metapher' – als eben diejenige rhetorische Figur, die dieses Spannungsverhältnis am deutlichsten zum Ausdruck bringt:

> Der Vergleich zeigt im Gegensatz zur Metapher durch sein ‚wie' noch an, dass er zwei Elemente verknüpft, die sich nicht auf derselben Ebene befinden: das eine ist als realistische Beschreibung lesbar, das andere seine bildliche Entsprechung. Deswegen verstößt der Vergleich gegen die geschlossene Form [...]. Im ‚wie' des Vergleichs wird die Differenz und der Übergang von der Benennung zur bildlichen Bedeutung erkennbar.[161]

Der Vergleich macht also in den Texten des Magischen Realismus genau das, was er soll: Er hält die poetologische Konzeption konsequent in der Schwebe und weist damit sowohl das metonymische als auch das metaphorische Verfahren als vorläufig bzw. unvollständig aus.

Die Gefahr dieser Schwellen- oder Übergangspoetologie besteht darin, dass die Suche nach einem Sinn außerhalb subjektiver bzw. kultureller Figuration in eine pessimistische Geste kippen kann, die sich letztlich darauf beschränkt, die Unverfügbarkeit jeder metaphysischen Wahrheit als Symptom einer grundsätzlichen Sinnlosigkeit zu deuten. Im Spannungsfeld von Sinnverlust und Sinnsuche erweist sich das doppelkonditionierte Verfahren als äußerst instabil und flüchtig. Auch diese Problematik, die den Magischen Realismus letztlich bis in die Nachkriegszeit begleitet, zeigt sich bereits in *Der Prinz und der Tiger*. Loerkes Erzählung erweist sich damit nicht nur als gelungenes Beispiel für das doppelkonditionierte Verfahren des Magischen Realismus, sondern zeigt zugleich die Grenzen dieses Verfahrens auf. Denn am Ende der Erzählung kippt der Text in eine ungebrochene, visionäre Sprache, die letztlich die für das magisch-realistische Verfahren konstitutive Suche nach einem übergreifenden Sinn als sinnlos verabschiedet – und damit die Sinnlosigkeit sprachlicher Konzeptionen als letztgültige Maxime verklärt. Indem der Traum des Druckereidirektors, mit dem die Erzählung abschließt, das Weltgeschehen als gigantische Maschine figuriert, die letztlich auch die Vorgänge in der Druckerei steuert, wird das Aussetzen der realistischen Zeichenordnung durch die Unbestimmtheit des (Maschinen-)Rauschens symbolisch

---

[161] Sabine Kyora, Eine Poetik der Moderne. Zu den Strukturen modernen Erzählens, Würzburg 2007, S. 83.

überhöht: Die Maschine erscheint als Symbol eines schicksalhaft erfahrenen Weltwillens, der letztlich jeden Versuch einer positiven Sinnsetzung obsolet macht:

> Ich sah breite Treibriemen vor mir schweben und schwanken. Die großen Räder, von denen sie heraufkamen, liefen tief in fast unzugänglicher Finsternis. Die Riemen reichten quer durch den Luftraum und verschwanden in den Wolken; sie lagen weit auseinander wie manchmal die Lichtstriemen einer verhüllten Sonne, – und nun endeten sie hinabwärts gleich diesen, die einen in Wäldern, die anderen in Schnee- und Felsenwüsten zerklüfteter Gebirge. Der mittelste hing in unsere große Stadt nieder, deren Bild sich durch eine blakige Röte rang. [...] Aufmerkend entdeckte ich, daß der Riemen aus den Wolken jetzt unter eine Presse trieb, hinter deren Ausleger Marta saß wie gewöhnlich. (PT, 179)

Loerkes ein Jahr später erschienener Roman *Der Oger* kann als Versuch verstanden werden, diese pessimistisch-visionäre Perspektive, mit der die Erzählung abschließt, aufzufangen und an das Vermittlungsmodell zurückzubinden.

2.3 Erzählen gegen die Sinnlosigkeit der Welt – Loerkes *Der Oger* (1921)

2.3.1 Der Einbruch des Ogers als Metapher

In der ersten Szene des Romans *Der Oger* (1921)[162] liegt der Protagonist der Rahmenerzählung, Martin Wendenich, von Fieberkrämpfen geschüttelt in seinem Zimmer und begegnet in einer Vision seinem Vater, den er für das Unglück der Familie verantwortlich macht. Schon die für den Expressionismus typische Anklage des Vaters erfolgt jedoch unter veränderten Vorzeichen, da dieser hier nicht als autoritäre Figur, sondern als (körperlich und geistig) auffällig schwache Gestalt auftritt. Loerkes Text zeigt damit „eine besonders erschreckende Spielart des in der Literatur der Zeit so verbreiteten Vater-Sohn-Konfliktes, weil hier Auflehnung, Haß, Mordwillen sich nicht gegen einen mit seiner Macht protzenden Tyrannen richten, sondern gegen den Ohnmächtigen."[163] Tatsächlich bildet ausgerechnet die Ohnmacht des Vaters, die im Verlauf des Textes auf dessen epi-

---

[162] Oskar Loerke, Der Oger, Berlin 1921 (Die Junge Welt. 4) [im Folgenden als O im Fließtext zitiert].
[163] Marguerite Samuelson-Koenneker, Der Stellenwert des Romans „Der Oger" im dichterischen Werk Oskar Loerkes. In: Zeitgenosse vieler Zeiten. Zweites Marbacher Loerke-Kolloquium 1987, hg. von Reinhard Tgahrt, Mainz 1989 (Die Mainzer Reihe. 66), S. 223–250, hier: S. 230.

leptische Erkrankung zurückgeführt wird, den eigentlichen Grund für die Anklage des Sohnes:

> Ja, du bist krank. Aber deine Krankheit ist eine ansteckende Pest. Sie hat dich verdorben, und nun mordet sie deine Kinder. Ich klage dich an. [...] Jahre und Jahre haben ich und meine Geschwister deinen Pesthauch eingeatmet. Wo sahst du Freude an uns? Wann regte sich unsre mit uns geborene Freiheit? Wir waren deine Kettensklaven und schlichen um dich in jahrzehntelangem Mitleid, in unaufhörlicher Rücksicht, in schlafloser Angst vor deinem Geschrei [...] – du hast uns gezeugt, dessen klage ich dich an. (O, 12)

Loerkes Neuakzentuierung des Vater-Sohn-Konfliktes lässt nicht einfach als Variation eines expressionistischen Motivs fassen, zumal die Erzählung zwar mit der Anklage des Vaters beginnt, aber mit einer Versöhnungsgeste des Sohnes endet: Am Ende nimmt Martin Wendenich die Anklage gegen den Vater zurück und erklärt ihn für „nicht schuldig" (O, 331), da er diesen nicht mehr als pathologische Ausnahmeerscheinung, sondern als Regeltypus wahrnimmt, der die Situation des modernen Individuums überhaupt spiegelt. Der abschließenden Versöhnung zwischen Vater und Sohn entspricht das Vermittlungsbegehren des Textes auf poetologischer Ebene, das im Folgenden ausführlich diskutiert werden soll.

Noch eindrücklicher als die Erzählung *Der Prinz und der Tiger* verhandelt Loerkes Roman die Tragweite realistischer und moderner Zeichensprachen. Die eingebildete Konfrontation mit dem Vater veranlasst Martin Wendenich dazu, dem Festland den Rücken zu kehren und Zuflucht auf einem Fischereidampfer zu suchen, wo er damit beginnt, seine Familiengeschichte aufzuzeichnen. Ziel des Projekts ist es, das gestörte Verhältnis zum Vater aufzuarbeiten und so in Einklang mit der Vergangenheit zu kommen:

> Wie, wenn er die von seinem Geiste zurückgelegte Strecke aufzeichnete, daß die Gründe und Gegengründe, die Fragen und Antworten befestigt wurden und sich nicht widersprechen konnten? Wenn er etwas wie eine der Seekarten malte, die hier in den Schubfächern lagen, wo die Riffe, Untiefen, Strömungen, Steinböden, Haupt- und Nebenlinien, Leuchttürme und Bojen eingezeichnet waren [...]. (O, 65)

Konzipiert der Protagonist die metadiegetische Geschichte zunächst als Autobiographie mit Ich-Erzähler, entscheidet er sich schließlich für ein personales Erzählen, um die Geschehnisse nicht durch seine eigene Perspektive zu verfälschen und von vornherein eine Wertung der Geschehnisse vorzunehmen: „Er schaltete nun sich selbst aus und erzählte, als wären der Name Wendenich und seine Träger ihm fremd. Seine Figuren bewegten sich um ihrer selbst willen, als wäre er noch nicht geboren." (O, S. 69) Die Binnenerzählung in Loerkes Roman weicht damit in doppelter Weise von den Grundlagen der expressionistischen

Poetik ab. Vor dem Hintergrund der in den expressionistischen Texten auftretenden Sohn-Figuren, die antreten, um den Vätern ihre Handlungs- und Deutungsmacht mühsam abzuringen, erfährt bereits die Figurenkonstellation in Loerkes Text eine auffällige Umgestaltung. Indem Martin Wendenich seine eigene Deutung der Ereignisse zurücknimmt, rückt ausgerechnet der verhasste Vater Johann Wendenich ins Zentrum der Erzählung. Zudem knüpft der Text im Gegensatz zu Hativanis Postulat der „Ich-Überflutung" explizit an die von Loerke programmatisch eingeforderte ‚Willigkeit zum Stoffe' an, die nicht die „Wahrheit des eigenen Innern", sondern eine „kontrollierte Naturgestaltung" in den Vordergrund stellt.[164] Bezeichnenderweise beerbt die Familiengeschichte dann auch die literarischen Konventionen der erzählten Zeit, des neunzehnten Jahrhunderts, und beginnt ganz klassisch als realistischer Text:

> Das Dorf Randau besaß um den Anfang des vorigen Jahrhunderts eine gewaltig ausgedehnte und reiche Feldmark; längs der Weichsel wuchsen zwischen morastigen Wasserlachen urweltliche Weidenkämpen, daran schlossen sich Torfwiesen, und an den Abhängen der den Strom begleitenden Höhenzüge baute man Tabak. In den ebenen Landzungen zwischen diesen runden Erhebungen drängte sich auf üppigem Grase das Vieh, und auf den Höhen selbst wogte unübersehbar das Korn. (O, 73)

Ganz im Sinne des genealogisch angelegten Projekts wird zunächst der Aufstieg der Bauernfamilie Wendenich erzählt, das vorteilhafte Wirtschaften des Urgroßvaters Leonhardt, die Heirat seines Sohnes Andreas und die Geburt des Enkels Johann, Martin Wendenichs Vater. Die in sich ruhende Ordnung der erzählten Welt und die Ruhe des Urgroßvaters greifen dabei ineinander: „dem Friedvollen störte nichts den Frieden: die Dächer standen steif und still in der Sonne, die Eichen wie im Schlaf, und in den Ställen schliefen die Pferde im Dunkeln" (O, 97).

Allerdings wird das realistische Projekt auch hier bereits im Moment seiner Aktualisierung wieder prekär. So steht dem realistischen Modell, das nicht nur ein metonymisches Verfahren, sondern auch einen festen Erzählerstandpunkt voraussetzt, in *Der Oger* von Beginn an die unsichere Position des intradiegetischen Erzählers gegenüber, der sich eben nicht auf festem Boden, sondern auf offener See befindet und beständig dem „Schwanken des Decks" (O, 26) ausgesetzt ist. Es dauert auch nicht lange, bis die Schwankungen auf die erzählte Familiengeschichte übergreifen. Als die Mutter Johanns unvermutet stirbt und der junge Familienerbe an Epilepsie erkrankt, steht nicht nur die lineare Abfolge der Genealogie, sondern auch das realistische Projekt als solches auf dem Spiel. Die epileptischen Anfälle, die auf der Ebene der Diegese die Kontrolle Johanns über

---

164 Vgl. Kapitel II. 1.2.4.

seinen eigenen Körper unterbrechen, führen auch poetologisch zu einem Bruch der in sich ruhenden Erzählung. Denn mit den fiebrigen Dämmerzuständen, die den Anfällen Johanns folgen, geht die Erscheinung des Ogers einher. Dabei handelt es sich um ein vermeintlich phantastisches Wesen, das sich in jedem beliebigen Gegenstand manifestieren kann (Kachelofen, Kirchenwand, Wolken) und nicht nur von dem Epileptiker Johann, sondern auch von dessen Vater Andreas wahrgenommen wird. Schon in der Zeichnung des Ogers als „Zerrbild" wird deutlich, dass dieser – in poetologischer Entsprechung der Epilepsie – als Bruchstelle des Narrativs konzipiert ist:

> Andreas schrak ein wenig zusammen und legte den Knaben ins Bett. Jetzt hatte auch er den Oger entdeckt. Es war eine ungeheure Fratze, das *Zerrbild* eines Menschengesichts, das an der Kirchenwand klebte. Durch die *Bruchlinien* des *abgebröckelten* Putzes empfing es Umriss und Zeichnung, und seine Fläche hatte die blutrünstige Farbe der nackten Backsteine. Die *Zerteilung* in Fächer durch die Gerüste verbarg es vielleicht völlig für jeden, der es nicht vorher erkannt hatte, wer es aber sah, dem wurde es noch überzeugender, geheimnisvoll entrückt und genähert zugleich. Die Stirn war kugelig, die Nase war *zertrümmert* und zeigte, unter der Stirn einwärts gebogen, eine *zerfressene* Höhlung mit pilzartigen Kalksprenkeln, das Auge war ein großer runder Mörtelbuckel, jetzt von einem Brett mitten *durchgeschnitten*, der Mund breit offen, mit gewulsteter Unterlippe und wenigen, teils scharfen, teils platten, *durcheinandertaumelnden* Zähnen. Ein schmaler Ziegenbart fuhr *wie ein Blitz* die ganze Wand herab in die Luft hinein. Der Hinterkopf war spitz und hoch, von einer langen, fast geraden Linie begrenzt. Ein schmaler Vogelhals mochte die Kirchentür vorstellen. Andreas war erschüttert [...]. (O, 132, Hervorhebungen T.L.)

Um die Gefahr des Ogers zu bannen, unternimmt der Vater Andreas im Gespräch mit seinem Sohn den Versuch, die Bruchlinien im Putz der Kirchenmauer in den Kontext der Alltagswirklichkeit zurückzubinden: „Das ist bloß die Kirche und weiter nichts. Was du da siehst, sind Ziegelsteine, die hervorkommen, weil der Putz heruntergefallen ist" (O, 133).[165] Dieser Klärungsversuch geht jedoch schief. Denn die für die Erzählung problematische Wendung besteht nun gerade darin, dass erst durch die Verteidigung der realistischen Darstellung diese selbst als metaphorische Leistung sichtbar wird – so fährt Andreas fort:

> Hier, wenn ich an die Wand haue, dann kommen sie [die Ziegelsteine] auch heraus. Die tun keinem was. Ich werde dir einen Hammer geben, wenn du gesund bist, und dann kannst du

---

[165] Zusätzlich ordnet der Vater an, die Restaurierungsarbeiten an der Kirchenwand, welche die Familie Wendenich selbst einige Wochen zuvor in Auftrag gegeben hatte, so schnell wie möglich zum Ende zu bringen und damit die glatte Oberfläche der Wand auch ganz praktisch zu wiederherzustellen. (O, 132f.)

es selbst versuchen. Du kannst eine Schiefertafel und den Griffel nehmen und es abzeichnen. *Dann wird es ein Bild, wie in deinem Bilderbuch* [...]. (O, 133, Hervorhebungen T. L)

Erst das Abzeichnen der Kirchenwand, seine Spiegelung als Zeichnung auf der Schiefertafel des Kindes, legt den konstruktiven Charakter der vermeintlich ‚realistischen' Anschauung offen. Der realistische Blick auf die Kirchenwand als Kirchenwand wird selbst ein Bild unter Bildern.

Samuelson-Koenecker spricht in Bezug auf die Darstellungsweise des Romans von einer „Interferenz verschiedener Realitätsebenen"[166], und auch Burkhard Schäfer geht davon aus, dass in dem Moment des Erscheinens des Ogers punktuell zwei Wirklichkeiten sichtbar werden, eine ‚normale' Welt und eine Welt des magischen Hintersinns, eine „Wahn-Welt"[167], die immer auch eine „erdichtete Welt"[168] sei. Auch wenn Schäfer immer wieder darauf aufmerksam macht, dass die ‚normale' Realität dabei im Gegensatz zur Phantastik „im wahrsten Sinne des Wortes immer Anhaltspunkt"[169] bleibe, unterlegt er der Binnenerzählung damit eine Doppel-Struktur, wie sie Todorov in seiner klassischen Analyse phantastischer Texte entwickelt:

> Es handelt sich, psychologisch ausgedrückt, um ein narratives double-bind, da die einzelnen Elemente in zwei Realitätsebenen erscheinen: zum einen in der ‚normalen' (tautologischen) Welt, wo die ‚Salzbüchse' eine ‚Salzbüchse' ist und bleibt, zum anderen in der ‚paranormalen' Welt des Wahns, in der die ‚Kacheln zu ‚Bäffchen' werden'.[170]

Die Erscheinung des Ogers führt jedoch nur vordergründig zu einem Auffächern der Wirklichkeit in zwei Realitätsebenen. Denn es geht gar nicht so sehr darum, die imaginäre Welt des Ogers als ‚erdichtete' gegenüber einer ‚realen' geltend zu machen, sondern vielmehr darum, die scheinbar ‚harte Realität' den Gesetzmäßigkeiten des Ogers zu unterlegen und sie damit selbst als Ergebnis von Dichtung zu markieren.

Dass der Oger ein primär sprachliches Ereignis darstellt, das zunächst nichts weiter als eine Störung der Kommunikation zum Ausdruck bringt, wird auch dadurch unterstrichen, dass sein Erscheinen direkte Konsequenzen für den Sprachgebrauch der Figuren hat. So kommt Johann unmittelbar nach Erscheinen

---

166 Samuelson-Koenecker, S. 245.
167 Schäfer, Unberühmter Ort, S. 39.
168 Schäfer, Unberühmter Ort, S. 40.
169 Schäfer, Unberühmter Ort, S. 40.
170 Schäfer, Unberühmter Ort, S. 38 f. Schäfer bezieht sich hier auf die erste Erscheinung des Ogers, die im Kachelofen in der Küche sichtbar wird (O, 116).

des Ogers die Fähigkeit abhanden, die Worte seines Vaters in einen kontigen Zusammenhang einzuordnen: „Seine Worte fügten sich in dem Fiebernden zu keinem Zusammenhang, seine Sätze waren wie Schiffe, die in einem Meergewitter zerbrochen wurden, und die Trümmer schossen, jedes Stück einzeln mit der ganzen Angst des Ertrinkenden beladen, in die Tiefe." (O, 133) Johann zeigt damit geradezu paradigmatisch das Krankheitsbild der sprachlichen Kontiguitäts-Störung, wie sie Roman Jakobson in seinem Aufsatz zum Doppelcharakter der Sprache beschreibt (allerdings in der Rolle des Rezipienten und nicht des Produzenten):

> Die Kontext-Störungs-Aphasie, die auch als Kontiguitätsstörung bezeichnet werden kann, vermindert das Ausmaß und die Verschiedenartigkeit der Sätze. Die syntaktischen Regeln, welche die Wörter zu höheren Einheiten zusammenfügen, gehen verloren. Dieser Verlust, der Agrammatismus genannt wird, verursacht den Zerfall des Satzes in bloße ‚Wortanhäufung' [...]. Die Wortfolgeordnung wird chaotisch; die Verknüpfungen der grammatischen Koordination und Subordination, sei es die Kongruenz oder die Rektion, sind aufgelöst.[171]

Für das Identitätsprojekt des Erzählers Martin Wendenich ist der Einbruch des Ogers frappierend, denn die Schuld des Vaters Johann ist zwar transparent gemacht, aber nicht entschärft, sondern zugespitzt, besteht sie doch letztlich darin, dass der Vater als Garant der symbolischen Ordnung seiner Aufgabe nicht mehr gerecht wird. Das Erscheinen des Ogers und der damit verbundene Zusammenbruch der realistischen Zeichenordnung führt dem Erzähler Martin Wendenich die Ausweglosigkeit seiner Familiengeschichte als realistisch gerahmtes Erkenntnisprojekt vor Augen. Dementsprechend endet die Familiengeschichte dann auch mit dem Abbruch der Diegese: „[O]hne abzusetzen, aber auch, ohne noch irgendeinen Gedanken, irgendein Gesicht zu bannen, bedeckte er das Papier bis an den unteren Rand mit Zeichen. Kein Buchstabe entstand, sondern immer nur der spitzige Winkel des auf und niederfahrenden Striches." (O, 318)

Indem die letzten Zeilen der Familiengeschichte Martin Wendenichs keine semantischen Einheiten mehr produzieren, sondern lediglich formale Muster, deutet auch Loerkes *Der Oger* ein semantisches Schweigen an, wie es in *Der Prinz und der Tiger* im Ohrenrauschen/Schneetreiben zum Ausdruck kommt. Im Unterschied zu den Formexperimenten der emphatischen Moderne wird jedoch auch hier der Text selbst nicht zum Spiel bzw. zur Textur. Während sich Martin Wendenichs Erzählung in eine formale Anordnung nichtsprachlicher Zeichen auflöst und reine Form produziert, läuft der Text weiter und liefert – dem Konzept der relativen Prosa entsprechend – sogleich ein Deutungsangebot: „Wie der abgelöste

---

[171] Jakobson, Zwei Seiten der Sprache, S. 130.

und langgezogene Rand eines unendlichen Zahnrades liefen die Zacken fort." (O, 318)

Bleibt die Bedeutung des Striches auf der Ebene der Binnenerzählung noch unbestimmt, deutet die Rahmenerzählung – wie schon in *Der Prinz und der Tiger* – eine symbolische Lesart an. Indem Loerkes Roman die Deutung der Ereignisse innerhalb der Binnenerzählung in die Rahmenerzählung verlagert, fungiert diese auch hier gegenüber dem eingeschobenen Narrativ als übergeordneter Deutungsrahmen. Auf dieses asymmetrische Verhältnis zwischen Rahmen- und Binnenerzählung macht schon Samuelson-Koennecker aufmerksam: „Das, was man in Bezug auf die Komposition des Romans nicht umhin kommt, Rahmenerzählung zu nennen, ist hier nicht nur [...] Bedingung der Möglichkeit des Zustandekommens der ‚Kernerzählung', sondern Ursache und Ziel dieser."[172] Dieses asymmetrische Verhältnis zwischen Rahmen- und Binnennarrativ gilt es nun näher zu bestimmen.

2.3.2 Zwischen Mondlicht und Laterne – Ein epistemologischer Kompromiss

In der Rahmenerzählung kehrt die Metapher des „unendlichen Zahnrades", die schon in der Erzählung *Der Prinz und der Tiger* zur Anwendung kommt, in verschiedenen Zusammenhängen wieder. Zunächst reiht sich die Metapher auch in Loerkes Roman in den größeren Kontext einer Perspektive ein, welche die Bedeutung des Menschen vor dem Hintergrund einer unbestimmten Weltordnung relativiert. Der Abbruch der Familiengeschichte als Sinnfindungsprozess des Subjekts wird in der Rahmenerzählung in dem schon bekannten Bild der Maschine aufgegriffen, die das Leben des Menschen zwar bestimmt, ohne diesem jedoch einen sinnvollen Kurs zu geben. So zeichnet Martin Wendenich den Dampfer, auf dem er sich befindet, als technisches Monstrum:

> Daß die Menschen in diesem Schiff nur Behelf waren, wurde an seinen beiden Hauptkammern klar, dem Fisch und Maschinenraum. Diese taten sich in die Höhe, Tiefe und Breite weit auf und quetschten alles übrige beiseite, daß es sich notdürftig an die Seiten klammerte oder oben festhalten musste. Martin begriff, in diesem künstlichen eisernen Meertier gebot ein harter Gedanke: es zu füttern mit Menschen und Fischen, seine Feuerzungen zu tränken, damit es sein Schicksal erfülle, sich bewege und lebe. (O, 9)

Wie der Druckereidirektor aus *Der Prinz und der Tiger* erfährt auch Martin Wendenich am Ende seiner Identitätssuche, dass das menschliche Streben seinen

---

172 Samuelson-Koenneker, S. 229.

Sinn vor der Gewalt einer ungewiss bleibenden Weltordnung zu verlieren droht, die den Menschen zur wehrlosen Marionette degradiert. Was in der Erzählung „Die Puppe" noch als Gedankenspiel einer ironisch gezeichneten Figur erscheint, wird hier zur existenziellen Grunderfahrung des Protagonisten:

> Er wurde wie auf seiner ersten Reise nach rechts und links gegen die Wände gerollt und wie ein Toter ohne Willen schräg aufgerichtet, als wären Brust, Schultern und Hals versteift, und er wurde mit den Füßen gegen die Fußwand gestellt wie eine Holzpuppe oder mit Kopf und Kissen gegen die Leinwand des Leichenkastens hinter seinem Scheitel gedrückt; ungefragt, unbeleidigt durch irgendwelche faßbare Gewalt. [...] Es war ihm wie das Weltgeschehen selbst, das ihn nicht fragte. (O, 338)

Deutlicher als in den früheren Prosatexten Loerkes knüpft *Der Oger* damit an Schopenhauers metaphysischen Pessimismus an.[173] Das Schiffserlebnis Martin Wendenichs lässt sich geradezu paradigmatisch als Lüftung des „Schleiers der Maja" bezeichnen, den Schopenhauer wie folgt beschreibt:

> Wie auf dem tobenden Meere, das, nach allen Seiten unbegrenzt, heulend Wellenberge erhebt und senkt, auf einem Kahn ein Schiffer sitzt, dem schwachen Fahrzeug vertrauend; so sitzt, mitten in einer Welt von Qualen, ruhig der einzelne Mensch, gestützt und vertrauend auf das principium individuationis.[174]

Unterstützt wird diese Deutung durch die Erfahrungen, die Martin Wendenich im Umgang mit der industriell gestützten Massenfischerei auf dem Dampfer sammelt. Vor dem Hintergrund seines eigenen familiären Unglücks führt die Konfrontation mit dem Grauen an Bord des Fischereidampfers zu einer Solidarisierungsgeste, insofern Mensch und Tier gleichermaßen als Opfer eines unbestimmten Weltwillens erscheinen. Während die Schilderung der Schrecken an Bord aufgrund ihrer realistischen Darstellung einerseits den Blick auf die Ausbeutung des Meeres durch Mensch und Technik lenkt, läuft die Gleichung zwischen menschlichem und tierischem Leid andererseits Gefahr, die erfahrenen Schrecken zu Gunsten eines tieferen Sinns zu verklären. Auf diese Problematik weist bereits Hugo Marcus in seiner zeitgenössischen Rezension des Textes hin:

> Man riecht das Meer, atmet Weite und Sehnsucht. Aber die Netze öffnen sich an Bord, und die Kreatur, aufs Trockene gesetzt, watet, tausendfältig im Haufen verknäult, dem furcht-

---

173 Den Einfluss von Schopenhauers Philosophie auf die Lyrik Loerkes hat Thomas Pieper ausführlich aufgezeigt: Pieper, Überwindung des Welt-Leids. Loerkes Lyrik im Spannungsfeld zwischen Nietzsche und Schopenhauer, Frankfurt a. M. u. a. 1992 (Bochumer Schriften zur Deutschen Literatur. 33).
174 Arthur Schopenhauer, Welt als Wille und Vorstellung, Paderborn ³2005, S. 416.

baren Tode durchs Messer entgegen. Nun kommt dieses Kapitel des Dienstes an den Tieren grad in eine Periode hinein, die über und über in Menschennot watet. Wer hat noch Zeit für die Tiere, wer Gefühl für Fische überflüssig? Und noch eins: der Autor schildert die Not der Kreatur. Er schildert das Messer des Menschen. Er schildert den Kampf ums Dasein. Er schildert ein in aller Verhaltenheit verzweifeltes Bedauern über das alles. Aber er sagt nicht, daß es von nun ab anders kommen soll oder muß oder wird. Sondern: daß es nun einmal so ist![175]

Erst dieses Deutungsmodell, das den einzelnen Menschen in den Kontext eines überindividuellen Ordnungszusammenhangs stellt, ermöglicht es Martin Wendenich, die Anklage seines Vaters aufzuheben, da auch der Epileptiker Johann Wendenich als Opfer des Schicksals erscheint: „Die Frage nach einer Schuld gibt es nicht. Das Leid kommt aus dem Weltganzen. Der einzelne hat die Wahl, alles Leid der Welt auf sich zu nehmen als ein Opfer, oder es nicht zu begreifen und über dem Konflikt der Fragen und Zweifel existenziell – sei es physisch oder psychisch – zugrunde zu gehen."[176] Loerkes Roman droht damit, in eine ähnliche epistemologische Sackgasse zu führen wie die Erzählung *Der Prinz und der Tiger*. Die Suche nach einer Bedeutung jenseits des Subjekts führt lediglich zum Einblick in die Sinnlosigkeit der Welt. Infolgedessen hat die Forschung auf die epistemologisch prekäre Position hingewiesen, die den Handlungs- und Möglichkeitsspielraum des Menschen sehr eng fasst: „Wie ist innerhalb dieser Grössenordnung ein frei entscheidendes Bestimmen des Menschen möglich? Mündet Lorkes Anschauung nicht unmittelbar in Determinismus?"[177]

Tatsächlich kommt Loerkes Roman jedoch zu einer ambivalenten Einschätzung, wie sich beispielhaft an der Lichtmetaphorik des Textes zeigt. In der Binnenerzählung findet sich zunächst eine Szene, die allegorisch die Bedeutungslosigkeit des menschlichen Strebens noch einmal unterstreicht. So heißt es über Susanne, die zukünftige Frau Johanns und Martin Wendenichs Mutter:

> Sie hauchte rasch die Laterne aus. Es blieb so hell, wie es vordem gewesen war. Der Mond stand in einem drehenden Treiben runder Wolken, in denen immer fünf oder sechs dunkle Buckel zusammenzugehören schienen, – die schwarze Takelung gespenstischer Segelschiffe, die im Kreis um den Mond geschart standen und deren Mastspitzen an seiner Lichtscheibe sich trafen. (O, 297)

---

175 Hugo Marcus, Der Oger. In: Die Neue Rundschau, 33, 1922, S. 1058 f., hier: S. 1058.
176 Wolf Peter Schnetz, Oskar Loerke. Leben und Werk, München 1967, S. 106.
177 Schnetz, S. 183.

Dem Mondschein, der die Erde durch seinen variierenden Lichtschein „aus einer Unwirklichkeit in eine andere Unwirklichkeit" (O, 297) verschiebt, steht die Laterne Susannes gegenüber, die im Licht des Mondes bedeutungslos erscheint, weil die An- oder Abwesenheit des Scheins ihrer Laterne keine Auswirkungen auf den Grad der Helligkeit insgesamt hat.[178] Dieser Episode ist jedoch eine Szene aus der Rahmenerzählung gegenübergestellt, die den persönlichen Wirkungskreis des Menschen aufwertet. Im Gegensatz zu seiner Mutter gelingt Martin Wendenich eine positive Einschätzung seines persönlichen ‚Scheins':

> Was also sehe ich mich? Wenig Unterschied ist zwischen meinem erloschenen Vater und mir, seinem Frieden und meinem Unfrieden. Aber vielleicht drängt es mich zu neuen Kontinenten mit anderem Wachstum des Lebens? Ich meine sie mir alle bekannt, und erst wenn ich hinkomme, werden sie mir unbekannt sein und ich muss sie mit meinem Wesen erschaffen. Wir müssen immer warten, bis alles w i r ist, wohinein sich unser wachsendes Leben senkt. Wir sind wie Lichter: was die farbige Kugel des Scheins umfasst, das gehört uns. (O, 334 f.)

Liest man die „farbige Kugel des Scheins" als Metapher für den Scheincharakter des sprachlichen Kunstwerks, so erschließt sich dessen Wert darin, dass eine äußere Wirklichkeit (die neuen Kontinente) sich dem sprachlichen Zugriff nur in einem Wechselspiel von Verfremdung („werden sie mir unbekannt") und Aneignung („mit meinem Wesen erschaffen") erschließt.

Auf der Ebene der Diegese versöhnt sich der Sohn Martin Wendenich mit dem Vater durch die Aufzeichnung seiner Lebensgeschichte, die (pars pro toto für die Menschheit) auch eine Anerkennung seiner Leidensgeschichte darstellt. Auf der Ebene des Textverfahrens bleibt der Konflikt zwischen einer durch den Menschen gesetzten Sprache und einer Wirklichkeit, die erst jenseits dieser verortet ist, bestehen. So setzt der Text die Lebensgeschichte der Familie als Erzählung gegen das Paradox um, dass die Geschichte selbst ihre eigene Bedeutungslosigkeit zum Ausdruck bringt. Die Leistung des Textes besteht somit letztlich darin, dass er die mythologische Struktur realistischen Erzählens deutlich macht und trotzdem erzählt. So wird die kontingente Verfasstheit der Familiengeschichte ausgestellt und trotzdem als wertvoll behauptet. Die paradoxe Struktur des Textes wird in der Ambiguität der letzten Worte des Protagonisten deutlich. Als dieser aufgrund eines Schlags auf den Kopf an einer Kopfverletzung zu sterben droht, sind seine letzten Worte: „Wacht auf, empört euch, macht euch frei" (O, 344). Während der

---

178 Die Figuration der den Mond umkreisenden Wolken erscheint zudem selbst als Abbildung eines sich drehenden Rads, womit der Text erneut auf das – schon in *Der Prinz und der Tiger* zitierte – (Zahn)Rad des Schicksals verweist.

Text offen lässt, ob die Worte zu einer Befreiung vom Schicksalszwang oder vom *principium individuationis* führen, ist Martin Wendenich am Ende die Wandlung garantiert, die Friedrich Schedel verweigert bleibt. Das deuten jedenfalls die Worte des Bruders an, mit denen der Roman schließt: „Richard seufzte: ‚Wird er leben? An einem neuen Beginn stände er dennoch.'" (O, 344)

Es lässt sich festhalten, dass Loerkes Texte aus dem Problem einer in sich selbst kreisenden Poetik der Moderne nicht hinausführen, sondern vielmehr die aporetischen Strukturen eines realistischen Erzählens in der Moderne sichtbar machen. Über den Einbruch des Rauschens und des Ogers in den realistischen Text lotet Loerkes Magischer Realismus die Grenzen sprachlicher Referenz aus und scheitert letztlich daran, eine außersprachliche Wirklichkeit präsent zu machen. Die relative Prosa hebt den Konflikt zwischen Kultur und Natur nicht auf, sondern stellt ihn vielmehr aus; sie zeigt letztlich kein ‚Dichten über sich selbst hinaus', sondern lediglich das Begehren danach und nimmt damit den Anspruch des Expressionismus auf Präsenz zurück. Wie sich im Folgenden zeigen wird, steht Loerkes Prosa damit in deutlicher Nähe zur frühen Prosa Wilhelm Lehmanns.

3 Poesie im Spannungsfeld von Natur und Kultur – Wilhelm Lehmanns frühe Romane

3.1 (Natur-)Poesie jenseits repressiver Kultivierungsmaßnahmen

Ähnlich wie Loerke gilt auch Wilhelm Lehmann als literarisches Vorbild für die deutsche Naturlyrik nach 1945 und taucht in den aktuellen Literaturgeschichten nahezu ausschließlich in diesem Zusammenhang auf.[179] In den 1920er Jahren ist Lehmann, der 1923 zusammen mit Robert Musil von Alfred Döblin den renommierten Kleist-Preis verliehen bekommt, jedoch hauptsächlich für seine Prosaarbeiten bekannt. Diese zeugen, ähnlich wie Loerkes späte Romane und Erzählungen, von einer einerseits affirmativen, andererseits kritischen Auseinandersetzung mit der ästhetischen Moderne,[180] in deren Zentrum die schon für Loerke und Kayser typische Kritik einer hermetisch geschlossenen kulturellen Sphäre steht.

Die Erzählung *Vogelfreier Josef* (1922)[181] etwa erzählt von der Gründung eines Vereins, der es sich zum Ziel gesetzt hat, „im Dienste eines gemeinsamen Ideals" (VJ, 183) die Probleme der Nachkriegsgesellschaft zu überwinden. Vergleichbar der ‚großen Staatsaktion' aus Robert Musils zehn Jahre später veröffentlichtem Roman *Der Mann ohne Eigenschaften* zeichnet sich der „geistige [...] Bund" (VJ, 181) unter der Leitung des Lizentiats Vermehren allerdings dadurch aus, dass dieser gar kein eigentliches Programm besitzt. So ist das gemeinsame Ideal durch keine konkrete Bedeutung gedeckt und wird zum Platzhalter diverser Modebegriffe:

> Aber eine so große Hilflosigkeit lag den Worten zugrunde, die an den ersten Abenden fielen. Es war, als sähe sich die ganze kranke Zeit ins leere Angesicht, mit gierigem Bemühen, Kraft und Sicherheit darin zu entdecken. Es knatterte von großen Worten. Der Himmel der ersehnten Idealität sollte weit reichen, viel decken, daher mußten die Grundbegriffe so umfassend wie möglich gehalten sein. Erregt stritt man gegen zu enge Formeln, gegen Formeln

---

[179] So etwa Alexander von Bormann, Gedichte zwischen Hermetik und Öffentlichkeit. In: Geschichte der deutschen Literatur von 1945 bis zur Gegenwart, hg. von Wilfried Barner, München 2006 (Geschichte der deutschen Literatur von den Anfängen bis zur Gegenwart. 12), S. 205 ff.
[180] Hans-Dieter Schäfer, Wilhelm Lehmann. Studien zu seinem Leben und Werk, Bonn 1969 (Abhandlungen zur Kunst-, Musik- und Literaturwissenschaft. 66), S. 86 ff.
[181] Wilhelm Lehmann, Vogelfreier Josef. In: Lehmann, Gesammelte Werke in 8 Bänden. Bd. 5. Erzählungen, hg. von David Scrase u. Reinhard Tghart, Stuttgart 1994, S. 171–234 [im Folgenden als VJ im Fließtext zitiert].

überhaupt. Das Wort, das die Hauptkosten bestritt, so tiefe Taschen schien es zu haben, war ‚schöpferisch'. Unter seinem Druck und Drange fühlte jeder sich dem Hohen gleichberechtigt. Ein anders Wort war ‚organisch', der dritte Verbündete ‚dynamisch'. (VJ, 195)

Die ironische Zeichnung des „geistigen Bundes", der obsessiv emphatische Schlagworte um ihrer selbst willen produziert, erinnert im Kern an Loerkes Kritik des Expressionismus, insofern auch dieser eine bloße „Ortsbezeichnung des Aufschwungs" darstelle und „Neuerungen um der Neuerungen willen" (s. o.) bilde. Auch die „großen Worte" „schöpferisch", „dynamisch" und „organisch" sowie das Attribut des „Geistigen" rücken den Bund zumindest in die Nähe der spätexpressionistischen Programmatik.[182] Wie sich im Folgenden zeigen wird, geht es in den Texten Lehmanns jedoch nicht um eine Kritik des Expressionismus im Besonderen, sondern um die allgemeine Kritik eines Sprachgebrauchs, der sich einseitig auf einer abstrakten sprachlichen Ebene bewegt: „Gegen die zersetzende Kraft der Abstraktion spricht Lehmann sich in seinem Werk wiederholt aus. Das Problem des Wahrheitsgehalts der Sprache ist für ihn mit einer dem Wort inhärenten Verallgemeinerung oder Idealisierung verbunden."[183]

Gegenüber Loerkes Prosa lässt sich in den Texten Lehmanns jedoch eine Akzentverschiebung feststellen, insofern hier ein Aspekt in den Vordergrund tritt, der in Loerkes Texten nur bedingt eine Rolle spielt – die Kritik der ideologischen Funktionalisierung von Sprache. Denn der fehlende Gehalt des geistigen Bundes und die „Hilflosigkeit" der Schlagworte, die als Grundpfeiler des gesellschaftlichen Wandels fungieren sollen, dienen letztlich vor allem den politischen Interessen der Figur Vermehrens. So sichert die semantische Unschärfe des gemeinsamen Ideals letztlich vor allem die Einstimmigkeit innerhalb der Gruppe und damit auch die Position Vermehrens, der als geistiger Anführer ‚den Ton angibt':

---

182 Noch 1923 beschwört Alfréd Kenémy in Herward Waldens *Der Sturm* „gegen die Decadence der bürgerlichen Kultur das ursprüngliche Bewusstsein der dynamischen Konstruktivität", das den gesamten Kosmos, und daher auch den Menschen bestimme. Nur indem eine nicht mimetische, konstruktivistische Kunst der „konstruktiven Bewegtheit des menschlichen Organismus" entspreche, könne sie „den Menschen zu der stärksten Entfaltung seiner schöpferischen Kraft zwingen" (Alfréd Kenémy, Das dynamische Prinzip der Welt-Konstruktion im Zusammenhang mit der funktionellen Bedeutung der konstruktiven Gestaltung. In: *Der Sturm*, 14, 1923, S. 62–64, hier: S. 64).
183 Goodbody, S. 217. Goodbody zitiert dazu einen Auszug aus Lehmanns Essaysammlung *Bewegliche Ordnung* (1948): „Ich war mir auch klar darüber, daß das Wort, als rein gedachtes, als solches das Individuelle idealisiert, das einzelne, ob dieses will oder nicht, ins Allgemeine erhebt. Mir schien aber, daß es eben als im reinen Luftraum gedachtes, soweit das möglich ist, das Wirkliche nur schlecht, nur ungefähr trifft." (Wilhelm Lehmann, Sämtliche Werke. Bd. 3. Bewegliche Ordnung, Gütersloh 1962, S. 97, zitiert nach Goodbody, S. 217.)

> [U]nd mit Eifer ergriff er wieder das Wort, schilderte die Gemeinschaft, die auf einen großen Ton der Mitte abgestimmt einem Glockenspiele gleiche, die alles Individuell-Launische durch Musik ihres Seins unter die Idee beuge, Jung und Alt, Mann und Weib, die Klugen und die Einfältigen, die Armen und die Reichen, die mannigfachsten, die divergierendsten Begabungen... (VJ, 185)

Eine ähnliche Problematik entwirft bereits Lehmanns erster Roman *Der Bilderstürmer* (1917)[184], allerdings steht hier kein sozialer Verein, sondern die Gründung einer Reformschule in ländlicher Umgebung im Zentrum des Geschehens. Mit dem Schulgründer Ernst Magerhold tritt aber auch hier die Gestalt eines „aggressiven Reformers"[185] in Erscheinung, dem es nicht in erster Linie darum geht, seine Schülerschaft zu selbstdenkenden Individuen zu erziehen, sondern auf seine persönliche Ideologie einzuschwören:

> Schwamm einer nicht mit im Strome seiner Theorien, so war ihm auch an dessen Person zum Spotte nichts zu schlecht und nichts zu gut [...]. Die Schüler hingen ihm zu großem Teile mit wahrer Begeisterung an, gegen die nur wenige sich sträubten. Er machte ihnen die Welt verständlich, indem er sie ihnen bloß seiner von ihm erdachten Ideen und Ideale bedürftig zeigte. (BS, 29 f.)

Deutlicher als in der Erzählung *Vogelfreier Josef* kommt hinter dem Verweis auf die hohle Phrase eines „Kulturideals" (BS, 61) und einer „große[n] Perspektive" (BS, 61) der Führungswille Magerholds zur Geltung:

> Aus dem Staube des Zergehenden tauchte eine Schar junger Menschen auf, an deren Spitze wieder er selbst [Magerhold] schritt. Sie gingen mailich bestrahlt, aber kein Gesicht war charakteristisch erkennbar; Gesichtszüge, Füße und Arme, die Körper selbst waren abgefallen, der Unterschied der Geschlechter war geschwunden. Wie mit dem Schwamm verlöschte Magerhold die farbigen Umrisse der Gegenwart. Frenetisch die Zähne bleckend, trat er mit dem Fuße das Einzelne aus, das unter seiner Sohle hervorglimmen wollte [...]. (BS, 73)

Dabei wiederholt sich der für Magerholds Rhetorik charakteristische „ätzende [...] Strom seiner Vereinfachungs- und Objektivierungssucht" (BS, 30) in seiner Körperhaltung, seinem militanten Gang, der alles „Einzelne" austritt, „das unter seiner Sohle hervorglimmen wollte". In der Gebärde des Unkrautzertretens wird

---

184 Wilhelm Lehmann, Der Bilderstürmer. In: Lehmann, Gesammelte Werke in acht Bänden. Bd. 2. Romane I, hg. von Jochen Meyer, Stuttgart 1984, S. 7–114 [im Folgenden als BS im Fließtext zitiert].
185 Gwendolyn Whittaker, Überbürdung – Subversion – Ermächtigung. Die Schule und die literarische Moderne 1880–1918, Göttingen 2013 (Literatur- und Mediengeschichte der Moderne. 2), S. 279.

die Kulturtechnik einer normativen Rhetorik als *Kultivierungs*technik sichtbar, die nicht zuletzt auch rassenideologisch aufgeladen ist. So zeichnet der Text eine deutliche Parallele zwischen Magerholds pädagogischem Ziel einer von allen Unterschieden bereinigten Gemeinschaft und den Ansichten zur Tierzucht, die Ziegelturm, ein Biologielehrer der Reformschule und Anhänger Magerholds, vertritt:

> Ziegelturm sprach in affektiert reinem Hochdeutsch über Hühner- und Entenzucht, mit scharfer Stimme, kenntnisreich erhaben. Vor ihm stand ein Glas Grog. Sein kleines, brandrotes Gesicht glühte, er rieb seinen graumelierten, eckigen Spitzbart gegen das Kinn, daß es knisterte: „Hauptsache ist, daß die Rasse rein bleibt. Beschränkter Auslauf. Hanf, Kalk." (BS, 101)

Im Einspruch gegen eine autoritär organisierte ideologische Gemeinschaft, die alles ausschließt, das nicht dem normierten Kulturideal entspricht, „entfalten Lehmanns Texte den ihnen zugrunde liegenden Protestcharakter, der sich gegen jede Form von Totalitarismus und kollektiven Zwangs verwahrt"[186]. Darüber hinaus eröffnet die Kritik des ‚Kulturideals', das in den hier diskutierten Texten Lehmanns als rhetorische Legitimation der ideologischen Programme fungiert, jedoch eine ganz grundsätzliche Auseinandersetzung mit bestimmten Praktiken des zeitgenössischen Kulturbetriebs. Dies zeigt sich vor allem darin, dass die Figuren Vermehren und Magerhold, die als Variation eines Grundtypus beschrieben werden können,[187] nicht der bürgerlichen Mitte der Gesellschaft entspringen, sondern Reformkreisen zugeordnet werden. So zeigt sich in der Figur Magerhold die Verflechtung von Ideologie- und Medienkritik, wenn dieser „wie ein Plakat die Leute an[schreit]" (BS, 68). Ähnlich den Reklamefachmännern in Loerkes *Der Prinz und der Tiger* steht auch Magerhold stellvertretend für den Typus eines modernen Kulturproduzenten, dessen sprachliche Schöpfung sich von einer äußeren Wirklichkeit ablöst und zu einer zweiten (Schein-)Natur avanciert – und genau wie in Loerkes Texten wird diese Entwicklung negativ bewertet:

> Eine Horde von Relativsätzen stürzte sich dem Zorn der Drohung voraus, die längst ihr Ziel aus den Augen verloren hatte und erstorben war, als noch immer die Relativsätze übermütig wie Ziegenböcke über die Dielenbretter hüpften, wie Vögel die Flügel schüttelten und, die Schnäbel wetzend, an allen möglichen Quellen sich niederließen. (BS, 72)

---

186 Günter E. Bauer-Rabé, Hälfte des Lebens. Untersuchungen zu den Tagebüchern Wilhelm Lehmanns 1900–1925, Würzburg 1986, S. 114. Auf diesen Zusammenhang macht auch schon Whittaker aufmerksam (Whittaker, Überbürdung, S. 266 ff.).
187 Whittaker, S. 280.

Dementsprechend lässt sich auch das von Magerhold initiierte Schulprojekt in *Der Bilderstürmer* auf ein Projekt der ‚pädagogischen Avantgarde' zurückführen: die von Gustav Wyneken und Paul Geheeb 1906 gegründeten *Freie Schulgemeinde Wickersdorf* (FSG), in der Lehmann selbst als Lehrer tätig war – ein „für die Reformpädagogik der Jahrhundertwende exemplarisches Schulprojekt, das in kaum einer zeitgenössischen erziehungswissenschaftlichen Besprechung fehlte."[188] Versteht man Magerhold als literarische Verkörperung Gustav Wynekens, ergibt sich in Bezug auf den historischen Hintergrund des Romans die These, „dass Lehmann in seinen Texten Wynekens ambivalentes Schulprojekt kritisiert und dabei nicht zuletzt die charismatische Aura seines Stifters entlarvt, indem er sie auf die rhetorische Strategie hin kenntlich macht."[189] Für die poetologische Konzeption des Romans macht die Anknüpfung an das Reformprojekt der FSG jedoch auf einen weiteren Aspekt aufmerksam: die Verbindung von sozialer Reformbewegung und emphatischer Moderne, die in der Figur Gustav Wyneken kulminiert.

Für Hermann Korte stellt Wyneken, der „in Literaten und Künstlerkreisen offenbar eine starke Anziehungskraft ausgeübt"[190] hat, eine Brückenfigur zwischen dem Programm des Expressionismus und der sozialen Jugend- und Reformbewegung des frühen zwanzigsten Jahrhunderts dar, wobei Korte vor allem die Rezeption von Wynekens Schriften durch Kurt Hiller hervorhebt. In der von Paul Steegemann verlegten spätexpressionistisch-dadaistischen Buchreihe *Die Silbergäule* publiziert Hiller 1919 den kurzen Band *Gustav Wynekens Erziehungslehre und der Aktivismus*, in dem er sich einerseits affirmativ mit Wynekens Studie *Schule und Jugendkultur* (1913) auseinandersetzt, andererseits mit polemischer Kritik gegenüber dem Autor nicht spart. Begeisterung findet Hiller vor allem für Wynekens Verpflichtung der Jugend auf eine charismatische Führergestalt, die notwendig sei, um die „aktivistische Praxis"[191] umsetzen zu können. In Anlehnung an Wyneken fordert er, diesen zitierend, ein hierarchisch ausgerichtetes Erziehungsmodell, das den schöpferischen Menschen von den nur mittelmäßigen Menschen abhebt:

> „Selbstständigkeit ist das Vorrecht und die schwere Pflicht des Schaffenden... Der unproduktive, der mittelmäßige Mensch ist zum Gehorchen und Zuhören bestimmt. Nur auf diese

---

[188] Whittaker, S. 267.
[189] Whittaker, S. 274.
[190] Hermann Korte, Expressionismus und Jugendbewegung. In: Internationales Archiv für Sozialgeschichte der deutschen Literatur, 13, 1988, S. 70–106, hier: S. 101.
[191] Kurt Hiller, Gustav Wynekens Erziehungslehre und der Aktivismus, Hannover 1919, (Die Silbergäule. 4) S. 16.

Weise kann er mit dem Geist in Verbindung treten". Es ist „keine Schande", „zu lernen und sein Leben lang Schüler zu bleiben"; [...] Man verwechsle den Dienst am Geist keineswegs mit jenem Nachlaufen und Nachschwatzen, davon in der Welt gerade genug vorhanden; keineswegs „mit dem Sklavendienst der öffentlichen Meinungen"; „er ist eine freie Hingabe an einen selbstgewählten Führer" (Hier erhellt, wie sehr mit wahrem Aristokratismus, Aktivität und Revolutionarität zusammenhängen).[192]

Korte folgt also letztlich indirekt Hillers eigener Einschätzung, wenn er eine „strukturelle Analogie" zwischen Wynekens „Vorstellungen von Führer- und Gefolgschaft, Mysterium und Offenbarung" und den „messianischen Elementen des [aktivistischen] Expressionismus"[193] herstellt. An seine Grenzen stößt Kortes Vergleich jedoch, wenn er Wynekens Gemeindekonzept pauschal mit der Idee von Gemeinschaft identifiziert, „die auch in der Sozialphilosophie des Expressionismus ‚kein konkretes Modell einer neuen Gesellschaft darstellt', sondern eine vage umrissene, mit religiöser Aura umgebene Utopie"[194]. Denn genau dieser Aspekt ist es schließlich, den Hiller selbst kritisiert, wenn er gegen Wynekens „Zug ins Verschwommene"[195] polemisiert, der vor allem in dessen Gegenüberstellung von Geist und Gesellschaft deutlich werde: „Wohlgemerkt: nicht Förderung der Gesellschaft sei ein Zweck des Geistes, sondern die Förderung des Geistes der Zweck der Gesellschaft. Das nenne ich mir nun doch die Dinge auf den Kopf gestellt; das ist intellektuelles Quäkertum."[196] In der Vorliebe Wynekens für das Geistige sieht Hiller letztlich eine ästhetizistische Reminiszenz, die mit der aktivistischen Verzahnung von Kunst und (politischem) Leben nicht vereinbar ist: „Wir haben dergleichen in Ästhetiken des George-Kreises und anderwärts oft zu hören bekommen; allein die büttenpapierenste Propaganda hat uns vor der Überzeugung nicht abzubringen vermocht, daß die Rechtfertigung der Kunst mit der Kunst ein Zirkelschluss... und die Definition der Kunst ‚als sie selbst' eine klägliche Tautologie ist"[197].

Die Kritik Hillers an Wyneken und diejenige, die Lehmanns Texte in Bezug auf die Figuren Vermehren/Magerhold entwickeln, gehen damit zunächst in dieselbe Richtung, insofern beide Standpunkte die Apotheose des Geist-Prinzips als ästhetizistische Geste problematisieren. Während Hiller jedoch eine Unterordnung des Geistigen unter das Aktivismuspostulat einfordert, wenden sich Lehmanns Texte sowohl gegen die Konsolidierung des Geistprinzips als auch gegen den

---

192 Hiller, S. 5.
193 Korte, Expressionismus, S. 101.
194 Korte, Expressionismus, S. 101.
195 Hiller, S. 13.
196 Hiller, S. 15.
197 Hiller, S. 16.

Aktivismus und das damit verbundene Konzept von geistiger Führerschaft. Dem kulturellen Diskurs als einem System, das per definitionem ideologisch unterlegt ist, stellen die Texte Lehmanns vielmehr die lebensphilosophisch aufgeladene Vorstellung eines Naturraums gegenüber, der als ein Außenraum von den medialen Einschränkungen des Kulturbetriebs verschont bleibt. Das Begehren nach dieser vermeintlich ideologiefreien Zone findet sich am deutlichsten für den Protagonisten und Gegenspieler Magerholds, Beatus Leube, formuliert, der fast „dem Tode nahe [war,] vor Hunger nach den Bildern des Außen" (BS, 13).

Der frühe Roman *Der Bilderstürmer* schließt dann auch programmatisch mit dem Sieg des Lebensprinzips über die Kultivierungsbestrebungen des Reformers Magerhold. Dies zeigt sich beispielhaft darin, dass Magerhold schließlich nicht durch seinen Antagonisten Beatus Leube entmachtet wird, sondern durch das ‚Leben' selbst – in Gestalt von Natur und Körper:

> Er lief jetzt über einen Acker, der, zuerst schräg sich hebend, über abgestuftes Geröll, mit Hunderosenbüschen bestanden, gegen einen steinigen Weg abfiel. Hätte er dem Tod seine Reverenz gemacht[198], dann hätte sich der – der hätte sich wie eine Spinne – da lief so ein gelbes Biest mit blasigem Hinterleib, einen Sack mit kleinen blauen Eiern auf den Rücken gepackt, das war was für Leube – mitten in sein Werk gehängt, hätte spielend als Spinne dagesessen und hätte den Menschen gefangen nach seinem Willen. [...] Er setzte sich fallend an die Seite eines großen, derben Hundsrosenbusches. Aber der Busch hatte ja gar keine Blätter, sondern nur Blattskelette. [...] Sein Blut schwemmte ihm immer solche Sätze zu, als quöllen halbverdaute Speisen auf. Er werte sie mit letzter, verzweifelter Kraft ab. ‚Und das mit der Spinne...', bohrte er. ‚Ich kenne diese Bilder nicht. Skelett – Skelett.' Er hatte an Leubes Tür gelauscht, als Friederike ihm lachend erzählt hatte, der kleine Stötzner wäre zu ihr gekommen und hätte ihr erzählt: Du, ich habe ein Hühnerskelett gefunden.' Es orgelte in seinen Ohren. Es war als wenn sein Körper gegen ihn dichte, gegen seinen gebrochenen Willen. Schaum tropfte von den Blättern der Hundsrose wie von den Lefzen eines abgehetzten Rosses. (BS, 110 f.)

Auf der Ebene der Diegese drängen sich Magerhold die Realität der äußeren Natur (Spinne, Hundsohrenbusch) und die leibliche Wirklichkeit des Körpers (Blutkreislauf, Ohrengeräusche) auf und unterbrechen den Denkprozess der Figur. Auf sprachlicher Ebene entspricht diesem Verlauf der Einbruch des metaphorischen Prinzips in die metonymische Struktur des Textes: die Erscheinung der lauernden Spinne liest Magerhold als Verweis auf einen heimtückischen Mord, die Blätter des Hundsrosenbuschs erscheinen ihm bildhaft als Skelette. Das Prinzip der Metapher spiegelt damit sprachlich einen Vorgang, der sich auf der Bedeu-

---

[198] Der Ausdruck ‚dem Tod seine Reverenz gemacht' bezieht sich darauf, dass Magerhold kurz vorher darüber nachdenkt, ob es ihm nicht vielleicht geholfen hätte, einige seiner Gegenspieler an der Reformschule aus dem Weg zu schaffen (BS, 100 ff.).

tungsebene des Textes abspielt: So wie das kulturelle Außen der Natur und des Körpers ins Denken der Figur eindringt, macht die Metapher auf sprachlicher Ebene einen fremden, dem realistischen Dispositiv äußerlichen Referenzrahmen präsent und irritiert so die Kontiguität des Textes.[199] Die Präsenz des ‚Außenmoments' der Kultur auf der Ebene der Diegese, der in der Figuration der Natur und des Körpers zum Ausdruck kommt, findet letztlich in der Andeutung des Wahnsinns („Schaum tropfte von den Blättern der Hundsrose wie von den Lefzen eines abgehetzten Rosses"), als endgültiges Aussetzen des kulturellen Bewusstseins, seinen Höhepunkt.

Genau in dieser Andeutung des Wahnsinns zeigt sich jedoch gleichsam der Unterschied zu den Formexperimenten der emphatischen Moderne. Im Gegensatz etwa zur Irrenprosa des Expressionismus wird der Wahnsinn in *Der Bilderstürmer* nicht auserzählt, sondern nur angedeutet. Dem doppelkonditionierten Verfahren entsprechend, das bereits an den Texten Loerkes veranschaulicht werden konnte, bleibt auch hier die metaphorische Reihung durch die Häufung von Vergleichspartikel an das realistische Dispositiv geknüpft. Indem die Herstellung des poetischen Verfahrens kausal begründet und auserzählt wird, verhindert der Text geradezu plakativ eine Entgrenzung des Textverfahrens. Das kulturelle Bewusstsein wird in Lehmanns Text eben nicht ausgesetzt, das genuin Andere (der Natur, des Wahnsinns) wird lediglich in der Destabilisierung des realistischen Verfahrens angedeutet. Es wirkt eben nur so „als ob sein Körper gegen ihn *dichte*".

Im Kontrast zur aggressiven Attitüde Magerholds wird die Natur am Ende der Erzählung dann auch nicht als zerstörende, sondern schöpferische Kraft gezeichnet. So besteht die letzte ‚Aktion' der Natur darin, dass sie den von Magerhold kultivierten Raum wieder befruchtet:

> Er [der Südwestwind] bestrich die Tür mit den Flächen seiner Hände und langte dann in die bauschigen Taschen seines Mantels. Aus ihnen holte er Schöllkraut- und Wasserblumensamen hervor und stopfte ihn in die Ritzen des Bodens. [...] Der Boden quoll auf. Wie nach einem Siechtum hob er sich. [...] Die Stachelbeeren, die Rinroth [Mitarbeiter Magerholds] hatte hochstämmig und mit länglicher Frucht ziehen wollen, schlugen seitlich aus, die

---

[199] Diese Dynamik legt der Text selbst offen: Die Metapher des Skeletts (die im botanischen Fachbegriff des Blattskeletts selbst angelegt ist) ergibt sich durch einen zunächst unbewussten Rückgriff auf einen anderen Bedeutungskontext, ein Gespräch zwischen Magerholds Mitarbeitern Friederike und Beatus Leube. Die Deutungshoheit des durch Natur und Metapher (inhaltlich und formal) figurierten Moments des Außen wird letztlich dadurch legitimiert, dass der Tod, den Spinne und Hundsrosenbusch bzw. Mord und Skelett auf einer übergeordneten Bedeutungsebene symbolisieren, tatsächlich eintritt: Magerhold erleidet einen Infarkt: „Sein Blut verdickte sich und blieb stehen" (BS, 111).

Beeren kehrten zu ihrer alten Rundung zurück, Auf dem ganzen Hof wellte sich Erde mit Sprudeln. Sie lockerte ihre Kräfte, die summten mit Tatendrang. (BS, 113)

Anders als das repressive Kultivierungsprogramm des Reformpädagogen Magerhold zeichnet sich die Schöpfung der Natur in *Der Bilderstürmer* dadurch aus, dass sie tatsächlich Wachstum/Bildung produziert. Das von der Natur erzeugte Wachstum ist dann aber kein gradliniges mehr, das normativen kulturellen Vorgaben folgt, sondern ein wildes Wachstum, das auch „seitlich ausschlägt". Während Magerholds Anhänger Rinroth und Ziegelturm entsprechend zum ideologischen Programm eine genormte Tier- und Pflanzenkultur züchten, produziert die Natur symptomatisch *Abweichung*. Indem der Text gegenüber dem realistischen Dispositiv das Prinzip der poietischen Metapher einführt, wird das Prinzip der Abweichung auch auf poetologischer Ebene wirksam – Natur und Text arbeiten damit Hand in Hand. Leben und Geist arbeiten in Lehmanns Text nicht gegeneinander, sondern werden im doppelkonditionierten Verfahren des magischen Realismus miteinander versöhnt.

Dieses Prinzip der gegenseitigen Befruchtung, das Natur als einen Raum einbezieht, der gegenüber der Kultur als „Außen" erscheint, wird in Lehmanns Roman *Weingott* (1921)[200] weiter ausgestaltet und poetologisch in einer Vermittlung expressionistischer und realistischer Verfahren pointiert.

3.2 Jenseits von Abstraktion und Konkretion? – Lehmanns *Weingott* (1921)

Auf einer Linie mit den Texten Kaysers und Loerkes entfaltet auch Lehmanns Roman *Weingott* eine Poetik der Mitte, die darauf abzielt, bestimmte Antagonismen der Moderne zu versöhnen und die experimentellen Schreibweisen der Avantgarden an traditionelle Textbildungsverfahren zurückzubinden. Anknüpfend an den frühen Roman *Der Bilderstürmer* zeigt sich die Poetik der Mitte vor allem in der programmatischen Zusammenführung von Natur- und Kulturraum, die in der Vermittlung von Gestaltung und Gestaltlosigkeit ihre Ergänzung findet. Diese programmatische Perspektive wird bereits im ersten Satz formuliert: „Der süße Geist der Gestaltung und der grauenvolle Geist der Gestaltlosigkeit liegen immer miteinander im Kampf. Die Erde und die Menschen beschenken sich gegenseitig mit ihrem Sinn; zum Zustandekommen dieses Sinnes trägt bisweilen

---

[200] Wilhelm Lehmann, Weingott. In: Lehmann, Romane I, S. 229–395 [im Folgenden als W im Fließtext zitiert].

jene, tragen bisweilen diese mehr bei." (W, 231) Dabei weist der Text schon hier eine eindeutige Antinomie von Geist und Leben zurück, indem Gestaltung und Gestaltlosigkeit jeweils als Attribute sowohl des natürlichen Raums als auch der kulturellen Sphäre eingeführt werden.

Diese poetologische Ansage, die von Beginn an auf einen dialektischen Ausgleich von Antagonismen drängt, wird im Verlauf des Textes in unterschiedlicher Form weitergeführt. Als ein Professorenkollege den Protagonisten Weingott mit dem Vorwurf konfrontiert, dass dieser „den Abstraktionstrieb des Menschen für schädlich, für eine Unkeuschheit oder eine Krankheit oder dergleichen" halte, antwortet dieser diplomatisch: „,Abstraktion', ,Konkretion', sagte Weingott ohne jeden Nachdruck, ,es gibt noch etwas anderes'." (W, 352) Wenig später formuliert Weingott das Ziel seines persönlichen und wissenschaftlichen Strebens wie folgt: „Das Sichtbare mit dem Unsichtbaren – die beiden Enden zu vereinen, wenn es gelänge! [...] ,Nicht weit genug, nicht weit genug! Nicht zu weit, nicht zu weit', rief es in ihm. ,In der Mitte allein blühen die Träume.'" (W, 354f.) Aufgrund der Dominanz des dialektischen Schemas spricht Scrase in Bezug auf Lehmanns Text von einem Ideen-Roman: „[...] es handelt sich um keinen konventionellen Roman mit einer einfach erzählten Handlung. *Weingott* ist ein Ideen-Roman, oder präziser: Roman *einer* Idee, [...] der dialektische Widerstreit inhaltlicher, charakterlicher, jahreszeitlicher und bildnerischer Gegensätze ist allgegenwärtig"[201]. Im Folgenden soll der Frage nachgegangen, wie sich diese dialektische Poetologie literaturgeschichtlich verorten lässt. In dem Zusammenhang wird auch zu klären sein, inwiefern die Zusammenführung von Gegensätzen nicht nur die poetologisch-diskursive Ebene des Textes, sondern auch dessen Verfahren bestimmt.[202]

Wie *Der Bilderstürmer* und *Vogelfreier Josef* zeichnet auch *Weingott* zunächst das Bild einer stagnierenden Gesellschaft, die sich in den Zwängen des Geistigen verfangen hat. Obwohl die Darstellung der universitären Landschaft, die hier im Fokus steht, deutlich stärker an die bürgerlichen Strukturen des neunzehnten Jahrhunderts erinnert (die erzählte Zeit umfasst die Jahre zwischen 1880 und 1900), entspricht die kritische Perspektive auf den Kulturbetrieb weitestgehend derjenigen, die auch in den früheren Texten Lehmanns entwickelt wird. So krankt

---

[201] David Scrase, Wilhelm Lehmann. Biographie, übers. von Michael Lehmann, Göttingen 2001 (Mainzer Reihe. 10), S. 230f.
[202] Scrase konzentriert sich in seiner kurzen, überblickshaften Analyse des Romans die die Verhandlung lautsprachlicher Gegensätze hervorzuheben: „Eine stilistische Untersuchung, die notwendigerweise eine metrisch-rhythmische Analyse erfordert, verdeutlicht, daß Lehmanns lyrischer Gebrauch der Sprache eine subtile, komplexe, aber äußerst effektvolle Wechselwirkung von dunklen und hellen Vokalen umfaßt, die wiederum einen fast schwerfälligen Rhythmus diktiert, dem man sich kaum entziehen kann." (Scrase, S. 232.)

auch der universitäre Betrieb vor allem daran, dass die geltenden Normen, „allgemeingültige Gedanken" (W, 283), lediglich reproduziert werden, ohne das es zu abweichenden Ansichten kommt: „Unter dem Schutze dieses allgemein Gültigen und nicht Beanstandeten gaben auch die Ältesten gern vor, Sinn für abweichendes, individuelles Leben zu haben und für eigentümliche Entwicklung, solange dergleichen ihnen nicht, und niemandem wehe tat." (W, 238) Dabei ist die allgemein gültige Norm so bestimmend, dass sich selbst die Herder-Studie des gewissenhaften Professors Weingott als ungewolltes Plagiat herausstellt (W, 262). Mit dem Auftreten des zu Wahnsinnsanfällen neigenden Medizinstudenten Marggraf hält jedoch das Prinzip der Abweichung Einzug in den Text:

> Marggraf war ein Ende der Zwanziger stehender Mediziner, der bei der Sektion einer Leiche in einen Schreckenszustand gesunken war, so daß seitdem der Anblick eines Toten, ja schon der blutenden Verletzung, sogar eines zum Verkauf dargebotenen Wildes, falls es eine sichtbare Wunde aufwies, ihn Wahnsinnsanfällen auslieferte. Seine Eltern räumten ihm auf alle mögliche Weise solche Störungen aus dem Wege, konnten aber nicht hindern, daß ihr zerbrechlicher Sohn, der sich von der Universität nicht trennen wollte und zwischen den buntesten Studien schwankte, zuweilen die Beute unzarten Mutwillens wurde. (W, 289)

Die Ähnlichkeit Marggrafs mit den ‚nervösen' Protagonisten expressionistischer Prosa ist überdeutlich markiert. So erinnert die Beschreibung Marggrafs an die Gestaltung des jungen Arztes Rönne aus Benns Novellenzyklus *Gehirne:*

> Rönne, ein junger Arzt, der früher viel seziert hatte, fuhr durch Süddeutschland dem Norden zu. Er hatte die letzten Monate tatenlos verbracht; er war zwei Jahre lang an einem pathologischen Institut angestellt gewesen, das bedeutet, es waren ungefähr zweitausend Leichen ohne Besinnen durch seine Hände gegangen, und das hatte ihn in einer merkwürdigen und ungeklärten Weise erschöpft.[203]

In Benns Novellen führt die Erschöpfung Rönnes symptomatisch zu einer Aufkündung des wissenschaftlich-rationalen Systems zugunsten eines Rauschzustandes, der auf der Ebene der Diegese unterschiedlich dargestellt wird. Vor allem in der ersten Novelle, die dem Zyklus den Titel gibt, wird der finale Zustand des Protagonisten Rönne deutlich als Wahnvorstellung sichtbar.[204] Als Funktions-

---

203 Gottfried Benn, Gehirne. In: Benn, Sämtliche Werke. Bd. 3. Prosa 1 (1910–1932), hg. von Gerhard Schuster, Stuttgart 1987, S. 29–34, hier: S. 29.
204 Martin Preiß, Gottfried Benns Rönne-Novellen. In: Fähnders, Expressionistische Prosa, S. 103. Das Aussetzen des rationalen Bewusstseins wird im Text etwa durch den Verweise auf den Zerfall der (Hirn-) Rinde Rönnes angedeutet: „Es schwächt mich etwas von oben. Ich habe keinen Halt mehr hinter den Augen. Der Raum wogt so endlos; einst floß er doch auf eine Stelle. Zerfallen ist Rinde, die mich trug" (Benn, Gehirne, S. 32).

stelle des Wahnsinns im Kontext des Frühexpressionismus erweist sich damit vor allem die Kritik der Rationalität als bestimmender Triebkraft der bürgerlich-positivistischen (Wissens-)Ordnung:

> Was am Wahnsinn positiv erscheint, ist die Unbelastetheit von Rationalität und gesellschaftlicher Norm, die der Triebunmittelbarkeit, der Phantasie und Genialität freie Entfaltung garantiert. Ein für den Expressionismus zentrales Thema ist die Entfremdung des reflektierenden Menschen von seiner Umwelt, der Verlust einer ursprünglichen Einheit und Naivität aufgrund des Intellekts. Vor diesem Hintergrund muss die Zerstörung des Bewußtseins durch den Wahnsinn nur wünschenswert erscheinen.[205]

Auf Verfahrensebene führt die diskursive Kritik an den Funktionsweisen des bürgerlichen Bewusstseins zu einer Aufkündigung der traditionellen bürgerlichen Formgebungsverfahren und bringt eine „neue, artifizielle Prosa [hervor], deren auffälligstes Merkmal der ebenso häufige wie virtuose Einsatz des rhetorischen Katalogs ist"[206]. Geradezu prototypisch endet die erste Novelle des Rönne-Zyklus mit dem bereits mehrfach angesprochenen Verfahren der Textur:

> Der Chefarzt wurde zurückgerufen; er war ein freundlicher Mann, er sagte, eine seiner Töchter sei erkrankt. Rönne aber sagte: sehen Sie, in diesen meinen Händen hielt ich sie [die toten Gehirne], hundert oder tausend Stück; manche waren weich, manche waren hart, alle sehr zerfließlich; Männer, Weiber, mürbe und voll Blut. Nun halte ich immer mein eigenes in meinen Händen und muß immer darnach forschen, was mit mir möglich sei. [...]. Ich wollte immer auffliegen wie ein Vogel aus der Schlucht; nun lebe ich außen im Kristall. Aber nun geben Sie mir bitte den Weg frei, ich schwinge wieder – ich war so müde – auf Flügeln geht dieser Gang – mit meinem blauen Anemonenschwert – Mittagsturz des Lichts – in Trümmern des Südens – in zerfallenem Gewölk – Zerstäubungen der Stirne – Entschweifungen der Schläfe.[207]

In der narrativ bzw. kausallogisch nicht mehr auflösbaren Reihung emphatischer Ausdrücke setzt Benns Prosa die auf der Ebene der Diegese formulierte Kritik der rationalen Erkenntnis als Textverfahren um: „der berühmte Schlussmonolog von ,Gehirne', eine asyndetische Reihung von Bildern, ist bereits pure Textur, nicht nur ,seiner Umgebung unverständlich', sondern auch seinen Lesern.'"[208]

Indem nun Lehmanns Text den Wahnsinnigen Protagonisten Marggraf in deutlicher Nähe zu den Protagonisten der expressionistischen Prosa – insbe-

---

205 Thomas Anz, Literatur der Existenz. Literarische Psychopathographie und ihre soziale Bedeutung im Frühexpressionismus, Stuttgart 1977 (Germanistische Abhandlungen. 46), S. 40.
206 Baßler, Entdeckung der Textur, S. 153.
207 Benn, Gehirne, S. 34.
208 Baßler, Entdeckung der Textur, S. 153.

sondere Benns Rönne – gestaltet, zitiert der Text auch die mit der Figur des wahnsinnigen Medizinstudenten verbundene poetologische Sprengkraft. Entsprechend der Poetologie der Mitte macht sich der Text die abweichende Position des psychisch labilen Studenten jedoch nicht zu eigen, sondern entwirft vielmehr einen poetologischen Zwischenzustand, der den Antagonismus von Wahnsinn und Vernunft unterläuft. Dieser Zwischenzustand zeigt sich bereits auf der Ebene der Figurenkonstellation darin, dass der Text den von Rudolf Kayser programmatisch formulierten Standpunkt zwischen den Generationen in der Versöhnung der für den Expressionismus repräsentativen Antagonisten Student und Professor narrativ ausgestaltet. Das über den Studenten Marggraf figurierte Prinzip von Abweichung, Chaos und Wahnsinn und das über den Professor Weingott figurierte Prinzip von Norm, Ordnung und Vernunft werden programmatisch aufeinander bezogen. Um diesen Prozess sichtbar zu machen, lohnt sich ein weiterer direkter Vergleich mit einem Klassiker des Frühexpressionismus.

Während in Benns kurzem Drama *Ithaka* die Studenten unter der geistigen Führung Rönnes gegen ihren Professor rebellieren und diesen am Ende aus Protest gegen dem von ihm repräsentierten System der Logik erwürgen,[209] stehen in Lehmanns Text der wahnsinnige Student und der Professor grundsätzlich auf derselben Seite, wie sich in einer Szene des Romans beispielhaft zeigt. Als einige rebellierende Studenten die Vorlesung des Professors Weingott dadurch stören, dass sie Marggraf während der Vorlesung eine aufgeschnittene, lebendige Maus auf den Tisch legen, ist es Weingott, der den aufgebrachten Studenten beruhigen kann:

> Dem Schrei folgte ein wütendes Umsichschlagen, dann drängte Marggraf mit außergewöhnlicher Kraft seine beiden Banknachbarn zur Seite, die durch den Anprall auf den Boden geschleudert wurden, und stürzte auf das Seitenfenster zu. Hier aber fing Weingott den Rasenden auf, umklammerte mit hurtigem Griff sein Handgelenk, und indem er seines eigenen Zitterns Herr wurde, faßte er das geschundene Tier, hüllte es sorgsam in die Haut, öffnete Marggraf die geschlossene Hand und legte sie ihm hinein. (W, 342)

Dieser Versöhnung auf der Ebene des Figurenpersonals geht eine ‚strukturelle Versöhnung' auf der poetologischen Ebene des Textes voraus, welche die poetologische Sprengkraft der mit der Figur Marggraf aufgerufenen Dynamik in eine Poetik des Spannungsausgleichs überführt. Geradezu topisch schickt der Text

---

[209] „Du hast nicht tief genug geforscht. Forsche tiefer, wenn Du uns lehren willst! Wir sind die Jugend. Unser Blut schreit nach Himmel und Erde und nicht nach Zellen und Gewürm. Ja, wir treten den Norden ein. Schon schwillt der Süden die Hügel hoch. Seele, klaftere die Flügel weit; ja, Seele! Seele! Wir wollen den Traum. Wir wollen den Rausch. Wir rufen Dionysos und Ithaka! –" (Gottfried Benn, Ithaka. In: Benn, Sämtliche Werke, Bd. 7.1, S. 7–16, hier: S. 16.)

Marggraf zunächst während einer Vorlesung Weingotts in den Raum der Natur. Angesichts des Leidens, das er dort vorfindet, gerät er in Verzweiflung und bricht in eine nicht weiter spezifizierte Klage aus, die dann den Naturraum selbst affiziert:

> Aber die entfesselte Klage überschwemmte die ganze Breite des Weges und füllte die ausgetrockneten Gräben: die Erdbrocken, die Steine wurden empfindlich, die Pinsel der Wegerichtrosetten zuckten. Das Krähenjunge streckte sich und starb, und mit breiten Stößen trieb die Klage als schwere Sumpfflut über die Wiesen, und noch lange, und noch lange nachdem Marggraf weitergeeilt war, gattete sich in lüsternem Jammer Ton mit Ton, ruckte der Boden und es lag wie ein Weinen quer über dem Weg. (W, 291)

Auf dem Heimweg passiert nun Weingott genau den Ort, an dem sich zuvor Marggraf aufgehalten hat, „diesen von dem Irren aufgeregten Raum" (W, 291). Da auch Weingott nervös gestimmt ist – „er zitterte leicht" (W, 292) –, treffen Professor und Natur als zwei füreinander sensibel gemachte Elemente aufeinander. Der durch „Marggrafs Tollheit beredt gemachten" Natur entspricht die „wehrlose Offenheit" Weingotts:

> Er kam zu der Stätte, die Marggrafs Tollheit beredt gemacht hatte; heiß taumelte sie ihm entgegen. Als hätte die Klage des Irren sie hautlos gemacht, so mühten sich alle Dinge um menschliche Berührung. Das leise strudelnde unberührte, kindliche Licht des ersten Morgens war vorbei, zu erwartender Brunst glaste es, und darin züngelten und schwelten die Stimmen der Wesen, bereit, den sich Nähernden zu überfallen, von seiner wehrlosen Offenheit zu speisen, um eigene Festigkeit zu gewinnen. (W, 292)

Die Abfolge der Auftritte von Marggraf und Weingott, deren literaturgeschichtlich programmatische Deutung sich nahezu aufnötigt, führt hier zu einer Vermittlung auf verschiedenen Ebenen. Nicht nur Mensch und Natur, sondern auch Chaos und Ordnung, Wahnsinn (Marggraf) und Vernunft (Weingott) finden in einem dialektischen Prozess (indirekt oder direkt) zueinander. Entsprechend der einleitend formulierten Programmatik unterläuft der Text eine eindeutige Opposition von Natur als chaotischem und Kultur als geordnetem Raum, indem Gestaltung und Gestaltlosigkeit jeweils als Effekte einer Begegnung von Mensch und Natur inszeniert werden: Der Kontakt Marggrafs mit der Natur produziert Gestaltlosigkeit, derjenige zwischen Weingott und Natur Gestaltung.

Insofern die durch Weingott vollzogene Ordnungsgeste zunächst als Reaktion auf das von Marggraf erzeugte Chaos figuriert wird, scheint der Text einer linearen Struktur zu folgen, die auf die Wiederherstellung eines Ordnungszusammenhangs hinausläuft. Schäfer weist deshalb auf die restaurative Tendenz hin, die Lehmanns Texten von denen des Frühexpressionismus unterscheidet: „Die Dichtung des Expressionismus sah in der Dynamisierung einen Ausdruck für die Instabilität der Wirklichkeit.", während in Lehmanns Texten „die Dynamisierung der Phänomene Mensch und Natur zueinanderführt."[210] In Lehmanns Text geht es jedoch offenbar nicht einfach darum, eine verlorene Stabilität wiederherzustellen. Dafür ist das abweichende Moment von Marggrafs Wahnsinn gegenüber dem stagnierenden Universitätsbetrieb viel zu positiv markiert. Schäfers Aussage ist insofern zu korrigieren, als dass die expressionistische Poetik hier nicht einfach verabschiedet und überwunden, sondern in das Vermittlungsprojekt integriert wird. Damit übernimmt der Text aber auch, zumindest anteilig, die Instabilität dieser Poetik. Denn in dem Maße, wie Weingott der Natur eine Ordnung verleiht bzw. diese wiederherstellt, gerät er selbst in einen Zustand der Unordnung, die er ganz plastisch mit in den kulturellen Raum der Stadt bzw. seines Hauses trägt: „Von oben bis unten wie mit Mehl bestäubt, Fliegen am Rockkragen, trat er auf die kühle Diele." (W, 294) Diese Unordnung schlägt sich dann auch im Sprachgebrauch des Professors nieder. So beschränkt er sich in seinen Vorlesungen von nun an darauf, die Gegenstände seiner Rede wertfrei zur Sprache zu bringen, und ist damit „keiner Meinung gefügig [...]. Die Bezeichnung ‚zweifelhaft' erwies sich überhaupt für Weingott am brauchbarsten." (W, 306). Und in der Gesellschaft, die regelmäßig in unterschiedlicher Konstellation im Haus Weingotts zusammenkommt, wird die sprachliche Kommunikation selbst als wucherndes Geflecht sichtbar. Damit überträgt der Text das durch Marggraf eingeführte Prinzip der Abweichung – in abgemilderter Form – auf den kulturellen Raum:

> Wenn man so plötzlich von draußen kommt, glaubt man, in ein Narrenhaus geraten zu sein. Sätze und Worte tanzen herum, eins von rechts verflicht sich mit einem von links, hier schnappt man dies, dort das auf, und man möchte alles einfangen, denn alles erscheint einem wichtig und schön und beziehungsreich, man weiß nicht, wo man sich einreihen soll, und muß sich von jedem zum anderen trennen. (W, 318f.)

Das für Weingotts Sprechen charakteristische Prinzip der sprachlichen Verflechtung von Vernunft und Wahnsinn, Chaos und Ordnung bestimmt ansatzweise auch das Verfahren des Textes, insofern die realistische Erzählung – ähnlich wie in *Der Bilderstürmer* – immer wieder durch metaphorische Verweise angereichert wird, zum Teil soweit, dass die realistische Erzählung in den Hintergrund rückt. Auf diese poetologische Dimension machen bereits die zeitgenössischen Rezensionen des Romans aufmerksam:

> Es fliegt bei ihm von Schmetterlingen und Vögeln, stäubt von Sporen und Samen, kriecht von Würmern, wuchert von Blumen und Gräsern – nicht nur im Freien, sondern auch in den

---

210 Schäfer, Wilhelm Lehmann, S. 90.

Häusern, den Herzen, Hirnen und Adern der Menschen, denn seine vielen Naturgleichnisse sind so eindringlich, daß der zweite Teil des Gleichnisses selbstständig zu leben beginnt, den ersten fast erdrückt und auslöscht.[211]

Dabei zeigt sich jedoch ein Gefälle in der sprachlichen Konzeption des Textes: Sobald die Figuren den Naturraum betreten, tendiert auch der Text zu ‚Verwilderung',[212] während die Textpassagen, die sich mit dem gesellschaftlichen Leben Weingotts beschäftigen, stärker einem konventionell-realistischen Verfahren verpflichtet bleiben. Zwar wird eine vermittelnde Poetik immer wieder beschworen, etwa in der Einschätzung von Weingotts Gesellschaft durch einen dort verkehrenden Studenten: „Zirngiebel fühlte sich unendlich wohl hier. So oft hatte er eigene Neigungen und Stimmungen widernatürlich erdrosseln müssen, hier gelang, was er suchte, Eigenes und Fremdes, Stimmung und Ideal, Gegenwart und Sehnsucht zu einem großen Klange aufgehen zu lassen." (W, 312) Dem Text selbst gelingt es jedoch auf Dauer nicht, den für die Natur charakteristischen Zustand der semantischen Zerstreuung auch für den kulturellen Raum fruchtbar zu machen und somit das Vermittlungskonzept auf Dauer zu realisieren.

Dass der Text das Vermittlungspostulat nicht dauerhaft umsetzt, zeigt sich nicht zuletzt darin, dass auch Weingott den Zustand zwischen Gestaltung und Gestaltlosigkeit nicht aufrechterhalten kann. Schon im Anschluss an die indirekte Begegnung von Weingott und Marggraf läuft Weingott immer wieder Gefahr, sich in einem vorkulturellen, triebhaften Zustand zu verlieren, wovon ihn nur die Nähe zu seiner Frau Marianne zurückhält. (W, 321 f.) Die Gefahr des Abdriftens ins Triebhafte zeigt sich vor allem darin, dass er erotische Gefühle nicht nur gegenüber einer Studentin, sondern auch gegenüber seiner eigenen Tochter entwickelt.[213] Als Marianne schließlich stirbt, baut der einst bewunderte Professor

---

211 Oskar Loerke, Wilhelm Lehmann. Weingott [1922]. In: Loerke, Der Bücherkarren, S. 105–107, hier: S. 106.
212 Beispielhaft zeigt sich dies in einer Szene, die beschreibt, wie Beatrice, eine Studentin Weingotts, den Naturraum betritt: „Sie ging und ging. Wieder flog der Same der Weidenröschen, Traumesbetten. Darauf zu liegen, darauf zu verschweben, die Luft zu durchschneiden, sich versenken, aufnehmen, wie ein Strahl hindurchrinnen! Unter dem warm drängenden Himmel schlängelte sich die Erde, die Hügel wankten, der Klee wurde grell. Sie schmeckte das Zucken des Bodens. […] Sie verlor ihren Körper, nur ein Lächeln war noch von ihr übrig, es sprang als knisterndes Lachen davon. Und dann hörte die Umarmung auf und sie fiel heraus" (W, 344).
213 „Weingotts Liebe zu der Dirne Beatrice Maresch und der Inzestversuch an seiner Tochter sind ähnliche Konstruktionen, um den Niedergang Weingotts und seine stufenweise Entfernung aus dem Bereich der Menschen zu veranschaulichen. Beide Motive wurden bereits im Naturalismus und Expressionismus ausgiebig benutzt und waren dort schon zum Klischee erstarrt." (Schäfer, Wilhelm Lehmann, S. 103.)

immer mehr ab und wird zum Einsiedler, der sich völlig ins gesellschaftliche Abseits begibt:

> Die Novemberpfützen waren zu Eisklumpen angeschwollen. Weingott kniete am frühen Morgen an einer Wegbiegung und hob vorsichtig Schieferplatten fort. Er tat es mit großer Vorsicht und voll beseeligter Gewißheit. Er suchte die Weisheit, vor der die Menschen Bäume sind und die Bäume Menschen. Sie war nur verborgen, verschüttet, von der Welt, dem Universum und dem Ich. Das fleischrote Geflecht der Wurzeln des Sauerklees, die sich durch die Schiefer fraßen, war ein sicheres Zeichen dafür, daß sie da war. Da saß sie – (W, 394)

In dem Moment, in dem Weingott vermeintlich die von ihm herbeigesehnte Weisheit erblickt, die mit der Überwindung der Grenzen von Kultur und Natur zusammenfällt („vor der die Menschen Bäume sind und die Bäume Menschen"), wird ihm eine Vision zuteil, die wie Schäfer herausgestellt hat, vor allem über die Lichtmetaphorik deutlich positiv codiert ist:[214]

> Und die Eisklumpen zergingen zu laulicher Flut. Milchbäche von schneeweißem Licht rieselten durch den Himmel. Darin tauchten Tausende von Vögeln ihre Schnäbel. Unter dem Himmel liefen mit goldenen Kieseln bestreute Wege. Und über die Wege glitt eine endlose Prozession von Menschen, Männer, Frauen, Jünglinge, Kinder. Sie gingen alle schnell, doch ohne Eile, ihre Gesichter waren von einer hohen Freude beglänzt; die Frauen schritten hochgeschürzt, die Männer trugen lange Stäbe in der Hand und Kürbisflaschen an Bändern um die Schultern gehängt. Dem Zuge voran gingen ein Hund, ein Hirsch und ein Kiebitz. Sie alle kamen auf Weingott zu. (W, 394)

Am Ende des Textes steht damit eine Vision, die sich jedoch von den visionären Texturen des (Früh-)Expressionismus deutlich unterscheidet. Im Gegensatz etwa zu den visionären Passagen in Benns Novellenzyklus *Gehirne* überträgt sich die auf inhaltlicher Ebene behauptete Auflösungsbewegung, mit denen die Vision einleitet („Und die Eisklumpen zergingen zu laulicher Flut"), gerade nicht auf das Verfahren des Textes. Während die Texturen des Frühexpressionismus eine rational nicht mehr nachvollziehbare Primärwirklichkeit durch eine unverständliche Prosa ‚präsent' machen, wird die sprachliche Unverfügbarkeit der Vision auch in Lehmanns Text auf konventionellem Weg narrativ ausgestaltet. Das Visionäre entzieht sich aber dennoch dem rationalen Zugriff der Figur, insofern die vermeintliche Erfahrung der Einheit mit der Natur an den Tod geknüpft wird und mit der Auslöschung des Bewusstseins zusammenfällt: „Weingott strecke seine Hände aus –, da fiel er aus der Landschaft seines Gehirns" (W, 394).

---

214 „Trotz des dämonisch gezeichneten Todes schreitet er am Ende nicht in das Lichtlose und absolute Nichts. Er stirbt unter der Helle, die von den ‚Milchbächen von schneeweißem Licht' hereinfällt." (Schäfer, Wilhelm Lehmann, S. 107.)

Zusammenfassend lässt sich konstatieren, dass auch die Texte Lehmanns eine Poetik der Vermittlung formulieren und narrativ ausgestalten. Allerdings führt der programmatisch formulierte „Hunger nach den Bildern des Außen" nicht zu einem Verfahren, das vorgibt, das Außen bzw. Natur verfügbar zu machen. Wie die Texte Loerkes führen auch diejenigen Lehmanns vielmehr wiederholt die aporetischen Strukturen des doppelkonditionierten Verfahrens und die Grenzen der Vermittlungspoetik vor. Dies zeigt sich vor allem im demonstrativen Scheitern der Figuren, einen lebbaren Bezug zu einem wie auch immer gearteten kulturellen ‚Außen' herzustellen. So erlauben die Texte eine Einheit mit einem Naturzustand nur in der Aufkündigung von Sprache und Vernunft. Genau dieser Zustand, der in den Texten der emphatischen Moderne über das Verfahren der Textur modelliert wird, widerspricht jedoch der Poetik der Vermittlung und ist in den Texten des Magischen Realismus immer als pathologisch und defizitär markiert.

Im folgenden Teil der Arbeit wird es darum gehen, die für die 1920er Jahre entwickelte Poetologie der Mitte, die im doppelkonditionierten Verfahren des Magischen Realismus ihren Ausdruck findet, in den Texten der frühen 1930er Jahre weiterzuverfolgen. Mit der Diskussion der Publizistik der literarischen Zeitschrift *Die Kolonne*, Jüngers um 1930 verfassten poetologischen Essays und Langgässers früher Prosa rücken drei Stationen in den Fokus der Untersuchung, die in unterschiedlicher Weise die hier aufgezeigten poetologischen Perspektiven weiterführen.

III Poetiken des Ausgleichs im Magischen Realismus um 1930

1 „Spannung zwischen zwei Polen" – *Die Kolonne* (1929 – 32)

1.1 „Gottfried Benn sind auch wir" – *Die Kolonne* und der Expressionismus

Die Literaturzeitschrift *Die Kolonne* gilt in der Forschung vor allem als Publikationsmedium für Naturlyrik, ohne dass die Zeitschrift explizit an die naturlyrischen Texte Lehmanns und Loerkes anknüpft:[1]

> Typisch für die Verfahrensweise der ‚Kolonne' ist eine Seite im vierten Heft des dritten Jahrgangs, auf der Gedichte von Eichendorff, Georg von der Vring, Spee, Trakel und ein anonymes Lied aus ‚Alberts Arien' von 1638 erscheinen. Beim Lesen ist die Verbindung unter ihnen sofort klar: die Bearbeitung des Verhältnisses von Mensch und Natur. Das ist die Lebensader der ganzen Zeitschrift, der Faden, der durch alle Hefte hindurchgeht, Mensch und Natur zusammen mit dem verwandten Thema von Leben und Tod.[2]

Tatsächlich kommt der Aufwertung des Verhältnisses von Mensch und Natur in der Publizistik der Kolonne eine wichtige Rolle zu. Schon im Vorspruch der ersten Ausgabe stellt der Mitherausgeber Martin Raschke einer städtischen und technikaffinen Literatur die Motive „Acker", „Meer" und „Himmel" gegenüber und führt als Argument gegen eine ausschließlich dem urbanen Milieu verpflichteten Kunst an, dass noch immer „ein Großteil der Menschheit in ländlichen Verhältnissen"[3] lebt. Daraus zu folgern, das Verhältnis von Mensch und Natur sei die ‚Lebensader' der Zeitschrift, greift jedoch zu kurz, wie bereits Raschkes Einschränkung andeutet: „Niemand will einer literarischen Mode das Wort reden, die sich mitten in der Stadt ländlich gebärdet und nicht genug von einer Rückkehr zum Geheimnis sprechen kann"[4].

Im Folgenden wird es darum gehen, die Kolonne in den hier aufgezeigten Kontext eines aus dem Geist des Nachexpressionismus begründeten Magischen Realismus einzubinden. Es soll demonstriert werden, dass die literaturprogrammatischen Texte der *Kolonne* an die nachexpressionistische Diskussion anknüpfen und auf eine Poetik der Mitte zusteuern, die in der Zusammenführung un-

---

[1] Oskar Loerke und Wilhelm Lehmann wurden erst 1932 „zur Mitarbeit eingeladen, ihre Beiträge konnten nicht mehr erscheinen" (Schäfer, Mythos Kolonne, S. 31).
[2] Joseph P. Dolan, Die Rolle der ‚Kolonne' in der Entwicklung der modernen deutschen Naturlyrik, Michigan 1979, S. 29.
[3] Raschke: Vorspruch, S. 1.
[4] Raschke: Vorspruch, S. 1.

terschiedlicher Dualismen sichtbar wird. In diesem Kontext erweist sich der Fokus auf das Verhältnis von Mensch und Natur nicht als das eigentliche Ziel, sondern als ein notwendiges, komplementäres Gegenüber zu dem von der Neuen Sachlichkeit profilierten Programm des urbanen Menschen. Gegenüber der nachexpressionistischen Debatte um 1920 zeigen sich jedoch einige Akzentverschiebungen. Während die programmatische Diskussion der 1920er Jahre vor allem durch den Versuch bestimmt wird, die expressionistische Poetik an realistische Verfahren zurückzubinden, zeigt sich in den Texten der Kolonne primär die Tendenz, an die sprachkritische Moderne und speziell an eine expressionistische Poetik anzuknüpfen. Der Grund für diese Verlagerung liegt offensichtlich in der Dominanz der Neuen Sachlichkeit als eine dem Expressionismus entgegengesetzte Poetik, von der sich die Kolonne abgrenzt. Dennoch zeigt sich, dass auch hier der Rückgriff auf den Expressionismus nicht ohne Vorbehalte erfolgt, sondern auf die Formulierung einer Vermittlungspoetik zugeschnitten wird. Besonders augenscheinlich wird diese ambivalente Rezeption des Expressionismus an der Diskussion um den expressionistischen Schriftsteller Gottfried Benn.

Das poetologische Format der von Martin Raschke und Arthur A. Kuhnert herausgegebenen Zeitschrift *Die Kolonne* lässt sich zunächst negativ über die Abgrenzung von aktuellen künstlerischen Richtungen der späten 1920er Jahre bestimmen:

> Die Autoren der Kolonne grenzen sich politisch-ideologisch sowohl vom liberalen Fortschrittsoptimismus als auch vom revolutionären Utopismus rechter wie linker Provenienz ab; literaturprogrammatisch distanzieren sie sich von neusachlicher Reportagenliteratur, liberalem Zeitroman und völkischem Bauernroman.[5]

Dabei kommt der Opposition zur Neuen Sachlichkeit als dem dominanten ästhetischen Programm der späten 1920er Jahre eine besondere Bedeutung zu, wie sich bereits im Vorspruch zur ersten Ausgabe der *Kolonne* zeigt. Dort unternimmt Raschke den Versuch, den Begriff der ‚Sachlichkeit' neu zu besetzen, indem er diesen aus der Dichotomie von Wunder und Sachlichkeit herausnimmt.[6] Eine

---

5 Gregor Streim, Das Ende des Anthropozentrismus. Anthropologie und Geschichtskritik in der deutschen Literatur zwischen 1930 und 1950, Berlin, New York 2008 (Quellen und Forschungen zur Literatur- und Kulturgeschichte. 49), S. 110.
6 Die Autoren der Studie *Modern Restauration* sprechen von einer von Benn und Nietzsche ausgehenden „revalorisation of Sachlichkeit" (Stephen Parker, Peter Davies, Matthew Philpotts, The modern Restauration. Re-thinking German literary history. 1930–1960, Berlin, New York 2004, S. 29).

positiv verstandene Sachlichkeit stehe dem ‚Wunderbaren' nicht im Weg, sondern bringe dieses geradezu zum Ausdruck:

> So kann auch im Bereiche der Dichtung ein Wille zur Sachlichkeit nur dann Berechtigung erlangen, wenn er nicht vom Unvermögen, sondern durch die Furcht bedingt wurde, mit allzuviel Worten das Wunderbare zu verdecken. Denn zum Verzicht auf jegliche Metaphysik führt nun, daß die Ordnung des Sichtbaren uns Wunder genug erscheint.[7]

Scheffel sieht in Raschkes eingeschränkter Verpflichtung auf Sachlichkeit eine Annäherung bzw. Anknüpfung an die Poetik der Neuen Sachlichkeit. Den Magischen Realismus versteht er, wie an anderer Stelle bereits erwähnt, als Bewegung, „die wesentliche Elemente der ‚neusachlichen' Ästhetik übernimmt und neu funktionalisiert"[8]. Obwohl sich die „Vertreter einer um 1930 ‚jungen Generation' über die Ablehnung eines diesseits- und fortschrittsgläubigen, rational begründeten Weltbildes [definieren], das sie als Stigma der Moderne interpretieren" und „folglich (neben der politischen Tendenzliteratur) den allen Irrationalismus negierenden ‚Reportagecharakter' der ‚Neuen Sachlichkeit'"[9] ablehnen, führe der Magische Realismus doch zentrale Aspekte dieser Ästhetik fort: „die einem realistischen Ansatz entspringenden Elemente aus ihrer Ästhetik, wie die Konzentration auf Dinge und Ereignisse innerhalb der alltäglichen Welt, die Bemühung um Präzision in der Diktion und Schärfe in der Beobachtung aber werden bewußt übernommen"[10]. Der Versuch, die Poetik des Magischen Realismus aus der Neuen Sachlichkeit abzuleiten, erweist sich jedoch als problematisch. Denn mit dem Begriff ‚Sachlichkeit' ruft Raschke ja gerade keine spezifisch neusachlichen Merkmale auf, wendet er sich doch explizit gegen die zeitgenössische „literarische Mode", die sich ausschließlich am aktuellen tagespolitischen Geschehen und dem technischen Fortschritt orientiert, an „Flieger, Telegraph und Gewerkschaft"[11]. Gegenüber einer „Sachlichkeit, die den Dichter zum Reporter erniedrigte und die Umgebung des proletarischen Menschen als Gefühlsstand modernen Dichtens propagierte", betont Raschke das „Geistige" und „die schöpferische Leistung"[12] des Dichters. Bereits mit dieser Aufwertung des intuitiven Dichters gegenüber dem beobachtenden Reporter knüpft Raschke an das visionäre, schöpferische Ich der emphatischen Moderne an. Auch der Bezug auf das

---

7 Raschke, Vorspruch, S. 1.
8 Scheffel, Wunder und Sachlichkeit, S. 61.
9 Scheffel, Wunder und Sachlichkeit, S. 61.
10 Scheffel, Wunder und Sachlichkeit, S. 61.
11 Raschke, Vorspruch, S. 1.
12 Raschke, Vorspruch, S. 1.

‚Wunderbare' führt die nachexpressionistische Diskussion um die Transformation der expressionistischen Poetik fort: Sachlichkeit tut dann Not, wenn Metaphysik und „allzuviel Worte" das „Wunder" verdecken.

Vor dem Hintergrund der Debatten um ein nachexpressionistisches Erzählen um 1920 präsentiert sich die von Raschke eingeforderte Verbindung von Wunder und Sachlichkeit also nicht als Variation neusachlicher Theoreme, sondern vielmehr als eine – dem Nachexpressionismus verpflichtete – Reformulierung des Expressionismus auf den Grundlagen des literarischen Realismus. Diese kann als Versuch verstanden werden, der Neuen Sachlichkeit die Deutungshoheit über eine ‚am Gegenstand' orientierte Poetik zu entziehen. Diese Akzentverschiebung deutet sich in Scheffels Argumentation selbst an, indem er die Gemeinsamkeiten zwischen Magischem Realismus und Neuer Sachlichkeit ausgerechnet in ihrem gemeinsamen realistischen Erbe festmacht. Mit der Zusammenführung von Wunder und Sachlichkeit bzw. Expressionismus und Realismus aktualisiert Raschke somit jene Vermittlungslogik, die für die nachexpressionistischen Debatten in den frühen 1920er Jahren charakteristisch ist. Nicht die Neue Sachlichkeit, sondern Realismus und Expressionismus wirken hier als bestimmende ästhetische Traditionen, wie sich auch in der weiteren programmatischen Verortung der Zeitschrift zeigt.

Sobald es in den poetologischen Texten der *Kolonne* darum geht, positiv einen programmatischen Standpunkt zu bestimmen, greifen die Texte entweder auf die sprach- und erkenntniskritischen Entwürfe der Jahrhundertwende oder direkt auf den literarischen Expressionismus zurück. Als Ideal eines Dichters, der keinen „Kniefall vor der Reportage"[13] macht, nennt Raschke konsequenterweise Gottfried Benn, der mit den *Gesammelten Gedichten* (1927) und der *Gesammelten Prosa* (1928) in den späten 1920er Jahren über den engeren Kreis des Expressionismus hinaus ein breites Publikum erreicht.[14] So beschäftigt sich auch die erste Buchbesprechung der Kolonne überhaupt mit Benns *Gesammelter Prosa*. Ganz im Sinne der Programmatik der emphatischen Moderne erkennt Raschke in den Texten Benns eine „Skepsis gegen den Leerlauf moderner Biologie" sowie eine „Skepsis gegen die Tabelle und das ‚es ist erreicht'"[15]. Die große Leistung von Benns Prosa sieht Raschke darin, dass sie den Blick auf das Scheitern der tradi-

---

13 Martin Raschke, Gottfried Benn. In: Die Kolonne, 1, 1929/30, S. 35f., hier: S. 35.
14 Auch die Autoren des Bandes *Modern restauration* weisen auf den „iconic status" (Parker/Davies/Philpotts, S. 31) hin, den Benn für Raschke einnimmt. Die Autoren sehen darin jedoch keine Auseinandersetzung mit dem expressionistischen Dichter Benn, sondern mit dem Benn der 1930er Jahre (Parker/Davies/Philpotts, S. 28 ff.).
15 Raschke, Gottfried Benn, S. 36.

tionellen Deutungsmuster der bürgerlichen Gesellschaft lenkt und die „Ichentfremdung" des Menschen in der Moderne zentral setzt:

> Ein Ich begegnet uns, hervorgegangen aus dem naturwissenschaftlichen Jahrhundert, müde dessen Kategorien und ohne Mut, mit Begriffen gegen ein ‚allmächtiges Geschehen' anzugehen, aus dem es kein Entrinnen gab – außer den Traum. Nachdem es den Aberglauben an die Wissenschaft zerstörte, steht es glaubenslos vor uns, richtungslos, ‚Rauchfang seiner selbst', schwankend zwischen Leiden an einer narzistischen Bewußtheit und ihrer Pathetisierung als einziger Gegenkraft des Nichts.[16]

Trotz des wissenschaftlichen Vokabulars stellen Benns Texte Raschke zufolge keine „Gehirndichtung bürgerlicher Observanz" dar, sondern gestalten vielmehr einen „schicksalreichen Hintergrund" jenseits des Bürgerlichen, vor dem sich allein „schützend das klassische Gerüst seiner Formen erhebt"[17]. Indem Raschke die Dichotomie zwischen Kunst und Leben profiliert, deckt sich seine Interpretation von Benns Prosa weitestgehend mit derjenigen, die der Schriftsteller „B" in Benns Interviewstück „Können Dichter die Welt ändern. Rundfunkdialog" (1931) selbst autorisiert:

> Der Dichter, eingeboren durch Geschick in das Zweideutige des Seins, eingebrochen unter archerontischen Schauern in das Abgründige des Individuellen, indem er es gliedert und bildnerisch klärt, erhebt er es über den brutalen Realismus der Natur, über das blinde und ungebändigte des Kausaltriebes, über die gemeine Befangenheit niederer Erkenntnisgrade und schafft eine Gliederung, der die Gesetzmäßigkeit eignet.[18]

In Abgrenzung zur Neuen Sachlichkeit greift Raschke somit dezidiert auf die Poetik eines prominenten Autors des Expressionismus zurück, um das Programm der *Kolonne* poetologisch zu in Stellung zu bringen. „Gottfried Benn sind auch wir"[19], proklamiert Raschke, um jeden Zweifel an der literarischen Tradition der *Kolonne* zu beseitigen:

> Kein Abseitiger äußert sich hier, kein hilflos Einzelner, an dem die Zeit mit kollektiver Geste vorübergehen dürfte, ihm einen billigen Nachruhm zusichernd; wie jeder große Dichter steht Benn im Brennpunkt der Ideen, die uns beschäftigen, wenn man auch nicht auf jeder aufgeschlagenen Seite die Faselworte unserer dekorativen Zeitungsleitartikel finden kann.[20]

---

16 Raschke, Gottfried Benn, S. 36.
17 Raschke, Gottfried Benn, S. 36.
18 Gottfried Benn: Können Dichter die Welt ändern? Rundfunkdialog, in: Benn, Sämtliche Werke, Bd. 7.1., S. 172–182, hier: S. 180.
19 Raschke, Gottfried Benn, S. 35.
20 Raschke, Gottfried Benn, S. 35.

Als „Brennpunkt der Ideen", der Raschke zufolge die Programmatik der Kolonne mit der Poetik Benns verbindet, lässt sich eine aus dem Vitalismus begründete Kritik an einer geordneten, einseitig rationalistisch begründeten Gesellschaftsordnung bestimmen. Diese affirmative Perspektive auf den Expressionismus findet sich bereits in Loerkes umfangreicher Literaturkritik, wenn Loerke den Expressionismus als notwendigen „Kampf gegen das Bürgerliche, genauer: gegen das Spießbürgerliche, Schale, Unerregte, Hausbackene, Unangefochtene, Wagnislose, Satte, nach einer Zukunft Unsehnsüchtige" beschreibt.[21] Ähnlich wie Loerke übernimmt Raschke die expressionistische Programmatik Benns jedoch nur unter Vorbehalt.

So zeigt sich in der weiteren Beschäftigung Raschkes mit Benn, dass dessen ‚nihilistisches' Projekt, das den Gegensatz zwischen Natur und Kunst, Ich und Welt auf Dauer stellt, im Rahmen der vermittelnden Programmatik der *Kolonne* in letzter Konsequenz nicht trägt. Schon in der Rezension zu Benns *Gesammelter Prosa* deutet sich der Versuch an, die pessimistische Tendenz in eine Balance-Bewegung zu überführen. So betont Raschke mit Nachdruck die „dualistische [...] Auffassung"[22], die Benns Poetik eigentlich zugrunde liege. Während die Protagonisten der Prosastücke zwar auf sich selbst verwiesen blieben und nicht in der Lage seien, eine lebbare Verbindung zwischen Bewusstsein und Welt herzustellen, verortet Raschke den Autor Benn in einem übergeordneten Spannungsfeld des Daseins, das sich in dessen Dichtungen – jenseits des Figurenbewusstseins – wiederspiegeln soll:

> Mit einem ‚als ob' behaftet bleibt alles, nichts ist wirklich außer dem Bewußtsein, das Dasein erscheint nur als Erinnerung oder Denkergebnis. Beängstigend fremd von jeher umgibt Benn das Leben, ‚dieses Spiel in Fiebern', das seine eigenen Formen immer wieder zerstört und neue zeugt in unaufhörlicher Schwangerschaft, gemischt aus Vergehen und Geburt wie einst Dionysos.[23]

Raschkes Verweis auf das Gemisch aus Vergehen und Geburt verbindet kompositorisch den letzten Text der vierten/fünften Ausgabe mit dem Text, der die die Ausgabe eröffnet – dem Goethe zugeschriebenen Prosastück „(Über) die Natur".[24] Genau dieser Versuch, den „schockierenden Zeugnissen der Verzweiflung" in Benns Texten „mit der Metaphorik [...] einer symbolischen idealistischen Ästhetik"[25] zu begegnen, kennzeichnet bereits Loerkes Essayistik um 1920. In Bezug auf

---

21 Vgl. Kapitel II.1.2.4.
22 Raschke, Gottfried Benn, S. 36.
23 Raschke, Gottfried Benn, S. 35 f.
24 [Johann Wolfgang v.] Goethe: Über die Natur. In: Die Kolonne, 1, 1929/30, S. 23 f.
25 Gebhard, S. 279.

Benns Gedichtsammlung *Fleisch* (1918) findet Loerke neben der „herausfordernden Besessenheit" in Benns Gedichten, die „stammelt, stöhnt schreit" und „fast wahllos Unrat und Sternenmasse schleudert"[26] auch eine versöhnliche Tendenz: „Dennoch ist es wahr, daß in Benns erschütterter Menschlichkeit etwas von dem großen Richtersinne lebt, der alle unendlich entwirrten Widersprüche des Lebens in einem einzigen, letzten auflöst: wie Licht und Dunkel, Mann und Weib."[27]

Während Raschkes und Loerkes Auseinandersetzung mit den frühen Texten Benns eine dialektische Deutung offenbar noch möglich macht, wird die fehlende Dialektik in einer späteren Rezension Raschkes als kritischer Einspruch gegen den Autor gewendet. Im dritten Jahrgang der *Kolonne* widmet sich Raschke einer weiteren Arbeit Benns, dessen 1931 in der Berliner Philharmonie in Zusammenarbeit mit Paul Hindemith und dem Chor der Philharmonie uraufgeführten Oratorium „Das Unaufhörliche", das am 13. Mai 1932 auch im Rundfunk ausgestrahlt wird.[28] Wie schon bei der Besprechung der Gesammelten Prosa dient auch hier das Werk Gottfried Benns zunächst als Garant für eine aus dem Geist des Expressionismus begründeten Kunst. Der Einspruch, den Benns aktuelle Dichtung gegenüber der zeitgenössischen Gesellschaft zum Ausdruck bringe, wiederhole Raschke zufolge die Kritik des Expressionismus am Positivismus des neunzehnten Jahrhunderts:

> Und nun die Jetztzeit und ihre Sehnsucht nach dem happy end, gläubig an die Hygiene, an die Segnungen der Technik und an die unbegrenzten Möglichkeiten einer individualpsychologischen Pädagogik; fast drohte es wiederum, daß wir für immer aus einem tieferen Willen entwurzelt wurden, und wieder hören wir die Stimmen der Umkehr, wie sie immer laut wurden, wenn sich das europäische Denken in einer billigen Wohnung genügsam einrichten wollte.[29]

Benn selbst beschreibt in einer – speziell für die Rundfunkübertragung konzipierten – erklärenden Einleitung das ‚Unaufhörliche' als das ewige Prinzip des „Gestaltwandels und alles Seins"[30], das nicht nur die (natürliche) Schöpfung, sondern auch die Erscheinungsformen der gegenwärtigen Gesellschaft bestimme.

---

26 Oskar Loerke, Erweiterung des Stoffes (1918). In: Loerke, Neue Rundschau, S. 91–93, hier: S. 93.
27 Loerke Erweiterung, S. 92f.
28 Matthias Uecker, „Können Dichter die Welt ändern?" Gottfried Benn und die Politik des Weimarer Literaturbetriebs. In: Gottfried Benn (1886–1956). Studien zum Werk, hg. von Walter Delabar u. Ursula Kocher, Bielefeld 2007 (Moderne-Studien. 2), S. 159–180, hier: S. 159ff.
29 Martin Raschke, Das Unaufhörliche. In: Die Kolonne, 2, 1931, S. 59–61, hier: S. 61.
30 Gottfried Benn, Das Unaufhörliche, S. 212.

Das Unaufhörliche – „rein aus dem Transzendenten"[31] hervorgehend – sei der Gesellschaft vorgelagert und bestimme in letzter Konsequenz auch „den Gebrauchsmenschen, [...] den wissenschaftlichen Menschen, der durch gedankliche Manipulation alle alten Bindungen lösen zu können, alle zukünftigen Entfaltungen als technisch-soziale Konstruktionen entwerfen zu können glaubt"[32]:

> Das Unaufhörliche, hinan, hinab, das Unaufhörliche, das ist die Welt oder die Schöpfung, oder das, was sie treibt, das, was immer da war, vor den Monden, vor den Meeren, das, was wir nicht sehen, das was wir nicht sinnlich und auch nicht denkerisch erfassen, was aber da ist, als Hintergrund da ist. Das Unaufhörliche, das große Gesetz, das Unaufhörliche, der dunkle Trank, das Unaufhörliche, Liebe, Kunst, Wissenschaft, Religionen ihm unterworfen, alles zerrissen von Verwandlung, überall Vergänglichkeit von dunklen und von hellen Himmeln, immer das Unaufhörliche, und keiner kennt die Stimme, die es rief.[33]

Obwohl die Bewegung des Unaufhörlichen, das sich durch ein permanentes „hinan" und „hinab" auszeichnet, sowohl Verfall als auch Schöpfung zum Ausdruck bringt, bleibt die Perspektive in Benns Oratorium grundsätzlich pessimistisch, weil das Prinzip der Verwandlung für den Einzelnen (lebendigen) Menschen letztlich konsequent zum Tod führt. So bleibt dem Menschen im Sinne Schopenhauers als einziger Ausweg ein „heroischer Stoizismus", der „Leiden und Verlust schicksalhaft als Bestandteil der Schöpfung begreift"[34].

Während Raschke in der Besprechung der Gesammelten Prosa noch versucht hatte, die pessimistische Perspektive der Texte in eine versöhnende Perspektive zu überführen, hebt er nun die fehlende Ausgewogenheit von Benns Dichtung deutlich kritisch hervor und stellt Benns Konzeption seine eigene Interpretation gegenüber:

> Das Unaufhörliche ist zweistimmig, Benn aber zumeist einstimmig. Wird das Unaufhörliche noch in der Einleitung als das Prinzip des stetigen Werdens und Vergehens charakterisiert, so wird es doch im Verlaufe des Oratoriums mehr und mehr zu einem Prinzipe des Untergehens. [...] Benn legt seine lyrische Liebe in die Waagschale des Sterbens, verhüllt von der ‚Trauer des Seins'. Er gestaltet ein Gefühl, nicht aber die Spannung zwischen zwei Polen.[35]

---

31 Gottfried Benn, Das Unaufhörliche, S. 212.
32 Gottfried Benn, Das Unaufhörliche, S. 211.
33 Gottfried Benn, Das Unaufhörliche, S. 213.
34 Timm Menke, Benns Text zum Oratorium „Das Unaufhörliche" und Brechts Lehrstück „Die Maßnahme". Fluchtpunkte der Geschichtsphilosophie in der deutschen Literatur des 20. Jahrhunderts. In: Delabar/Kocher, Gottfried Benn, S. 143–158, hier: S. 155.
35 Raschke, Das Unaufhörliche, S. 62.

Als ein Hauptanliegen von Raschkes Benn-Rezeption lässt sich somit der Versuch beschreiben, die „Spannung zwischen zwei Polen" darzustellen. Auch hier verweist Raschke bezeichnenderweise auf Goethe und hebt das Moment der Mitte und der Ausgewogenheit hervor:

> Goethe stellte noch die Luft des Sterbens und die des Werdens in der Waage dar, gleich große Kräfte in einem ewigen Spiel. [...] Das Unaufhörliche, das konnte nur ein Mensch schreiben, der im Mittag lebte wie Goethe. Wer sich für den Abend entschied, wie sollte er das Ganze überblicken, fern schon der Wasserscheide des Tages?[36]

Im Folgenden soll anhand von verschiedenen programmatischen Texten gezeigt werden, dass sich eine Poetik des Spannungsausgleichs, die wie hier explizit auf Konzepte wie „Waage" und „Mittag" zurückgreift, als ‚Lebensader' der Programmatik der *Kolonne* erweist, unabhängig davon, wie dieses Spannungsverhältnis im Einzelnen ausgestaltet wird. Folgende Fragen stehen dabei im Zentrum: Wie knüpfen die Texte an die emphatische und sprachkritische Moderne an? Welche Verfahrenselemente zeichnen eine Poetik, die gegenüber der Dichtung Benns die Spannung zwischen den Polen aufrechterhält, im Einzelnen aus? Wo gelingt eine Poetik der Vermittlung, wo gelingt sie nicht?

1.2 Zwischen Sprachkritik und Ideologisierung – Zur Komposition einer Ausgabe

Raschkes Rezension von Benns Gesammelter Prosa findet sich im vierten/fünften Heft des ersten Jahrgangs der *Kolonne* – ein Heft, das durch eine außergewöhnlich geschlossene Komposition hervorsticht und den poetologischen Rahmen der Zeitschrift besonders deutlich zum Ausdruck bringt. Schon Dolan bemerkt die kompositorische Qualität der Ausgabe: „Das Doppelheft für Mai [1930] bringt eine Mischung aus Dichtung, Kritik und ‚Stimmen aus der Vergangenheit', die zur besten Publizistik der ‚Kolonne' gehört."[37]

Im programmatisch-theoretischen ersten Teil, der mit dem Goethe zugeschriebenen Fragment „Über die Natur" beginnt, finden sich, neben Ausschnitten aus Friedrich Markus Huebners *Zugang zur Welt. Magische Deutungen*, Essays von Martin Beheim-Schwarzbach, Ernst Penzholdt und Werner von Trott (zu Solz). Die versammelten programmatischen Texte weisen zwei Perspektiven auf, die bereits in der Diskussion von Raschkes Benn-Rezensionen deutlich geworden sind: Ei-

---

36 Raschke, Das Unaufhörliche, S. 62.
37 Dolan, S. 9.

nerseits knüpfen sie in Differenz zur Neuen Sachlichkeit affirmativ an die emphatische Moderne und die Sprachkritik des Fin de Siècle an. Andererseits zeigt sich der Versuch, die dekadenten und pessimistischen Tendenzen, die Kunst und Literatur des frühen zwanzigsten Jahrhunderts bestimmen, in eine Figur der Balance zu überführen. Das ideologiekritische Potential der Texte schwankt dabei abhängig davon, wie die Spannung bzw. der Ausgleich zwischen den ‚zwei Polen' (Natur und Kultur, Ich und Welt, Sprache und Wirklichkeit) gestaltet wird. Während die Texte von Beheim-Schwarzbach und von Trott grundsätzlich der erkenntniskritischen Perspektive verpflichtet bleiben, die eine Vermittlung der für die Moderne charakteristischen Dichotomien als Problem beschreibt, fällt Huebners – in der Zeitschrift nur fragmentarisch zitierte – Schrift *Zugang zur Welt. Magische Deutungen* trotz der expliziten Anknüpfung an die Moderne letztlich deutlich hinter diese zurück. Um das Spektrum der programmatischen Perspektiven der Zeitschrift im Ansatz deutlich zu machen, werden im Folgenden Huebners Schrift und von Trotts Artikel beispielhaft gegenübergestellt.

Wie bereits angesprochen, weist Scheffel in seinen Arbeiten wiederholt auf die Bedeutung von Friedrich Markus Huebners Studie *Zugang zur Welt. Magische Deutungen*[38] als Bezugstext für den ideologischen Hintergrund des *Kolonne*-Kreises hin. Als Beleg dafür, dass Huebner „in seinem Einfluß auf viele junge Autoren wohl kaum zu überschätzen"[39] sei, nennt Scheffel einerseits die Häufung von Zitaten aus Huebners Schrift in der *Kolonne* und andererseits die programmatische Nähe zu den poetologischen Schriften Martin Raschkes und Ernst Jüngers, oder auch Werner Milchs und Horst Langes Einleitungstexten in der Zeitschrift der *Der weiße Rabe*.[40] Trotz einiger Gemeinsamkeiten zu der hier skizzierten Tradition des Nachexpressionismus ist Huebners Text jedoch eher als Popularisierung genuin expressionistischer Ideen zu verstehen, die nur insoweit für die programmatischen Texte der *Kolonne* von Bedeutung ist, als dass diese selbst auf den Expressionismus zurückgreifen.

Diese Einordnung, die Huebners Studie weniger als poetologisches Grundlagenwerk, sondern eher als populärphilosophische Abhandlung begreift, die sich in einigen Punkten mit der Publizistik der *Kolonne* überschneidet, deckt sich mit der Einschätzung Hubert Rolands, der den Text insgesamt im Grenzbereich

---

38 Friedrich Markus Huebner, Zugang zur Welt. Magische Deutungen, Leipzig 1929 [im Folgenden als ZW im Fließtext zitiert].
39 Scheffel, Geschichte eines Begriffs, S. 79.
40 *Der weiße Rabe* wird aufgrund der Kontinuität der am Programm beteiligten Autoren in der Forschung als Nachfolgemedium der *Kolonne* betrachtet (Scheffel, Geschichte eines Begriffs, S. 78 f.).

1.2 Zwischen Sprachkritik und Ideologisierung – Zur Komposition einer Ausgabe — 147

zwischen Philosophie und praktischer Lebensdeutung ansiedelt.[41] So zeichne sich der Text durch einen ständigen „Wechsel zwischen metaphysischen Betrachtungen über das ‚All' und ‚das Weltganze' und einer ziemlich prosaischen Sprache mit erbaulicher Absicht" aus.[42] Die ersten Zeilen aus Huebners populärphilosophischer Schrift lesen sich zunächst als Adaption der sprachkritischen Einwände der Jahrhundertwende, der Bezug auf Mauthner wird explizit hergestellt. Deutlich wird eine klare Grenze zwischen Sprache und Wirklichkeit gezogen, wie sie für die sprachkritische Moderne konstitutiv ist:

> Können wir die Welt durch Worte erfassen? Ist das, was durch ein Wort ausgedrückt wird, in demselben erhalten? Steht ein Name, der Name „Eiche", wirklich und wahrhaftig für das Gewächs „Eiche"? Bildet sich dieses in jenem ab, tritt es leibhaftig aus ihm hervor? Sind keine Fehlbezeichnungen möglich? Anders gewendet: Ist die Welt draußen im Raum mit der drinnen in der Sprache deckungsgleich? [...] Der Glaube an die Naturtreue des Worts ist ein Irrtum. Im Ausdruck lebt das Eine, im Ausgedrückten das Andere. [ZW, 9][43]

Dabei richtet sich die Kritik der Sprache, wie in Fritz Mauthners umfangreichem Werk *Beiträge zu einer Kritik der Sprache*, auch hier vor allem gegen ihre Funktionalisierung im alltäglichen Gebrauch, mit der eine Abnutzung bzw. De-Vitalisierung der Wortbedeutung einhergehe: „lebendige Worte [...] bleiben aus, wo man zur Wahrung von Interessen, zur Übung des Denkverstandes spricht" (ZW, 14).[44] Anders als Mauthner, der direkt genannt wird, erklärt Huebner aber die Vermittlung von Sprache und Wirklichkeit nicht grundsätzlich für gescheitert, sondern beschreibt einen alternativen sprachlichen Zugriff auf Welt, der als ‚magischer Zugang' bezeichnet wird.

---

41 Hubert Roland, Leben und Werk von Friedrich Markus Huebner (1886–1964). Vom Expressionismus zur Gleichschaltung, Münster u. a. 2009 (Studien zur Geschichte und Kultur Nordwesteuropas. 19), S. 117.
42 „Die Seele entwickelt nun jene Bewußtseinshelle, deren ein Jeder, der Einfachste wie der Höchstentwickelte, teilhaftig werden kann, jene Bewußtseinshelle, darin der Mensch sich nicht mehr als er selber, auch nicht als Fremder erblickt, sondern angelangt in seiner eigentlichen Wirklichkeit. Er ist eingetaucht in den Totalgrund, er atmet mit diesem verbunden in lebendiger Dreieinigkeit." (ZW, 171.)
43 Vgl. auch Roland, Leben und Werk, S. 119.
44 Mauthner bezeichnet den pragmatischen funktionellen Charakter der modernen Sprache als ‚Kellnermitteilung': „Die Worte sind heute konventionelle Zeichen und waren doch in der Urzeit sicherlich deutlichere Symbole ihrer Vorstellungen. Ein lyrischer Dichter ist, wer die geheimnisvollen Beziehungen zwischen Dingen und Namen durch die Umformung von Jahrhunderten noch hindurchtönen hört, und wer gar außerdem die Harmonie empfinden und festhalten kann, die die Töne der menschlichen Sprachworte neben ihrer gemeinen Absicht der Kellnermitteilung noch haben." (Fritz Mauthner, Beiträge zu einer Kritik der Sprache. Bd. 1. Zur Sprache und Psychologie, Leipzig ³1923, S. 106.)

Huebners Kritik an kulturell vermittelter Erkenntnis in der Sprache der Philosophie wie auch der Naturwissenschaften betont auf der einen Seite immer wieder den konstruktiven Akt von Wahrheitsbildung. Jeder Mensch bewege sich im Bereich der Ideologie und bleibe in historisch bedingten Sinngebungszusammenhängen verhaftet: „Der Mensch wissenschaftlicher und technischer Zeitalter steht genauso auf mythologischem Boden wie der Mensch des Feuersteinbeils und der Zauberrunen" (ZW, 54). Demnach sei es falsch, zu behaupten, der moderne Mensch stehe außerhalb von kontingenten Sinnzuschreibungsprozessen:

> Als ob nicht auch sie [die ‚Wirklichkeitsmenschen'] auf Schritt und Tritt von bloßen Sinngebungen und Phantasieübereinkünften eingeschlossen wären. Keine Existenz bringt es hinaus über das Gleichnishafte. Das Kind wird in eine Welt hineingeboren, die die der Dichtung ist, dieweil ja Vorfahren, Eltern und Erwachsene eine Interpretation schufen, die es wohl oder übel übernehmen muss. (ZW, 54)

Im Anschluss an diese kritische Reflexion der ideologischen Vorbedingung von Erkenntnis ruft Huebner dann dazu auf, „sich mit der umgebenden Welt nicht einfach ab[zufinden]", sondern vielmehr selbst an der dichterischen Gestaltung von Wirklichkeit teilzunehmen: „Man gibt damit kund, daß man sich nicht unter die Oberherrschaft der Tatsachen, sondern des Mythos stellt" (ZW, 56).

Während die Diagnose über die ideologischen Zwänge der modernen Gesellschaft und die damit einhergehende Dialektik von Mythos und Wirklichkeit deutliche Parallelen sowohl zu Kaysers Überlegungen in *Zeit ohne Mythos* als auch Raschkes Benn-Rezeption aufweist, bleibt die von Huebner aufgezeigte methodische Herangehensweise zu einem alternativen magischen ‚Zugang zur Welt' jedoch deutlich hinter den Differenzierungen der nachexpressionistischen Entwürfe zurück. Um den Bruch zwischen der Wirklichkeit der Sprache und der Wirklichkeit der Tatsachen zu umgehen, greift Huebner auf eine sprachphilosophisch äußerst fragwürdige Konstruktion zurück, die schlicht eine zweite Realitätsebene behauptet, in der Wort und Ding absolut kongruent zueinander sind. So sei zunächst den Dingen ein „magischer Sinn halb eingesenkt, halb umschwebt er sie", und im „Scheine des Sinnes verdämmern die Dinge zu bloßen Rückspiegelungen: die Dinge werden zu Zeichen" (ZW, 12). Diese Zeichenhaftigkeit der Wirklichkeit, ihre ‚andere' Seite, die den magischen Sinn zum Ausdruck bringe, finde sich auch auf der Seite der Sprache, sodass sich Sprache und Wirklichkeit als exakt kompatibel erweisen:

> Angesichts des magischen Inbegriffs der Dinge erweist sich das Wort als gleichwertig. Denn auch die Sprache hat noch eine andere Sendung als jene, die sie so ohnehin zur Schau stellt […] daneben besitzt sie einen zweiten, einen magischen Charakter, jenem gleich, der den

Dingen anhaftet. Infolgedessen besitzt alles Ausdrücken und Sagen die Macht einer Heraufbeschwörung: Im Zeichen des Wortes treffen und entblößen sich die Zeichen der Dinge. (ZW, 13)

Im Unterschied zu Kayser, der die Erzeugung eines gültigen Mythos in die Zukunft projiziert und diesen damit der (ideologischen) Verfügbarkeit entzieht, wird dieser in der Konzeption Huebners als jederzeit einholbar begriffen. Was im wissenschaftlichen Weltzugang nicht möglich ist, weil sich dieser immer im Bereich einer spezifischen Ideologie bewegt – eine totale Erschließung der Wirklichkeit – wird im ‚magischen Weltzugang' schlichtweg realisiert. Das kritische Postulat, die Tatsachen selbst als Mythos zu verstehen, kippt in eine Ideologie des Mythos als Tatsache, als „magische Gewissheit" (ZW, 129) – der Dichter wird zum Propheten:

> Das Wort in seinem magischen Charakter schlägt eine Brücke vom lebendigen Menschen zur lebendigen Schöpfung. Die Welt zeigt sich jetzt im Tiefsten als benennbar. Der Mensch wird zu ihrem auserwählten Mundstück. Er verkündet nicht einfach, was er sieht und weiß, sondern was ihm aufgrund seines ursprünglichen Verwandtschaftsverhältnisses eingeflüstert wird [...]. (ZW, 14)

Während Loerkes und Lehmanns Texte den Versuch, Sprache und Wirklichkeit zu vermitteln, immer wieder mit dem Zweifel an der referentiellen Leistung der Sprache konfrontieren, verabschiedet sich dieser Zweifel im magischen Weltzugang: „Hier greife glaubensvoll zu Wort und Wiedergabe. Hier begreife die Gleichnisse real" (ZW, 20). Indem die mit Mauthner evozierte Dichotomie zwischen Sprache und Wirklichkeit durch den Verweis auf eine klar ablesbare magische Bedeutung der Dinge aufgehoben wird, erweist sich Huebners Konstruktion als scheinkritisches Unternehmen, das eine Ideologie produziert, die sich selbst nicht mehr als Ideologie reflektiert und damit in ein schlichtes „Verfügbarmachen des Unsichtbaren und Undarstellbaren"[45] kippt. Ein „supralogisches Denken", das ganz ohne logische Differenzen auskommt, öffnet dementsprechend einen Blick in das Geheimnis und legt es als solches bloß: „der Schauende dringt hinter die Bedingtheit jeglicher Urteilsfällung, er dringt in das Totum simul" (ZW, 151). In diesem Moment der „Schau" gibt es keine Differenz mehr, sondern die Wirklichkeit ist total erschlossen und der Schauende mit ihr versöhnt:

---

45 Die Klassifizierung verwendet Öhlschläger für die Einschätzung der Poetologie Ernst Jüngers. (Claudia Öhlschläger, Abstraktionsdrang. Wilhelm Worringer und der Geist der Moderne, München 2005, S. 203.)

> Was sich ihm [dem Schauenden] enthüllt, ist Wahrheit, die keiner wechselseitigen Bedingtheit mehr unterliegt. Die beiden, Erkenntniskraft und Erkenntnisgegenstand, werden als Äste wahrgenommen, darin, wie in Adern das Blut, das totale Sein aus- und rückflutet. Dieses Urselbst, das sich doppelt, sowohl als Denkfunktion sowie als Denkinhalt setzt, ist das Tertium comparationis, auf das sich die Vorstellungen (Nomina) und die Tatbestände (Realia) letztlich beziehen, ist die große Wahrheitsrechtfertigung, deren der Schauende innewird. (ZW, 154)

Da der Moment der Schau, das Innewerden des Mythos, keine Unbestimmtheit mehr kennt, kann Huebner im Folgenden die „Wahrheit" auch unproblematisch verorten, beliebig im christlichen Evangelium oder der buddhistischen Lehre, als vom Menschen geschaute göttliche Offenbarung. Einziger Garant des Wahrheitswertes bleibt letztlich die Autorität des Schauenden (ZW, 217). Eben diese Wahrheit, die „keiner wechselseitigen Bedingtheit mehr unterliegt", sondern ausschließlich von einem schauenden Subjekt selbst legitimiert wird, ist weniger ein Charakteristikum magisch-realistischer Poetik, als vielmehr eine Vereinfachung der expressionistischen Programmatik des visionären Ichs, von der sich Loerkes und Kaysers gerade abgrenzen wollen.

Entgegen der nachexpressionistischen Perspektiven führt Huebners Identifikation von Erkenntniskraft und Erkenntnisgegenstand gerade nicht zu einem Aufrechterhalten der Spannung zwischen zwei Polen, da in dem visionären Blick des Schauenden jede Differenz schon aufgehoben ist. Dies zeigt sich auch in seiner auf Goethe zurückgehenden Unterscheidung von Allegorie und Metapher. So spricht sich Huebner in Wiederholung der Goethe'schen Unterscheidung gegen einen allegorischen, zugunsten eines gleichnishaften Stils aus, der sich nicht als ein Produkt künstlerischer, sondern organischer Prozesse zu erkennen gibt:

> Bildhafter, gleichnisvoller Stil ist nicht dasselbe wie allegorischer Stil. Denn während das Bild organisch aus dem Schoße der Rede wächst, die Rede durch Wurzeln sichernd und wie ein Baum überschattend, bildet die Allegorie eine Zutat von außen her. Das Bild ist zur Verdeutlichung, Verwesentlichung des Gesagten, die Allegorie ist als Zierde gemeint. Sie bildet einen Schnörkel, mit dem man die natürliche Gestalt der Rede überlädt und verbrämt. Ihr Charakter ist kunstgewerblicher, nicht magischer Art. (ZW, 22)

Das bildhafte, gleichnishafte Sprechen gelinge nur in der Metapher während jeder explizite Vergleich dem Fehler der Allegorie erliege, nämlich sich selbst als künstlerische Vermittlung auszuweisen. So kritisiert er unter Rückgriff auf Flaubert solche literarischen Formulierungen, „die ihre Anschaulichkeit nicht spontan besaßen, sondern aus einer Verstandesüberlegung borgten, jene mit ‚wie' und ‚gleichsam' und ‚gewissermaßen' zugefügten Stellen, die nicht in das umfassende Element des Stils eingegangen, sondern künstliches Beiwerk, aufgesetzte Lichter geblieben waren" (ZW, 23). Gerade dieser Gleichnis-Begriff bleibt jedoch der

1.2 Zwischen Sprachkritik und Ideologisierung – Zur Komposition einer Ausgabe — 151

Programmatik des Expressionismus weit eher verpflichtet als der des Magischen Realismus,[46] wie am Beispiel der *relativen Prosa* Loerkes und Lehmanns bereits deutlich gemacht werden konnte. Zwar findet sich der Begriff des „Gleichnishaften" auch bei Lehmann und Loerke – allerdings verbürgt dieser hier gerade die Spannung zwischen Präsenz und Absenz, Zeichen und Bedeutung, Sprache und Wirklichkeit. Im Nachwort zu Loerkes Gedichtsammlung *Silberdistelwald* (1934), das Wilhelm Lehmann gewidmet ist, spricht sich Loerke ebenfalls für das Gleichnis und gegen die Allegorie aus. Anders als Huebner hebt Loerke jedoch gerade nicht das Moment der Identität, sondern das der Differenz hervor, das jeder poetischen Äußerung innewohne:

> Du weißt, daß ich, was ich sichtbar und hörbar zu machen suchte, niemals nur vergleichsweise meinte. Geht das Spiel des Vergleichens nicht allzuoft gerade um die Reize aus dem Ungleichen? Jede Rede ist Gleichnisrede oder keine. Die Versuchung, auszuschweifen, nahm ich in Zucht. Ich mag nicht die Allegorie, die – wem zu nutz? – das eine für das andere setzt, die da tauscht und rätselt. Vielmehr: die Nähe der Ferne und die Ferne der Nähe sind tägliche Erfahrungen.[47]

Auch in der Ablehnung des Vergleichs und der Aufwertung der Metapher bewegt sich Huebners Text nachweislich im Fahrwasser des Expressionismus. Deutlich näher an den poetologischen Überlegungen des Magischen Realismus erweist sich der kurze Text Werner von Trotts, der im Gegensatz zu den aphoristischen Zitaten aus Huebners Werk vollständig in der *Kolonne* abgedruckt ist.

---

46 Der expressionistische Einfluss von Huebners Gleichnis-Begriff wird durch den Vergleich mit einem Text des *Sturm*-Redakteurs Lothar Schreyer deutlich: „Die eine Art sucht die Erscheinung, die äussere Welt zu befestigen und ihre Gestalt zu künden. Die andere Art sucht die Bilder der inneren Welt im Gleichnis zu künden. Eine solche Zeit der Verkündigung der Gesichte hat wieder begonnen. [...] Gebildet ist im Werk ein Gleichnis. Das Gleichnis ist eine Entsprechung im anderen Bewusstseinszustand. Das Gleichnis, die Entsprechung verkündet. Das Gleichnis gleicht, die Entsprechung spricht, die Verkündung kündet. Künden kann nur der Wissende. Sprechen kann nur, wer das Wort hat." (Lothar Schreyer, Anschauung und Gleichnis. Die Gegenwart der Kunst. In: Der Sturm 14, 1923, S. 83–93, hier: S. 86, 88) Im Unterschied zu Huebner erhebt Schreyers Verbindung von Geist und Gleichnis allerdings gerade nicht den Anspruch, einen Bezug zu den Dingen herzustellen, sondern versteht sich im Sinne des Expressionismus als Geschehen zwischen Ich und Geist, das die Welt der Erscheinungen ausblendet: „Wer in einem Kunstwerk, das ein Gleichnis der inneren Welt ist, das Abbild einer Erscheinung der äusseren Welt sucht, wird weder dieses Abbild finden, noch je die innere Welt erkennen." (Schreyer, S. 86) Unterbrochen wird der Text Schreyers bezeichnenderweise immer wieder durch Abdrucke abstrakter Kunstwerke, etwa von Aurel Bernáth (Schreyer, S. 85), oder Paul Fuhrmann (Schreyer, S. 91).
47 Oskar Loerke, Essays zu den Gedichten. Nachwort zum Silberdiestelwald (1934). In: Loerke: Gedichte und Prosa. Bd. 1. Die Gedichte, hg. von Peter Suhrkamp, Frankfurt a. M. 1958, S. 681–686, hier: S. 685f.

Ähnlich wie Raschke und Huebner setzt auch Werner von Trotts kurze Stellungnahme „Anmerkungen zum Problem der Produktion"[48] zunächst mit der von der Moderne vorgegebenen Differenz zwischen Sprache und Wirklichkeit an, um dann die Möglichkeit zu diskutieren, beide Ebenen zu vermitteln. Auch von Trott zeigt zunächst, in Anknüpfung an die Erkenntnisse der sprachkritische Moderne, die Grenzen sprachlicher Verständigung auf.[49] So müsse man zugeben, dass es im Bereich menschlicher Erkenntnis einen „festumrissenen [Bedeutungs-]Horizont gar nicht gibt, daß er also eine Fixion ist" (AP, 26). Die Reduktion der Erkenntnis auf die Figur der Fixion, die sowohl den Aspekt der subjektiven Perspektive (Fixierung) als auch die Distanz zur Realität (Fiktion) impliziert, führt nun weiter „zu sehr schwerwiegenden Konsequenzen und erhellt die Dunkelheit und Fragwürdigkeit unserer Beziehung zur Sprache" (AP, 26):

> Ja, ich muss radikaler fragen. Verwandelt sich nicht auch der andere Mensch, verwandelt man sich nicht für sich selbst, wenn man sich miteinander nicht mehr durch ein am festgezeichneten Gegenstande orientiertes Einverständnis verbunden und bestimmt fühlt, in eine unheimliche, fremde und undurchschaubare Erscheinung? (AP, 26)

Diese pessimistische Erkenntnis findet bei von Trott jedoch eine Relativierung. Denn dem zeitgenössischen Sprachverständnis liege ein „zweifacher Irrtum" zugrunde. Erstens verwechsle man „eine vorläufige Grenze mit der endgültigen" (AP, 26), indem man gleich von der Unmöglichkeit ausgehe, die konventionelle Bedeutung der Sprache zu überwinden. Zweitens neige man dazu, „die uns gemäße Verschwommenheit und Grenzenlosigkeit des Wirklichen zu verabsolutieren" (AP, 26) anstatt die Differenz zwischen Sprache und Welt als Herausforderung zu begreifen, sich der Wirklichkeit immer weiter anzunähern:

---

48 Werner von Trott, Anmerkungen zum Problem der Produktion. In: Die Kolonne, 1, 1929/30, S. 25–27 [im Folgenden als AP im Fließtext zitiert]; eigentlich: Werner von Trott zu Solz, später mit u. a. Heinrich Böll Herausgeber der Zeitschrift *Labyrinth* (1960–62).
49 Von Trotts Sprachkritik geht nicht von einer allgemeinen Bedeutung der Worte aus, sondern setzt in der konkreten Gesprächssituation an. Man nehme etwa in einem Streitgespräch üblicherweise an, dass die Kommunikationspartner ein ähnliches Vorverständnis über den Gegenstand ihrer Rede besitzen: „Eine Debatte ist nur möglich, wenn die Redenden, so scharf sie sich auch gegenüberstehen mögen, in einem sehr wesentlichen Sinne von vornherein miteinander einverstanden sind" (AP, 25). Dieses Vorverständnis der Redepartner sei aber deswegen problematisch, weil es auf vorher gesetzten Konventionen beruhe, die aber unreflektiert als objektive Wahrheit gedacht werden. Insofern sei es eine „zumindest sehr gewagte Annahme, diese vorgegebene Übereinstimmung in eine allzu nahe Beziehung zu bringen zur objektiven Bedeutung des Wortes, mit dem man den gemeinten Gegenstand bezeichnet" (AP, 25 f.).

> Es bedarf einer kaum erträglichen Anstrengung, um der Wirklichkeit – auch sich selbst – so fern zu treten und aller jener Stützen, mit denen der Schwätzer sein Leben fristet entraten zu können. Es ist eine solche Anstrengung überhaupt nur möglich, wenn die Wirklichkeit selbst über unseren Entschluss hinaus uns zu dieser und das heißt zu sich selbst dadurch verführt, daß sie sich von uns entfernt und sich aus einer banalen Selbstverständlichkeit verwandelt in ein lockendes Rätsel. (AP, 26)

Anders als im Fall der ‚supralogischen Schau' Huebners wird hier keine totale Schau auf eine erschlossene Wirklichkeit eingefordert, sondern zunächst ein Abstand von Stereotypen, der ein Moment des Rätselhaften garantiert. Dabei geht es nicht zuletzt auch darum, den Menschen als Träger von Bedeutung nicht festzulegen, sondern in der ‚Magie' seiner Unbestimmtheit zu begreifen:

> Der Mitmensch bleibt uns ein Rätsel [...] Er bleibt uns ein Rätsel, so tief wir auch verzaubert sein mögen, von seinen letzten Ab- und Untergründen, die uns die Wirklichkeit ja nur darum verwehrt, um sie uns ganz zu schenken und die sie uns ja auch schon schenkt, wenn sie uns ihre Oberfläche versagt, um uns in die Tiefe zu locken. (AP, 26)

Als Vermittlungsinstanz zwischen der Wirklichkeit und „unsere[n] Einsichten in die Umwelt", die nicht mehr als „dunkle Ahnungen" sind, „hinter denen uns das Wesen des Daseins verschlossen bleibt", wird die Einbildungskraft des Dichters, dessen Phantasie eingesetzt, die eine Totalität der Erkenntnis im Moment des Vorläufigen verhindert:

> Sie [die Phantasie] ist ein schwanker Notsteg, der aus unserer Isolierung zu einer vorläufigen Beziehung mit dem Sein führt. Aus dem Unbestimmten wird eine Ahnung des Sinns, die Ahnung zur vagen Gestalt im Wort, daß man doch nur noch schwer und dann auch nur mit dem schmerzhaften Wissen aussprechen kann, daß eine solche Rede noch schemenhaft im nebligen Raume schwebt und eine Eintracht vorweg nimmt, die sie noch zeitig ersehnt. So muss sie in sich widersprechend sein und ihre Unredlichkeit in Wahrheit erweisen. (AP, 27)

Dementsprechend gilt für den literarischen Text: „Gestalten, Ereignisse und Gedanken des Schriftstellers müssen diesen Widerspruch in sich haben und das Interesse des Lesers in sich hineinsaugen, in ihre Einheit, die nicht offensichtlich, sondern gerade in der Art des Widerspruchs merkbar wird." (AP, 27) Gegenüber Benns pessimistischer Unterscheidung zwischen Kunst und Leben bleibt von Trotts Entwurf im Sinne Raschkes auf eine ‚Eintracht' zwischen Sprache und Dasein gerichtet. Dennoch unterscheidet sich von Trotts Ansatz von dem Huebners, weil der Widerspruch zwischen einer konventionellen Sprache einerseits und einer außersprachlichen Wirklichkeit nicht aufgehoben, sondern in der Vorläufigkeit poetischen Sprechens aufgefangen wird. Indem von Trott die poetische Sprache als „schwankenden Notsteg" bezeichnet und sich auf die Kategorie der Unbestimmtheit zurückzieht, wendet er sich auf der einen Seite gegen ein rein auf sich selbst zurückgezogenes Zeichensystem, ohne auf der anderen Seite in eine identitätslogische Figuration zurückzufallen, die das sprachliche Zeichen mit einer diesem Zeichen vorgelagerten Wirklichkeit gleichsetzt.

Wenn die Folge von poetologischen Texten in der vierten Ausgabe der *Kolonne* mit einem Textausschnitt aus Huebners Monographie abgeschlossen wird, in dem er den „Sinn des Dings" mit dem „Sinn des Worts"[50] verschmolzen sieht, fällt die *Kolonne* wieder in die für Huebner typische Verklärungsdynamik zurück. Obwohl auch Raschke diesen naiven Idealismus noch einmal programmatisch aufnimmt, indem für ihn „wieder, wie oft schon, [...] jedes zum Gleichnis des Ganzen"[51] wird, bleibt die von Kritik von Trotts präsent, die jedem Autor, der sich einer Idee voreilig verpflichtet, vorwirft, er sei „nicht mehr als ein Propagandist" (AP, 27).

Abschließend lässt sich also feststellen, dass die *Kolonne* die Diskussion des Nachexpressionismus fortsetzt, insofern die hier besprochenen Texte Positionen der sprachkritischen Moderne und des Expressionismus aufnehmen und über eine Poetik der Vermittlung verhandeln. Gerade in dieser Ausrichtung auf die sprachkritische Moderne unterscheiden sie sich von den Texten der Neuen Sachlichkeit. Die Ausführungen konnten weiterhin zeigen, dass in Bezug auf die ästhetische Ausrichtung der *Kolonne* „ein paradoxes Konglomerat von ästhetischen Traditionalismen und Modernismen besteht"[52], das Raschkes Beiträge insgesamt bestimmt, die in der Forschung als „Spagat" beschrieben wurde, der „Modernität und Modernekritik amalgamiert"[53]. Dieses paradoxe Konglomerat hat einerseits Methode, insofern die poetologische Ausrichtung der Kolonne in der Herstellung einer ‚Spannung zwischen den Polen' das Programm des Nachexpressionismus weiterführt. Andererseits wurde deutlich, dass die Texte zum Teil dieses Spannungsverhältnis zugunsten einer deutlich traditionalistischen Position aufgeben.

Die Thematisierung der publizistischen Aktivität der *Kolonne* soll mit einem Blick auf die politischen Debatten abgeschlossen werden, die sich ebenfalls ‚zwischen den Polen' verorten. Auch hier zeigt sich, dass die Texte der *Kolonne* nicht selten Gefahr laufen, die programmatisch postulierte Balance zu verlieren.

---

50 Untituliertes Zitat aus Huebners Schrift *Zugang zur Welt*, mit den Initialen F. M. Huebners. In: Die Kolonne, 1, 1929/30, S. 27.
51 Martin Raschke, Zwei Schriftsteller Sprechen [Neben Raschke ein Text von W. E. Süßkind, unter der Oberkategorie: Stimmen der jungen Generation]. In: Die Kolonne, 1, 1929/30, S. 28.
52 Petra Kiedaisch, Volker Schober, Krisenzeit der Moderne. In: Haefs, Martin Raschke, S. 37–58, hier: S. 53.
53 Ähnlich Parker/Davies/Philpotts, S. 28 f.

1.3 Die Publizistik der *Kolonne* zwischen den Fronten

1.3.1 Zwischen Ideologiekritik und Entpolitisierung – Horn und Benn

Ein Großteil der in der *Kolonne* veröffentlichten programmatischen Texte setzt sich mit dem Verhältnis von Literatur und Politik auseinander. Dabei kann die *Kolonne* als Gegenmodell zu der ebenfalls zwischen 1929 und 1932 u. a. von Johannes R. Becher herausgegebenen Zeitschrift *Die Linkskurve* gelten. Dolan bezeichnet die *Kolonne* geradezu als einen „Gegenangriff gegen das Programm der Linkskurve [...]; der kommunistischen ‚Front' wird eine bürgerliche ‚Kolonne' entgegengesetzt"[54]. Wie im Folgenden deutlich werden wird, zielt die Programmatik der *Kolonne* allerdings nicht darauf ab, eine politisch rechte Gegenseite literarisch zu besetzen – insofern ist die Angriffsmetaphorik eher unpassend –, sondern eine Zeitschrift in Stellung zu bringen, die sich der politischen Positionierung insgesamt entziehen will, wie im direkten Vergleich mit der *Linkskurve* deutlich wird.

Das Programm der literarischen Zeitschrift *Die Linkskurve*, die von Johannes R. Becher u. a. im Auftrag des der KPD nahestehenden „Bundes proletarisch-revolutionärer Schriftsteller" herausgegeben wird, ist nicht nur auf ästhetische, sondern auch auf politische Konfrontation hin angelegt, wie bereits die Titel der ersten beiden Texte der ersten Ausgabe – Johannes R. Bechers programmatisches Vorwort „Unsere Front" und Josef Lenz' „Warum sind wir keine Pazifisten" – andeuten. Becher erklärt in seinem Text die Verschränkung von ästhetischem und politischem Bereich zum dezidierten Programm der Zeitschrift, weil es in der militarisierten und politisierten Gegenwart schlicht keinen unpolitischen, rein ästhetischen Standpunkt mehr geben könne:

> Das zwanzigsten Jahrhundert, das Zeitalter der imperialistischen Kriege und der Revolutionen – wir wissen: diese unsere Zeit ist eine Zwangsstellung. Wie man sich auch stellen mag, man ist gezwungen, Stellung zu nehmen. Es gibt kein ‚Jenseits', erst recht nicht in der Entscheidungsschlacht der beiden Klassen, der Bourgeoisie und des Proletariats. Man kann nicht heraus aus der Haut, die die Zeit ist. Jedes Wort, zu dem ihr euren Mund auftut, und wenn ihr von den Sternen reden würdet, ist klassenbefangen. Und wenn ihr schweigt, wir fragen, worüber ihr schweigt: in euch schweigt die Klasse, auch euer Schweigen ist Stellungnahme.[55]

Mit dem Vorwurf, dass auch eine Rede, die „von den Sternen" handelt, implizit Stellung bezieht, weil sie sich letztlich den konkreten gesellschaftlichen Proble-

---

54 Dolan, S. 54.
55 Johannes R. Becher, Unsere Front. In: Die Linkskurve, 1, 1929, S. 1–3, hier: S. 1.

men verschließt und damit der herrschenden Klasse zuspielt, nimmt Bechers Kritik an einer bürgerlichen Literatur das zentrale Problem voraus, mit dem die Autorinnen und Autoren der *Kolonne* nicht nur in den zeitgenössischen Debatten, sondern auch in der Rezeption nach 1945 wiederholt konfrontiert werden. Dem Ideal eines „Allgemein-Menschlichen", das sowohl im Expressionismus als auch im Magischen Realismus zu den Leitbegriffen zählt, begegnet Becher mit Misstrauen, weil der Bezug auf das Ideal die gesellschaftliche Realität kaschiere oder „geistreich als ‚Schicksal'" verkläre: „Wir halten ‚die Menschheit' für einen idealistischen Spuk, den in jeder Stunde dieser Welt die Klassenwirklichkeit zunichte macht."[56] Die Forderung, die Becher an den Künstler stellt, ist die Identifikation mit einer engagierten politischen Haltung – konkret: den parteipolitischen Zielen der KPD:

> Der Krieg hat uns nicht nach Hause entlassen. Die Heimat, in die wir zurückkehrten, war nicht unsere Heimat. Wir sind Soldaten geblieben und kämpfen weiter an der Front, deren Fahne die rote ist. Hier, an diesem Frontabschnitt Deutschland, kämpfen wir. [...] Draußen auf der Straße, wenn es auch ganz stille ist, rauscht der Gleichschritt dieser roten Heere, sie sammeln sich jeden Tag im Betrieb und füllen ihre Reihe wieder neu auf. Aus den Pflastern leuchten ihre Inschriften, ihre Zeichen kleben an den Häusern. Man findet ihre Spuren in Stadt und Land. UDSSR. Funkt die rote Melodie der Welt. [57]

Mehrere Beiträge der *Kolonne* wenden sich nun direkt gegen eine parteipolitische Vereinnahmung der Dichtung, verteidigen das Ideal einer nicht engagierten Kunst und setzen damit die für Loerkes und Lehmanns Texte charakteristische Kritik am (expressionistischen) Aktivismus fort. Die Ablehnung eines ideologisch eindeutigen Standpunktes fällt dabei nicht zwangsläufig mit einer politisch-unkritischen Haltung zusammen. Bereits der im ersten Jahrgang der Zeitschrift von Heinz Horn veröffentlichte Essay „Zur geistigen Situation der Jugend" setzt sich sowohl von einer rechtskonservativ als auch linksliberal gespeisten „Hurraphilosophie"[58] ab und fordert einen „skeptischen [Dichter-]Typus" ein, der sich keiner politischen Richtung verschreibt. Indem Horn dazu aufruft, einen Standpunkt „zwischen den Fronten"[59] zu finden, grenzt er sich deutlich von Bechers *Unsere Front* ab und fordert statt eines ideologisch engagierten einen prinzipiell ideologiekritischen Menschen ein. Die „Besessenheit von irgendeinem fadenscheinigen Ideal, einer so genannten ‚Gesinnung'" führe zwar zu einer ideolo-

---

56 Becher, S. 1 f.
57 Becher, S. 2.
58 Heinz Horn, Zur geistigen Situation der Jugend, In: Die Kolonne, 1, 1929/30, S. 57 f., hier: S. 57.
59 Horn, S. 57.

gisch „gesicherten Existenz und damit zu einem ‚Sinn des Lebens'", gebe dabei jedoch die Einsicht preis, „daß es nichts Absolutes gibt, [...] daß auch dieser Glaube nur eine Illusion"[60] ist. Gegen einen ästhetischen-politischen Aktivismus, den er als „faden Optimismus" bezeichnet, setzt sich Horn für den Typus den skeptischen Pessimisten ein, der sich in einem permanenten Zustand der geistigen Opposition befindet:

> Diese Menschen, die ich hier meine, die letzten Freien, wissen, daß sie Untergehende sind. Auch wenn sie der Zeit ihren Tribut zollen und sich zu irgendeinem revolutionären Aktivismus bekennen, so sind sie doch überzeugt, daß am Anfang statt der blindwütigen Begeisterung die Skepsis steht und das Ende statt der neuen Zufriedenheit die neuerliche Empörung oder aber die Resignation bringen wird.[61]

Die Abgrenzung von einer parteipolitisch engagierten Literatur gehört von Beginn an zum Credo der *Kolonne*. Bereits im „Vorspruch" zur ersten Ausgabe hatte Martin Raschke sich von einer politisch (links) engagierten Literatur abgegrenzt, „die den Dichter zum Reporter erniedrigte und die Umgebung des proletarischen Menschen als Gefühlsstandard modernen Dichtens propagierte" (s.o.). Die deutliche Stellungnahme Horns berührt sich jedoch darüber hinaus mit einer zeitgenössischen Debatte, die in den Jahren 1929 und 1930 zwischen Gottfried Benn und Johannes R. Becher geführt wird und die gesellschaftliche Funktion des modernen Dichters zum Thema hat. Im Kontext dieser Debatte nimmt Gottfried Benn gegenüber Becher eine Perspektive ein, die keinen Standpunkt „zwischen den Fronten"[62] im Sinne Horns, sondern einen grundsätzlich unpolitischen Standpunkt ansteuert, der nicht nur den ideologischen Zuspitzungen, sondern den Ausprägungen der zeitgenössischen Gesellschaft insgesamt ablehnend gegenübersteht. Im Kontext einer parteipolitisch unengagierten Literatur steht Benns Position Horns Entwurf kontrastiv gegenüber, wie im Folgenden deutlich werden wird.

Max Hermann Neiße hatte 1929 in der *Neuen Bücherschau* einen Artikel über Benns Prosa veröffentlicht, in dem er den Autor als „Welt-Dichter" bezeichnet, der sich positiv von den „wohlfeilen, marktschreierischen Funktionäre[n] und Salontiroler[n] des Propagandabuntdrucks"[63] absetze. Die Stellungnahmen Johannes R. Bechers und Egon Erwin Kirschs, die sich durch die Rezension persönlich diskreditiert fühlten, sowie die persönliche Stellungnahme Gottfried Benns wur-

---

60 Horn, S. 57.
61 Horn, S. 57.
62 Horn, S. 58.
63 Max Hermann Neiße, Gottfried Benns Prosa. In: Die Neue Bücherschau, 7, 1929, S. 376–380, hier: S. 376.

den daraufhin in der *Neuen Bücherschau* abgedruckt. Als vorläufiger Schlusspunkt der Debatte lässt sich ein am 6. März 1930 in der *Berliner Funkstunde* gesendetes Gespräch zwischen Benn und Becher bezeichnen, das die Positionen der beiden Autoren noch einmal deutlich machen sollte, wobei es sich um ein medial mündliches, konzeptionell jedoch schriftliches (d. h. vorformuliertes) Gespräch handelt, das relativ unvermittelt aufgrund der begrenzten Sendezeit abbricht.[64] Gottfried Benn verfasst daraufhin – möglicherweise als Korrektur des in den seinen Augen verunglückten Rundfunkgesprächs – eine eigene, überarbeitete Version des Rundfunkdialogs, die hauptsächlich seine eigene Position zum Ausdruck bringt. Dieser fiktive Dialog, der noch im Juni 1930 in der *Literarischen Welt* sowie in Benns Essayband *Fazit der Perspektiven* (Dezember 1930) erscheint, nimmt einige Argumente und Positionen der im zweiten und dritten Jahrgang der *Kolonne* geführten Auseinandersetzung vorweg, wobei die dezidiert antipolitische Position Benns in der *Kolonne* nur in gemäßigter Form zu finden ist.

Auch der Ausgangspunkt des Dichters „B" in Benns Rundfunkgespräch ist zunächst ein ideologiekritischer, wenn er sich gegen „die Glücksverheißungen der politischen Parteien"[65] wendet und dem Schriftsteller, der sich einer bestimmten Ideologie unterordnet, das Ideal eines Dichtersubjekts gegenüberstellt, der sich primär mit dem Unbekannten, noch nicht Gedachten beschäftigt und damit gegenläufig zum aktuell verfügbaren Wissen der zeitgenössischen Gesellschaft steht. Dabei hebt B die Kunst als ein Gebiet hervor, das sich grundsätzlich der politischen, wirtschaftlichen und sozialen Funktionalisierung entzieht, und erklärt jede engagierte Literatur zur Un-Kunst:

> Schriftsteller, deren Arbeit auf empirische Einrichtungen der Zivilisation gerichtet ist, treten damit auf die Seite derer über, die die Welt realistisch empfinden, für materiell gestaltet halten und dreidimensional in Wirkung fühlen, sie treten über zu den Technikern und Kriegern, den Armen und Beinen, die die Grenzen verrücken und Drähte über die Erde ziehen, sie begeben sich in das Milieu der flächenhaften und zufälligen Veränderungen, während doch der Dichter prinzipiell eine andere Art von Erfahrung besitzt und andere Zusammenfassungen anstrebt als praktisch wirksame und dem sogenannten Aufstieg dienende.[66]

---

64 Zum genaueren Verlauf der Debatte siehe den Aufsatz von Barbara Beßlich, „Können Dichter die Welt ändern?" Medialer Wirkungswille in Benns Rundfunkdialog und Brechts Radiotheorie. In: Gottfried Benn – Berthold Brecht. Das Janusgesicht der Moderne, hg. von Achim Aurnhammer, Würzburg 2009 (Klassische Moderne. 11), S. 233–254, hier: S. 233 ff.
65 Benn, Rundfunkdialog, S. 178.
66 Benn, Rundfunkdialog, S. 173.

B(enn)s Position, die den L'art pour l'art-Anspruch des Ästhetizismus mit dem Bild des visionären Künstlers der emphatischen Moderne kombiniert, der an der Spitze der (formalen) Innovation steht,[67] sieht nicht in der praktisch-politischen Anwendung der Kunst ihre ästhetische Provokation, sondern darin, dass sie sich jeder ideologischen Verwendung entzieht: „Man kann es nicht anders ausdrücken: Kunstwerke sind phänomenal, historisch unwirksam, praktisch folgenlos. Da ist ihre Größe."[68]

Anders als Horn verortet B(enn) den modernen Dichter ganz im Sinne der Visionär-Ästhetik nicht *zwischen* den zeitgenössischen ideologischen Fronten, sondern jenseits der Ideologien bzw. *über* diesen stehend. Im Unterschied etwa zum visionären Künstler bei Kandinsky steht der Künstler in B(enn)s Konzept jedoch nicht nur an der Spitze des ästhetischen und gesellschaftlichen Fortschritts, sondern letztlich außerhalb gesellschaftlich-praktischer Vollzüge. Eine ideale Kunst im Sinne B(enn)s ist also eine, die sich nicht nur kritisch und unabhängig von den zeitgenössischen Ideologien absetzt, sondern unter keinen Umständen für eine politische Handlung instrumentalisiert werden kann. Dies setzt jedoch voraus, dass das Sujet der Dichtung selbst eines ist, das den ideologischen Veränderungen, den gesellschaftlichen Prozessen nicht unterliegt, wie etwa das Prinzip der unendlichen Verwandlung (aus „Das Unaufhörliche"), das die gesamte Welt beherrscht:

> Also heute leben die Arbeiter wie die Reichen vor drei Jahrhunderten, und heute und in drei Jahrhunderten wird wieder das gleiche Verhältnis so sein und immer so fort und immer geht es weiter hinan und empor und mit sursum corda und per aspera ad astra und mit Menschheitsdämmerungen und Morgenröten, – das alles ist doch schon gar nicht mehr individuell erlebbar, das ist doch ein funktionaler Prozeß der Tatsache der menschlichen Gesellschaft, das ist extrahuman, wie kann ich denn verpflichtet sein, mich einem Prozeß zuzuwenden, dessen ideologische Aufmachung ich als erkenntniswidrig empfinde und dessen menschlicher Ursprung weit vor mir und weit fern von mir aus eigenen Kräften seinen Lauf begann und seine Richtung nahm?[69]

Indem die Kritik des gesellschaftlichen Fortschritts in eine unbedingte Ablehnung des Fortschrittsgedankens überhaupt führt, erklärt sich die Rede von der Wirkungslosigkeit der Kunst als Konsequenz aus der Wirkungslosigkeit gesellschaftlicher Veränderung überhaupt:

---

67 Vgl. dazu die Ausführungen in Kapitel I.1.1.
68 Benn, Rundfunkdialog, S. 174.
69 Benn, Rundfunkdialog, S. 177 f.

> Nein, mir kommt der Gedanke, ob es nicht weit radikaler, weit revolutionärer und weit mehr die Kraft eines harten und fiten Mannes erfordernder ist, der Menschheit zu lehren: so bist du und du wirst nie anders sein, so lebst du, so hast du gelebt und so wirst du immer leben. Wer Geld hat, wird gesund, wer Macht hat, schwört richtig, wer Gewalt hat, schafft das Recht.[70]

Die einzige für den Menschen nutzbringende Funktion der Kunst liegt Benn zufolge dann darin, das Leid über die fatale Situation des Menschen in der Dichtung zu verklären, um so „die Opfer [zu] versöhnen"[71].

Der von der Figur B vertretene, an Nietzsche angelehnte, „besondere Nihilismus der Kunst"[72], der in weiten Teilen Benns eigene Aussagen aus der Debatte mit Becher aufnimmt, hat damit eine ideologiekritische und eine ideologieaffine Seite. Das ideologiekritische Potential lässt sich darin ausmachen, dass eine zentrale Funktion von Kunst an die Verweigerung ideologischer Instrumentalisierung geknüpft wird. Ein dieser Poetologie entsprechendes Verfahren lässt sich etwa in der Zurückweisung einer hermeneutischen Lesart in der texturierten Verfasstheit der Rönne-Novellen sehen.[73] Auch von Trotts sprachkritisches Postulat, dass jeder Text seine eigene Widersprüchlichkeit thematisieren muss und Horns Bestimmung eines ästhetischen Standpunktes zwischen den Fronten sind dieser ideologiekritischen Perspektive verpflichtet. Im Gegensatz zur frühen Prosa Benns erscheint die Kritik der Rationalität im Rundfunkdialog wie auch in „Das Unaufhörliche" allerdings nicht im Rahmen einer brüchigen Sprache (als einer ‚Wirkungsweise der Vernunft'), sondern in einer stabilen, auktorialen Redeweise, die selbst von der Rationalismus-Kritik nicht affiziert wird. Ähnlich wie Huebner tappt der Dichter B(enn) des Rundfunkdialogs damit in die ideologische Falle, da die Kritik die Relativität ihrer eigenen fatalistischen Konstruktion nicht reflektiert, sondern ausblendet, „daß es nichts Absolutes gibt, daß auch dieser Glaube nur eine Illusion" (Horn) ist. So öffnet Benns „Zurückweisung moralischer Be-

---

70 Benn, Rundfunkdialog, S. 178.
71 Benn, Rundfunkdialog, S. 176.
72 Benn, Rundfunkdialog, S. 175.
73 Baßler, Entdeckung der Textur, S. 150 ff. Baßler spricht hier von einem „produktiven Nihilismus": „Die ‚Wirkungsweise der Vernunft' ist abgeleitet von einer vernünftigen, ‚organischen' Weltordnung. Mit Wegfall dieser Prämisse läuft sie ins Leere. Eben dies demonstrieren die Rönnenovellen." (Baßler, Entdeckung der Textur, S. 148) Anders als in *Das Unaufhörliche* wird diese Problematik durch ein Textverfahren umgesetzt, dass sich der Deutung verweigert: „Die [ins Leere laufende] ‚Wirkungsweise der Vernunft', die Verknüpfung, entspricht dem Textverfahren der apodiktischen Setzung, des asyndetischen Katalogs, sofern eine vernünftige Verknüpfung nicht apriori vorausgesetzt ist. [...] So folgen sie [die Lexeme des Textes] aufeinander als Elemente eines Katalogs ohne Oberbegriff; die Willkür ihrer Folge, inhaltlich als zufällige Beliebigkeit ausgegeben, kommt im Text als apodiktisch gesetzte daher." (Baßler, Entdeckung der Textur, S. 151.)

urteilungskategorien" zunächst zwar „einen Freiraum für ästhetische Wahrnehmungskriterien, doch diese erscheinen selbst überdeterminiert durch einen von Nietzsche abgeleiteten Vitalismus, der nur auf eine Gelegenheit wartet, sich politisch zu definieren."[74] Diese Widersprüchlichkeit tritt vor allem dann zutage, wenn Benn seinen künstlerischen Nihilismus nicht ausschließlich im deutungsoffenen Raum des Kunstwerks, sondern in öffentlichen Debatten und Essays (Fazit der Perspektiven) zur Darstellung bringt und damit offensichtlich einen öffentlich wirksamen, eindeutigen Standpunkt einnimmt:

> Gottfried Benn ist in dieser Konstellation kein unbeteiligter Außenseiter, sondern ein aktiver Mitspieler, dessen Interventionen den Gesetzen des Systems gehorchten und seine tiefe Verstrickung in dessen Mechanismen bloßlegten. Sein ‚Fall' demonstriert, dass auch die Befürworter einer strikten Trennung zwischen den Systemen den Irritationen nicht ausweichen konnten und sich permanent zu Stellungnahmen herausgefordert sahen, die mit ihrem Rollenbild nur schwer zu vereinbaren waren.[75]

Die Positionen Horns und des späten Benn markieren damit zwei grundverschiedene, aus dem Bewusstsein der Moderne entwickelte Argumente, für die Begründung einer ‚unparteiischen' Kunst. Beide Perspektiven finden Eingang in die programmatischen Texte der *Kolonne*. Vor dem Hintergrund dieser beiden Positionen lassen sich verschiedene Texte Martin Raschkes und Günter Eichs aus der *Kolonne* diskutieren, die sich mit dem Verhältnis von Kunst und Politik/Gesellschaft auseinandersetzen.

1.3.2 Zum Projekt einer Zeitschrift zwischen den Fronten – Raschke und Eich

> Wenn aber jemand eine Kuh im Grase malt, so kann man noch nicht sagen, er gehe an den brennenden Fragen vorbei und sei ein Reaktionär. Auch nicht, wenn er sehr passiv und sehr genau ein sehr geruhsames Heu kauen lässt.[76]

Die Forderung, Kunst und Parteipolitik zu trennen, ist nicht per se unpolitisch – darauf weist bereits die Tatsache hin, dass sich ein Großteil der in der *Kolonne* veröffentlichten Texte, wenn auch meist apologetisch, mit dem Verhältnis von Kunst und Gesellschaft bzw. Kunst und Politik auseinandersetzt. Als Fluchtpunkt der verschiedenen Ansätze lässt sich der Versuch ausmachen, die Idee einer ideologiefreien Kunst in einem politisch-ideologisch hoch aufgeladenen ästhe-

---

74 Uecker, S. 168.
75 Uecker, S. 180.
76 Roh, S. 116.

schen Diskurs zu verteidigen. Dabei geht es nicht zuletzt darum, die semantische Unschärfe des (modernen) Kunstwerks gegenüber einer neusachlichen Darstellung zu profilieren, deren Deutung durch den Schriftsteller im Voraus autorisiert und diktiert wird. Polemisch schildert Raschke (alias Otto Merz) Ernst Glaesers Literaturkonzept, dessen Sachlichkeit vor allem dazu diene, die (politische) Anschauung des Autors zu veranschaulichen:

> Wir wollen nichts anderes als einen unübersehbaren geschichtlichen Ablauf, so gut wir das können, marxistisch interpretieren [...]. Auf die künstlerische Qualität dieser Zeichnungen kommt es nicht an. Sie haben keine andere Aufgabe als allgemeinverständlich zu sein und klar das Gewollte auszudrücken.[77]

Gegenüber einer politisch engagierten und sachlich-realistischen Kunst plädiert Raschke im Sinne Benns und Kaysers für eine Kunstkritik, die das Augenmerk nicht auf (politische) Inhalte sondern auf die formale bzw. kompositorische Gestaltung legt: „Man verwechselt in der üblichen Kritik gern die Qualitäten des Stoffes mit den Qualitäten der Darstellung"[78].

Der Ablehnung einer partikulären Ideologie des Marxismus, die sich im Gewand eines realistisch-sachlichen Textes präsentiert, steht die Suche nach einer Weltanschauung gegenüber, die sich nicht in gesellschaftlichen Gesinnungen konkretisiert, sondern den Menschen als ganzen umfasst. Schon Kayser hatte in seiner Schrift *Zeit ohne Mythos* beklagt, dass die zeitgenössische Gesellschaft über keinen allgemein verbindlichen Mythos mehr verfüge, sodass die Jugend sich zwangsläufig in die verschiedenen politischen und weltanschaulichen Ideen flüchte. Solange eine solche ‚universale' Weltanschauung, die im Sinne des Expressionismus das von Becher verworfene „Allgemein-Menschliche" zum Ausdruck bringt, jedoch unzugänglich bleibt, ist die Konsequenz eine Ablehnung jeder bestehenden Ideologie, wie in den Stellungnahmen Eichs deutlich wird:

> Wenn man verlangt, die Lyrik solle sich zu ihrer Zeit bekennen, so verlangt man damit höchstens, sie solle sich zum Marxismus oder zur Anthroposophie oder zur Psychoanalyse bekennen, denn wir wissen gar nicht, welche Denk- und Lebenssysteme unsere Zeit universal repräsentieren, wir wissen nur, daß das jede Richtung von sich behauptet. Erst wenn es eine allgemeine Weltanschauung der Zeit gäbe, wäre es sinnvoll, von den Lyrikern Gedichte zu

---

[77] Otto Merz (alias Martin Raschke), Ernst Glaeser rührt abermals den Verstand. In: Die Kolonne, 2, 1931, S. 46.
[78] Merz, Ernst Glaeser, S. 47.

fordern, die dem Gefühl, dem Wissen und dem Wollen aller entsprechen, wie Flemings Kirchenlieder.[79]

Diese Perspektive, die Kaysers Suche nach einem „allgemeinen Mythos" aufgreift, verweigert eine vorschnelle partielle Antwort zugunsten einer allgemeinen Antwort, die jedoch in eine utopische Zukunft verschoben wird und beiden gesellschaftlichen Polen zugutekommen soll:

> Alle Werte sind fragwürdig geworden. Man sucht neue Antworten. Antworten? Man sucht die Antwort. Welche Antwort? Die Antwort auf die Frage, die immer der Entwurzelte stellt, heute ins Leere, ehedem an Christus: ‚was sollen wir tun?' Es muss eine Antwort sein, die vom Erlösungswillen getragen ist. Die Antwort muß brauchbar sein, brauchbar für den Intellektuellen, wie für den Arbeiter.[80]

Die programmatischen Texte Raschkes und Eichs zielen damit im Sinne des Nachexpressionismus auf eine ‚allgemeine Weltanschauung' ab, die den Menschen an sich einschließt und nicht nur einen individuell-partiellen parteipolitischen Menschentypus. Da sich diese Weltanschauung jedoch durch ihre Abwesenheit auszeichnet, kippt dieses Begehren letztlich zwangsläufig wieder in die Kritik der bestehenden Ordnung. Diese Dynamik einer Negativpoetik beschreibt Joachimsthaler als Grundzug von Eichs Gesamtwerk:

> Befreiung aus den Grenzen der Individuation kann auf Darstellungsebene deshalb nur als ein Ziel evoziert werden, das von seiner Nicht-Erreichbarkeit, seinem Noch-Nicht, einer Welt der Grenzen und Unterscheidungen aus gedacht und gewünscht werden muss. Es lässt sich nur ex negativo als telos einer vom Kunstwerk provozierten Sehnsucht andeuten, als ein Leiden an der Beschränkung der jeweils konkreten Existenz. Eichs Poetik ist deshalb bei allen Wandlungen, der sie sich unterzogen haben mag, von Anfang bis Ende bipolar angelegt: Sie gründet auf der Negation einer auf Individuation, Differenz, Konkurrenz und Ungleichheit beruhenden Welt, wobei das von der Negation provozierte Wunschbild eines von all dem freien positiven ‚Sinns' nicht unbedingt immer als (mit Hilfe sprachlicher Mittel) erreicht- oder auch nur vorstellbar erscheinen muss.[81]

---

79 Günter Eich, Bemerkungen über Lyrik. Eine Antwort an Bernhard Diebold. In: Die Kolonne, 3, 1932, S. 3 f., hier: S. 3.
80 Otto Merz [alias Martin Raschke], Eine kleine Chronik, einige Zitate und eine Antwort an Thomas Mann. In: Die Kolonne, 1, 1929/30, S. 47 f.
81 Jürgen Joachimsthaler, Die Pest der Bezeichnung. In: Günter Eichs Metamorphosen. Marbacher Symposium aus Anlass des 100. Geburtstages am 1. Februar 2007, hg. von Carsten Dutt u. Dirk von Petersdorff, Heidelberg 2009, S. 87–119, hier: S. 94.

In den ideologiekritischen Texten der *Kolonne* verbindet sich somit die Kritik eines parteipolitisch motivierten Realismus mit dem Vorwurf, eine eigentlich partikuläre Weltanschauung allgemein zu setzen, während das Kunstwerk gerade den Mangel einer übergreifenden Weltanschauung, bzw. deren utopische Projektion zum Ausdruck bringen sollte. Im Horizont dieses Anspruchs erweist sich ein ideologisch eindeutig bestimmtes Kunstwerk schlicht als Komplexitätsreduktion in einer Welt, die gerade durch ihre Unbestimmtheit in Erscheinung tritt: „Sie [die parteilichen Schriftsteller] haben sich eingenistet in das Denken der radikalen Parteien und schauen nun aus dieser gesicherten weltanschaulichen Wertehalle hinaus in das Treiben der ‚entwurzelten Intellektuellen'. Wie überheblich blicken sie jetzt auf die Geistigen von ihrer Parteischolle herab"[82].

Eichs in diesem Zusammenhang formulierte Äußerung, „Gedichte haben keinen beabsichtigten Nutzwert"[83], negiert damit nicht, wie die Aussagen B.'s ins Benns Rundfunkdialog, die Möglichkeit gesellschaftlicher Veränderung (durch die Kunst) überhaupt, sondern verpflichtet Kunst zunächst auf eine Perspektive, die sich einer direkten gesellschaftlichen Funktionalisierung entzieht. Im Gegensatz zu Benn unterscheidet Eich damit zwischen der Intention und der Rezeption, der Gestaltung und Deutung des lyrischen Textes:

> Man kann vom Regen sagen, er fördere das Wachstum der Pflanzen, aber niemandem wird es einfallen, deswegen zu behaupten, das sei die Absicht des Regens. Die Größe der Lyrik und aller Kunst aber ist es, dass sie, obwohl sie vom Menschen geschaffen, die Absichtslosigkeit eines Naturphänomens hat.[84]

Den Nachkriegsreden Eichs attestiert Lampart ein „grundsätzliches Potential für die Widerständigkeit von Sprache, das die Sprache gegen alle Versuche immunisiert, sie durch Macht zu beeinflussen" und spricht diesbezüglich von einem „nicht engagierten, aber fundamental macht- und autoritätskritischen Charakter von Literatur."[85] Obwohl die Nachkriegsreden – nicht zuletzt durch die Erfahrungen der NS-Diktatur – deutlich stärker auf das Verhältnis von Individuum und gesellschaftlicher Autorität (des Staates, des Marktes) und weniger auf das Ver-

---

82 Martin Raschke, Man trägt wieder Erde. In: Die Kolonne, 2, 1931, S. 47 f., hier: S. 47.
83 Eich, Bemerkungen, S. 4. Eich unterscheidet damit zwischen dem Bereich der Kunst und der Kritik: „Gewiß liegen die Dinge für den Kritiker anders, der das Gedicht einzuordnen hat in menschliche Wert- und Zielsetzungen. Er kann Wirkungen für die Lyrik konstatieren, aber müßte sich darüber klar sein, daß diese Wirkungen für die Lyrik nur Bedeutung haben innerhalb der menschlichen Einordnung und Nutzbarmachung" (Eich, Bemerkungen, S. 4).
84 Eich, Bemerkungen, S. 4.
85 Fabian Lampart, Nachkriegsmoderne. Transformationen der deutschsprachigen Lyrik 1945–1960, Berlin, Boston 2013 (linguae & litterae. 19), S. 148.

hältnis von Ästhetik und Ideologie gerichtet sind, ist das grundlegende Verhältnis zwischen Kunst und Gesellschaft, das Eich nach 1945 programmatisch formuliert, in den Debatten der *Kolonne* bereits angelegt.

Wie für die poetologische Programmatik gilt jedoch auch im Bereich der politisch ausgerichteten Publizistik, dass die *Kolonne* hier kein einheitliches Profil verfolgt. Der durchaus kritischen Bestimmung einer parteipolitisch unabhängigen Kunst, wie sie Eich und zum Teil auch Raschke vertritt, stehen andere Essays Raschkes gegenüber, die jede ideologiekritische Perspektive vermissen lassen. Bereits im ersten Jahrgang der *Kolonne* fordert Raschke unter dem Pseudonym Otto Merz in Auseinandersetzung mit Thomas Manns Rede „Worte an die Jugend" (1927) eine Entpolitisierung der Kunst, die sich im Sinne Benns auf eine Position zurückzieht, die ein dualistisches Weltbild als Legitimation für eine nicht engagierte Kunst begreift. Raschkes Position zeigt deutlich, dass die Grundannahme eines dualistischen Weltbildes ohne die ausgleichende Dynamik des Vermittlungsmodells sehr schnell in eine Legitimation des *status quo* kippen kann:

> Denn es gibt, wo es sich um schöpferische Leistungen handelt, weder die Trennung von Generationen noch von Klassen. Lächerlich ist es, Richtungen gegeneinander auszuspielen, die beide Schicksal sind. Das begreift jeder junge Mensch, heute wie immer. Auch er lernt, je reifer seine künstlerische Leistung wird, immer mehr Dinge in der Fülle der Erscheinungen, die ihm bisher nur Fehler eines Systems erschienen, als organisch zu begreifen. Aber das darf ihn nicht hindern, außerhalb der Bereiche seiner Kunst klar zu fragen und zu antworten, mit Ja und mit Nein. Er darf Kunst und Leben nicht verwischen [...].[86]

Mehr als problematisch wird die vermeintlich unpolitische Position, die Raschke hier vertritt, mit der Machtergreifung der Nationalsozialisten. Als besonders prekär erweist sich in diesem Kontext der von Horst Lange in der Zeitschrift *Der weiße Rabe* verfasste Essay über „Landschaftliche Dichtung" (1933). Aber auch am Beispiel der Rundfunkkarriere Eichs und Raschkes zeigt sich, dass die prägenden Autoren der *Kolonne* den Ansprüchen ihrer unparteiischen Position im Verlauf der 1930er Jahre nicht gerecht geworden ist.

---

[86] Merz, Kleine Chronik, S. 46 f. Ähnlich formuliert auch schon Kayser: „Auch ich bin Sozialist [...] Es gibt [aber] keine sozialistische Kunst, wie es auch keine bürgerliche gibt; es gibt aber sozialistischen Kitsch, wie es auch bürgerlichen gibt: allenthalben dort, wo reines bildnerisches Wollen zurückgedrängt wird von Konventionen, Tendenzen, Absichten, Klasse, Politik und Doktrinen." (Kayser, Ende des Expressionismus, S. 255.)

1.3.3 Politische Konsequenzen einer ‚unpolitischen' Kunst nach 1932

In seinem Aufsatz „Man trägt wieder Erde" im zweiten Jahrgang der *Kolonne*, der sich kritisch mit dem Vorwurf auseinandersetzt, die *Kolonne* „drucke keine Texte mit sozialen Themen", betont Raschke erneut die Vermittlungspoetik der Kolonne, die sich nicht nur von einer linksorientierten Parteipolitik absetzen will, sondern auch von einer naiven Apotheose der Natur, des Bauern und der Landschaft:

> Wir wollen nicht dem Bewußtsein fliehen, wir wollen nicht die Gebärden des Naiven wiederholen, weder die des Bauern noch des Proletariats. Das Bewußtsein ist unser Stolz und Schicksal. Daß es Grenzen hat, vergessen wir nicht, auch nicht, daß wir aus Fernerem leben. Nach wie vor gilt es nur, den Zusammenhang von Dunklem und Hellem, diese schmerzende Mischung von Freiheit und Bestimmtsein, von Nahem und schon Entwachsendem zu gestalten, die Mensch heißt.[87]

Es stellt sich jedoch die Frage, inwiefern die Rhetorik der Ideologiekritik und der Vermittlung im Kontext der Publizistik der *Kolonne* tatsächlich konsequent umgesetzt wird. Wo die Suche nach einem Standpunkt „zwischen den Fronten" zugunsten eines in sich geschlossenen Schemas aufgegeben wird, kippen die Texte in Ideologie zurück. Obwohl Raschke sich wiederholt gegen die „Gebärden des Naiven" wendet, zeugen eine große Anzahl der in der *Kolonne* veröffentlichten Texte davon, dass die Zeitschrift dem Anspruch nicht immer gerecht wird. Die Gefahr besteht dann, dass sich das Gewicht von einer modernekritischen zugunsten einer restaurativ-verklärenden Perspektive verschiebt, die in Provinz, Landschaft, Volk und Boden eben jeden Mythos bereits erfüllt sieht, den die Poetik der Mitte aufschiebt. Tatsächlich ergibt sich, wie bereits Schäfer herausgestellt hat, in der *Kolonne* nicht selten ein Ungleichgewicht zwischen der essayistischen Kritik und dem Anspruch einer großen Anzahl der publizierten Lyrik: „Doch Raschke selbst macht die Kolonne zum Ort für ausgesprochen traditionalistische Dichtung, wie die Abdrucke längerer Arbeiten von Wichert [...] und Billinger [...] dokumentieren."[88] Während Raschke auf der einen Seite die Modernität der Gedichte Peter Huchels hervorhebe, drucke er gleichzeitig idyllische Naturgedichte, „die – wie Elisabeth Langgässer zurecht beklagte, bloße Inhalte transportierten und die ‚Lyrik des 3. Reichs' vorwegnähmen."[89]

---

[87] Martin Raschke, Man trägt wieder Erde, In: Die Kolonne, 2, 1931, S. 47 f.
[88] Schäfer, Mythos, S. 31.
[89] Schäfer, Mythos, S. 31. Schäfer bezieht sich hier auf einen Brief Langgässers „an Raschke vom 5. 8. 1932, SLUB; die Kritik Elisabeth Langgässers bezieht sich auf Johann Lindners Gedicht *Kentaurischer Knecht*" (Schäfer, Mythos, S. 31).

Ein mit dem Pseudonym Otto Merz gezeichneter Aufsatz Martin Raschkes im siebten Heft des zweiten Jahrgangs der *Kolonne* bringt diese Widersprüchlichkeit zum Ausdruck. Er kann dabei sowohl als Versuch gefasst werden, den ästhetischen und politischen Standort der Mitte noch einmal festzuhalten und erweist sich gleichsam als Symptom der Schwierigkeit dieses Balanceakts. Unter dem Titel „Verratene Dichtung" kritisiert Martin Raschke diejenigen Dichter der rechten Fraktion, die sich ebenso wie die *Kolonne* für eine Aufwertung des Wunderbaren, der Natur und des Mythos aussprechen, diese jedoch funktionalisieren, um eine rechtskonservative Position zu stärken:

> So hat man das dichterische Wissen um die Beziehungen zwischen den Aufgaben des Einzelnen und des Ganzen, das Wissen um die mythische Einheit an die Schwerindustrie verraten, die doch nichts anderes ist als das Negativ des Marxismus. Und mit Recht wird man im Lager der Linken aufstehen und fragen: wir täuschten uns nicht, als wir euren Idealismus und euer Bemühen um die Erneuerung der Mythen Dienst am Kapitalismus nannten. Euer Bild des ewigen Menschen war eine taktische Lüge, hinter der eine nimmersatte Industrie Geschäfte machen wird wie nie zuvor.[90]

Als spezifisches Problem der *Kolonne* erscheint dabei, dass sich auch die völkische Literatur auf solche Leitbegriffe stützt, wie sie im Rahmen der Vermittlungspoetik der *Kolonne* gegenüber der Neuen Sachlichkeit in Stellung gebracht werden:

> Ein Programm der Nationalsozialisten, das sich mit den Aufgaben der Kunst im Dritten Reiche beschäftigt, unterscheidet sich nur in unwesentlichen Punkten von den Programmen der linken Front; hier wie dort soll der Schreibende und jeder andere Schaffende nach Möglichkeit zum Reklamefachmann der jeweiligen Staatsideologie werden, nur mit dem Unterschiede, daß die Rechte sich dabei so aufführt, als bewahre sie allein ungemindert das klassische oder romantische Bild des Dichters. Doch auch sie hat es lange gegen ein mechanisch-funktionelles eingetauscht. [...] Weil ihnen wirkliche Ziele fehlten, schlüpften sie bei den Parteien der Rechten unter und besorgten sich deren Ideologie, und so schwankt man zwischen politischen Tendenzen und einem experimentierfeindlichen Altersstil zeitenthobener Prägung, der trotzdem vorgibt, Stimme einer Landschaft oder irgendeiner Tradition zu sein.[91]

Mit der politischen Wende zur NS-Diktatur verschärft sich diese Problematik. So lässt der 1933 von Horst Lange in der Zeitschrift *Der weiße Rabe* veröffentlichte

---

90 Otto Merz (alias Martin Raschke), Verratene Dichtung. In: Die Kolonne, 2, 1931, S. 61.
91 Merz, Verratene Dichtung, S. 61.

Essay „Landschaftliche Dichtung"[92] die ästhetische und politische Zwischenposition, die für die Essayistik der *Kolonne* noch veranschlagt werden kann, nicht mehr erkennen und liest sich geradezu als Paradebeispiel für die von Raschke verschmähte Ideologie „zwischen politischen Tendenzen und einem experimentierfeindlichen Altersstil zeitenthobener Prägung, der trotzdem vorgibt, Stimme einer Landschaft" zu sein.

Indem Horst Lange die Aufgabe der Landschaftlichen Dichtung darauf beschränkt, die Unbestimmtheit der (deutschen) Landschaft in die Eindeutigkeit des Kunstwerks zu überführen, verliert der Bereich der Natur als Gegenpunkt zu dem Begriff der Kultur jedes subversive Element:

> Nähme man sich eine Landkarte, zeichnete man die Bezirke an, die bereits in unserer Literatur ein Abbild erhalten haben, das mehr umfaßt als die Eigenart ihrer äußeren Erscheinung, so blieben genug weiße Stellen übrig. Heute bereiten sich überall in Deutschland Dichter darauf vor, die Landschaft, aus der sie stammen, mit allen Geheimnissen, welche in der Luft, im Wasser, im Boden Gestalt annehmen, für immer aus der Vieldeutigkeit der bloßen Existenz in das Eindeutige der künstlerischen Neu-Schöpfung hinüberzuretten. (LD, 23)

Gleichzeitig verschleiert Langes Text den Akt der Kultivierung, indem die Landschaftsdichtung als ein intuitives Unternehmen geschildert wird, das auf „Belesenheit und Wissen" (LD, 24) nicht angewiesen ist. So führt die Abgrenzung von einer Kunst der Veruneindeutigung, die Lange explizit „mit den bekannten Dämmerungen, Verwicklungen und Mystifikationen" (LD, 25) des Expressionismus in Verbindung bringt, nicht zu einer Aufwertung der Rationalität. Statt einer „,nihilistischen' Vernunft- und Aufklärungsliteratur" prophezeit er eine „Periode sittlicher und moralischer Dichtkunst, die vielleicht alle Verheerungen wiedergutmacht, welche die circensischen Unterhaltungsgeschäfte eines entarteten Theaters, eines routiniert-spekulativen Filmbetriebs und einer wankelmütigen Buch-Produktion angerichtet haben." (LD, 24)

Die doppelte Frontstellung gegen die ‚entartete' Moderne, die dem Moment des Unbestimmten sein subversives und dem Moment des Rationalen sein kritisches Potential entzieht, führt dann nicht nur zu einer unkritischen Konzeption von Dichtung, sondern zu einer nur vermeintlich unpolitischen Dichtung, die sich der politischen Ideologie jedoch geradezu anbiedert. So verbindet Langes Text den Vereindeutigungsvorgang, der Natur in Landschaft übersetzt, gleich-

---

[92] Horst Lange, Landschaftliche Dichtung. In: Der weisse Rabe. Zeitschrift für Vers und Prosa, 2, 1933, S. 21–26 [im Folgenden mit LD im Fließtext zitiert]. Die Komposition der Ausgabe wird von Horst Lange verantwortet.

zeitig mit dem nationalen Projekt der (totalen) Erschließung des deutschen Territoriums. Als übergeordnetes Ziel der Landschaftlichen Dichtung geht es Lange darum, eine spezifisch „deutsche Landschaft" (LD, 24) lebendig werden zu lassen und auf diese Weise eine „Einheit hervorzubringen, die, wenn sie besteht, mit Recht Nation geheißen werden kann." (LD, 26) Das Anbiedern an einen völkischen Diskurs ist deutlich erkennbar, wenn Lange die Dichtung darauf verpflichtet, „im heutigen deutschen Menschen die Teile des Seelischen wach zu halten, die danach verlangen, Boden zu haben, auf welchem die Füße stehen können, Raum um sich und das Walten großer Gesetzte in allem zu spüren." (LD, 26) Langes Roman *Ulanenpatrouille* kann, wie noch zu zeigen sein wird, als exemplarische Umsetzung dieser ‚Landschaftsdichtung' gelten.

Auch Eichs und Raschkes spätere publizistische Aktivitäten, vor allem die Rundfunkarbeiten, lassen sich als Übergang von einer ideologiekritischen Position in eine ideologieaffine beschreiben. Die von Raschke und Eich komponierte Hörspiel-Sendefolge des *„Königswusterhäuser Landboten"*, die vom deutschen bäuerlichen Leben vor der Industrialisierung erzählt und zu den erfolgreichsten Rundfunkformaten der NS-Zeit gehört, stellt Axel Vieregg zufolge nicht nur die „umfangreichste und weitreichendste Idyllenproduktion der NS-Zeit"[93] dar und erzeugt eine „Scheinharmonie"[94], die von der prekären politischen Situation ablenkt; sie greift auch explizit Ideologeme des Nationalsozialismus auf.[95] Eine selbstkritische Verhandlung erfährt diese prekäre politische Instrumentalisierung implizit in Eichs Hörspiel „Radium" (1937), das die Vereinnahmung paradoxer Weise gleichzeitig fortführt. Das Stück verhandelt die problematische Situation eines unpolitischen Dichters, der sich schließlich aufgrund von finanziellen Nöten instrumentalisieren lässt, und kann als kritische Reflexion von Eichs (und Raschkes) eigener Karriere während der NS-Zeit gelesen werden. Eichs *Radium* nimmt, wie andere Hörspiele Eichs aus den 30er Jahren, zunächst explizit eine „anti-industrielle, anti-amerikanische und explizit fortschrittsfeindliche Haltung

---

93 Axel Vieregg, Der eigenen Fehlbarkeit begegnet. Günter Eichs Realitäten 1933–1945, Eggingen 1993, S. 27.
94 Vieregg, Fehlbarkeit, S. 27. Vgl. auch Schuster, Die vergessene Moderne, S. 158 f. Eine ausführliche Diskussion der problematischen Hörspielkarriere Eichs und Raschkes findet sich zudem in Jörg Schuster, Hörspiele zwischen NS-Propaganda, Magischem Realismus und Spätavantgarde (1930–1960). In: Baßler/Roland/Schuster, Poetologien deutschsprachiger Literatur, S. 179–194.
95 Glenn R. Cuomo, Career at the Cost of compromise. Günter Eich's life and work in the years 1933–1945, Amsterdam, Atlanta 1989 (Amsterdamer Publikationen zur Sprache und Literatur. 82), S. 79.

ein [...]"⁹⁶ und spielt damit der nationalsozialistischen Propaganda zu. Das auf Rudolf Brunngrabers *Radium. Roman eines Elements* (1936) aufbauende Hörspiel führt vor, wie die Entdeckung des Radiums von großen (belgischen und amerikanischen) Konzernen ökonomisch funktionalisiert wird, anstatt das neu entdeckte Element für die Menschheit nutzbar zu machen (die schädliche Wirkung der Strahlung stellt sich erst im späteren Verlauf des Stückes heraus, wird dann jedoch von den Konzernen verschwiegen). Gleichzeitig reflektiert der Text jedoch auf eine erstaunlich deutliche Weise das Problem einer ideologischen Vereinnahmung der Kunst selbst.

Um für die kostspielige Krebstherapie seiner Frau aufkommen zu können, ‚verkauft' sich der Schriftsteller Chabanais (benannt nach dem berühmten Pariser Bordell)⁹⁷ an den reichen Unternehmer Cynac, um in dessen Unternehmen im „belletristischen Teil" der „Propagandazeitschrift"⁹⁸ zu arbeiten und das Radium zu bewerben. Die Forschung hat in dem sich verkaufenden Dichter – gestützt auf die Briefe Eichs an Martin Raschke und Arthur Kuhnert – eine kritische Selbstreflexion des Autors Eich gesehen: „Eichs Selbstportrait in Radium, der Dichter Chabanais [...], der sich prostituiert hat, entspricht exakt der tatsächlichen Situation, in der Eich sich zu dieser Zeit befand, nämlich Werbung zu schreiben für ein verbrecherisches Regime."⁹⁹ Der Kompromiss, den Chabanais eingeht, als er sich aus finanziellen Gründen zum ersten Mal mit dem Gedanken anfreundet, für Geld zu dichten, steht dabei in deutlichem Gegensatz zu den programmatischen Postulaten Eichs in der *Kolonne*:

> Gut, man kann auch das tun. Vielleicht braucht jemand ein Hochzeitsgedicht oder eine Ode auf seinen Tod. Bardamen, – Kellner, – Chauffeur, – Schreibmaschinenarbeiten, – russischer Unterricht, – Massage, – Möbliertes Zimmer, – Radiumwerk Cynac, Niederlassung Paris. – Radium? Ist nicht Radium mein Spezialgebiet? Einen Augenblick. ‚Mehrere Werbeleute gesucht. Schriftliche Angebote.' Schriftliche Angebote, das ist mein Fall. Kann ich mich nicht mit Recht als Werbefachmann für Radium bezeichnen? Auch die Poesie kann das Herz von Konsumenten erobern und nicht jeder geht auf Versfüßen! (R, 172)

---

96 Hans-Ulrich Wagner, Axel Vieregg: Der eigenen Fehlbarkeit begegnet. Glenn R. Cuomo: Career at the cost of compromise. In: „Unsere Sünden sind die Maulwürfe". Die Günter-Eich-Debatte, hg. von Axel Vieregg, Amsterdam, Atlanta 1996 (German Monitor. 36), S. 77–83, hier: S. 80.
97 Vieregg, Fehlbarkeit, S. 17.
98 Günter Eich, Radium. Nach Motiven des Romans von Rudolf Brunngraber (1937/1951). In: Eich, Gesammelte Werke. Bd. 2. Die Hörspiele 1, hg. von Karl Karst, Frankfurt a. M. 1991, S. 157–194, hier: S. 173 [im Folgenden als R im Fließtext zitiert].
99 Vieregg, Fehlbarkeit, S. 25.

Während der Dichter Chabanais zunächst auftragsgemäß Propagandadichtung betreibt, wird er schließlich wegen des Gedichts „Die siebzehn leuchtenden Mädchen" (R, 185) kritisiert, welches das Schicksal der aufgrund der Strahlung des Radiums getöteten Arbeiterinnen in den Vordergrund rückt und damit auf das Unrecht der industriellen Funktionalisierung des Radiums aufmerksam macht: „Denkt an die siebzehn leuchtenden Mädchen! [...] Denkt an sie, damit keiner vergißt, wie die Welt voll Sünde und Bosheit ist!" (R, 183 f.) Die Wiederholung des Imperativs erinnert deutlich an den kritisch-appellativen Charakter von Eichs Nachkriegshörspielen und markiert die Wende des Dichters Chabanais hin zu einer, wenn auch erfolglosen, ideologiekritischen Instanz: „[...] Cynac's censors eliminate the text from their journal much in the same way the Third Rich's censorship apparatus made any attempt to publish a direct attack on the Hitler regime a futile, if not suicidal act."[100] Während der Dichter in Eichs Hörspiel am Ende des Stücks aus dem System austritt – „Herr Chabanais [...] ist in den Urwald aufgebrochen" (R, 193) –, bleibt Eich den Rundfunkarbeiten für den Landboten trotz persönlicher Aversion aus finanziellen Gründen treu und veröffentlich 1940 mit dem Hörspiel „Rebellion in der Goldstadt" erneut ein auf der Oberfläche eindeutig antikapitalistisches und antibritisches Hörspiel, das er gleichwohl wiederum mit einem systemkritischen Subtext versieht.[101]

Die Auseinandersetzung mit der in der Kolonne geführten Debatte um die Verflechtung von Politik und Ästhetik bestätigt damit die Ergebnisse aus der Auseinandersetzung mit den poetologischen Texten der Kolonne. Während die programmatischen Texte Eichs, zum Teil auch Raschkes, wiederholt einen Standpunkt zwischen den politischen Fronten postulieren, der durchaus Gemeinsamkeiten mit den ideologiekritischen Positionen des späten Eichs aufweist, zeigen vor allem die Rundfunkarbeiten Eichs und Raschkes, wie ein ver-

---

[100] Cuomo, Career, S. 114.
[101] Günter Eich, Rebellion in der Goldstadt. Transkript der Schallplattenaufzeichnung 1940. In: Eich, Rebellion in der Goldstadt. Texttranskript und Materialien, hg. von Karl Karst, Frankfurt a. M. 1997, S. 13–50. Das ursprüngliche Manuskript Eichs ist nicht mehr vorhanden, die Tonfassung stellt eine redaktionelle Bearbeitung dar (Karl Karst, Einführung. In: Eich, Rebellion, S. 7–12, hier: S. 9). Eich selbst legitimiert das Verfassen des Hörspiels damit, dass die dargestellte Rebellion trotz des versetzten Kontextes als systemkritische Perspektive gelten kann, die nicht im Interesse der NS-Diktatur liegen könne: „Nun ist es der Streik der Goldminenarbeiter 1922 in Johannesburg, ein Thema, das ich mit entsetzt gerungenen Händen ablehnte, wär ich Propagandaministerium" (Günter Eich, Brief an Arthur A. Kuhnert, vom 13. März 1940. In: Eich, Rebellion, S. 60). Eich distanziert sich früh von seinem Hörspiel, nimmt die Sendung jedoch aus finanziellen Gründen in Kauf: „Mein Hörspiel (Rebellion in der Goldstadt) ist mit Ach und Krach fertig geworden und ist ein jammervolles Werk. Dennoch hoffe ich auf eine baldige Sendung, honoraris causa." (Günter Eich, Brief an Arthur A. Kuhnert vom 20. April 1940. In: Eich, Rebellion, S. 61.)

meintlich politisch neutraler Standpunkt einer politischen Instrumentalisierung in die Hände spielt.

In Bezug auf die Positionierung der Zeitschrift *Die Kolonne* im Kontext des Magischen Realismus lässt sich keine eindeutige Antwort finden, dafür erweist sich das Profil der Zeitschrift selbst als zu inhomogen. So wird die Idee der Mitte und des Ausgleichs sowohl in den poetologischen als auch in den politisch-orientierten Texten Raschkes und Eichs zwar immer wieder bemüht, letztlich aber nicht konsequent umgesetzt. Deutlich konsequenter als *Die Kolonne* schließen die frühen Prosatexte Langgässers an die Poetik der Mitte und an das doppelkonditionierte Verfahren des Magischen Realismus an.

2 Poetologie des Ausgleichs – Elisabeth Langgässers frühe Prosa

2.1 Kritik einer abstrakten Moderne – „Merkur"

2.1.1 Langgässers „Triptychon des Teufels" (1932) und Otto Dix' Großstadttriptychon

Elisabeth Langgässers frühe Prosaveröffentlichungen, die Erzählsammlung „Triptychon des Teufels" (1932) und die Erzählung *Proserpina* (1933), die der Autorin 1931, noch vor der Publikation der Texte, den Preis des Deutschen Staatsbürgerinnenverbandes einbringen,[102] knüpfen in doppelter Weise an die nachexpressionistischen Programme und Verfahren an, wie sie für die Texte Loerkes, Kaysers und Lehmanns charakteristisch sind. In deutlicher Kontinuität zum Magischen Realismus der 1920er Jahre deuten auch Langgässers Texte die ästhetischen Verfahren und kulturellen Prozesse der Moderne zum großen Teil als Resultat eines ästhetischen und epistemologischen Ungleichgewichts. Während das „Triptychon des Teufels" die Kritik der politischen, ökonomischen und ästhetischen Strukturen der Moderne vorführt, ohne einen konkreten Ausweg aus der vermeintlichen Krise aufzuzeigen, lässt sich die Erzählung *Proserpina* als poetologischer Versuch zu einer alternativen Poetik verstehen, die sich im Sinne des Magischen Realismus in einem Spannungsfeld von Moderne und Tradition verortet und eine Poetik des Ausgleichs umsetzt. Die Forschung hat sich bisher mit der frühen Prosa Langgässers entweder nicht auseinandergesetzt oder einseitig die textimmanenten Strukturen der Erzählungen diskutiert, etwa die Dechiffrierung griechisch- bzw. römisch-antiker und christlicher Symbole. Um die Verfahrensweise der Texte Langgässers vor dem Hintergrund einer magisch-realistischen Poetik angemessen beschreiben zu können, ist es jedoch erforderlich, die Texte an die ästhetischen und philosophischen Debatten der Moderne anzuschließen.

Unter dieser Prämisse erweist sich Elisabeth Langgässers Erzählsammlung „Triptychon des Teufels. Ein Buch vom Haß, dem Börsenspiel und der Unzucht" (1932)[103] unverkennbar als eine mediale Übersetzung von Otto Dix' Triptychon

---

[102] Hilzinger, Elisabeth Langgässer, S. 124f. Den Preis erhält Elisabeth Langgässer für die Erzählungen *Proserpina* und *Mars*.
[103] Elisabeth Langgässer, Triptychon des Teufels. Ein Buch von dem Hass, dem Börsenspiel und der Unzucht, Dresden 1932.

„Großstadt" (1927/28)[104]. Dabei übernimmt Langgässers Erzählsammlung mit den drei Kurzgeschichten „Mars", „Merkur" und „Venus" nicht nur die Darstellungsform des Triptychons, sondern auch die thematische Anordnung. Während die Erzählung „Mars" anhand eines Ehepaars, das durch die Präsenz einer Gruppe von Besatzungssoldaten ins Unglück gestürzt wird, die Schrecken von Krieg und Besatzung verhandelt, erzählt „Merkur" die Geschichte eines Kaufmanns mit einer seltsamen Liebe für Ornamente, der seinen Reichtum vor allem im Zusammenhang der Weltwirtschaftskrise und Inflation erworben hat und plötzlich verschwindet. Die dritte Erzählung „Venus" schließlich thematisiert die prekären Zustände in einem Lagerbordell. In Kongruenz zu Dix' Großstadttriptychon verhandelt also auch Langgässers literarisches Triptychon die Themen Krieg, Konsum und Prostitution.[105] Neben der motivischen lässt sich auch eine poetologische Kontinuität zwischen Dix' Kunstwerk und Langgässers Erzählsammlung feststellen. Denn sowohl die mittlere Erzählung des „Triptychon des Teufels" als auch die mittlere Tafel des Großstadttripychons verhandeln die prekäre Verschränkung von Kapital und Ästhetik am Beispiel des Ornamentalen als Signatur der Moderne. Aufgrund der deutlichen kompositorischen Nähe der beiden Kunstwerke soll zunächst Dix' Triptychon eingehend verhandelt werden. Erst im Anschluss daran wird zu klären sein, inwiefern Langgässers Erzählung Dix' Kunstwerk adaptiert.

Die Kritik des Ornamentalen steht in Otto Dix' Triptychon „Großstadt" im Zusammenhang mit der Aufwertung einer gegenständlichen Kunstform, einer ‚Neuen Sachlichkeit'. Schon in seinem Essay „Das Objekt ist das Primäre" (1927) spricht sich Dix in Abgrenzung zur abstrakten Moderne für ein am Gegenstand orientiertes Verfahren aus, das die Darstellungsmittel in den Hintergrund treten lässt:

---

104 Eine vollständige Abbildung des Triptychons findet sich in Daniel Spanke, Otto Dix. Großstadt. In: Drei. Das Triptychon in der Moderne, hg. von Marion Ackermann, Stuttgart 2009, S. 80–85, hier: S. 82f.
105 Auch in Dix' Großstadttriptychon bildet der Krieg in Gestalt des Kriegsversehrten das zumindest vordergründige Zentrum der linken Tafel, während in der rechten Tafel die Gestaltung der Prostituierten besonders hervorgehoben ist. Die auf der Mitteltafel porträtierte Wohlstandsgesellschaft widmet sich vor allem den Themen „Kapital, Luxus und Verschwendung" (Eva Karcher, Otto Dix. 1891–1969. Leben und Werk, Köln 1988, S. 151). Über die Anordnung des Triptychons hinaus, greift vor allem die Erzählung *Merkur* zudem spezifische Motive aus Dix' Kunstwerk auf, wie etwa das Auftreten der Jazzband, die profilierte androgyne Tänzerfigur oder das Motiv des Karnevalesken (Elisabeth Langgässer, Triptychon des Teufels. Merkur. In: Langgässer, Gesammelte Werke. Bd. 5. Die Erzählungen, Hamburg 1964, S. 172–193 [im Folgenden als M im Fließtext zitiert]).

> Für mich bleibt jedenfalls das Objekt das Primäre, und die Form wird erst durch das Objekt gestaltet. Daher ist mir stets die Frage von größter Bedeutung gewesen, ob ich dem Ding, das ich sehe, möglichst nahe komme, denn wichtiger als das Wie ist mir das Was! Erst aus dem Was ent-wickelt sich das Wie![106]

Das Großstadttriptychon erscheint angesichts dieser programmatischen Aussage geradezu als Schauplatz einer Negativpoetik, da hier eine Gesellschaft vorgeführt wird, die sich ausschließlich über ihre Repräsentationsformen („das Wie') konstituiert. Schon der dargestellte städtische Raum wird als eine illusionäre Szenerie präsentiert: „Die Räume aller drei Bildtafeln erweisen sich bei eingehender Betrachtung als irreale Illusionsräume [...]. Die Wirkung ihrer Irrationalität setzt sich aus formal-technischen Eigentümlichkeiten in der Behandlung von Perspektive, Verhältnis: Körper-Raum und Licht zusammen."[107] Besonders augenfällig ist in diesem Zusammenhang die in der rechten Tafel gestaltete Architektur, deren einzelne Teile sich nicht zu einem Bauwerk zusammenfügen, sondern unproportionierte Fragmente darstellen, die in historistischer Manier kombiniert werden, wobei die ornamentale Barockarchitektur im Vordergrund steht:

> Im rechten Flügel des Bildes steigt die Kulisse riesenhaft auf und erzeugt den Eindruck großer Höhe, nicht aber Tiefe. In ihrer Gestaltung koppelte Dix antikisierende Säulen als Stützpfeiler mit barockisierenden Formen [...]. Die einzelnen Formen stehen jeweils zueinander in keinem Bezug, sie wurden gleichsam wahllos miteinander verbunden, um den Eindruck von Überfülle zu erwecken.[108]

Über die baukünstlerische Formation hinaus durchzieht das Motiv des Ornamentalen das gesamte Triptychon. Nicht nur die Frauengruppe im rechten Tafelbild erscheint „in ihrer konsequenten Reihung, betont durch die parallel neben ihr aufsteigende barockisierende Ornamentarchitektur, als insgesamt abstraktes dekoratives Muster"[109]. Auch die mittlere Tafel nimmt das Ornament als Gestaltungsmittel in Kleidung und Gestik der weiblichen Figuren auf, besonders eindrücklich in der Kleidung und Körperhaltung der in den Vordergrund gerückten androgynen Tänzerfigur:

> Ihre Schrittstellung lässt vermuten, daß sie im Moment einer tänzerisch stilisierten Bewegung von Dix gemalt wurde. Die extreme Verspannung ihrer Armhaltung formt diese zur

---

106 Otto Dix, Objekt gestaltet Form (1927). In: Dix. 1891–1969. Museum Villa Stuck, 23. August bis 27. Oktober 1985, hg. von Rainer Beck, München 1985, S. 274.
107 Eva Karcher, Eros und Tod im Werk von Otto Dix. Studien zur Geschichte des Körpers in den zwanziger Jahren, Münster 1984 (Form und Interesse. 7), S. 74.
108 Karcher, Eros, S. 75.
109 Karcher, Dix, S. 155.

künstlerischen Pose um, die sich als ‚gestischer Leerraum' beschreiben läßt, dadurch daß sie in keinem Zusammenhang mehr zur Gesamtbewertung des Körpers steht und nur noch ihrem eigenen dekorativen Selbstzweck dient. [...] Die Volants der in Profilhaltung gemalten Frau fallen in kostbarem, lachsrot getöntem Plissée an ihrem Körper hinab, nahgesetzt an den Rückenträgern eines kniekurzen, perlenbesetzten Kleides aus dünnem, mit einem feinen Ornamentmuster verzierten Stoff.[110]

Die dekorativen, nahezu geometrische Stilisierung der genderneutralen Tänzerfigur nimmt einen Gedanken auf, den Siegfried Kracauer in seinem 1927 veröffentlichten Essay „Ornament der Massen" in Bezug auf die kulturhistorische Bedeutung der (Revue-)Tanzgruppe der britischen Tiller Girls formuliert.[111] Kracauer beschreibt den Tanz der Revuegruppe als ein Massenornament, weil dieser ein reines „Liniensystem" bilde, „das nichts Erotisches mehr meint"[112] und auch sonst keine Bedeutung außerhalb der künstlerisch-mathematischen Darstellung mehr evoziert:

> Das von seinen Trägern abgelöste Ornament ist rational zu erfassen. Es besteht aus Geraden und Kreisen, wie sie in den Lehrbüchern der euklidischen Geometrie sich finden; auch die Elementargebilde der Physik, Wellen und Spiralen, bezieht es mit ein. Verworfen bleiben die Wucherungen organischer Formen und die Ausstrahlungen seelischen Lebens. Die Tillergirls lassen sich nachträglich nicht mehr zu Menschen zusammensetzen.[113]

Indem das Massenornament die organische Natur verneint und die tänzerische Geste um der Geste willen reproduziert, bildet es Kracauer zufolge das zeitgenössische ökonomische System des Kapitalismus ab, dessen Funktion ebenfalls darin besteht, sich Selbstzweck zu sein:

> Die Struktur des Massenornaments spiegelt die der gegenwärtigen Gesamtsituation wieder. Da das Prinzip des kapitalistischen Produktionsprozesses nicht rein der Natur entstammt, muß es die natürlichen Organismen sprengen, die ihm Mittel und Widerstände sind. [...] Der kapitalistische Produktionsprozess ist sich Selbstzweck wie das Massenornament. Die Waren, die er aus sich entläßt, sind nicht eigentlich darum produziert, daß sie besessen werden, sondern des Profits wegen, der sich grenzenlos sein will.[114]

In Dix' Triptychon verbindet sich nun das abstrakte Moment gesellschaftlicher Repräsentation in prekärer Weise mit dem abstrakten Warencharakter des kapi-

---

110 Karcher, Eros, S. 71 f.
111 Den Bezug zu Kracauers Essays stellt bereits Karcher her (Karcher, Eros, S. 66 ff.).
112 Siegfried Kracauer, Das Ornament der Masse. In: Kracauer, Das Ornament der Masse. Essays, mit einem Nachwort von Karsten Witte, Frankfurt a. M. 1963, S. 50–63, hier: S. 55.
113 Kracauer, S. 53.
114 Kracauer, S. 53.

talistischen Produktionsprozesses, insofern die scheinbar in sich selbst kreisende Inszenierung der (weiblichen) Figuren immer auch ökonomisch codiert, also auf Konsum hin ausgerichtet ist: „Alle, die sich zur Schau stellen, nehmen im Grunde am selben Markt der Sinnlichkeit teil, der in den Außentafeln sein wahres Gesicht zeigt."[115] Im Gegensatz zu den Tillergirls, die Kracauer als „Körper [...] in Badehosen ohne Geschlecht"[116] beschreibt, ist in Dix' Kunstwerk vor allem die Inszenierung der Prostituierten auf den Außentafeln zunächst noch erotisch codiert. Wie Karcher jedoch überzeugend dargestellt hat, wird der in aller Drastik figurierte erotische Reiz der weiblichen Körperlichkeit durch die Identität des Körpers als Ware überblendet. So wird die weibliche Sexualität unter ökonomischen Vorzeichen umgewertet und nicht mehr als individuelle Körpererfahrung sichtbar, sondern lediglich als immer schon abstrakte Größe, die sowohl ästhetizistisch als auch ökonomisch übercodiert ist:

> [Die] Abstraktheit [des kapitalistischen Denkens] spiegelt sich in der Art der Präsentation der Körper aus Dix's Bild exakt wieder, am deutlichsten bei den Luxusfrauen des Bildmittelteils. Hier ist die Umformung des individuellen Körpers zum kostbaren Warengegenstand jeweils durchgeführt. Zweck und Ziel dieser Umformung können nur in der Vermittlung perfekter Illusion liegen, sie sind an sich inhaltsleer geworden und behaupten sich nur noch als selbstzweckhafter ‚Schein', der keine Bezüge mehr, weder zum eignen Körper, noch zu anderen Körpern offenbart.[117]

In Übereinstimmung mit Kracauer erhebt Dix' Triptychon das Ornament zur entscheidenden Signatur der zeitgenössischen Gesellschaft. Indem die im Ornament sichtbare Figur der Abstraktion auf die „Vermittlung perfekter Illusion" abzielt, wird der Mensch mit seinen „Wucherungen organischer Formen" und „Ausstrahlungen seelischen Lebens" (Kracauer) ausgeblendet. Als problematisch erweist sich das Prinzip der Abstraktion in Dix' Triptychon vor allem deshalb, weil sich die Selbstreproduktion gesellschaftlicher Inszenierung in perfider Weise mit der ebenfalls abstrakten Selbstreproduktion des kapitalistischen Marktes ver-

---

115 Spanke, Dix, S. 85.
116 Kracauer, S. 51.
117 Karcher, Eros, S. 66. Diese der natürlichen Körperlichkeit entfremdete Praxis, die Karcher als „Augenkonsum" (Karcher, Eros, S. 67) beschreibt, wird in Dix' Triptychon durch den Blick der männlichen Figuren ausgedrückt, die hier als ‚virtuelle Verbraucher' erscheinen. Auf allen Bildtafeln wird der Mechanismus der Käuflichkeit in der Zurschaustellung des dekorierten weiblichen Körpers sichtbar, der sich dem männlichen Betrachter zuwendet: im linken Bildrand ist der Adressat der Kriegsversehrte und im Mittelteil die reiche, männliche Boheme; da sich der Bettler im rechten Bildrand die Hand vor die Augen hält – möglicherweise, weil er sich den zur Schau gestellten Luxus nicht leisten kann – bleibt als einzig möglicher Adressat der besonders obszön inszenierten Ware ‚Sexualität' nur der Rezipient des Kunstwerks selbst.

schränkt. Genau diese Problematik wird in Langgässers Erzählsammlung „Triptychon des Teufels" aufgenommen und zu einer Grundkritik moderner Zeichengebungsprozesse ausgeweitet.

2.1.2 Der „quecksilberne Tanz" der Zeichen – Abstraktionskritik in Langgässers *Merkur*

> Das Mittelstück abstrahiert von jeder Sinnbezogenheit, es tanzt einen quecksilbernen Tanz, unter dessen leichtem, die Erde kaum streifendem Schritt ein Land zerbricht; die tanzenden Füße spüren die Erde dieses Landes nicht mehr, ihr Gefühl ist verloren gegangen, es hat sich in die Flügel verkrochen, in die Flügel an den Knöcheln Merkurs. Die Inflation ist gemeint, der Totentanz der Wirtschaft ist gestaltet.[118]

Die Beschreibung, die Grete de Francesco wählt, um das Sujet von Langgässers „Merkur" in ihrer Rezension in der *Frankfurter Zeitung* zu schildern, deutet bereits an, dass die Erzählung ähnlich zu Dix' Großstadttriptychon das Bild einer Gesellschaft zeichnet, die sich ausschließlich über ihre Darstellungsmittel konstruiert. Dabei überlagern sich auch in Langgässers Erzählung gesellschaftliche Inszenierung und ökonomisches Zeichensystem, wie sich bereits in der Wahl der Thematik andeutet. Erzählt wird die Fahndung nach einem reichen Kaufherrn, der sich während der Inflation als „Lenker von Banken, von Trusts und Syndikaten" (M, 173) hervorgetan hat und plötzlich auf rätselhafte Weise verschwindet. Im Verlauf der Suche wird ersichtlich, dass die beteiligten gesellschaftlichen Institutionen (Kriminalpolizei und Pressemedien) dem tatsächlichen Verbleib des Kaufmanns nicht auf die Spur kommen, sondern sich in einem Komplex aus vermeintlichen Indizien verlieren:

> So vergingen etliche Wochen furchtloser [sic] Nachforschungen, von denen jede einzelne die andere als Echo zurückwarf und die Suchenden immer tiefer in einen Irrgarten lockte, dessen Baumgruppen, Hügel und Pavillone sich zwar spielerisch öffneten, jedoch als Zauberwälder, als Gaurisankar und Sesam den Ausgang drohend umstellten und keinen Rückweg mehr duldeten. Jede Meinung stand allein und hatte sich verlaufen, es gab keine Einigung, nichts hatte Gültigkeit [...]. (M, 177)

Figurativ wird diese Dynamik in der Metapher des Zirkels aufgegriffen, der sein Zentrum unentwegt umkreist, ohne dieses jemals zu erreichen (M, 178f.), oder auch im Bild konzentrischer Kreise, die sich auf der Wasseroberfläche ausbreiten:

---

[118] Grete de Francesco, Auch Lear schwört bei Apoll. In: Frankfurter Zeitung, 65, 1932, Nr. 51, S. 17–19, hier: S. 17.

„Seine [des Kaufmanns] Spuren vergingen, durch Nachforschungen erweitert, wie Kreise auf einer Wasserfläche, welche größer und heller werden." (M, 192f.). Als Produzent von bloßen *Wasserzeichen*, die von einer als eigentlich markierten Realität wegführen anstatt diese zu bezeichnen, wird schließlich auch das Finanzsystem erkennbar. Der gesuchte Kaufherr bleibt nicht nur unauffindbar, sondern auch sein Nachlass – als letztes Indiz seiner Existenz – löst sich in der Logik eines selbstreferentiellen Marktes auf:

> Sein Werk ging auf andere über oder wurde Konzernen eingegliedert, deren Nutznießer anonym und daher umso mächtiger waren. Eine bloße Überschreibung genügte, um Rohrzucker, Baumwolle, Seide einen anderen Weg zu leiten, und nicht die geringste Störung trat durch die Tatsache ein, daß andere jetzt regierten, was der Kaufherr nur dem Marktwert nach und in der letzten Verwandlung, aber niemals mit seinen Sinnen und am mütterlichen Grunde, als Kern oder Blüte, besessen hatte. (M, 178)

Unter Zusammenführung der unterschiedlichen gesellschaftlichen Teilbereiche findet Langgässers Erzählung damit zu einer Beschreibung, die der Selbstreferentialität kultureller Prozesse im Kontext der Moderne auf eindrückliche Weise Ausdruck verleiht – und diese dabei gleichzeitig als problematisch bewertet: „Nichts galt mehr für sich allein, sondern nur im Hinblick auf ein anderes, und dieses ebenso: in dem Kartenhaus des Lebens, aus windigen Banknoten und Möglichkeiten gebildet, verschob sich der Standort der Dinge je nach Blätterlage, bis schließlich alles schon Aufbruch war, bevor es verweilen durfte." (M, 188f.) Bereits an dieser Stelle ist erkennbar, dass auch Langgässers Text das Verhältnis von „Was" und „Wie" in der kulturellen Praxis der Moderne als disharmonisch bewertet. Während die Kritik der abstrakten Ordnung in Dix' Großstadttriptychon jedoch vor allem die Verschränkung von Inszenierung und Konsum als einseitige – genderspezifisch vorcodierte – Dynamik ins Zentrum rückt, hinterfragt Langgässers Text, ebenfalls am Beispiel des Ornaments, die grundsätzliche kulturelle Leistung der für die Moderne so zentralen Kategorie der Abstraktion.

Wie bereits in Auseinandersetzung mit Kracauers Blick auf das Massenornament angeklungen ist, erfährt das Ornament in der Moderne eine Aufwertung, insofern „in der ornamentalen Struktur die strukturgebende Leistung des Rationalen unmittelbar sinnfällig werden kann"[119]. In seiner für die theoretische Begründung der Avantgarde zentralen Schrift *Abstraktion und Einfühlung* (1908) beschreibt Wilhelm Worringer den an der Ornamentik sichtbar werdenden Ab-

---

[119] Öhlschläger, Abstraktionsdrang, S. 140. Dabei ist der Rückzug der Kunst auf ihre eigenen Gestaltungsprinzipien sowohl als Geste der Modernität lesbar, die „von der Unbehaustheit des Menschen in der Welt" kündet, als auch als Simplifizierungsgeste, als „falsche Überspiegelung moderner Entfremdungserfahrungen" (Öhlschläger, Abstraktionsdrang, S. 140).

straktionsdrang als entscheidendes Werkzeug des Menschen, um sich der willkürlichen Gewalt der Natur zu entziehen:

> Wir stellen also den Satz auf: die einfache Linie und ihre Weiterbildung in rein geometrischer Gesetzmäßigkeit musste für den durch die Unklarheit und Verworrenheit der Erscheinungen beunruhigten Menschen die größte Beglückungsmöglichkeit darbieten. Denn hier ist der letzte Rest von Lebenszusammenhang und Lebensabhängigkeit getilgt, hier ist die höchste absolute Form, die reinste Abstraktion erreicht; hier ist das Gesetz, ist Notwendigkeit, wo sonst überall die Willkür des Organischen herrscht. Nun aber dient solcher Abstraktion kein Naturobjekt als Vorbild.[120]

Worringers Text, der die Argumentationsrichtung von Kracauers „Ornament der Masse" noch wesentlich bestimmt, erweist sich so als eindringliches „Plädoyer für eine Denaturalisierung der Natur, für ihre geradezu gewaltsame Überwindung"[121] und zeigt sich der „Selbstreflexivität von Kunst und der Tilgung von Referentialität"[122] verpflichtet. Abstraktion im Sinne Worringers weist „den Weg aus der Dynamik des blinden Willens"[123] der Natur zugunsten einer kulturellen Figuration.[124]

Ein Beispiel für die literarische Ausgestaltung dieser verheißungsvollen Dimension des Ornamentalen findet sich in Hofmannsthals „Das Märchen der 672. Nacht", das noch vor Worringers Studie erscheint und die Relevanz des Ornamentalen als kultureller Signatur der ästhetischen Moderne unterstreicht. Hofmannsthals Kunstmärchen erzählt von einem Kaufmann bzw. dem Sohn eines Kaufmanns, der eine Begeisterung für ornamentale Strukturen hegt:

> Ja, die Schönheit der Teppiche und Gewebe und Seiden, der geschnitzten und getäfelten Wände, der Leuchter und Becken aus Metall, der gläsernen und irdenen Gefäße wurde ihm so bedeutungsvoll, wie er es nie geahnt hatte. Allmählich wurde er sehend dafür, da, wie alle Formen und Farben der Welt in seinen Geräten lebten. Er erkannte in den Ornamenten, die sich verschlingen, ein verzaubertes Bild der verschlungenen Wunder der Welt. Er fand die Formen der Tiere und die Formen der Blumen und das Übergehen der Blumen in die Tiere; [...] er fand den Streit zwischen der Last der Säule und dem Widerstand des festen Grundes

---

120 Wilhelm Worringer, Abstraktion und Einfühlung, München [11]1921, S. 26.
121 Öhlschläger, Abstraktionsdrang, S. 235.
122 Öhlschläger, Abstraktionsdrang, S. 235.
123 Öhlschläger, Abstraktionsdrang, S. 26.
124 Allerdings ist die Erlösungshoffnung, die Worringer dem abstrakten Kunstwerk zuspricht, Öhlschläger zufolge letztlich nicht erfüllbar, sondern produziert eine „paradoxe Dynamik: Die Sehnsucht des Menschen nach Erlösung durch Entäußerung und die Unmöglichkeit, dieses Ziel zu erreichen. Sie zeugt vom Verlorensein des Subjekts im unendlichen, gottlosen Kosmos, bringt aber zugleich die Sehnsucht nach Transzendenz und Spiritualität ekstatisch zum Ausdruck." (Öhlschläger, Abstraktionsdrang, S. 31.)

und das Streben alles Wassers nach auswärts und wiederum nach abwärts; er fand die Seeligkeit der Bewegung und die Erhabenheit der Ruhe, das Tanzen und das Totsein; [...] ja er fand den Mond und die Sterne, die mystische Kugel, die mystischen Ringe und an ihnen festgewachsen die Flügel der Seraphim.[125]

Die hier figurierten Ornamente stellen „nichts Totes und nichts Niedriges"[126] dar, in der ästhetischen Verbindung von Schönheit und Tod haben Grauen und Hässlichkeit keinen Platz. So ist der Gedanke an den Tod im Spiegel dieser abstrakten Welt „nicht grauenhaft, eher hatte er etwas Feierliches und Prunkendes und kam gerade am stärksten, wenn er sich am Denken schöner Gedanken oder an der Schönheit seiner Jugend und Einsamkeit berauschte."[127] Die Verflechtung von „Tanzen und Totsein", die hier im Bereich des Ästhetischen sichtbar wird, steht dann in Hofmannsthals Erzählung in deutlichem Kontrast zur Grausamkeit des realen, natürlichen Todes des Kaufmanns: „Er bückte sich, das Pferd schlug ihm den Huf mit aller Kraft nach seitwärts in die Lenden und er fiel auf den Rücken. [...] Zuletzt erbrach er Galle, dann Blut, und starb mit verzerrten Zügen, die Lippen so verrissen, daß Zähne und Zahnfleisch entblößt waren und ihm einen fremden, bösen Ausdruck gaben."[128]

In Langgässers Erzählung, die an Hofmannsthals Erzählung anknüpft, erfährt die verheißungsvolle Dimension, die sich in Worringers Studie wie auch in Hofmannsthals Erzählung mit der abstrakten Struktur des Ornamentalen verbindet, eine Umwertung. Denn hier leistet die Abstraktion keine (wie auch immer flüchtige) Emanzipation von der ‚Dynamik des blinden Willens', sondern führt lediglich in eine neue, Leid verursachende Ordnung. Zwar wird auch in Langgässers Erzählung das Ornament zunächst als „Teil der angewandten Kunst" eingeführt, „die fast schon wieder zwecklos und Spiel zu werden sich anschickt" (M, 179). Im weiteren Verlauf der Erzählung wird jedoch deutlich, dass der Text die ornamentale Struktur keinesfalls als eine Ordnung figuriert, die das Chaos der Natur ausschließt und den Menschen von den Zwängen der Endlichkeit befreit. Ausgerechnet in der abstrakten Konstruktionsbewegung des Ornaments, die hier anfangs deutlich der Zeichnung in Hofmannsthals Kunstmärchen folgt, erscheint

---

125 Hugo von Hofmannsthal, Das Märchen der 672. Nacht. In: Hofmannsthal, Sämtliche Werke. Bd. 28. Erzählungen 1, hg. von Ellen Ritter, Frankfurt a. M. 1975, S. 13–30, hier: S. 15.
126 Hofmannsthal, Märchen, S. 16.
127 Hofmannsthal, Märchen, S. 16.
128 Hofmannsthal, Märchen, 29 f.

schließlich „ein elementar-naturhaftes Walten als das beherrschende Moment"[129]:

> Je mehr sich der Kaufherr vertiefte, desto deutlicher traten Teile von kämpfenden Tieren hervor: Leopardenfüße, die zornig auf dem spitzen Leibesende gekrümmter Reptilien standen, Elefantenrüssel und Tatzen, die sich festgeklammert hatten, kurzum, das Arsenal der abgelösten Waffen, die noch im Todeskampf, wenn schon die Häupter verzuckt und unbeweglich waren, erbittert und sinnlos rangen. Jetzt hatten sie Bewegung – doch rückten sie weiter vom Auge ab, so ging, was eben erst Bestie war, ins Pflanzenhafte über, in den Kreislauf der Natur und des unbarmherzigen Lebens, das gebar und vernichtete, erhaben, sich selbst genug und schon wieder aufgehoben, wenn es ganz in Erscheinung trat. (M, 187)[130]

Indem Langgässers „Merkur" das Ornament in den Kontext organisch-natürlicher Zusammenhänge stellt, steht der Text nicht notwendigerweise im Gegensatz zur emphatischen Moderne. Bereits Ernst Bloch relativiert in seiner Schrift *Geist der Utopie* (1918/23), die als Versuch einer philosophischen Begründung des Expressionismus gelten kann,[131] Worringers statische Gegenüberstellung zwischen anorganischem Ornament und organischer Natur, indem er vor allem im gotischen Linienornament „das tiefste organische und das tiefste geistliche Wesen zugleich zur Reife"[132] gekommen sieht. Im Sinne der expressionistischen Programmatik versteht Bloch die gotische Ornamentik als Ort von Geburt und Schöpfung, wenn er die gotische Linie nicht mehr, wie noch Worringer, als „unsinnliche, mechanische Bewegtheit (s. o.) beschreibt, sondern als „das begriffene Leben", den „Geist der Auferstehung", ein „Sichkreuzen und Zucken, in dem das Fruchtwasser und die Brustwärme stehen und der Schoß aller Schmerzen, Wollüste, Geburten und organischer Bilder zu reden beginnt"[133].

---

[129] Helmut Meyer, Die frühen Erzählungen Elisabeth Langgässers. Dichtung zwischen Mythos und Logos, Köln 1972, S. 180.
[130] Auf äußerst plastische Weise wird hier vorgeführt, wie sich die Extremitäten der Tiere, während die Köpfe als privilegierter Sitz des Bewusstseins bereits in Todesstarre versetzt sind, in Bewegung retten, nur um auf diese Weise ihre Semantik abzustreifen.
[131] Anz, Expressionismus, S. 45.
[132] Ernst Bloch, Geist der Utopie. In: Bloch, Gesammelte Werke. Bd. 3, bearbeitete Neuauflage der 2. Fassung von 1923, Frankfurt a. M. 2007, S. 37.
[133] Bloch, Geist der Utopie, S. 37. Im Gegensatz zur Kracauers Darstellung orientiert sich die Rezeption der von Worringer kulturhistorisch begründeten Kategorie der Abstraktion in der expressionistischen Programmatik wesentlich weniger eindeutig an einer die Natur überwindenden Rationalität, sondern erscheint häufig verquickt mit Konzepten, die den Dualismus von Abstraktion und Einfühlung unterlaufen: „Das Postulat visionärer Abstraktion gehört zu den zeitdiagnostischen Implikationen der expressionistischen Kunsttheorie, die vom ‚Chaos' zur ‚Gestaltung' führen wollte [...]. Auf der anderen Seite führte der latente Dualismus zwischen

In Langgässers Text verliert sich jedoch sowohl die ästhetizistische bzw. rationalistische (Worringer, Kracauer, Hofmannsthal) als auch die emphatisch-organische Deutung (Bloch) der dem Ornament eigenen abstrakten Struktur. Vor dem Hintergrund der historischen Katastrophen von Wirtschaftskrise und Inflation büßt der Raum der Abstraktion die messianische Qualität ein, die sowohl Bloch als auch Worringer diesem noch zusprechen. Weil das vermeintlich selbstreferentielle System der modernen Gesellschaft, in dem das „Börsenspiel" des Marktes und das vermeintlich zwecklose Spiel der Kunst zusammentreffen, selbst durch eine deregulierte Dynamik von Wertgewinn und -verfall bestimmt wird, emanzipiert sich dieses nicht von einer der kulturellen Wirklichkeit vorgeschalteten natürlichen Ordnung, sondern wiederholt lediglich die in der Natur wirksamen Mechanismen. Dabei sind die Folgen dieser Natur zweiter Ordnung nicht weniger real, insofern auch diese kontinuierlich Tod und Leben generiert: „Die magische Bannung des Geldes erschreckte das Leben der Menschen nicht weniger, als es vorher sein reißender Absturz getan – und am Grund jener Talsohle aufschlagend, in welche die Zeit sie gerissen hatte, erkannten viele erst, daß sie vernichtet waren." (M, 179) An die Stelle einer ‚Willkür des Organischen', tritt – so ließe sich die Pointe des Textes umschreiben – eine ‚Willkür des Anorganischen'.

Indem Langgässers „Merkur" die unterschwellige (pervertierte) ‚Natürlichkeit' der abstrakten Ordnung darstellt, deutet der Text den vermeintlichen Prozess der Entmythologisierung durch die rationalistisch begründete Abstraktion als einen „Rückschlag in die Mythologie, wie er größer kaum gedacht werden kann"[134]. Diese Doppelstruktur einer abstrakten, kulturellen Ordnung, die letztlich wieder in Mythologie umschlägt, hatte bereits Kayser in seiner 1924 erschienenen Essaysammlung *Zeit ohne Mythos* konstatiert.[135] Das titelgebende

---

Abstraktion und Einfühlung nicht selten zu einem salto mortale ins Konkret-Unmittelbare, der an der inflationären Verwendung des Wortes ‚Seele' in expressionistischen Manifesten der Spätzeit erkennbar wird. Der Wunsch nach neuer Unmittelbarkeit und die Fiktion voraussetzungsloser Direktheit einerseits und die Tendenz zum Abstrakten andererseits waren dialektisch aufeinander bezogen." (Anz/Stark, S. 561).
134 Kracauer, S. 65.
135 Vgl. Rudolf Kaysers Ausführungen in *Zeit ohne Mythos* (Kapitel II.1.2.3). Im Gegensatz zu Kaysers Ansatz, der darauf hinausläuft, die Legitimität der Abstraktion zugunsten einer Rationalität und Mythos vermittelnden Perspektive aufzuheben, stellt Kracauer einer lediglich funktionalen Rationalität im Sinne der *Dialektik der Aufklärung* eine Vernunft gegenüber, welche die mythologischen Strukturen der Abstraktion reflektiert. Damit wendet sich Kracauer explizit gegen den Versuch, den Prozess der Aufklärung umzukehren und die Entfremdung des Menschen rückgängig zu machen: „Der gegen die abstrakte Denkweise gerichtete Einwand, daß sie die eigentlichen Gehalte des Lebens nicht zu fassen vermöge und darum einer konkreten Betrachtung

Leitmotiv der Erzählung ist damit mehrfach codiert: Der Verweis auf den antiken Gott Merkur drückt zunächst das ökonomische Diktat aus, unter dem die gesellschaftliche Ordnung steht, und macht darüber hinaus auf die mythologischen Strukturen aufmerksam, welche die moderne Gesellschaft bestimmen. So sieht auch Ernst Bloch in einem Brief an Langgässer die Leistung des Triptychons vor allem darin, daß die Texte ein „Echo der Bedeutungen und Symbole am gegenwärtigen Geschehen" figurieren und spricht anerkennend von einer „Bewegungsumkehr der Symbolistik, welche im deutschen Schrifttum bisher selten war."[136]

2.1.3 Die abstrakte Moderne als Auflösungsprozess

Während Langgässers Text auf Makroebene eine Gesellschaft vorführt, deren abstrakte Mechanismen einerseits nicht mehr in der Lage sind, sich der Wirklichkeit anzunähern und andererseits ihre eigene Wirklichkeit mit ganz realen Effekten produzieren, wiederholt sich auf der Mikroebene das Problem als Prozess der Selbstentfremdung des Protagonisten. Insofern verhandelt der Text nicht nur die gesamtgesellschaftlichen Zusammenhänge einer abstrakten Ordnung, sondern stellt dieser Analyse die konkrete Biographie eines Menschen an die Seite, „der im abstrakten Gefüge der monetären Welt seine Individualität und seine reale Identität als Mensch verliert"[137]. Der Selbstverlust des Kaufmanns, der in seiner Entrückung zum göttlichen Merkur gipfelt, deutet sich bereits in seiner Betrachtung der verzierten Holzfächer an, die er einem holländischen Händler aufgrund seiner „Vorliebe für seltene Ornamente" (M, 186) abkauft:

> Das Holz, so dünn, daß es durchsichtig war, erinnerte ihn an Papier, an den geäderten Grund von wertvollen Banknoten, die aber unbeziffert und am Rande ornamentiert waren – dergestalt, daß sie den Eindruck unendlicher Tiefe machten, einer wunderbaren Leere, die spiralig in einen Trichter, der bodenlos sein mußte, führte... (M, 186)

---

der Erscheinungen zu weichen habe, deutet gewiß auf die Grenze des Abstrakten hin, wird aber voreilig erhoben, wenn er zu Gunsten jener falschen, mythologischen Konkretheit erfolgt, die in dem Organismus und der Gestalt das Ende erblickt. Durch eine Rückkehr zu ihr wäre die einmal erworbene Fähigkeit zur Abstraktion preisgegeben, nicht aber die Abstraktheit überwunden. Sie ist der Ausdruck einer Rationalität, die sich verstockt." (Kracauer, Ornament, S. 57 f.)

136 Ernst Bloch an Elisabeth Langgässer (Zürich, 16.1.1934. Brief, ein Blatt). In: Elisabeth Langgässer, 1899–1950, bearbeitet von Ute Doster in Verbindung mit dem Kulturdezernat der Stadt Darmstadt, Marbach am Neckar 1999 (Marbacher Magazin. 85), S. 20–21, hier: S. 21.

137 Hoffmann, Wiederkunft des Heiligen, S. 168 f.

Zwar ergibt sich hier die Erfahrung einer unendlichen Bewegung nicht allein über den Nachvollzug des fließenden Ornaments an sich, sondern über die „Spannung zwischen der den Eindruck ästhetischer Sublimität vermittelnden Fächermitte und der sie begrenzenden Randornamente"[138]. Der Eindruck der „unendlichen Tiefe" und „wunderbaren Leere", die ins Bodenlose führt, greift jedoch deutlich den Gedanken der „ekstatische[n] Selbstverausgabung"[139] auf, die Worringer zufolge für die Rezeption der gotischen Linienornamentik charakteristisch ist:

> In diesem Sinne könnte man die gotische Architektur als eine gegenstandslose Konstruktionswut bezeichnen, denn sie hat kein direktes Objekt, keinen direkten praktischen Zweck, nur dem künstlerischen Ausdruckswillen dient sie. Und das Ziel dieses künstlerischen Ausdruckswillens kennen wir: es ist das Verlangen, aufzugehen in einer unsinnlichen, mechanischen Bewegtheit stärkster Potenz.[140]

Die Tilgung einer mimetisch gedachten Referentialität eröffnet in Worringers Ansatz den Weg zu einem Entwurf, der den „sinnlichen Bezug zur Welt jenseits des Organischen zu denken versucht"[141]. Die von Worringer für die gotische Linie konstatierte Konstruktionswut, dieser „rationalistische Aufwand zu einem irrationalen Zwecke"[142], geht von einem ‚Rausch' des künstlerischen Materials aus, der auch den Betrachter mit einbezieht: „Eine Bewegung von übermenschlicher Wucht reisst uns mit sich fort in den Rausch eines unendlichen Wollens und Begehrens hinein; wir verlieren das Gefühl unserer irdischen Gebundenheit, wir gehen auf in eine alles Endlichkeitsbewußtsein auslöschende Unendlichkeitsbewegung."[143]

In Langgässers Text ist mit der Auslöschung des Subjekts jedoch kein Gewinn mehr verknüpft, die „wunderbare Leere" des imaginären Trichters – dort, wo sich ja nicht einmal mehr Verzierungen befinden – bleibt schlicht leer, weil das dekorierte Material (Banknoten, Fächer) durch keine Wirklichkeit außerhalb der menschlichen Schöpfung mehr gedeckt ist. Diese Absage an das Schöpfungsprimat des Kulturmenschen ist letztlich einer Auseinandersetzung mit der literarischen Moderne, speziell mit dem Expressionismus geschuldet, der das schöpferische Ich absolut setzt.[144] In *Geist der Utopie* erklärt Bloch das gotische

---

138 Meyer, Dichtung zwischen Mythos und Logos, S. 180.
139 Öhlschläger, Abstraktionsdrang, S. 30.
140 Wilhelm Worringer, Formprobleme der Gotik. Mit 25 Tafeln, München 1918, S. 70.
141 Öhlschläger, Abstraktionsdrang, S. 235.
142 Öhlschläger, Abstraktionsdrang, S. 235.
143 Worringer, Formprobleme, S. 71.
144 Vgl. Kapitel I.1.1.

„exzessive Ornament" noch zum Ursprung der „gesamten bildenden Kunst"[145], weil sich darin das „Ich" selbst begegne. Indem die Gegenstände im Ornament nur angedeutet werden und somit lediglich als „Erinnerungszeichen"[146] fungieren, werde der Weg frei für eine reine Begegnung „des Ich mit dem Ich"[147]. Dem Essay Edschmids über die Puppen Pinners[148] vergleichbar tritt in Blochs Lesart des Ornaments nicht nur die dargestellte Wirklichkeit, sondern auch das Kunstwerk selbst zugunsten eines absoluten Ichs in den Hintergrund, das zum Ausgangspunkt und Gegenstand der Erkenntnis wird:

> Die Dinge werden so zu den Bewohnern des eigenen Inneren, und wenn die sichtbare Welt ohnedies schon zu verfallen, sich an eigener Seele zunehmend zu entleeren scheint, unkategoriell zu werden beginnt, so wollen danach in ihr und an ihr die Klänge der unsichtbaren zur Bildhaftigkeit werden: verschwindende Vorderseite, Füllesteigerung, ein Waldwerden, ein Einfluß und Rückfluß der Dinge in den Ichkristallwald, schöpferischer tiefster Ausbruch, Allsubjektivismus in der Sache, hinter der Sache, als Sache selber [...].[149]

Während in Worringers Beschreibung die das Ich auslöschende Struktur des Ornaments noch im Zentrum steht, tritt diese in Blochs Konzeption zugunsten einer positiven Ich-Erfahrung zurück. In letzter Konsequenz fungiert das Ornament bei Bloch vor allem als Spiegel, dessen primäre Aufgabe darin besteht, den Menschen zur Erkenntnis seiner selbst zu führen und dieses Selbst – „das nach außen gebrachte Innere"[150] – absolut zu setzen:

> Hier können uns die Bildwerke, fremdartig bekannt, wie Erdspiegel erscheinen, in denen wir unsere Zukunft erblicken, wie die vermummten Ornamente unserer innersten Gestalt, wie die endlich wahrgenommene, adäquate Erfüllung. Selbstgegenwart des ewig Gemeinten, des Ichs, des Wir, des tat twam asi, unserer im Geheimen schwingenden Herrlichkeit, unseres verborgenen Götterdaseins.[151]

Langgässers „Merkur" erzählt nun tatsächlich die Apotheose des Kaufherrn, seinen Eintritt in das Götterdasein. Die Selbstbezüglichkeit, die das ökonomische wie auch ästhetische System bestimmt, führt in „Merkur" dazu, dass der Kaufherr sich in seiner lediglich auf sich selbst bezogenen Betrachtung auflöst. So findet sich am Ende der Erzählung statt der Person des Kaufmanns auf dessen

---

145 Bloch, Geist der Utopie, S. 39.
146 Bloch, Geist der Utopie, S. 47.
147 Bloch, Geist der Utopie, S. 48.
148 Vgl. Kapitel II.2.1.2.
149 Bloch, Geist der Utopie, S. 48.
150 Bloch, Geist der Utopie, S. 39.
151 Bloch, Geist der Utopie, S. 49.

Schreibtisch lediglich eine Sektreklame, die eine *Mise en abyme* figuriert,[152] sowie eine Tagebuchaufzeichnung, die das Verschwinden des Kaufherrn in Form eines Rekursionseffektes inszeniert:

> „Ich stand vor einem Spiegel und sah mich jünger werden", begann die Traumerzählung, „ging hindurch und erblickte mich in kleinerer Gestalt, durchschritt auch den zweiten Spiegel und dann noch einen dahinter, stürzte weiter, fiel, ward ein Knabe und verfolgte dieses Kind, das immer wieder gespiegelt wurde, versuchte es festzuhalten, lief und entschwand mir selbst." (M, 193)

Die „mythische Anonymität dieses Verschwindens"[153] wird jedoch nicht als positive Bewegung im Sinne einer transzendenten Heilserfahrung geschildert. Indem der Text den Kaufherrn selbst aus den Augen verliert und am Ende auf zwei höchst unsichere Medien verweisen muss, um seine fehlende Präsenz zu bezeugen, liegt Langgässers Erzählung letztlich eine Negativpoetik zugrunde. Dies entspricht der Gesamtanlage der Erzählsammlung, die als „Triptychon des Teufels" die einzelnen Erzählungen bereits als Repräsentation einer ins Diabolische gewendeten Ordnung rahmt. Langgässers Prosadebüt funktioniert damit ähnlich wie Loerkes expressionismuskritische Erzählung „Die Puppe", insofern eine kritische Auseinandersetzung mit der Poetik/Kultur der Moderne erfolgt, ohne dass eine alternative Poetik sichtbar wird. Eine produktive poetologische Wendung lässt sich jedoch in Langgässers Erzählung *Proserpina* ausmachen, ein Text, der bereits vor dem Triptychon entsteht, aber erst ein Jahr nach dem Triptychon zu Veröffentlichung kommt. Gegen eine in sich selbst kreisende Ästhetik der Abstraktion bringt Langgässer hier eine Poetik des Ausgleichs zum Ausdruck, welche die von Loerke und Kayser auf den Weg gebrachten Perspektiven eines magisch-realistischen Erzählens konsequent weiterführt.

---

152 „Auf dem zweiten Blatt war ein Herr zu sehen, der eine Sektkarte aufschlug, die auf der ersten Seite genau die gleiche Figur in der nämlichen Stellung wies: jenen Herrn, um die Hälfte verkleinert, der eine Sektkarte aufschlug, die auf der ersten Seite nun wieder den Herrn enthielt [etc.]" (M, 193).
153 Eva Augsberger, Elisabeth Langgässer. Assoziative Reihung. Leitmotiv und Symbol in ihren Prosawerken, Nürnberg 1962 (Erlanger Beiträge zur Sprach- und Kunstwissenschaft. 12), S. 26.

2.2 Poetologie des Ausgleichs – *Proserpina* (1933/49)

2.2.1 Zwischen Mythos und Logos

Elisabeth Langgässers 1933 veröffentlichte Erzählung *Proserpina. Welt eines Kindes*[154] nimmt die in „Merkur" verhandelten poetologischen Fragen vorweg, indem der Text am Beispiel der Protagonistin Proserpina das Verhältnis des Menschen zu Sprache und Kultur verhandelt. Vordergründig erzählt der Text die Entwicklungsgeschichte des Mädchens Proserpina als einen linearen Prozess von einem vorrationalen, naturnahen zu einem durch Rationalität und Sprachbewusstsein geprägten Zustand, den „Weg aus dem gestaltlosen, immer wieder neu verwandelten Sein in das (Selbst)Bewusstsein"[155]. Diese Perspektive rückt Langgässers Text in die Nähe von Jean Piagets entwicklungspsychologischer Studie *Weltbild des Kindes* (1926, in franz. Sprache) – eine Parallele, die durch den Untertitel der Erzählung verstärkt wird. Unter diesem Blickwinkel ließe sich *Proserpina* als reformpädagogisch inspirierter Versuch verstehen, die Entwicklung eines Kindes hin zu einem gesellschaftsfähigen Individuum literarisch zu gestalten und dabei gleichzeitig die spezifische Wahrnehmung des Kindes ernst zu nehmen.[156]

Eine andere Akzentuierung liefert jedoch die diskursive Anbindung des Textes an Johann Jakob Bachofens in der zweiten Hälfte des neunzehnten Jahrhunderts entwickeltes kulturmythisches Schema, das ebenfalls 1926 in verschiedenen Ausgaben in Auswahl neu erscheint und von Langgässer – wie auch zahlreichen anderen Autoren der Zeit, etwa Thomas Mann – begeistert rezipiert wird.[157] Bachofen teilt die Kulturgeschichte des Menschen in drei Stufen ein, die

---

154 Elisabeth Langgässer, Proserpina. Welt eines Kindes, Leipzig 1933. Dieser Text stellt eine für den Druck überarbeitete Version Langgässers dar. Alle späteren Drucke folgen dem Originalmanuskript, das 1949 von Langgässer autorisiert erscheint: Elisabeth Langgässer: Proserpina. Eine Kindheitsmythe, Hamburg 1949. Diese Arbeit greift auf die Werkausgabe zurück, die auf der Ausgabe von 1949 beruht: Elisabeth Langgässer: Proserpina. In: Langgässer, Gesammelte Werke. Bd. 4. Erzählungen, Hamburg 1964, S. 9–134 [im Folgenden als PS im Fließtext zitiert].
155 Hilzinger, S. 24.
156 Ob Langgässer mit Piagets Gedanken in Verbindung gekommen ist, lässt sich nicht belegen. Ihre Arbeit als reformpädagogisch orientierte Lehrerin, verbunden mit ihrer biographischen Nähe zu Frankreich, lässt jedoch die Vermutung zu. Mit reformpädagogischen Ansätzen kam Langgässer zudem während ihrer zweijährigen Lehrtätigkeit am *Sozialpädagogischen Seminar des Vereins Jugendheim* in Berlin in Kontakt, wo sie „Kindergärtnerinnen, Hortnerinnen und Jugendleiterinnen in den Fächern Deutsch, Methodik, Pädagogik und Psychologie" (Hilzinger, S. 107) unterrichtete.
157 Manfred Dierks, Studien zu Mythos und Psychologie bei Thomas Mann. An seinem Nachlass orientierte Untersuchungen zum „Tod in Venedig", zum „Zauberberg" und zur „Joseph'-Tetralogie", Berlin 1972 (Thomas-Mann-Studien. 2), S. 169–183.

sich dadurch unterscheiden, ob sie eher durch das weibliche oder das männliche Prinzip geprägt sind und dementsprechend matriarchale oder patriarchale Gesellschaftsformen repräsentieren. Die ersten beiden Stufen werden Bachofen zufolge durch das weibliche Prinzip bestimmt, wobei die unterste Stufe, der Hetärismus, letztlich noch keine eigene Kulturstufe darstellt, sondern die Einheit der in sich geschlossenen triebhaften (weiblichen) Natur beschreibt, während die erste wirkliche Kulturstufe, das Demetrische, bereits eine kulturelle Erhebung über den Naturstandpunkt markiert. Diese Differenz der beiden weiblichen Prinzipien lässt sich Bachofen zufolge darin festmachen, dass sich der Hetärismus in den antiken Quellen mit dem Triebhaften und dem Sumpfleben verbindet, während das Demetrische mit dem Ehegesetz und dem Ackerbau in Verbindung steht:

> Neben der demetrischen Erhebung des Muttertums offenbart sich eine tiefere, ursprünglichere Auffassung desselben, die volle, noch keinerlei Beschränkung unterworfene Natürlichkeit des reinen, sich selbst überlassenen Tellurismus. Wir erkennen den Gegensatz der Ackerbaukultur [...], wie sie in der wilden Vegetation der Mutter Erde, am reichsten und üppigsten in den dem Sumpfleben, den Blicken sich darstellt. Dem Vorbild der letztern schließt der Hetärismus des Weibes, der ersten das demetrisch strenge Ehegesetz der ausgebildeten Gynaikokratie [Herrschaft des Mutterrechts] gleichartig sich an. [...] Die tiefste Stufe der Stofflichkeit schließt sich der tiefsten Region des tellurischen Lebens an, die höhere der höheren des Ackerbaus; jene erblickt die Darstellung ihres Prinzips in den Pflanzen und Tieren feuchter Gründe, denen sie vorzugsweise göttliche Verehrung darbringt, diese in der Ähre und dem Saatkorn [...].[158]

Das demetrische Prinzip, das kulturhistorisch auf das hetärisch-tellurische Prinzip folge, werde wiederum abgelöst durch das männliche Geist-Prinzip des Apollinischen:

> In der Hervorhebung der Paternität liegt die Losmachung des Geistes von den Erscheinungen der Natur, in ihrer siegreichen Durchführung eine Erhebung des menschlichen Daseins über die Gesetze des stofflichen Lebens. [...] Das siegreiche Vatertum wird ebenso an das himmlische Licht angeknüpft als das gebärende Muttertum an die allgebärende Erde.[159]

---

158 Johann. J. Bachofen, Das Mutterrecht. Eine Untersuchung über die Gynaikokratie der Alten Welt nach ihrer religiösen und rechtlichen Natur. Eine Auswahl, hg. von Hans-Jürgen Heinrichs, Frankfurt a. M. 1975, S. 34.
159 Bachofen, S. 48.

Den drei Kulturstufen werden in Bachofens Schema dann die drei „kosmischen Körper" Erde (hetärisch-tellurisches Prinzip), Mond (demetrisches Prinzip) und Sonne (apollinisches Prinzip) zugeordnet.[160]

Diesem dreigliedrigen kulturgeschichtlichen Aufbau steht in Bachofens Modell eine dualistische, stärker enthistorisierte Struktur gegenüber. Während Bachofen auf der einen Seite die Auseinandersetzung zwischen dem hetärischen und dem demetrischen Prinzip sowie diejenige zwischen dem demetrischen und dem apollinischen Prinzip als konkrete Etappen der geschichtlichen Entwicklung beschreibt, neigt er auf der anderen Seite dazu, den kulturhistorischen Konflikt auf den Dualismus von Leben/Stoff und Geist zu reduzieren: „Der Kampf des Stoffes und des väterlichen Geistes durchzieht, wie das Leben des einzelnen Menschen, so das unsers ganzen Geschlechts. Er bestimmt seine Schicksale, alle Hebungen und Senkungen unseres Daseins. Sieg und Fall fordern zu neuer Wachsamkeit, stets neuem Ringen auf."[161] Obwohl Bachofen im Apollinischen letztlich die höchste Kulturstufe verwirklicht sieht, bleibt seine Einschätzung des weiblichen und männlichen Prinzips ambivalent: „Bachofen schwankt zwischen der Anerkennung der weiblichen Rolle sowie großer fraulicher Fähigkeiten, wie sie manche Autoren den Frauen zuschreiben – schließlich geht es ihm ja um die Wiederentdeckung und Bedeutung alter mutterrechtlicher Kultur – und dem Pathos für das männlich-geistige Prinzip."[162]

Diese widersprüchlichen Tendenzen, die für Bachofens Studie charakteristisch sind, lassen der Rezeptionsgeschichte einigen Freiraum, wie im Folgenden in der Auseinandersetzung mit Langgässers *Proserpina* deutlich werden wird. Während Langgässers Erzählung die Entwicklung Proserpinas auf der einen Seite sehr dicht an das Schema Bachofens anlehnt, lässt sich zeigen, dass die Erzählung auf der anderen Seite eine Transformation bzw. Akzentuierung des Schemas vornimmt, die sich vor allem von anderen zeitgenössischen Rezeptionen abgrenzt, die das Schema zugunsten der Apotheose des Lebens- (Klages) oder des Geistprinzips (Baeumler) zuspitzen.

Aufgrund einer Krankheit, die Proserpina in den ersten Lebensjahren ans Bett fesselt und sie immer wieder in Fieberträume versetzt, ist ihr die übliche Entwicklung eines Kleinkindes verwehrt. Anstatt die Umwelt gemäß ihrer Entwicklungsstufe zu erkunden und dadurch ein entsprechendes Verhältnis zu dieser aufzubauen, begegnet ihr die Wirklichkeit ihres Kinderzimmers aufgrund des Fiebers zumeist verzerrt und diejenige außerhalb des Hauses ausschließlich in

---

160 Bachofen, S. 52.
161 Bachofen, S. 425.
162 Hans-Jürgen Heinrichs, Vorwort. In: Bachofen, Mutterrecht, S. VII–XXVI, hier: S. XVIII.

Form von unzusammenhängenden Eindrücken.¹⁶³ Zudem beschränkt sich ihr sozialer Kontakt hauptsächlich auf ihre Mutter und die Magd. Der Abstand zu einem funktional bestimmten und von sozialer Interaktion geprägten Wirklichkeitsverständnis bedingt eine Verzögerung ihrer Entwicklungsgeschichte, die im Sinne Bachofens als Rückfall auf die hetärisch-tellurische Kulturstufe markiert ist. Nicht nur die für diese Stufe typische Dominanz des Weiblichen und der Natur, sondern auch die konkrete Zeichnung eines von Feuchtigkeit bestimmten Erdraumes liest sich in *Proserpina* als Verweis auf Bachofens Konzeption:

> Wenn die Frauen auf gleitenden Füßen durch das Zimmer gingen, verwandelte sich ihre Gestalt vor den Augen des Mädchens; sie waren Bäume, die es mit grünen, dichtbelaubten Armen umstrickten; Weiden, die ihre Zweige tropfend und wie hinter ewigen Wasserwolken auf das dampfende Kinderbett niedersenkten, und wie ein Feuersalamander saß die kleine Seele der Entrückten unter ihren Wurzeln und dem zitternden Bogen der Äste. (PS, 29)

Als Proserpina nach langer Krankheit zum ersten Mal den Garten der Eltern betritt, wird sie von der Natur so sehr überwältigt, dass ihr „die Würde der Sprache verloren" (PS, 35) geht. Der Verwandlung ins Pflanzenhafte, an Mutter und Magd vorgeführt, folgt Proserpinas Vereinigung mit der Tierwelt, bis jede durch das kulturelle Bewusstsein vermittelte Alterität aufgehoben wird und Proserpina ganz in der tellurischen Sphäre aufgeht:

> Sie war Mensch [...], aber wie eine Blindschleiche, Eidechse und Wiesel, deren Farbe in den stillern Teil des Lebens übergeht, fühlte sie sich strömend verwandelt werden über der Erdmulde und abstürzen in frühere Formen [...], fühlte sie ihre Glieder entlaufen, die Haut sich verschalen und ihren Körper nacheinander übergehen in Vogel, Reptil und Wassertier [...] und kreise zuletzt wie eine leuchtende Kugel mit zitternden Lichtfäden in sich selbst, angerührt und bewegt von den Kräften des All. (PS, 33f.)

Während der Text dabei den tellurischen Zustand konsequent mit den Prädikaten des Mütterlichen (Schoß, Ursprung, Fruchtbarkeit), dem Element der Erde und der mythischen Figur der Hekate verbindet, liegt der eigentliche Anlass für den Sturz Proserpinas – ganz im Sinne Bachofens – in der Verführungsgewalt des Diony-

---

163 Hubert Brunnträger nimmt bereits eine an Baeumler angelehnte Akzentuierung des Schemas vor, welche die Ambivalenz von Bachofens Texten übergeht: „Der Kampf zwischen Matriarchat und Patriarchat, auf welchen man Bachofens Drei-Phasen-System reduzieren kann, ist zugleich der zwischen Stoff und Geist, Erde und Sonne, ein Kampf universal-kosmischen Ausmaßes, der schließlich zum notwendigen Triumph des Geistes, das heißt des kulturellen Fortschritts führt." (Hubert Brunnträger, Der Ironiker und der Ideologe. Die Beziehungen zwischen Thomas Mann und Alfred Baeumler, Würzburg 1993 (Studien zur Literatur- und Kulturgeschichte. 4), S. 86.)

sischen.[164] Als den Garten bevölkernder Pan (PS, 45) oder als sagenhafte Gestalt des „Natternkönigs" (PS, 81) wird das Dionysische zum „Einfalltor der Natur" (PS, 31) und macht die von Beginn an nur schwach ausgeprägte Sozialisation Proserpinas rückgängig. Unter der Deutungsmacht des Dionysischen wird ein aus den Weinbergen des Rheinlandes nahendes Sommergewitter zu einer verlockenden „fremden, feierlichen Musik", und während „die Traubenernte sich häufte und von den schwankenden Lesern bacchantisch zertreten wurde [...], ging die Träumerin in sie ein, vernahm das Rauschen der Säfte in ihren Ohren, [...] und ergab sich in das Verbrausen der Sinne" (PS, 31).

Analog zur kulturellen Entwicklung des Menschen nach Bachofen ist Proserpinas Verbleib auf der hetärisch-tellurischen Stufe allerdings temporär. Konfrontiert der von den Frauenfiguren Magd und Mutter dominierte Zustand Proserpina mit dem „Gedränge des Unfertigen" und der „Maskerade des Werdenden" (PS, 32), deutet die zunehmende Präsenz des Vaters schließlich den Durchbruch des apollinischen Prinzips an, den Siegeszug der Formen und der menschlichen Sprache. Als Architekt versammelt der Vater „schöne Bücher" um sich und tritt als überzeichnete Figur eines Kultur schaffenden, vernünftigen und dadurch gleichzeitig moralisch integren Menschen auf, der von den ‚Verirrungen' seiner Tochter nichts ahnt: „Zirkel und Winkelmaß ruhten rein und gerecht neben der hörnernen Briefwaage; und mit milden Augen schaute der Vater von Karten und großen Plänen empor" (PS, 71). Obwohl die eindeutige, formfixierte „apollinische Vaterwelt der Sprache"[165], die, wie es im Roman heißt, „unter Menschen Verständigung wirkt" (PS, 73), zunächst als rettender Anker für Proserpina in Erscheinung tritt, verfehlt das apollinische Prinzip in Langgässers Text seine Bestimmung. Denn auch die Besinnung auf die Welt der Sprache und Form kippt ins Extreme. Anstatt sich der Worte zur Verständigung zu bedienen und Sprache als kulturelles Raster zu begreifen, das Wirklichkeit ordnet – bzw. im Sinne der Repräsentationslogik spiegelt –, verliert sich Proserpina im sprachlichen Ausdruck, in der Materialität der Formen:[166]

---

164 Im Dionysoskult, der frühestens auf der Kulturstufe des Demetrischen zu finden sei, sieht Bachofen den „kräftigsten Bundesgenossen der hetärischen Lebensrichtung" (Bachofen, Mutterrecht, S. 37 ff.). Während der Dionysoskult für das Männliche den ersten Schritt zur Erhebung in Richtung auf das Geistprinzip bedeutet, birgt er für das Weibliche die Gefahr des Rückfalls auf die tellurische Stufe.
165 Augsberger, S. 17.
166 Wieder hat, ganz im Sinne Bachofens, Dionysos seine Finger im Spiel. Denn einer der Momente, die Proserpina besonders verwirren, ist das Auffinden eines Bauplans des Vaters, der jedoch von der Witterung so verschwommen erscheint, dass Proserpina die dargestellte Szene nicht als geometrisch angeordneten Plan, sondern als Bacchanal wahrnimmt. (PS, 90 ff.)

[D]och weil ihr die frühe Bereitschaft zu sinken, schon Übung geworden war, durcheilte sie so seine [des Spiegels] Fläche, daß jene nicht Zeit hatte, sie zu spiegeln, und das lauschende Mädchen hinter die Rückwand der Worte geriet. Als ob in die dunklen Beschläge des Glases ein trüberes Schmelzmetall käme, floß, leise die Sprache bewegend, das Kind in ihr Wogendes ein; es trennte sich, kaum, daß es eben den menschlichen Anruf vernommen hatte, aufs neue, ihn weit überhörend, von seiner Bedeutung und fand sich im bildlosen Kerne daheim. (PS, 72f.)

Bewirkte die Verschmelzung Proserpinas mit der Natur ein völliges Aussetzen von Sprache, führt nun die einseitige Rezeption ihrer Formen zu einer unkontrollierten Produktion sinnloser Laute, die in der Metaphorik an Hofmannsthals „Ein Brief" erinnert:

So wurde sie, wie in einem Höhlengrab hockend, von Gedanken überlaufen, die käfergleich aus ihrem Munde fielen und wieder zu den Ohren hereinkrochen; sie fühlte die schreckliche Leere des eigenen Gaumengewölbes, das keinen Widerhall tönte, weil jeder Tröstung von außen die Schar ihrer eigenen Worte gewaffnet entgegenstand. (PS, 99)

Hatte Proserpina sich zunächst in der Natur verloren, weil sie das Außen absolut gesetzt hat, verfällt sie nun der „Totalität einer neuen Weltsicht [...], die nur noch das Innen, kein Außen mehr kennt und anerkennt"[167]. Damit integriert Langgässers Text die schon aus der Erzählung „Merkur" geläufige Kritik einer einseitig über abstrakte Formen hergestellten Wirklichkeit. An die Stelle der für die Erzählung „Merkur" charakteristischen Kreis- bzw. Zirkelfigur, in der die Selbstbezüglichkeit kultureller Formen sichtbar wird, rückt in *Proserpina* die hermetische Figur der Kugel – in Gestalt einer blau geäderten Murmel, die Proserpina aufgreift:

In einer kristallenen Höhle, aus der keine Wiederkehr war, weil sie die flüchtigen Blicke an der glänzenden Rundung brach und weiter ins Innere führte, entsprangen opalblaue Flüsse, die sich kreisend ergossen, und zwischen ihnen ruhte, siderischen Bildern ähnlich, ein Zwillingspaar goldener Fische, die, reglos gekrümmt, in der Mitte der Ströme verharrten. (PS, 77)

Proserpinas dialektischen Fehlschlag, der die Form der Sprache ebenso einseitig rezipiert wie die sprachlose Natur, bringt der Text im Bild eines winterlich entkleideten Baumes zum Ausdruck, dessen laubfreie Äste ein Spiegelbild der unterirdischen Wurzeln darstellen: „Proserpina fühlte, jetzt glichen einander die Wurzeln und Äste, als hätten sich jene vom Abgrund allmählich zur Höhe ge-

---

167 Meyer, Dichtung zwischen Mythos und Logos, S. 65. Das durch die Metaphern „Höhlengrab" und „Gaumengewölbe" anzitierte Höhlengleichnis betont das schattenhaft-illusionäre der Erscheinungen und unterstreicht Proserpinas ‚Irrweg'.

wendet, so wie in das Antlitz der Träumenden die Bilder nach Mitternacht steigen, und im grauen Morgen lesbar die mächtigen Zeichen liegen" (PS, 71).

Die doppelte Verfehlung Proserpinas bereitet schließlich jedoch den positiven Fluchtpunkt des Textes vor. In dem Maße wie in Langgässers Text beide Zustände, der hetärisch codierte Mythos sowie der apollinisch codierte Logos, als defizitär markiert werden, zieht sich der Text auf eine vermittelnde Position zurück. Dies wird besonders in der Schlussszene des Textes deutlich, in der die vermeintlich souveräne Position des Vaters als apollinische Gestalt zugunsten einer Versöhnung von weiblichem und männlichem Prinzip gebrochen wird. Denn unter dem Blick Proserpinas schreibt sich das ‚weibliche Prinzip' des Todes und der Natur (Erde) in die Gestalt des sterbenden Vaters ein:

> Das silberne Schläfenhaar erglänzte vom Todesschweiße, wie in tiefen Tälern vom Nachttau die lockige Herde glänzt; aus den mächtigen Wangenbögen sprang die felsige Nase vor; das Lippenpaar leicht geöffnet, war von schwarzen Rissen durchzogen, und ließ die verlängerten Zähne, von denen das Fleisch sich entblutet zurückgezogen hatte, sehr groß und fremdartig sehen. Eine Todeslandschaft begann schon der Erde sich anzugleichen und den Bewohnern der Tiefe bald Weide zu gewähren. (PS, 133)

Den eigentlichen Fluchtpunkt des Textes bildet damit nicht das durch den Vater vermittelte Prinzip des Apollinischen (Logos), das ein mütterliches Prinzip des Hetärisch-Tellurischen (Mythos) ablöst, sondern das Prinzip des Demetrischen als eine Versöhnung von Logos und Mythos, Kultur und Natur, Weiblichkeit und Männlichkeit. Bezeichnenderweise hat sich am Sterbebett der Priester bereits verabschiedet und lediglich eine Ordensschwester ist zurückgeblieben, „und als sie sich nun Proserpina zu- und fort von dem Sterbebett wandte, sah das Kind mit nie gefühltem Erstaunen, daß sie nicht hart und nicht milde, nicht düster und nicht strahlen, sondern beides in einem war" (PS, 131).

2.2.2 Ausgleich statt Entscheidung – *Proserpinas* Poetologie im Kontext der 1920er Jahre

Indem Langgässers Text eine schlichte Überwindung des weiblich-hetärischen durch ein männlich-apollinisches Prinzip zurückweist, positioniert sich der Text kritisch gegenüber einer einseitigen Rezeption Bachofens, die für die späten 1920er Jahre kennzeichnend ist. Dies wird besonders im Vergleich mit der Bachofenrezeption Alfred Baeumlers deutlich. Baeumler, der in den 1930er Jahren zu einem der wichtigsten Ideologen der NS-Diktatur avanciert, politisiert bereits in den 1920er Jahren Bachofens These, indem er dessen Schema auf den Triumph des Apollinischen über den Hetärismus und damit auch den Sieg des Mannes über die Frau, den des Okzidents über den Orient reduziert:

> Ein stoffliches und ein unstoffliches Prinzip ringen in der Geschichte gegeneinander. Jenes hat seinen historischen Ausdruck im Orient, dieses im Okzident. Der Orient huldigt dem Naturstandpunkt, der Okzident ersetzt ihn durch den geschichtlichen [...] Die Erhebung des geschichtlichen Bewußtseins über den Naturgedanken ist das wichtigste Ereignis der Weltgeschichte, welche überhaupt dem Wesen nach ein Kampf zwischen Orient und Okzident ist.[168]

Auch wenn Baeumler den für Bachofens Konzeption zentralen Gedanken einer Dialektik zwischen männlichem und weiblichem Prinzip in seiner Einleitung noch streift, steht der Gedanke des Kampfes und des Sieges deutlich im Vordergrund: „Vor Apollon beugt sich besiegt das Weib"[169]. Die Akzentuierung des Kampfes setzt sich dann vor allem in einem späteren Essay „Bachofen und Nietzsche" (1929) fort. Hier kritisiert Baeumler Bachofens im Ansatz dialektische Perspektive, die das demetrische Prinzip akzentuiert, und stellt den vermittelnden Ansätzen Bachofens Nietzsches Konzeption der heroischen Tat gegenüber:[170]

> Was Nietzsche wirklich geschaut hat, was ihn sein ganzes Leben hindurch begleitet und zur Tat angespornt hat, das war nicht die Vorstellung des ‚dionysischen', sondern des heroischen Griechen. Das, was in ‚Schopenhauer als Erzieher' so unvergleichlich gezeichnet ist, das heldische Dasein des Einzelnen, macht den innersten Kern der Nietzscheschen Grundvorstellung vom Griechentum aus. ‚Leben überhaupt heißt in Gefahr sein.' Das ist Nietzsche.[171]

---

168 Baeumler, Einleitung, S. CCLXVII. Weiter heißt es: „‚Orient' und ‚Asien' sind aber für Bachofen nur andere Begriffe für den religiösen Standpunkt physischer Weltbetrachtung. Der Orient ist der dunkle, von üppigen Gestalten erfüllte Hintergrund, von dem sich die eigentliche Geschichte der Menschheit abhebt. Dieser Hintergrund ruht; der Osten steht still, er lässt sich in seinem ‚Quietismus' nicht stören." (Baeumler, Einleitung, S. CCLXVII.)
169 Baeumler, Einleitung, S. CCXV.
170 Baeumler rezipiert explizit nicht den Nietzsche der *Geburt der Tragödie* und dessen Konzept des Dionysischen, das für ihn hinter Bachofens Deutung zurückfällt, weil Nietzsche etwas als ästhetisches Phänomen beschreibe, was doch eigentlich ein mythisches Symbol sei. Auf der anderen Seite rezipiert Baeumler jedoch Nietzsches Gedanken der heroischen Tat aus den *Unzeitgemäßen Betrachtungen* (Kapitel: *Schopenhauer als Erzieher*) und weist Bachofens vermittelnde Perspektive zurück. (Alfred Baeumler, Bachofen und Nietzsche (1929). In: Baumler, Studien zur deutschen Geistesgeschichte, Berlin 1937, S. 236 f.) Diesen Synkretismus beschreibt Baeumler selbst so: „als Psychologe erweist sich Nietzsche dem Geiste seines Jahrhunderts verhaftet, demselben Geiste, dem er als Handelnder trotzt; als Symboliker überwindet Bachofen den Geist des 19. Jahrhunderts, desselben Jahrhunderts, dem er als empirischer Mensch restlos angehörte" (Baeumler, Bachofen, S. 236 f.).
171 Baeumler, Bachofen, S. 237.

Weil Bachofens Analyse sich nicht vom Moment der Gefahr her schreibe, die eine „gewaltige Unruhe" provoziert und „zur Tat drängt"[172], sondern ein von der „Humanismusidee" durchdrungenes Vermittlungsmodell anstrebe, bleibt Bachofen Baeumler zufolge mit dem Stigma des Bürgerlichen behaftet: „Eine solche Versöhnung der Gegensätze ist nur dem Betrachtenden möglich, nicht dem Handelnden, und insofern Bachofen die Gegensätze in seiner Person und in seinem Werk zu solch harmonischem Ausgleich bringt, insofern ist er ein Bürger."[173]

Für Baeumlers Bachofen-Rezeption steht die geistige Reinheit des siegreichen Apollinischen Prinzips im Vordergrund, wie der wiederholte Versuch zeigt, das Apollinische von den Aspekten Tod, Vergänglichkeit und Auflösung freizuhalten: „Zwischen dem auflösenden Prinzip und der Weiblichkeit besteht eine innere Verbindung; die männliche Potenz steht mit dem Tode in keinem Zusammenhang"[174]; „Apollon ist ungeschlechtlich, weiberlos. Er hat den Stoff mit seiner Vergänglichkeit überwunden, das unstoffliche Vatertum kennt die Klage um die Toten nicht mehr."[175] Im Gegensatz zur Konzeption Baeumlers, dessen Vorstellung des Apollinischen mit dem Tod in keinem Zusammenhang steht, gelingt in Langgässers Erzählung erst im Moment des Sterbens des Vaters eine Verbindung zwischen Vater und Tochter.

Damit steht Langgässers Text in deutlicher Nähe der, ebenfalls von Bachofen inspirierten, Philosophie des Ausgleichs des Philosophen und Anthropologen Max Scheler. In einem 1927 an der Deutschen Hochschule für Politik gehaltenen Vortrag, der 1929 unter dem Titel „Der Mensch im Weltalter des Ausgleichs" veröffentlicht wird, setzt sich Scheler – wie auch schon in anderen Schriften der 1920er Jahre – mit dem für die Philosophie und Ästhetik um 1900 eigentümlichen Dualismus von Geist und Leben auseinander und kritisiert die Einseitigkeit sowohl geistes- als auch lebensphilosophisch zentrierter Ansätze.[176] Im Gegensatz

---

172 Baeumler, Bachofen, S. 243.
173 Baeumler, Bachofen, S. 241.
174 Baeumler, Einleitung, S. CCLXXX.
175 Baeumler, Einleitung, S. CCXV.
176 Klages spricht dem Geist eine explizit lebensfeindliche Funktion zu: „Der Geist als dem Leben innewohnend bedeutet eine gegen dieses gerichtete Kraft; das Leben, sofern es Träger des Geistes wurde, widersetzt sich ihm mit einem Instinkt der Abwehr – Das Wesen des ‚geschichtlichen' Prozesses der Menschheit (auch ‚Fortschritt' genannt) ist der siegreich fortschreitende Kampf des Geistes gegen das Leben mit dem logisch absehbaren Ende der Vernichtung des letzteren." (Ludwig Klages, Der Geist als Widersacher der Seele I, Leipzig 1929, S. VII.) Im Gegensatz zu Ludwig Klages versteht Scheler den Geist explizit nicht als ‚Widersacher der Seele': „Der ‚Geist' ist kein Feind des Lebens und der Seele! [...] Nicht der Geist, nur der übersublimierte ‚Intellekt', den Klages mit ‚Geist' verwechselt, *er* ist in gewissem Maße der Feind des Lebens" (Max

dazu entwirft er ein dem deutschen Idealismus verpflichtetes Modell, das die für die Moderne charakteristische Dichotomie zwischen Geist und Leben zugunsten einer Philosophie des Ausgleichs überwinden soll. Die Pointe des Ansatzes besteht darin, dass die unterschiedlichsten Oppositionspaare, die sich in der Kultur der Moderne mit den jeweiligen Konzepten Geist und Leben verbinden, unweigerlich in den Sog der Ausgleichbewegung hineingezogen werden:

> Wenn ich auf das Tor des im Anzug begriffenen Weltzeitalters einen Namen zu schreiben hätte, der die umfassende Tendenz dieses Weltalters wiederzugeben hätte, so schiene mir nur ein einziger geeignet – er heißt ‚Ausgleich'. Ausgleich in fast allen charakteristischen spezifischen Naturmerkmalen, physischen wie psychischen, die den menschlichen Gruppen als solchen zukommen, in die man die ganze Menschheit einteilen kann [...]: Ausgleich der Rassenspannungen, Ausgleich der Mentalitäten, der Selbst-, Welt- und Gottesauffassungen der großen Kulturkreise, vor allem Asiens und Europas. Ausgleich der Spezifitäten der männlichen und weiblichen Geistesart in ihrer Herrschaft über die menschliche Gesellschaft. Ausgleich von Kapitalismus und Sozialismus, und damit der Klassenlogiken und der Klassenzustände und -rechte zwischen Ober- und Unterklassen.[177]

Sowohl die der aufgeklärten Moderne eingeschriebene Emanzipation des Geistes und der Rationalität als auch die für die zeitgenössische Kultur des frühen zwanzigsten Jahrhunderts typischen Gegenbewegungen, die den Aspekt des Lebens und des Triebes wieder in den Vordergrund rücken (Lebensphilosophie, Psychoanalyse), werden dabei als kulturelle Vorstufen sichtbar, die letztlich auf den Ausgleich hinführen und somit als sinnvolle historische Etappen in das Modell integriert werden können:

> Die Revolte der Natur im Menschen und alles dessen, was Dunkel, dranghaft, triebhaft ist – des Kindes gegen den Erwachsenen, des Weibes gegen den Mann, der Massen gegen die alten Eliten, der Farbigen gegen die Weißen, alles Unbewußten gegen das Bewußte, ja der Dinge selbst gegen den Menschen und seinen Verstand – sie mußte einmal kommen![178]

Scheler, Der Mensch im Weltalter des Ausgleichs. In: Scheler, Gesammelte Werke. Bd. 9. Späte Schriften, mit einem Anhang, hg. von Manfred S. Frings, München 1976, S. 145–170, hier: S. 150). Gleichzeitig erkennt Scheler den prinzipiellen Einspruch der Lebensphilosophie an und distanziert sich von einer einseitig auf den Geist ausgerichtete Perspektive, denn „solange der Urgrund des Seins nur reiner ‚Geist' und ‚Licht' sein soll, ihm nur ein geistiges Prinzip zuerteilt wird, nicht aber das Attribut des ‚Lebens', des ‚Dranges', ist er als Sein und Idee de facto ebenso einseitig viril-logisch erfaßt und gefaßt wie die klassische Idee des Menschen als ‚homo sapiens'" (Scheler, S. 159).
177 Scheler, S. 151.
178 Scheler, S. 157.

Die Revolte des Dranges bzw. Triebes bezeichnet Scheler insgesamt als einen Prozess der Re-Sublimierung, worunter er eine „Zurücknahme der für die europäische Zivilisation so typischen ‚einseitigen' Hochschätzung von ‚Geist und Geisteswerten'"[179] versteht. Indem Schelers Modell die „Revolte der Natur im Menschen" als sinnvoll und notwendig versteht und in das vermittelnde Modell des Ausgleichs überführt, trifft sich seine Deutung der Moderne in weiten Teilen mit dem ästhetischen Vermittlungsprojekt Loerkes, Kaysers und Lehmanns.[180] Während das Postulat eines kulturgeschichtlichen Kompromisses einerseits den revolutionären Bewegungen zugunsten eines gesellschaftlichen Kompromisses die Spitze nimmt – auch hier auf der Linie der nachexpressionistischen Poetik –, erweist sich Schelers Programm andererseits selbst als provokant, sofern die Grenzen des Eigenen zugunsten eines Denkens von Alterität grundsätzlich infrage gestellt werden:

> Schelers Text hatte [...] das Zeug zu einem diskursiven Ereignis, weil er den vom Phantasma der kulturellen Enteignung gekennzeichneten dominanten Trend des kulturkritischen Räsonnements provokant umkehrt. Seide Rede dürfte bei einem Publikum größte Irritationen ausgelöst haben, das auf eine Strategie der Konservierung des ‚eigenen' (nationalen, europäischen, abendländischen etc.) kulturellen ‚Erbes' bzw. ‚Eigentums' setzte.[181]

Vor allem tritt Schelers Ausgleichsphilosophie in deutliche Opposition zu dem von Alfred Baeumler profilierten Zustand des heroischen Kampfes oder Carl Schmitts Ausnahmezustand, der unablässig die Entscheidung in Gestalt eines Entweder-Oder einfordert. Im Gegensatz zu der auf Eskalation, Entscheidung und Sieg hin ausgerichteten Konzeption Baeumlers (oder auch Carls Schmitts) ist Schelers Vermittlungsprinzip, das „den sozialen und kulturellen Raum systematisch nach Zeichen für eine allgemeine Lösung der Spannung ab[sucht]"[182], ein de-eskalierendes Moment inhärent.[183]

---

179 Friedrich Balke, „Ausnahme" oder „Ausgleich". Zwei Leitbegriffe der Zeitdiagnostiken Max Schelers und Carl Schmitts. In: Kulturelle Enteignung. Die Moderne als Bedrohung, hg. von Georg Bollenbeck u. Werner Köster, Wiesbaden 2003 (Kulturelle Moderne und bildungsbürgerliche Semantik. 1), S. 51–65, hier: S. 59.
180 Jaitner argumentiert, dass vor allem der Triebbegriff seine Sprengkraft vor dem Hintergrund eines Kompromisses verliert: „Der triebhafte Drang wird gegen die als mechanistisch denunzierte Ratio in Stellung gebracht und so als Bestätigung geistiger Erkenntnis interpretiert. Die potentiell sprengende Kraft des Triebbegriffs wird durch die dominierende Stellung des Geistbegriffs neutralisiert." (Arne Jaitner, Zwischen Metaphysik und Empirie. Zum Verhältnis von Transzendentalphilosophie und Psychologie bei Max Scheler, Theodor W. Adorno und Odo Marquard, Würzburg 1999, S. 98.)
181 Balke, S. 63.
182 Balke, S. 58.

Während Schelers Modell einerseits auf einen friedlichen Ausgleich von kulturellen Gegensätzen zusteuert, wird andererseits die grundsätzliche Existenz der Dichotomien nicht hinterfragt. Das Modell operiert damit nicht mit einem Konzept von Hybridität, Grenzräume und Ausgleichsbewegungen werden vielmehr durch die Überlagerung bzw. Zusammenführung von Dichotomien hergestellt. Entscheidend ist zudem, dass auch Schelers Modell kein rein soziokulturelles Beschreibungsmodell darstellt, sondern – in der Vermittlung von Geist und Drang – die Grenzen von Natur und Kultur selbst überschreiten will. An dieser Stelle rückt die Nähe von Schelers Ansatz zu Langgässers Erzählung deutlich in den Blick:

> Wer am tiefsten wurzelt in der Dunkelheit der Erde und der Natur, jener ‚natura naturans', die alle Naturgebilde, die ‚natura naturata', erst hervorbringt, und wer zugleich als geistige Person am höchsten hinaufreicht in seinem Selbstbewusstsein in die Lichtwelt der Ideen, der nähert sich der Idee des Allmenschen und in ihr der Idee der Substanz des Weltgrundes selbst – in der steten werdenden Durchdringung von Geist und Drang.[184]

Der Ausgleich von Geist und Drang ist gemäß der idealistischen Tradition, auf die sich Scheler bezieht, nicht als ein rein kultureller Prozess gedacht, sondern als ein Geschehen, das die in der Moderne verloren gegangene Entsprechung von Mensch und Welt, Sprache und Wirklichkeit wiederherstellen will: „Im Anschluß an den deutschen Idealismus [speziell Spinoza] sieht Scheler im Gedanken der Einheit von Schöpfer und Schöpfung das Versprechen der Heilung der modernen Entzweiung angelegt."[185]

In der von Scheler vorgegebenen Philosophie des Ausgleichs, die einen gemäßigten Ansatz darstellt, der weder in progressiven noch konservativen Kategorien restlos aufgeht, sondern sich bewusst in einem ideologischen Zwischenraum platzieren will, bewegt sich auch Langgässers essayistisches Interesse der frühen 1930er Jahre. So lässt sich der in der kulturkonservativen Zeitschrift *Eu-*

---

183 Im Sinne einer friedenspolitischen Lösung zeichnet Scheler erstens die Ausgleichsbewegung selbst als pazifistisch: Neu entstehende Klassen in Europa, wie etwa Privatangestellte oder große Magnaten fördern einen „großbürgerlich-kapitalistischen Pazifismus" (Scheler, Ausgleich, S. 165), auch in Reaktion auf den ersten Weltkrieg. Zweitens bestimmt er als Aufgabe der gesellschaftlichen Eliten, den nicht aufzuhaltenden Prozess des Ausgleichs als friedlichen zu gestalten: „Der unser Zeitalter so einseitig beherrschende Gegensatz von kapitalistischer und sozialistischer Wirtschaftsordnung – auch er wird seinen Ausgleich finden. Und wieder ist es die Frage, ob die politische Kunst künftiger Eliten der Aufgabe gewachsen sein wird, ihn *friedlich* zu vollziehen, oder ob er, nicht nur unter blutigen Klassenkämpfen, sondern auch Klassenkriegen sich vollziehen wird." (Scheler, S. 165.)
184 Scheler, S. 158.
185 Jaitner, S. 95.

ropäische Revue[186] veröffentlichte kurze Essay „Das Bild des Mannes in den Augen der Frau" als Versuch lesen, das durch „Heroenkult, Männerherrschaft und Rittertum"[187] bestimmte zeitgenössische Männlichkeitsideal in eine ausgeglichene Konzeption von Männlichkeit zu überführen, die – und darin besteht aus gendertheoretischer Perspektive die Pointe des Textes – den weiblichen Blick voraussetzt. Diese Perspektive zeigt sich bereits zu Beginn des Textes, indem der Figuration des öffentlichen Vaters (Geistprinzip) die Figuration des privaten – vom Zeugnis der Frau abhängigen – Erzeugers (Naturprinzip) an die Seite gestellt wird:

> Vertauschbar, sich ewig zurückverwandelnd, geht das Bild und Symbol des Erzeugers in immer tiefere Räume – und während der ‚Vater' fest wird, vermauert in das Haus, verwurzelt im Generationenbaum der mütterlichen Linie, bleibt der ‚Erzeuger' frei; [...] Denn der Vater steht für einen Gott, der Erzeuger für viele Götter. Ein Gott, ein Name, ein Erbe bilden sein Patriarchenamt – viele Götter, vertauschbare Namen und stromhaft verzweigte Güter leben im Mutterreich.[188]

Im weiteren Verlauf des Textes werden die verschiedenen Figurationen von Männlichkeit, die jeweils der Kategorie des gesellschaftlich-statischen Vaters oder des naturhaften-wandelbaren Erzeugers zugeordnet werden, historisch verortet. Ziel dieses geschichtlichen Abrisses, der sich grob an Bachofens Schema orientiert, ist es jedoch nicht, die Rivalität der Männlichkeitskonzepte, sondern ihre Verflechtung herauszustellen, die letztlich durch eine heilsgeschichtliche Option garantiert wird: In der christologisch begründeten doppelkonditionierten Figur von Jesus Christus, der in seiner Person das Kreatürliche und das Geistige, das Irdische und das Göttliche vereint, sieht Langgässer die entscheidende Figur des Mittlers, der die gegensätzlichen Figurationen von Geist und Natur verknüpft und damit die von Bachofen vorgegebene Stufe des Demetrischen besetzt:

> Immer wieder wagt sich das Weltgeschehen über drei Stufen hinweg; über die unterste Stufe des heidnischen Matriarchats, auf welcher der Mann Erzeuger und Feind; über die Golg-

---

[186] Die *Europäische Revue* steht spätestens seit 1934 verdeckt unter der Kontrolle des NS-Propaganda-Ministeriums: „Nach 1933 übernahm das nationalsozialistische Propagandaministerium einen wichtigen Teil der finanziellen Förderung der ‚Europäischen Revue'. Es ging Goebbels um eine ‚unauffällige Propaganda, vowiegend im Ausland'" (Guido Müller, Europäische Gesellschaftsbeziehungen nach dem ersten Weltkrieg. Das Deutsch-Französische Studienkomitee und der Europäische Kulturbund, Oldenburg 2005 (Studien zur internationalen Geschichte. 15), S. 404). Die Zeitschrift warb jedoch noch 1934 damit, ein propagandafreies Medium zu sein.
[187] Hier zitiert nach der Zweitpublikation: Elisabeth Langgässer, Das Bild des Mannes in den Augen der Frau. In: Berliner Hefte für geistiges Leben, 4, 1949, S. 337–341, hier: S. 337.
[188] Langgässer, Bild des Mannes, S. 337.

athastufe, auf der er Erlöser und Mittler; die Stufe des Patriarchats, auf der er Stellvertreter des Himmels und Beherrscher des irdischen Reiches ist. Ob dieser Weg nun von unten nach oben, von oben nach unten beschritten wird, ob sich die Züge verschiedener Völker auf seinen Stufen begegnen [...] – immer führt er über die mittlere Stufe, die nicht übersprungen werden, ja selbst in tiefster Umnachtung nicht übersehen und nicht verfehlt werden kann, weil sie als ‚Stein des Anstoßes' von immer her gesetzt ist.[189]

Implizit ergibt sich aus der Charakterisierung des Männlichen auch ein Ideal moderater Weiblichkeit, das sich nicht „aus den Gesetzten des Mannes" herleitet, „um ihn amazonenhaft nachzuahmen, amazonenhaft zu bekämpfen"[190], sondern ebenfalls einer gemäßigte Position entspricht: „Aber wie auf verschiedenen Ebenen Penthesilea und Psyche nur leicht vertauschbare Namen für die gleiche Wesenheit sind, so sind auch Achilles und Orpheus nur nach dem Blickpunkt verschieden."[191] Das weibliche Ideal findet Langgässer nicht in den einseitig maskulin-aktiven (Penthesilea) oder feminin-passiven (Psyche) Frauenfiguren, sondern in den doppelkonditionierten Protagonistinnen: „Demeter, Rhea, Persephone oder Maria"[192]. In diesem Sinne sieht auch Scheler die „neuartigen Bedeutung und Anbetung des Weiblichen" nicht als Weg zu einer neuen Herrschaft der Frau, sondern als notwendigen Ausgleich einer Gesellschaft, die dem Männlichen zu viel Wert beigemessen hat:

> Mit dieser Bewegung eines Ausgleichs zwischen dem geistigen und lebendigen Prinzip im Menschen geht gleichzeitig ein anderer, nicht minder bedeutsamer und ihm entsprechender Ausgleich einher: der Ausgleich von Männlichem und Weiblichem in der Menschheit. Die ausgeprägt irdische, erdhafte, dionysische Phase unseres Weltalters hat eine deutliche Tendenz zu einer neuen Wert- und Herrschaftssteigerung des Weibes gezeigt [...] Diese Bewegung zu einer neuartigen Bedeutung und Anbetung des Weiblichen, mehr hetärischen als demetrischen Charakters, zu einem Wertausgleich der Geschlechter [...] mag Auswüchse vieler Art zeitigen. Und doch ist diese Bewegung nur ein notwendiges Glied in jenem Gesamtprozeß, den ich als Re-Sublimierung bezeichnete [...].[193]

Langgässers und Schelers Konzeption verbindet die (konservative) Auffassung von einer prinzipiellen Ungleichheit der Geschlechter mit der (progressiven) Forderung zum kulturellen Ausgleich der Geschlechter(rollen). Die Aufgabe des weiblichen Blicks in Bezug auf die Definition von Männlichkeit besteht in Langgässers Aufsatz dementsprechend darin, das Weibliche im Männlichen hervor-

---

189 Langgässer, Bild des Mannes, S. 340.
190 Langgässer, Bild des Mannes, S. 340.
191 Langgässer, Bild des Mannes, S. 341.
192 Langgässer, Bild des Mannes, S. 337.
193 Scheler, S. 158 f.

zukehren: „Von den Augen der Frau zurückgespiegelt, wird seine [des Mannes] Erscheinung erst gültig"[194].

2.2.3 Die Umsetzung der Poetologie des Ausgleichs in *Proserpina*

Die in der diskursiven Dimension von Langgässers *Proserpina* angelegte Bewegung des Ausgleichs, die Natur und Geist, Weiblichkeit und Männlichkeit vermittelt, wiederholt sich auf der Verfahrensebene, insofern der Text im Grenzbereich von Metonymie und Metapher operiert. So wird einerseits die Krankheits- und Entwicklungsgeschichte des Mädchens Proserpina erzählt und eine nacherzählbare Handlung ohne logische Brüche entfaltet, die zum Teil auf die Biographie der Autorin abbildbar ist.[195] Andererseits stellt die im Ansatz realistische Erzählung von Beginn an ununterbrochen metaphorische Bezüge her – primär dem Archiv antiker und christlicher Mythen entlehnt –, die sich an das metonymische Narrativ anlagern, soweit, dass nicht mehr klar unterschieden werden kann, ob die metaphorische Deutung die realistische Erzählung ‚begleitet' oder umgekehrt. Als Beispiel kann hier der Auftakt der Erzählung gelten, der die beiden Verfahren zunächst noch getrennt voneinander präsentiert. So realisiert der ‚erste' Anfang des Textes in besonderer Weise das metaphorische Prinzip. Obwohl der Leser über einige Fakten zur Krankheitsgeschichte Proserpinas informiert wird, lassen sich diese unter der verdichten Figuration nur sehr mühsam herausfiltern:

> Die Mutter konnte das Kind nicht nähren, und der guten Jo Milch verschmähte es – aber die es blühen sahen wie eine schlummernde Wolke, die von dem aufgehenden Morgenlicht gerötet wird, fragten sich, ob denn Genien es nachts auf dem Schoße hielten, und ihm das Horn der Himmlischen zu trinken gaben. Denn das Haus stand an der Römerstraße, und der uralte Boden teilte noch immer die Geschenke der Vorzeit aus, wenn der Landmann mit dem Fluge darüberging. Man stieß den Spaten in den Schlaf der Legionäre und hob Schild und Harnisch, aber auch die Mischgefäße der Freude, Schale und Becher an der jungfräulich gestreiften Hüfte empor, reinigte sie von der haftenden Erde und verbarg wohl manches Stück in der eigenen Truhe. So gingen jene Schätze aus Dunkel in Dunkel, und es wurde von ihnen wie von gegenwärtigen Göttern geredet. (PS, 7)

---

194 Langgässer, Bild des Mannes, S. 341.
195 Augsberger deutet *Proserpina* aufgrund der Parallelen zur Lebenssituation der jungen Elisabeth Langgässer als „autobiographische Erzählung, deren Stoff die früheste Lebensstufe der Dichterin behandelt und deren mythische Weltschau zugleich eine frühere Lebensstufe der Menschheit vor uns lebendig werden lässt" (Augsberger, S. 12).

Die Dominanz des Figurativen verortet die Kindheitsgeschichte Proserpinas von vornherein in einem metaphorischen Deutungsprozess – allerdings zu Lasten des realistischen Verfahrens, wie schon Helmut Meyer herausstellt. Dadurch dass die Syntax „derart auf die Ebene des Fragens und Deutens hinüberdrängt, erweist sich in der Betrachtung des Objekts jeweils schon die Sicht des Betrachtenden, im Bericht schon die Bedeutung als mitgedacht, ist das als Deutung Erscheinende letztlich die Weise des unmittelbaren Sehens der Dinge selbst."[196] Indem das metaphorische Verfahren des Textes, das sich vorzugsweise antiker Mythen bedient, mit der Exkavation antiker Kulturgegenstände verglichen wird, die „aus Dunkel in Dunkel" wandern, wird die Problematik dieses Verfahrens bereits sichtbar. Dass sich mit dieser „Sicht, aus der die begegnende Welt immer schon als gedeutete Welt begriffen wird", die „Gefahr der sich leicht verabsolutierenden Tendenz dieses Deutens"[197] verbindet, macht der Text also selbst sichtbar. Dem ersten Anfang ist dementsprechend ein zweiter gegenübergestellt, der in eindeutig realistischer Sprache Proserpinas Elternhaus metonymisch in die Nähe einer auf den Hügeln des Landstriches liegenden psychiatrischen Anstalt rückt:

> In dem rheinischen Hügelland, dessen eintönige und unbewaldete Bodenwellen nach Südwesten in die pfälzischen Berge zu münden beginnen, hat sich dies alles zugetragen. [...] Einer Baumschule gegenüber, außerhalb der eigentlichen Stadt und gerade in jenem Winkel, wo der Weg sich anschickt, in leichtem Bogen den nächsten Hügel hinaufzusteigen, dessen Höhe die Irrenanstalt des Landes trägt, lag das elterliche Haus. (PS, 11)

Der Protagonistin Proserpina, die gemäß ihrem antiken Vorbild im Verlauf der Erzählung (allerdings nur im metaphorischen Sinne) zwischen Unter- und Oberwelt changiert, entspricht also ein doppelkonditioniertes Textverfahren, das sich gezielt im Spannungsfeld zwischen sprachlicher ‚Verdunkelung' und ‚Verdeutlichung' bewegt. Demensprechend dominiert über weite Strecken auch hier die schon für Loerke und Lehmann konstatierte relative Prosa, die im Zwischenfeld von Metonymie und Metapher operiert. Was Meyer in Bezug auf die Gestaltung des Figurenpersonals feststellt, lässt sich damit auf das Verfahren des Textes übertragen:

> Nicht eigentlich das Licht oder die Dunkelheit ist das im Grunde Faszinierende, sondern vielmehr der Übergang des einen in das andere, das allgegenwärtige Werden, der Grenzbereich selbst mit der Mischung von Vertrautem und Schreckendem [...], wie überhaupt die

---

[196] Meyer, Dichtung zwischen Mythos und Logos, S. 20.
[197] Meyer, Dichtung zwischen Mythos und Logos, S. 20.

zentralen Gestalten im Werk Elisabeth Langgässers nie eindeutig dem einen oder anderen Bereich zugeordnet sind, sondern stets in diesem verwirrenden Grenzbereich stehen.[198]

Im Gegensatz zu dem in *Merkur* dargestellten Verfahren einer abstrakten Moderne, das seine eigene Schöpfung hervorbringt, bleibt Sprache in *Proserpina* auf eine außersprachliche Wirklichkeit bezogen. Denn die Ästhetik des Ausgleichs, die sowohl die diskursive Ebene des Textes (weiblich-männlich, Natur-Kultur, Mythos-Logos) als auch sein spezifisches Verfahren (metaphorisch-metonymisch) bestimmt, wird auch poetologisch zum Ausdruck gebracht. So wird der Text selbst als ein Grenzgeschehen figuriert, das auf der Schwelle zwischen Sprache und Wirklichkeit steht:

> Hier [in der Sprache] ist jene zitternde Schwelle, auf der sich die Erde verdoppelt – zwar nicht, daß man Schwere zu Schwere zählen könnte; vielmehr wird ihr dumpfes Dasein weit über sich selber gehoben und reiht sich den Sternbildern zu. Ihr Weg heißt Hindurchgang im Geiste: ein Schatten fällt schwarz auf die Dinge, und an des Unsäglichen Rande erscheinen sie wiedergeboren. Dann kommt auf der anderen Seite die Schöpfung als Sprache hervor. (PS, 72)

Zwischen ‚Erde' und ‚Geist' verortet, besetzt die Sprache genau diejenige Schwellenposition, die in Langgässer Konzeption von Männlichkeit die vermittelnde Christusfigur einnimmt. Die poetologische Konzeption des Textes ist damit heilsgeschichtlich gerahmt. Da die Mittlerfigur Jesus/Christus jedoch selbst bereits ein konfligierendes Normpaar repräsentiert, indem sie Menschliches und Göttliches, Finites und Infinites gleichermaßen codiert, löst die symbolische Rahmung des Textes die poetologische Spannung nicht auf, sondern verschiebt sie nur. Dem entspricht schließlich, dass jedes metaphorische Deutungsangebot, das der Text macht, über die Grenzpoetik selbst verwaltet wird, die Sprache als „zitternde Schwelle" bestimmt und Sinn ausschließlich an des „Unsäglichen Rande" verortet. Ein Zustand der absoluten Einheit, ein wie auch immer gearteter Ur-Zustand – das macht der Text exemplarisch anhand von Proserpinas erster Verirrung deutlich – gibt es nur ohne Sprache. Indem Langgässers Erzählung die Spannung zwischen einer symbolisch geschlossenen Rahmung und einer poetologischen Öffnung des Textes auf Dauer stellt, lässt sich der Text literaturgeschichtlich auf genau derjenigen Schwelle zwischen Traditionalismus und Moderne verorten, die für die Texte des Magischen Realismus charakteristisch ist.

---

198 Meyer, Dichtung zwischen Mythos und Logos, S. 30.

3 ‚Magie' oder ‚Magischer Realismus'? – Ernst Jüngers poetologische Texte um 1930

3.1 Ernst Jünger und der Magische Realismus

In die Erscheinungszeit der Zeitschrift *Die Kolonne* fallen auch Ernst Jüngers frühe literarisch-philosophische Schriften „Das Abenteuerliche Herz. Aufzeichnungen bei Tag und Nacht" (1929) und der „Sizilische Brief an den Mann im Mond" (1930). Obwohl sich für Jünger keine direkte Zusammenarbeit mit dem Kolonne-Kreis nachweisen lässt, wurden seine Texte unter dem Begriff des ‚Magischen Realismus' schon sehr früh mit den Texten der Kolonne-Autoren in Verbindung gebracht. So verweist bereits Leonard Forster auf poetologische Ähnlichkeiten zwischen Jüngers Magischem Realismus und den (lyrischen) Nachkriegstexten Günter Eichs und Elisabeth Langgässers.[199] Gerhard Looses nur wenige Jahre später veröffentlichte Untersuchung bringt Jüngers Magischen Realismus jedoch nicht mehr in Zusammenhang mit dem Kolonne-Kreis, sondern entlehnt den Begriff Franz Rohs Studie über die bildende Kunst des Nachexpressionismus. In lockerer Anlehnung an Roh versteht er den Magischen Realismus als Schreibweise, die bei aller Tendenz zur sachlichen Darstellung auf eine unsichtbare Ordnung der Wirklichkeit verweist. In Looses Analyse wird der Magische Realismus zu einem quasi-mystischen Geschehen, insofern der magisch-realistische Text trotz bzw. gerade aufgrund der sachlich-exakten Stilistik jederzeit unvermittelt in ein Moment der Offenbarung kippen kann:

> Immer ist [Jünger] bestrebt, die Wirklichkeit, sei es die der Objekte oder die des Geistes, klar und in allen Dimensionen zu erfassen und sie sachlich, ‚wissenschaftlich' präzis und unbewegt darzustellen. (Hieraus erwächst die Besonderheit des Stils: Schärfe, Bildkraft und sachliche Kühle). In diesem Prozeß, in dem Abtasten und Ergreifen der Oberfläche der Welt durch die Sinne, kommt der Augenblick, überraschend und gar nicht zu erzwingen, in dem – und das ist der Sinn der magischen Wandlung – das Objekt sein Wesen enthüllt, in dem der

---

199 Forster, S. 86 ff. Draganovic stellt Jüngers *Das Abenteuerliche Herz* in Beziehung zu der von Scheffel skizzierten Erzählweise des Magischen Realismus. Da sie den Begriff jedoch lediglich als einen Forschungsansatz unter vielen zitiert, ohne ihn für die eigenen Analysen fruchtbar zu machen, beschränkt sie sich auf die allgemeine Aussage, dass „das mit dem Programm eines ‚magischen Realismus' im Scheffelschen Verständnis angerissene Problem durchaus im Blick des Jüngerschen Schaffens liegt, insofern als es auch ihm um die Darstellung von Bedeutungen geht, die über konkret Gegebenes hinausweisen" (Draganovic, S. 85). Scheffel rechnet Jüngers *Das Abenteuerliche Herz. Aufzeichnungen bei Tag und Nacht* in seiner Studie zum Magischen Realismus zum Textkorpus, geht jedoch nur am Rande auf den Text ein. (Scheffel, Geschichte eines Begriffs, S. 82 ff.)

Blick von der Oberfläche in die Tiefe dringt: Das ist der Übergang, an dem die Quantität der Physik (das Erfassen der physis) in die Qualität der Metaphysik umschlägt.[200]

Die Widersprüchlichkeit eines ‚magischen Realismus' löst Loose auf, indem er ein Verfahren vorstellt, das ein Unsichtbares in der Gestaltung einer sachlich-realistischen Sprache unmittelbar sichtbar macht: „Das Unsichtbare aus dem Sichtbaren sprechen zu lassen, ganz ohne Umsatz und Wandlung, das ‚Werk' mit den klarsten Mitteln zu beschreiben und es so den ‚Plan' aufleuchten zu lassen, in Buchstaben und doch gleichzeitig in Schlüsseln zu sprechen, ist die Absicht des ‚magischen Realismus."[201]

Im Gegensatz zu Looses Ansatz, der weitestgehend dem programmatischen Vokabular Jüngers verhaftet bleibt, unternimmt Katzmann den Versuch, das Verhältnis von ‚Magie' und ‚Realismus' in Jüngers Texten sprachtheoretisch beschreibbar zu machen. Anders als Loose unterscheidet er zwischen einem „magischen Verständnis" auf der einen und einem „Magischen Realismus" auf der anderen Seite.[202] Während ersteres ein frühes Stadium in Jüngers literarischer Entwicklung markiere, sei letzterer ein Beispiel für den „reifen Stil"[203] des Autors. Katzmanns Definition des ‚magischen Verständnisses' entspricht weitestgehend den Merkmalen einer – an die visionäre Poetik des Expressionismus angelehnten – antilogischen „Schau", wie sie auch Huebners Schrift *Zugang zur Welt. Magische Deutungen* bestimmt. Sie zeichnet sich dadurch aus, dass sie den Anspruch erhebt, eine verborgene Essenz der Realität unmittelbar zugänglich zu machen:

---

200 Gerhard Loose, Ernst Jünger. Gestalt und Werk, Frankfurt a. M. 1957, S. 244.
201 Loose, S. 244. An anderer Stelle heißt es: „Die Sprache, die dem ‚magischen Realismus' entspricht, zeichnet sich durch äußerste Klarheit und Schärfe aus. Sie erstrebt den Punkt, wo die Quantität der Wirklichkeit in die Qualität des Wesens umschlägt" (Loose, Jünger, S. 246).
202 Volker Katzmann, Ernst Jüngers Magischer Realismus, Hildesheim, New York 1975 (Germanistische Texte und Studien. 1), S. 94 ff. Dieser Differenzierung hat die Forschung bisher wenig Beachtung geschenkt. Sowohl Martus (Steffen Martus, Ernst Jünger, Stuttgart, Weimar 2001, (Sammlung Metzler. 333)) als auch Streim übergehen diesen Bruch, der für Katzmanns Argumentation jedoch zentral ist. Dies führt dazu, dass Streim Katzmanns Konzept des Magischen Realismus fälschlicherweise auf das Abenteuerliche Herz (gemeint ist die erste Fassung) bezieht (Gregor Streim, Das Abenteuerliche Herz. Aufzeichnungen bei Tag und Nacht (1929). In: Ernst-Jünger-Handbuch. Leben, Werk, Wirkung, hg. von Matthias Schöning, Stuttgart, Weimar 2014, S. 91–99), während Katzmann die erste Fassung des Abenteuerlichen Herzens gerade mit der einseitigen magischen Weltsicht assoziiert und den neuen Stil erst in Jüngers Prosasammlung *Blätter und Steine* (1934) verwirklicht sieht (Katzmann, S. 95 ff.).
203 Katzmann, S. 94.

Im Unterschied zum logisch-diskursiven Verständnis arbeitet das magische Verständnis nicht mit den Mitteln des zergliedernden Verstandes, sondern mit der Gabe der unmittelbaren Einsicht, der Intuition; es erfasst nicht die äußere Erscheinung, sondern das Wesen der Dinge, und diese erscheinen ihm nicht vereinzelt und zufällig, sondern in sinnvollem und notwendigem Zusammenhang. Während der Verstand in Gefahr ist, das Leben mit seinen Formen zu verwechseln, dringt der magische Blick in jene Zone vor, in der diese Formen gebildet werden, aus dem Ungesonderten sich sondern.[204]

Davon grenzt Katzmann den „Magischen Realismus" als ein Verfahren ab, das bereits eine Verknüpfung von unmittelbarer Einsicht und vermittelnder Erkenntnis darstellt und das magische Verständnis an Realismus und Rationalität zurückbindet. Anders als Loose versteht Katzmann den Magischen Realismus Jüngers damit nicht als Medium einer sich sprachlich ereignenden Offenbarung, sondern vielmehr als Mittel sprachlicher Sinnsuche:

An Stelle der [magischen] Eingleisigkeit tritt die stereoskopische Zweigleisigkeit, die Beschwörung des metaphysischen Grundes mit Hilfe einer verfremdenden Optik wird abgelöst durch den Versuch, das Wesen der Dinge in ihrem realen Erscheinungsbild sichtbar zu machen, der ‚diktatorische Anspruch auf Sinngebung' wird durch das geduldige Bemühen um ‚Sinnfindung' ersetzt.[205]

Diese Differenz zwischen einer „magischen" und einer „magisch-realistischen" Epistemologie lässt sich Katzmann zufolge in der Entwicklung von Jüngers Schaffen um 1930 ausmachen, wobei der „Sizilische Brief an den Mann im Mond" und die dort ausgearbeitete Methode der Stereoskopie Katzmann zufolge den Grundstein für die neue Philosophie legen. Den Ausgangspunkt für Katzmanns Überlegungen bildet eine Selbsteinschätzung Jüngers aus dem Vorwort der *Strahlungen*, die den „Sizilischen Brief" als Wendepunkt seines Denkens hervorhebt:

Zum Opus: meine Bücher über den ersten Weltkrieg, der Arbeiter, die Totale Mobilmachung und zum Teil auch noch der Aufsatz über den Schmerz – das ist mein Altes Testament. Ich darf darein aus anderen Ebenen nichts mehr einzeichnen. Den ‚Sizilischen Brief an den Mann im Mond' sehe ich als bedeutenden Vorgriff an. Hier wurde mir deutlich, daß die Erkenntnis nicht abzuwerfen, sondern wieder einzuschmelzen ist [...].[206]

Indem Jünger seinen Text als einen „Kreuzweg" bezeichnet, an der er „entweder in die Romantik oder den Realismus hätte einbiegen können – auf die eingleisige

---

[204] Katzmann, S. 59.
[205] Katzmann, S. 94.
[206] Ernst Jünger, Strahlungen, Tübingen 1949, S. 166, zitiert nach: Katzmann, S. 15.

‚unstereoskopische Bahn'"[207], greift er auf die im „Sizilischen Brief" bereits explizit formulierte poetologische Position zurück.[208] Dort verspricht der Erzähler am Ende des Textes eine Versöhnung der für die Moderne charakteristischen philosophischen und ästhetischen Programme:

> Denn zum ersten Mal löste sich hier ein quälender Zwiespalt, den ich, Urenkel eines idealistischen, Enkel eines romantischen und Sohn eines materialistischen Geschlechts, bislang für unlösbar gehalten hatte. Das geschah nicht etwa so, daß sich ein Entweder-Oder in ein Sowohl-Als-auch verwandelte. Nein, das Wirkliche ist ebenso zauberhaft, wie das zauberhafte wirklich ist. (SB, 22)

Jüngers Selbstverortung zwischen Romantik und Realismus, die Katzmann als „Magischen Realismus" beschreibt, rückt Jüngers um 1930 verfassten Texte in deutliche Nähe zu der hier bestimmten Poetik der Mitte. Die Überarbeitung der ersten Fassung des *Abenteuerlichen Herzens* zur zweiten Fassung „Das Abenteuerliche Herz. Figuren und Capriccios" (1938) bezeichnet Jünger wesentlich später selbst als Beispiel „für die Ablösung von expressionistischen durch magisch-realistische Tendenzen"[209].

In der folgenden Analyse wird die von Katzmann profilierte Unterscheidung zwischen einem „magischen Weltverständnis" und einem „Magischen Realismus", die in der Jünger-Forschung kaum Beachtung gefunden hat, zur Unterscheidung der frühen poetischen Schriften Jüngers aufgegriffen und auf ihre Tragfähigkeit geprüft. Dabei wird es vor allem darum gehen, die Differenz, die

---

207 Katzmann, S. 15.
208 Die Markierung des *Sizilischen Briefs* als eines werkimmanenten Wendepunkts greift Jünger, leicht variiert, wiederholt auf. Während er den Text in der Prosaskizzensammlung *Blätter und Steine* (1934) noch in unmittelbare Nähe zum Arbeiteressay stellt, weil beide Texte sich einem „Punkte näher[n], von dem aus gesehen Physik und Metaphysik identisch sind" (Ernst Jünger, An den Leser. In: Jünger, Blätter und Steine, Hamburg ²1942, S. 11), markieren spätere Äußerungen Jüngers gerade den Abstand zur Poetik des Arbeiteressays: „[A]ls Übergang zum Neuen betrachte ich die kleine Vision ‚Sizilischer Brief an den Mann im Mond'. [...] Es wäre nach dem ‚Arbeiter' ein geradliniges Fortschreiten möglich gewesen; dieses hätte in eine reine Masken- und Automatenwelt geführt. Stücke aus der zweiten Fassung des ‚Abenteuerlichen Herzens' deuten das an. Hier weiterzugehen war auch verlockend, doch sehr bedenklich, mehr noch für andere als für mich" (Brief an Edgar Traugott vom 21. September 1942, zitiert nach: Heimo Schwilk (Hg.), Ernst Jünger. Leben und Werk in Bildern und Texten, Stuttgart 1988, S. 187. Mit diesem Zitat eröffnet Draganovic ihre Untersuchung (Draganovic, S. 9).
209 Ernst Jünger, Auf eigenen Spuren. Anläßlich der ersten Gesamtausgabe (1965). In: Sämtliche Werke. Bd. 18, Stuttgart 1983, S. 476. Auch wenn man hinter Jüngers werkgeschichtlichem Kommentar bereits „den Einfluß vorgängiger Diskussionen um diesen Begriff [...] vermuten" (Draganovic, S. 82) kann zeigen die vielfachen Stellungnahmen Jüngers, dass er den Texten der frühen 1930er Jahre einen besonderen programmatischen Wert beimisst.

Katzmann als werkimmanenten Zusammenhang beschrieben hat, in den Kontext der kulturgeschichtlichen Entwicklungen der nachexpressionistischen Moderne einzuordnen. Es wird zunächst danach zu fragen sein, inwiefern sich das „magische Weltverständnis" zur Ästhetik der Moderne verhält, um dann zu klären, inwieweit die von Katzmann konstatierte Form des „Magischen Realismus" dem hier vertretenen Konzept des Magischen Realismus als einem doppelkonditionierten Verfahren zugeordnet werden kann.

3.2 Das „Abenteuerliche Herz" und das magische Weltverständnis

Die Forschung hat mehrfach darauf hingewiesen, dass vor allem Jüngers Frühwerk deutlich in der Tradition lebensphilosophischer Entwürfe steht. Dies zeigt sich nicht nur in der programmatischen „Einbettung des Individualdaseins in einem allumfassenden Bios"[210], sondern auch in der sprachlichen Konzeption der Texte:

> Den Zusammenhang Jüngers mit der Lebensphilosophie erhellt auch die bei ihm zur Anwendung kommende Metaphorik. Mit der Polarisierung von ‚lebendiger' Seele und lebensfeindlichem ‚Geist', echtem ‚Erleben' und schalem ‚Urteilen' und bildlich dargestellt als Gegensatz von ‚wesentlichem' ‚Innen' und ‚aufgesetztem' ‚Außen' war eine räumliche Grundwertung angelegt, die der Jüngerschen Bilderwelt den metaphorischen Grundstock lieferte.[211]

Ein „solcherart das ‚Leben' verabsolutierendes Bekennertum"[212] findet sich besonders eindrücklich in Jüngers „Das Abenteuerliche Herz. Aufzeichnungen bei Tag und Nacht" (1929). Zwar greift Jüngers Text auf sehr unterschiedliche literarische Traditionen zurück – so ist „an den Abenteuerroman, surrealistische Impulse oder an weitere Anleihen aus den Avantgardebewegungen um 1900 zu denken"[213], die vitalistische Kodierung des Textes tritt jedoch besonders deutlich hervor. Klar abgegrenzt von den „geistigen" Prinzipien des „Wortes", der „Form" oder der „Abstraktion" besetzt ein emphatischer Lebensbegriff das poetologische Zentrum des Textes:

---

210 Norbert Staub, Wagnis ohne Welt. Ernst Jüngers Schrift „Das Abenteuerliche Herz" und ihr Kontext, Würzburg 2000 (Epistemata. Reihe Literaturwissenschaft. 277), S. 54.
211 Staub, S. 54.
212 Staub, S. 54.
213 Martus, S. 75.

> Im Wirbel stellt sich der trügerische Charakter der Worte heraus, und auch der schnelle Takt der Gesetzgebung bleibt hinter dem Marsche des Lebens, das in jedem Augenblick sein Recht verlangt, zurück. Daher wird jede abstrakte Verständigung müßig, der Umweg über das Hirn führt zu immer schmerzlicheren Enttäuschungen, und die Notgemeinschaften fühlen, dass es nun nicht mehr an der Zeit ist, auf die Formen des Lebens, sondern auf dieses Leben selbst sich zu beziehen.[214]

Als eine zentrale epistemologische Perspektive des „Abenteuerlichen Herzens" lässt sich mit Bezug auf Katzmann das „magische Weltverständnis" benennen, das auf das „Wesen der Dinge" gerichtet ist und damit dem „vitalistischen Fatalismus"[215] des Textes entgegenkommt:

> Eine sinnvolle Erscheinung bietet sich dem intellektuellen und dem magischen Verständnis, von denen hier die Rede ist, in sehr verschiedener Weise dar. Sie gleicht einem Kreise, dessen Peripherie sich bei Tage in aller Schärfe abschreiten läßt. Nachts jedoch verschwindet sie, und der phosphorische Mittelpunkt tritt leuchtend hervor [...]. Im Lichte erscheint die Form, im Dunkel die zeugende Kraft. (AH, 69)

Entsprechend der für die (ästhetizistische und) emphatische Moderne charakteristischen Konzeption des Künstlers als Visionär, die sich auch bei Huebner und Benn wiederfindet, ist der Zugang zu der „zeugenden Kraft", dem „phosphoreszierenden Mittelpunkt" dem Eingeweihten intuitiv möglich. So stellt das magische Verständnis „ein Kennzeichen der Geister erster Ordnung dar", die „im Besitze des Hauptschlüssels sind" bzw. „die Gabe des magischen Schlüssels" (AH, 75) besitzen. Im Gegensatz zu den expressionistischen Texturen, die programmatisch ebenfalls als ein Produkt visionärer Erfahrung gerahmt werden, kleidet sich diese intuitiv erfahrene Bedeutungsebene – sofern sie überhaupt als Verfahrensweise sichtbar wird – jedoch nicht in eine Textur der Unverständlichkeit, sondern in eine unmittelbar verständliche Struktur. In den Vordergrund rückt damit nicht der Widerstand des Wortes gegenüber dem Sinn, sondern dessen absolute Transparenz: „Allerdings hat sich in der reinen Dichtung der unnachahmliche und unübertragbare Klang der Worte dem geheimen Wesen so angeschmiegt und einen solchen Grad der Identität mit ihm erreicht, daß, wenn die Aufnahmefähigkeit vorhanden ist, die Erschließung mit ungemeiner Leichtigkeit erfolgt." (AH, 76).

Stimmt es, dass – wie im Kontext dieser Arbeit behauptet wird – die Differenz zwischen (Spät-)Expressionismus und Magischem Realismus insbesondere darin besteht, dass die nachexpressionistischen Texte den Realismus als komplemen-

---

214 Ernst Jünger, Das abenteuerliche Herz. Aufzeichnungen bei Tag und Nacht. In: Jünger, Sämtliche Werke, 2. Abt. Bd. 9. Essays III. Das Abenteuerliche Herz, Stuttgart 1979, S. 31–176, hier: S. 74 [im Folgenden mit AH im Fließtext zitiert].
215 Martus, S. 79.

täres Verfahren einsetzen, um die Rhetorik des Expressionismus zugunsten einer Perspektive jenseits des visionären Ichs zu öffnen, so müsste sich eine in diesem Sinne verstandene magisch-realistische Poetik von der „magischen Sichtweise" Jüngers deutlich unterscheiden. Tatsächlich nimmt eine Szene aus Elisabeth Langgässers Erzählung *Proserpina* offenbar auf Jüngers „Abenteuerliches Herz" Bezug und setzt sich deutlich kritisch von der „magischen Weltsicht" ab. Die in Langgässers Text entscheidende Stelle, auf die noch zu sprechen kommen sein wird, bezieht sich auf eine Reflexion des Tagebuchautors über die „zauberische Perspektive", die sich bei der Betrachtung von Gemälden einstellen kann:

> [E]s scheint mir vielmehr neben der künstlerischen noch eine zauberische Perspektive lebendig zu sein. Denn so muß man ja wohl den Eindruck eines Bildes bezeichnen, das unter dem Blicke zu rauchen, zu brennen, sich zu bewegen oder zu erstarren und gläsern zu werden beginnt. Dieses Gefühl einer gläsernen Welt besaß ich vor jenen kleinen Stücken in hohem Maße, vor ihren wunderlich zartgefiederten Bäumen, vor ihren strohgedeckten Hütten, die ausgestorben und doch irgendwie magisch bewohnt erschienen, vor dem schillernden Blau glasiger Flüsse, in denen sie sich spiegelten und die gleichermaßen durchsichtig und unergründlich waren. Diese Bäume waren, als ob sie gleich sprechen, diese Hütten, als ob sie gleich ihre Tür öffnen und eine sonderbare Gestalt erscheinen lassen, diese Gewässer, als ob sie gleich einen prächtigen, schuppenglitzernden Fisch als Geschenk der Tiefe aus sich hervorheben würden. (AH, 60 f.)

Bezeichnend für die zauberische Perspektive, die typologisch der intellektuell gerahmten, „künstlerischen Perspektive" gegenübergestellt wird, ist auch hier eine Rhetorik des Entbergens, wie sie in der Transparenz des „Gläsernen" zum Ausdruck kommt. Indem der Durchsichtigkeit des Glases die Opazität der spiegelnden Flüsse gegenübergestellt wird, ist die Entbergung der „Tiefe" zwar zunächst in den Konjunktiv verschoben – die Verwendung der Vergleichspartikel rückt den Text auf formaler Ebene sogar in die Nähe der für den magischen Realismus typischen relativen Prosa. Diese Relativierung bleibt jedoch vorläufig und kippt in eine absolute ‚Schau'. Denn in der sich anschließenden Deutung der ästhetischen Erfahrung durch den Erzähler zeigt sich, dass es hier explizit nicht darum geht, die Unbestimmtheit des Kunstwerks hervorzuheben, sondern vielmehr darum, den Wesenskern des Kunstwerks offenzulegen. So vergleicht der Erzähler die soeben erzählte Dechiffrierung des Kunstwerks mit der Tätigkeit eines Scharfschützen, der dank seiner intuitiven Begabung das (menschliche) Zielobjekt schließlich zu Fall bringen kann:

> Dies war auch von je der eigentliche Wert der Kunstwerke für mich. Wer sich lange und geduldig damit beschäftigte, Menschen vor die Mündung seines Gewehres zu bringen, der weiß, daß dies nur in sehr seltenen und bedeutsamen Augenblicken möglich ist, denn es gehört viel dazu, ehe der Mensch seinen Körper vergißt. Ebenso selten und für eine ebenso

kurze Spanne gibt ein Kunstwerk sein Wesentliches preis, seine Essenz, den großen und eigenartigen Appell der menschlichen Seele an das Unendliche. (AH, 61)

Langgässers Erzählung greift das Bild einer „gläsernen Welt" auf, nur um die scheinbare Transparenz auf eine wesentliche Tiefe als Effekt einer narzisstischen Selbstspiegelung zu entlarven. Dabei übernimmt der Text nicht nur das Motiv der gläsernen Welt, sondern auch das konkrete Inventar dieser Welt, das „schillernde Blau glasiger Flüsse" sowie den „schuppenglitzernden Fisch". Anders als im „Abenteuerlichen Herz" bildet sich die gläserne Welt jedoch nicht während der Betrachtung eines Kunstwerks, sondern einer „einfachen Murmel" (PS, 78), die das Mädchen Proserpina im Garten findet. Zudem erweisen sich in Langgässers Text nicht nur die Flüsse, sondern auch die Innenwand der Murmel als spiegelnde Oberfläche, sodass sich der Blick Proserpinas in einer auf Dauer gestellten Spiegelung verfängt. Die Symbolik des nicht mehr aus sich selbst heraus weisenden, spiegelnden Blicks wird in der zirkulären Struktur der kreisenden Flüsse, der gekrümmten Neigung der Fische zueinander und der Rundung der Murmel noch amplifiziert, sodass das vermeintliche „Geschenk der Tiefe" sich letztlich als Phänomen von bloßen Oberflächenreflektionen erweist:

> In einer kristallenen Höhle, aus der keine Wiederkehr war, weil sie die flüchtigen Blicke an der glänzenden Rundung brach und weiter ins Innere führte, entsprangen opalblaue Flüsse, die sich kreisend ergossen, und zwischen ihnen ruhte, siderischen Bildern ähnlich, ein Zwillingspaar goldener Fische, die, reglos gekrümmt, in der Mitte der Ströme verharrten. (PS, 77)[216]

Indem Langgässers Erzählung Proserpinas magische Sichtweise als Rückzug in ihr eigenes imaginär errichtetes Reich der Selbstspiegelung beschreibt, mit dem Ziel, dieses „[g]lanz zu beherrschen" (PS, 85), legt der Text nicht zuletzt auch die machtstrategischen Implikationen dieses magischen Weltverständnisses offen, das sich von der ‚Eigenwirklichkeit' der Phänomene ablöst und seine einzige Legitimation im Zeugnis des visionär begabten Ichs findet.

Im Folgenden wird die Frage im Zentrum stehen, ob, wie Katzmann konstatiert, die frühen literarisch-philosophischen Texte Jüngers eine Perspektive entwickeln, die über das „magische Weltverständnis" hinausgehend eine differenzierte Poetologie entfalten – oder ob, wie Horst Seferens feststellt, Jüngers politische wie ästhetische Schriften einheitlich und ausschließlich einer „enig-

---

[216] Vgl. Kapitel III.2.2.1.

matischen Reflexion"²¹⁷ folgen, die lediglich dazu dient, die Differenzen der Moderne durch eine bildhafte Sprache zu verschleiern und dem Leser einen Sinnzusammenhang zu suggerieren, über den ausschließlich der Autor verfügt.²¹⁸ Erst im Anschluss daran soll die Frage beantwortet werden, wie sich Jüngers Poetologie zu der hier vorgestellten Poetik des Magischen Realismus verhält.

3.3 Magischer Realismus? – Jüngers „Sizilischer Brief an den Mann im Mond"

3.3.1 Vom magischen Weltverständnis zum Magischen Realismus

Jüngers „Sizilischer Brief an den Mann im Mond" nimmt zunächst die Erkenntniskritik des „Abenteuerlichen Herzens" auf und entfaltet eine Perspektive, die unter der Direktive des ‚Lebens' steht. Der erste von acht Abschnitten des „*Sizilischen Briefs*" liest sich zunächst als Stichwortverzeichnis der sprach- und erkenntniskritischen Leitgedanken der Moderne. So nimmt der zweite Absatz die für Nietzsches Essay „Über Wahrheit und Lüge im außermoralischen Sinn" charakteristische Erkenntniskritik auf, mit der auch Loerkes „Die Puppe" beginnt.²¹⁹ Die Vorstellung eines exterritorial-epistemologischen Standpunktes, der sich in der phantastischen Perspektive des Mannes im Mond ausdrückt, führt dem Verfasser des Briefes die Unzulänglichkeit der menschlichen Erkenntnis und die relative Bedeutung des Menschen (im Kosmos) vor Augen:

> Wenn du aufgehst über den weiten Gefilden aus Stein, siehst du uns schlummern, dicht an dicht, mit bleichen Gesichtern, wie die weißen Puppen, die unzählig in den Winkeln und Gängen der Ameisenstädte ruhn, während der Nachtwind durch die großen Tannenwälder schweift. Leben wir für dich nicht im Abgrunde des Meeres, Wesen der Tiefsee – und versunkener als sie? (SB, 11)

Der kosmischen Kränkung des Menschen schließt sich jene weltimmanente Kränkung an, welche im Sinne des „Abenteuerlichen Herzens" die lebendige Natur dem Kultur schaffenden Geist kritisch gegenüberstellt: „Die Sprache hat uns die Dinge zu sehr verachten gelehrt. Die großen Worte sind wie das Gradnetz,

---

217 Horst Seferens, Leute von übermorgen und vorgestern. Ernst Jüngers Ikonographie der Gegenaufklärung und die deutsche Rechte nach 1945, Bodenheim 1998, S. 162.
218 Seferens, S. 162.
219 „Ein dunkler Ball schwebt umdampft: Erde nennen wir ihn, doch er heißt nicht. Die Geschlechter der Menschen laufen darüber wie leichte Insekten, deren Schatten kaum eine Unreinlichkeit in die Herrschaft der Sonne sprenkeln." (P, 272.)

das sich über eine Landkarte spannt. Aber ist eine einzige Faust voll Erde nicht mehr als eine ganze Welt, die auf einer Landkarte steht?" (SB, 12) Dabei geht es, wie die Metapher des Gradnetzes andeutet, speziell um die Kritik einer intellektuell gerahmten Wissenschaftssprache, die systematisch verfährt und der ‚lebendigen' Natur eine abstrakte Struktur von Begriffen zuordnet:

> Es ist eine wissenschaftliche Sprache gemeint, welche die Dinge analysiert und sie in Formeln auflöst, gemeint ist die kaufmännische Sprache, die Verwertungsgesichtspunkten gehorcht, die technische Sprache, die auf Funktionen abstellt, das habitualisierte Alltagssprechen, in der Perspektive der Bequemlichkeit, des Nutzens, der Langeweile.[220]

Anders als im „Abenteuerlichen Herzen" wird die wertende Differenz von Tag (intellektuelle Erkenntnis) und Nacht (magische Erkenntnis) im „Sizilischen Brief" jedoch nicht weiter entfaltet, der Text geht bereits von einer Dominanz der dunklen, dem Intellekt verborgenen Seite der Wirklichkeit aus. Die kurzen narrativen Episoden finden ausschließlich bei Nacht statt, eine genuin realistisch-sachliche Wahrnehmung ist damit von Beginn an suspendiert. So erscheint dem Schreiber des Sizilischen Brief die sonst alltägliche Umwelt in der nur durch das Mondlicht erhellten Dunkelheit als „rätselhaft verändert", wobei das Prinzip der „Veränderung als Maske" sichtbar wird, „hinter der sich das Geheimnis des Lebens und des Todes verbirgt" (SB, 11). Wie deutlich Jünger damit an den erkenntniskritischen Pessimismus der literarischen Moderne anknüpft, zeigt sich nicht zuletzt darin, dass die Figuration des Prinzips der „Veränderung" in deutlicher konzeptioneller Nähe zu Benns Figur des „Unaufhörlichen" steht:

> Wir wissen von der Schöpfung nichts, als dass sie sich verwandelt-, und das Unaufhörliche soll ein Ausdruck für diesen weitesten Hintergrund des Lebens sein, sein elementares Prinzip der Umgestaltung und der rastlosen Erschütterung seiner Formen. [...] Aber das Unaufhörliche ist nicht nur ein dunkles Prinzip, es zieht auch noch alles Dunkle an sich heran, es ist nicht optimistisch.[221]

Der Pessimismus, mit dem der Verfasser des Briefes auf die Demütigung des Menschen reagiert, kulminiert schließlich in dem Gefühl „unentrinnbarer Ein-

---

220 Rainer Waßner, „Die Suche nach dem Wunderbaren". Ernst Jüngers Programmschrift „Sizilischer Brief an den Mann im Mond". In: Weimarer Beiträge, 53, 2007, S. 541–558, hier: S. 545. So auch Katzmann: „Aber seine Kritik richtet sich nicht gegen die rationale Erkenntnis als solche, sondern gegen ihre Verabsolutierung, nicht gegen eine empirische Wissenschaft schlechthin, sondern gegen den Anspruch, mit ihr alle Welträtsel lösen zu können, nicht gegen die Berufung auf Maß und Zahl, sondern gegen die uneingeschränkte Anwendung, ja Verehrung, die diese im technischen Zeitalter erfahren" (Katzmann, S. 31).
221 Benn, Das Unaufhörliche, S. 185 f. [Vgl. Kapitel I.2.3.]

samkeit inmitten einer ausgestorbenen, von schweigenden Mächten geheimnisvoll durchwalteten Welt" (SB, 13), „eingetaucht in eine Verlassenheit, die zu tief ist, als daß sie vom Menschen durchbrochen werden könnte" (SB, 11).

Allerdings wird diese pessimistische Perspektive unvermittelt durch einen positiven Standpunkt ersetzt, der zu einer emphatischen Konfrontation mit der rätselhaft veränderten Wirklichkeit aufruft und in martialischer Metaphorik als „Angriff auf das Unendliche" (SB, 13) stilisiert wird. Das Scheitern der aufklärerischen Tradition führt nicht, wie noch im „Abenteuerlichen Herzen", zu einer Absage an die Rationalität, sondern zum Einbezug der Erkenntnis, einer „tieferen Aufklärung" (SB, 13), die bereits das Resultat einer Dialektik von Romantik und Realismus, Phantastik und Wissenschaft darstellt. Im „Verstandesrausch"[222], einer Amalgamierung von Rationalität und Irrationalität, müsse man sich der „Grenzen der Klarheit" stellen, um eine „machtvolle Front der Kampfgräben am Niemandsland" zu errichten, „mit der strengen Mathematik der Bastionen und den Postenständen, mit blitzenden Maschinen und phantastischen Instrumenten bestückt" (SB, 14).

Narrativ wird dieser Übergang von einem erkenntniskritischen Pessimismus hin zu einer Zuversicht, welche die rationale Erkenntnis mit einbezieht, anhand einer Erfahrung aus der Jugendzeit des fiktiven Verfassers inszeniert, die hier den Status eines doppelten Schwellenrituals einnimmt. Die im Kontext eines Krieges verortete Szene („Der Zechtisch war auf die gestampfte Tenne gestellt, und an den mit Tannenreisern ausgeschlagenen Wänden glänzten die Waffen und roten Mützen im Tabaksrauch", SB, 15) beginnt damit, dass der Erzähler den Raum der Natur betritt und dort zunächst – nach dem lebensphilosophisch inspirierten Schema – von der ‚lebendigen Natur' überwältigt wird. Die „warme Luft, die mit dem Blütenstaub der Gräser wie mit narkotischem Schießpulver geladen ist", ruft im Protagonisten „einen wilden Ausbruch" hervor, sodass dieser sich „schreiend und blindlings" (SB, 16) immer weiter in der Natur verfängt. Diese tritt als ein von unbestimmbaren Zeichen und Sinneseindrücken überquellendes Geflecht in Erscheinung, welches das Begriffsdenken des Protagonisten in einen Rauschzustand überführt, der zunächst kein zusammenhängendes Denken mehr zulässt:

---

[222] Die keineswegs neue Metapher „Verstandesrausch" lässt sich selbst als stereoskopischer Begriff beschreiben. Vincent Blok bezieht den Verstandesrausch fälschlicherweise auf die Sprache der Bürger, die „im Verstandesrausch der Rede aufgeht und sich auf das Zählen und Rechnen beschränkt" (Vincent Blok, Stereoskopie und Trigonometrie. Jüngers Methode im Licht des „Sizilischen Briefes an den Mann im Mond". In: Ernst Jünger – Eine Bilanz, hg. von Natalja Zarska, Gerald Diesner u. Wojciech Kunicki, Göttingen 2010, S. 58–73, hier: S. 63).

> Die großen weißen Dolden, die wie fremde Signale vorübergleiten, der Geruch einer heißen, gärenden Erde, die bitteren Dünste der wilden Möhre und des gefleckten Schierlings – dies alles gleicht den Seiten eines Buches, die sich von selbst ausschlagen und auf denen von immer tieferen, wunderbaren Verwandtschaften berichtet wird. Keine Gedanken mehr, die Eigenschaften schmelzen dunkel ineinander ein. Das namenlose Leben wird jauchzend begrüßt. (SB, 17)

Die Bedrohlichkeit dieses Zustandes, der letztlich die Erfahrungen des ersten Weltkriegs in den Raum der Natur verschiebt,[223] wird als Auflösungsmoment von Bedeutungszusammenhängen und als Triumph des kulturfeindlichen Lebens inszeniert, wie der Text durch zahlreiche Attribute veranschaulicht: So wirkt das Dickicht „drohend", Wurzeln gleichen „Fangarmen", der Fluss wirkt „gefährlich" verlockend, der Wald erscheint als Gefängnis, das Laubdach als „Gitter der sinnlos zeugenden Kraft", die „Feindschaft und Untergang gebiert" (SB, 17). Dabei deutet die Isotopienkette „Signale", „Linien", „Muster", „Netz", „Gitter", „Seiten eines Buches" jedoch bereits an, dass das zerfaserte kulturelle Geflecht durch eine neue Sprache ersetzt wird, und der noch Irrende schon „der Ursprache nahegekommen" (SB, 17) ist. Diese Ursprache scheint schließlich auf, als plötzlich Mondlicht durch das Laubdach fällt, die Szenerie in ein neues Licht taucht und einen neuen Sinnzusammenhang andeutet:

> Jeder kleinste Zweig und die letzte Ranke der Brombeere sind durch dein Licht berührt, gedeutet, aufgeschlossen, indem sie eingeschlossen sind – von einem großen Augenblick getroffen, vor dem alles bedeutend wird und der den Zufall auf seinen geheimeren Pfaden überrascht. Sie sind in eine Gleichung einbezogen, deren unbekannte Zeichen mit leuchtender Tinte geschrieben sind [...] Beglückendes Gleichnis, in das ein tieferes Gleichnis eingebettet ist. (SB, 17 f.)

Wie lässt sich diese Textpassage poetologisch einordnen? Man kann zunächst feststellen, dass die Präsenz einer bedeutenden Ursprache behauptet wird, ohne dass der Text selbst diese Bedeutung entschlüsselt. Die Ursprache scheint auf, ihre Bedeutung wird sichtbar (,in leuchtender Tinte'), aber mehr auch nicht. Zwar wird die Wirklichkeit, mit der sich das Subjekt konfrontiert sieht, letztlich als bedeutend gedacht, weil sie zwar als Hieroglyphe erscheint, immer aber „das feierliche Wissen der Kreatur um ihren verborgenen Sinn" (SB, 18) konserviert. Dieses Sinntotalität bleibt dem Subjekt aber grundsätzlich entzogen: „Kommt es doch nicht darauf an, dass die Lösung, sondern daß das Rätsel gesehen wird." (SB, 15)

---

[223] Martus, S. 26 f.

Im Unterschied zu der „unstereoskopischen" Poetologie der magischen Weltsicht, die geradezu inflationär die Entschlüsselung des Wesens durch die Gemeinschaft der Eingeweihten betont, installiert der Magische Realismus des „Sizilischen Briefs" immer wieder ein Spannungsmoment zwischen Wesen und Erscheinung bzw. Leben und Sprache: „Wenn es vom Rätsel, das die Erscheinungen aufgeben, heißt, daß nur der Text, nicht aber die Lösung mitteilbar sei, dann stellt sich das Verhältnis dem Betrachter unter der einschränkenden Bedingung einer Annäherung dar; die ‚Urschrift' bleibt verborgen."[224]

Norbert Staub sieht in der Poetik des „Sizilischen Briefs", die eine „unbezweifelbare Wahrheit" verabschiedet, das „Betrachten eines freien Spiels von Zeichen, also Bedeutung"[225]. Damit übergeht er jedoch die ambivalente Dynamik des Textes, die eine eigentliche Erkenntnis nur im Zusammenspiel von „Zufall und Notwendigkeit" (SB, 14) verortet. Die „magische Perspektive", die das Wesentliche zum Vorschein bringt, ist im „Sizilischen Brief" nicht verabschiedet, sondern lediglich in die imaginäre Perspektive des Mannes im Mond verlagert, dessen distanziert-erhabener Blick auf die Welt die geheimen „Muster" der Realität erkennt und dem es fortwährend möglich ist, „den Zweck dem Sinn eingeschmolzen zu sehen" (SB, 20). Bezeichnenderweise ist die Perspektive des Mannes im Mond weiterhin lebensphilosophisch codiert: „Aber von dir aus, der du bereits ein kosmisches Wesen und doch noch Teil der Erde bist, wird das alles in seiner Ruhe wahrgenommen, gleichsam als die Absonderung, die sich aus den vulkanischen Gärungen und den flüchtigen Säften des Lebens gebildet hat." (SB, 20) Der Standpunkt des Mannes im Mond ist aber eben nicht derjenige des fiktiven Verfassers, sondern derjenige des adressierten „Meister[s]", der dem Menschen die Rätsel stellt, „von denen nur der Text, nicht aber die Lösung mitteilbar ist".[226] Jüngers Text gibt also, so lässt sich abschließend festhalten, das Magische Weltverständnis nicht auf, sondern nimmt es nur zurück, bzw. verschiebt es auf einen Standpunkt jenseits der erkennenden und sprechenden Instanz. Man könnte von einer Verlagerung von einem Zustand des ‚Besitzens' in einen des ‚Begehrens'

---

224 Martin Meyer, Ernst Jünger, München u. a. 1990, S. 231.
225 Staub, S. 293.
226 Seferens setzt den stereoskopischen Blick mit dem Mann im Mond gleich: „Der Blick, der – in unmittelbarer Anknüpfung an die frühromantische Ganzheitsästhetik des Novalis – das Sein in der Totale erfaßt, erfolgt aus lunarischer Perspektive, aus der Distanz einer unendlichen Höhe. Der ‚stereoskopische Blick' [...] annihiliert die Zeitlichkeit der mit menschlichen Artefakten aus den verschiedenen Epochen angefüllten Landschaft, eliminiert ihr Gewordensein und gibt den Durchblick frei auf das Sein an sich, das hinter den verschiedenen zeitlichen Gewandungen in seiner unveränderlichen Zeitlosigkeit ruht." (Seferens, S. 155.)

sprechen. Diese Verlagerung zeigt sich – zumindest ansatzweise – auch in Jüngers Konzept der Stereoskopie.

3.3.2 Magischer Realismus und Stereoskopie

Der stereoskopische Blick erhält bereits in „Das Abenteuerliche Herz" seine Kontur und wird im „Sizilischen Brief" wieder aufgenommen, beispielhaft ausgeführt und mit dem vermittelnden Ansatz verbunden, bis er schließlich in der zweiten Fassung des „Abenteuerlichen Herzens" weiter konkretisiert und exemplifiziert wird. Wie dies für Jüngers frühe Schriften überhaupt gilt, ist die Bedeutung der Stereoskopie als epistemologischer bzw. poetologischer Figur in der Forschung äußerst umstritten.[227] Dieser Forschungsbefund ist letztlich auch darauf zurückzuführen, dass die Stereoskopie nicht als ein fest umrissenes theoretisches Konzept gefasst ist, sondern unter Rückgriff auf verschiedene Beispiele immer wieder neu umschrieben wird, als eine Form sinnlicher Wahrnehmung, als geistiges Erkenntnisinstrument usw. Die folgenden Ausführungen beschäftigen sich vor allem mit der geistigen Stereoskopie als einem poetologischen Verfahren.

In der ersten Fassung von Jüngers „Das Abenteuerliche Herz" wird die Stereoskopie zunächst als eine Form synästhetischer Wahrnehmung eingeführt. So gehe es bei der stereoskopischen Wahrnehmung darum, „ein und demselben Gegenstande gleichzeitig zwei Sinnesqualitäten abzugewinnen, und zwar – dies ist das Wesentliche – durch ein einziges Sinnesorgan" (AH, 84). Dabei geht es nicht um die positive Erschließung einer paradoxen Erfahrung, sondern vielmehr darum, ein Moment semantischer Unbestimmtheit zu erzeugen, wie sich am Beispiel des „Salzgeruchs des Meeres" (AH, 80) andeutet. Dieser weise zwei Merkmale auf (die Feuchtigkeit und das Salzige), die gerade nicht über den im Ausdruck aufgerufenen Geruchsinn vermittelt werden. Diese widersprüchliche Konstellation verweist auf eine hinter dem Begriff liegende potentielle Bedeutungsfülle, die sich nur im Negativ erschließt: „Es kommen hierbei auch immer andere durchdringende Gerüche in Frage: faulender Tang, am Strande trocknende Fische oder Bootsteer, denen die feuchte, beizende Luft als tragendes Mittel, ganz

---

[227] Während Furnkäs in seiner sehr kritischen Arbeit die stereoskopische Sinnlichkeit immerhin als „Jüngers bestes Teil" bezeichnet (Josef Furnkäs, Ernst Jüngers „Abenteuerliches Herz. Erste Fassung" (1929) im Kontext des europäischen Surrealismus. In: Ernst Jünger im 20. Jahrhundert, hg. von Hans-Harald Müller u. Harro Segeberg, München 1995, S. 59–76, hier: S. 76), sieht Seferens gerade darin die totalitäre Geste von Jüngers enigmatischer Reflexion am deutlichsten auf den Punkt gebracht. (Seferens, S. 162 ff.)

ähnlich wie in der Malerei, eine besondere Tönung verleiht" (AH, 80). Im Unterschied zum „magischen Weltverständnis", das die Poetologie des „Abenteuerlichen Herzens" dominiert, besteht die Pointe des stereoskopischen Blicks aber nicht in der semantischen Aufschlüsselung dieser Tiefendimension, also darin, aus dem „endgültigen Textdesign" (= Salzgeruch des Meeres) den „ursprünglichen Prototypen"[228] (= faulender Tang, usw) zu rekonstruieren, sondern vielmehr darin, das präsente „Textdesign" auf eine semantische Unbestimmtheit hin zu öffnen: „Der Eifer der ‚Stereoskopie' besteht darin, den Erscheinungen eine Latenz zu verleihen, die dazu anhält, bei ihrem Anblick immer auch noch anderes mitzubedenken"[229].

Dies zeigt sich besonders in der Konzeption der „geistigen Stereoskopie" (AH, 85), die Jünger etwa in der Differenz zwischen den ausgestrichenen Worten eines Textes und den darüber notierten Verbesserungen ansiedelt. Auch hier geht es dezidiert nicht darum, einen ursprünglichen Prototypen wieder herzustellen, sondern darum, eine semantische Differenz zu erspüren, also

> den oft nur winzigen Unterschied, der zwischen einem ausgestrichenen und dem darüber geschriebenen Wort besteht, zu betrachten wie einen Schnitt unter dem Mikroskop, den man sich plastisch macht, indem man die Mikrometerschraube kaum merklich hin und zurück bewegt. Das eigentlich Stereoskopische, der innere Unterschied tritt noch besser hervor, wenn das ausgestrichene Wort nicht mehr sichtbar ist. Wer zu lesen versteht, wittert aus mancher Seite Prosa, daß sie in der Handschrift einem von weggemähten Worten bedeckten Schlachtfeld geglichen haben muss. Gedruckt erinnert sie an eine von Schüssen durchsiebte Scheibe, die man so überklebt hat, daß uns die Treffer, die ins Zentrum schlugen, noch sichtbar sind. (AH, 86)

Insofern die „geistige Stereoskopie" als ein semiotisches Verfahren gedacht wird, das den vorhandenen Text auf seine Varianten befragt, lässt sich der gemeinsame Nenner der sinnlichen und geistigen Stereoskopie darin ausmachen, dass in beiden Fällen, ein ‚Sinn' gezwungen wird, „seine Grenzen zu überschreiten" (AH, 85). Die Differenz, der Schnitt, der „innere Unterschied", nicht die endgültige Erschließung des Paradigmas ist hier das entscheidende Kriterium: „Auch die *geistige* Stereoskopie erbeutet die Einheit im inneren Widerspruch. So sind an einer bedeutenden Kraft vielleicht das Fesselndste die Widersprüche, in die sie sich wagt [...] In seinen Irrtümern wird der Zug des Geistes, in seinen Abirrungen der Schlag des Herzens am feinsten gespürt" (AH, 86 f.). Semiotisch lässt sich die

---

[228] Svend Buhl, „Licht heißt hier Klang". Synästhesie und Stereoskopie als bildgebende Erzählformen in den Tagebüchern Ernst Jüngers, Bonn 2003, S. 82.
[229] Staub, S. 176.

geistige Stereoskopie damit als ein „Modell der Ambiguität"[230], ein Verfahren der „Verfremdung"[231] bezeichnen. Entsprechend kritisiert der Tagebuchschreiber des „Abenteuerlichen Herzens" an dieser Stelle denjenigen „Autor, von dem genau festzustellen ist, welche Bedeutung bei ihm ,die Liebe', ,das Wunderbare', ,die Wirklichkeit besitzen'" (AH, 88).[232] Wie für das doppelkonditionierte Verfahren des Magischen Realismus gilt jedoch auch hier, dass das Verfremdungsmoment kein arbiträres Spiel einleitet, sondern auf einen unbestimmt bleibenden, eigentlichen Sinnzusammenhang ausgerichtet bleibt. Denn die kritische Distanz gegenüber einem eindeutigen, unverfremdeten Wortsinn schließt das Begehren nach einem absoluten Sinn nicht aus, sondern wird vielmehr erst durch dieses legitimiert: „Jedes unserer Worte sollte eine Verbesserung sein, eine neue Berührung mit der Idee. [...] Worte sind dynamische Maße, in die schon beim Übergang vom Haupt- in den Relativsatz ein ganz neuer Geschmack einschießen kann." (AH, 88)

Diese sprachliche Dynamik der geistigen Stereoskopie wird im „Sizilischen Brief" am Beispiel der Figur der „Übersetzung" (SB, 18) vorgeführt, die einerseits das Verfahren der Stereoskopie inhaltlich veranschaulicht, andererseits in formaler Hinsicht bereits das Resultat eines stereoskopischen Verfahrens darstellt. So sei es zwar „die wütende Unruhe, die den Stundenzeiger der Uhr und die rasende Kurbelwelle des Flugzeugs bewegt":

> Aber ist es nicht so, daß im innersten Zentrum des Rades die Ruhe verborgen liegt? Die Ruhe ist die Ursprache der Geschwindigkeit. Durch welche Übersetzungen man auch die Geschwindigkeit steigern möge – jede dieser Steigerungen kann nur eine Übersetzung der Ursprache sein. Aber wie soll der Mensch seine eigene Sprache verstehen? (SB, 19)

Die Bedeutung der Übersetzungsfigur für den poetologischen Gehalt des Textes ergibt sich auf mehreren Ebenen. Als stereoskopische Figur, die zwei Wissensfelder zur Veranschaulichung eines Prinzips heranzieht, erweist sich die Übersetzung als ein *semiotisches* Verfahren. Denn das Prinzip der Übersetzung ist ein genuin metaphorisches, insofern ein Bedeutungsrahmen (Übersetzung als sprachliches Phänomen) mit einem anderen (Übersetzung als technisches Phä-

---

230 Draganovic, S. 14. Für das *Abenteuerliche Herz* nimmt Draganovic allerdings eine Verschiebung von einer Optik hin zu einer Sinneswahrnehmung an, die nicht mehr Ambiguität, sondern die Einheit von Sprache und Bedeutung impliziere. (Draganovic, S. 124.)
231 Helmuth Kiesel, Ernst Jünger. Die Biographie, München 2007, S. 213.
232 Diese kritische Perspektive steht in deutlichem Widerspruch zur Figuration des ‚magischen Weltverständnisses' und weist auf die Inkohärenz bzw. die konzeptionelle Offenheit des *Abenteuerlichen Herzens* hin.

nomen) in Beziehung gesetzt wird. Der technische Übersetzungsbegriff wird durch den sprachlichen überformt und umgekehrt, die Einheit eines allgemeinen *Prinzips* der Übersetzung zeigt sich dabei in der Widersprüchlichkeit der Übersetzungs*phänomene*. Diese Bewegung des epistemologischen Feldes, die durch die Übertragung eines Begriffs in einen fremden Referenzrahmen erzeugt wird, spiegelt sich in der *Semantik* der Übersetzungsfigur wieder, insofern die Übersetzungsbewegung in Bezug zu einem Ruhepunkt gesetzt wird, der sowohl Ausgangspunkt als auch Ziel dieser Übersetzungsfigur ist.

Im Gegensatz zur „magischen Weltsicht", die eine wesenhafte Ebene des Lebens lediglich behauptet und deren Deutung in den Bereich der versiegelten Autorintention verschiebt (enigmatische Reflexion), suggeriert die geistige Stereoskopie, wie sie in der Figur der Übersetzung veranschaulicht wird, eine Verflechtung von Sprache und Wesen, die jedoch ihre Differenz mitartikuliert. Martus sieht daher bereits im „Abenteuerlichen Herz" und den frühen Schriften Jüngers eine „Theorie der Bewegung" entwickelt, insofern das „Signum des alles bestimmenden ‚Lebens' [...] direkt zum Prinzip der Textorgansiation" avanciert: „Das entscheidende spielt sich hier zwischen den Worten und Werken ab, denn diese Werkästhetik gehorcht keiner Logik des Statuarischen oder Identischen, sondern einer Logik der Bewegung und der Differenz"[233]. Wenn der „Sizilische Brief" also dem stereoskopischen Blick die Eigenschaft zuschreibt, dass er „der die Dinge in ihrer geheimeren ruhenderen Körperlichkeit erfaßt" (SB, 20), so ist das Moment einer Differenz produzierenden Bewegung, das die Stereoskopie als Doppelsicht erst konstituiert, impliziert. Gleichzeitig steht hinter jeder (Sprach-)Bewegung immer der Verweis auf eine hinter dieser liegenden wesentlichen Bedeutungsfülle.

---

[233] Martus, S. 82. Diese Differenzästhetik sieht Martus in Jüngers „Poetik der Fassungen" realisiert, die letztlich den hier aufgezeigte Widerspruch zwischen Magischem Weltverständnis und Magischem Realismus biographisch auflöst: Denn „Jüngers scheinbar so sicheren literarischen Zugriff auf die Welt und die deutende Verwaltung der Dinge durchzieht das Bewußtsein der Vergeblichkeit", was sich bereits in der vielfachen Überarbeitung seiner verschiedenen Texte zeige: „Die sprachliche Gestaltung markiert einen Ursprung, der eben damit zugleich phantasmatisch bzw. ‚unfassbar' im Sinne der Fassungspoetik bleiben muss. Das ‚Eine' oder ‚Ungesonderte' bildet die Leerstelle, auf die Jüngers Sprachbewegung als ihren Herkunftsort und ihr Ziel deutet und die sie damit zugleich unerreichbar fern hält. Auch die Textphysiognomie der Manuskripte dokumentiert das Bruchstückhafte des literarischen Unterfangens, wie die Sehnsucht nach einer weitest möglichen Verschlingung von Papier, Schrift und Welt." (Martus, S. 237) Dieser Dynamik der Sprache ordnet Martus auch die von Borer profilierte Blechsturzmetapher zu: „Die für die Schreckensästhetik des Abenteuerlichen Herzens überhaupt charakteristische ‚Sturz'-Metapher [...] überträgt ins Bild, wie sich Sinn durch Sprachbewegung konstituiert." (Martus, S. 83.)

Diese Dynamik bestimmt zunächst auch Jüngers Essays „Lob der Vokale", 1934 in der Sammlung *Blätter und Steine* (1934) veröffentlicht, in der auch der „Sizilische Brief" wiederabgedruckt wird.[234] Die Oberfläche-Tiefe-Differenz kehrt hier wieder in der Unterscheidung zwischen Vokalen und Konsonanten. Während die Vokale als das „eigentliche Fleisch der Worte und Sprachen" dem Weiblichen und der Tiefe zugeordnet werden, verbindet der Text die Konsonanten, die das „Knochengerüst"[235] bilden, mit dem Prinzip des Männlichen und der Oberfläche.[236] Als Beispiel für das Zusammenspiel zwischen Vokal und Konsonant nennt der Text den Endreim, der Differenz und Identität gleichzeitig vermittelt:

> Die Beschwörung durch den Reim ist eine doppelte. Er beschwört einmal, und zwar durch den Konsonanten, die Mannigfaltigkeit der Welt und die Ähnlichkeit ihrer Bildungen, zum anderen aber ihre tiefste Übereinstimmung, die einer zeitlosen Quelle entspringt und das flüchtige Gefäß der Vokale erfüllt.[237]

Die Unterscheidung zwischen Konsonant und Vokal wiederholt sich dann – nicht ganz kongruent – in der virtuellen Unterscheidung zwischen einer Wortsprache und einer Lautsprache, die zunächst als komplementäre Elemente jeder sprachlichen Äußerung vorgestellt werden. So durchdringen die beiden Sprachen einander insofern, „als überall, wo der Mensch wirklich spricht, die Lautbedeutung die reine Wortbedeutung zu steigern und zu beflügeln versucht."[238] Staub weist in seiner Arbeit darauf hin, dass die im Rahmen der geistigen Stereoskopie artikulierte Differenz zwischen Text und Urtext, die hier im Lob der Vokale in der Unterscheidung zwischen einer Wort- und Lautsprache wieder aufgenommen wird, deutliche Ähnlichkeiten zu dem Sprachverständnis aufweist, das Walter Benjamin in seinen frühen Sprachaufsätzen formuliert, insofern auch Benjamin zwischen einer rein funktionalen und einer magischen Sprachverwendung unterscheidet, die keinen konkreten semantischen Inhalt, sondern einen geistigen Gehalt transportiert: „‚Magisch' nennt Benjamin eine Sprache, ja ‚Sprache' an sich und im eigentliche Sinn überhaupt, deren Leistung nicht primär im lakonischen Transport außersprachlichen Inhalts im Sinne einer arbiträren Zeichen-

---

[234] Ernst Jünger, Lob der Vokale. In: Jünger, Blätter und Steine, S. 47–88.
[235] Jünger, Lob der Vokale, S. 47.
[236] Etwas widersprüchlich wird den Konsonanten sowohl Festigkeit als auch die „Vergänglichkeit des Stoffs" zugesprochen, während die Vokale als veränderliche Elemente das Prinzip der Ruhe verkörpern. (Jünger, Lob der Vokale, S. 47 f.)
[237] Jünger, Lob der Vokale, S. 55.
[238] Jünger, Lob der Vokale, S. 56.

Bedeutungs-Relation gesehen wird, sondern in einer emphatisch betriebenen, unmittelbaren Mitteilung ihrer, des Ereignisses der Sprache, selbst"[239].

Während sich in Benjamins Ansatz, wie im folgenden Kapitel ausführlich dargestellt wird, der geistige Gehalt der Sprache allerdings gerade dadurch auszeichnet, dass er sich dem deutenden und wertenden Zugriff per definitionem entzieht, erfolgt in Jüngers „Lob der Vokale" jedoch letztlich eine analytische Trennung zwischen begrifflich orientierter Wortsprache und einer wesenhaften Lautsprache, deren Bedeutung dann bis ins Einzelne ausgeschlüsselt wird:

> Die Wortsprache ist einer Mittellage angemessen, und zwar jener Lage, in welche der Mensch über das ihm zugeordnete Gut der Freiheit verfügt. Hier besteht ein gemessener Abstand zwischen ihm und dem Wort – wir sagen, daß der Mensch das Wort ergreift oder sich der Rede bedient. Freilich hat dieser Abstand seine Spannweite – etwa von der von der großen Entfernung, die das geschriebene Wort vom Schreibenden trennt, bis zur unmittelbaren Nähe, die der Geist während einer bewegten Rede zur Sprache gewinnt. [...] Wir leben jedoch nicht in der menschlichen Ordnung allein, sondern gehören zugleich dem Elementarreich an, das diese Art der Freiheit nicht kennt. Wo wir in seine Zone einschneiden, verläßt uns die Wortsprache bald, und es stellt sich die reine Lautsprache ein. Das gleiche geschieht, wenn das Bewußtsein unserer Freiheit durch die Begegnung mit dem Übermächtigen aufgehoben wird.[240]

Insgesamt lässt sich damit festhalten, dass sich in Jüngers Texten sowohl Ansätze zu einem magischen Weltverständnis als auch solche finden, die einen differenzierten Magischen Realismus vertreten. Eine lineare Entwicklung zu einem „reifen Stil", die vor allem am „Sizilischen Brief" ablesbar wäre, lässt sich jedoch nicht ohne weiteres bestimmen. Während ansatzweise bereits im „Abenteuerlichen Herz" die Opposition von Sprache und Leben, Intuition und Erkenntnis zugunsten einer vermittelnden Perspektive aufgehoben wird (vor allem in den Ausführungen zur Stereoskopie), bleibt andererseits die magische Perspektive im „Sizilischen Brief" als ideales Wahrnehmungsinstrument präsent, etwa in dem, geheime Muster erkennenden Standpunkt des Mannes im Mond, und taucht dann in „Lob der Vokale" in der Konzeption einer von den Differenzen einer Konsonantensprache bereinigten Lautsprache wieder auf.

Die Zuordnung von Jüngers Texten zu der hier skizzierten magisch-realistischen Poetik bleibt damit ambivalent. Einerseits bewegen sich Jüngers Texte mit der Apotheose eines visionär gedachten magischen Weltverständnisses außerhalb der Grenzen der magisch-realistischen Poetik, wie beispielhaft in der Gegenüberstellung von Jüngers „Das Abenteuerliche Herz" und Langgässers *Pro-*

---

[239] Staub, S. 178.
[240] Jünger, Lob der Vokale, S. 56 f.

serpina deutlich geworden ist. Andererseits entspricht die von Jünger formulierte Doppelsicht, die sich sowohl in der Methode der geistigen Stereoskopie als auch in der programmatischen Zusammenführung von Realismus und Romantik ausdrückt, der magisch-realistischen Poetik der Mitte. Als zentrale Gemeinsamkeit zwischen Jüngers Magischem Realismus und dem der hier diskutierten Autoren erweist sich zudem das Insistieren auf einem außerhalb rein sprachlicher Zeichengebungsprozesse verorteten Sinnzusammenhang. Dabei wird ein Verständnis von Sprache als freies Spiel von Zeichen zurückgewiesen, ohne dass die sprachliche Bewegung der Texte in einem finalen Sinn arretiert wird, wie beispielhaft an der Übersetzungsfigur gezeigt werden konnte. An diese poetologischen Überlegungen wird das folgende Kapitel anknüpfen, das die Frage stellt, inwiefern vor allem die späten Texte des Magischen Realismus sich über eine Poetologie der Übersetzung beschreiben lassen. In diesem Zusammenhang wird zunächst noch einmal ausführlich auf Walter Benjamins frühe sprachkritische Schriften zurückzukommen sein.

IV **Semiotik und Metaphysik –** *Übersetzung* **im Magischen Realismus**

1 *Übersetzung* als Konkretisierung der magisch-realistischen Poetik

1.1 *Übersetzung* im zwanzigsten Jahrhundert – Walter Benjamins frühe Schriften

Die Konzeption der Übersetzung als nicht nur linguistische, sondern poetologische Kategorie geht auf die Romantik zurück.[1] Eine Aktualisierung findet die Übersetzungspoetologie im zwanzigsten Jahrhundert vor allem durch die Schriften Walter Benjamins. In Benjamins frühen sprachkritischen Essays zeigt sich der Versuch, Sprache einerseits als eine semiotisch operierende, dynamische Größe zu entwickeln, andererseits aber ihren metaphysischen Status zu behaupten und aufzudecken, dass „Sprache, wie es für Einsichtige auf der Hand liegt, nicht ein verabredetes System von Zeichen ist"[2]. In seinem 1916 verfassten Text „Über die Sprache überhaupt und über die Sprache des Menschen"[3], den Winfried Menninghaus als „*die* Schaltstelle in Benjamins gesamtem Werk"[4] bezeichnet, verdichtet sich diese paradoxe sprachliche Bewegung im Konzept der Übersetzung. Zwar kann davon ausgegangen werden, dass Benjamins Übersetzungstheorie die Entwürfe des Magischen Realismus nicht direkt beeinflusst hat.[5] Aufgrund der deutlichen Nähe der Konzeptionen liegt es jedoch nahe, die Übersetzungstheorie Benjamins vorzuschalten, um auf diese Weise den Zugang zur Übersetzungspoetologie des Magischen Realismus vorzustrukturieren.[6]

---

[1] Bereits Hamann, der u. a. als ein Wegbereiter der Romantik gilt, formuliert in seiner *Aestetica in nuce* die Übersetzung als poetologische Figur: „Reden ist übersetzen – aus einer Engelssprache in eine Menschensprache, das heißt, Gedanken in Worte, – Sachen in Namen, – Bilder in Zeichen; die poetisch oder kyriologisch, historisch, oder symbolisch oder hieroglyphisch – und philosophisch oder charakteristisch seyn können." (Johann Georg Hamann, Aestetica in nuce. Eine Rhapsodie in kabbalistischer Prose (1792). In: Hamann, Sämtliche Werke. Bd. 2. Schriften über Philosophie, Philologie, Kritik. 1758–1763, hg. von Josef Nadler, Wien 1950, S. 195–217, hier: S. 199) Zur romantischen Tradition der Übersetzungspoetologie, vgl. auch: Goodbody, Natursprache, S. 21 ff.
[2] Walter Benjamin, Lehre vom Ähnlichen. In: Benjamin, Gesammelte Schriften, 2.1, hg. von Rolf Tiedemann u. Hermann Schweppenhäuser, Frankfurt a. M. 1980, S. 204–210, hier: S. 207.
[3] Walter Benjamin, Über die Sprache überhaupt und über die Sprache des Menschen. In: Benjamin, Gesammelte Schriften, 2.1, S. 140–157, hier: S. 144 [im Folgenden als ÜS im Fließtext zitiert].
[4] Winfried Menninghaus, Walter Benjamins Theorie der Sprachmagie, Frankfurt a. M. 1980, S. 49.
[5] Benjamins Sprachaufsatz wird erst posthum veröffentlicht, in der 1955 von Theodor W. Adorno herausgegebenen Schriften-Sammlung.
[6] Wie bereits gezeigt, verweist schon Staub auf die Parallelen zwischen der Sprachkonzeption Jüngers mit dem „Verständnis von Sprache, [...] welches Walter Benjamin in ungefähr demselben

1 *Übersetzung* als Konkretisierung der magisch-realistischen Poetik

Als grundlegend erweist sich in Benjamins Sprachaufsatz zunächst die für die sprachkritische Moderne typische Kritik an einem konventionell-bürgerlichen Usus, der Sprache als funktionales Referenzmedium begreift: „Diese Ansicht ist die bürgerliche Auffassung der Sprache, deren Unhaltbarkeit und Leere sich mit steigender Deutlichkeit im Folgenden ergeben soll. Sie besagt: Das Mittel der Mitteilung ist das Wort, ihr Gegenstand die Sache, ihr Adressat ein Mensch." (ÜS, 144) Anders als in Mauthners *Beiträgen zu einer Kritik der Sprache,* wo die Unfähigkeit der Sprache zur Bedeutungsvermittlung grundsätzlich als Eigenschaft der Sprache selbst gefasst wird, ist die Sprachkritik in Benjamins Schriften allerdings eine direkte Folge des Sprach*gebrauchs*, also eines defizitären Umgangs mit Sprache. Diese Unterscheidung ist deshalb von Bedeutung, weil sie die Möglichkeit eines metaphysischen Bezugs von Sprache aufrechterhält und gleichzeitig eine Kritik der konventionellen Sprache erlaubt.

Das Missverhältnis zwischen einer grundsätzlich verlorenen Ursprache einerseits und einer fehlerhaften Begriffssprache andererseits wird dann als Verfallsgeschichte inszeniert, an deren Ausgangspunkt ein vorgeschichtlicher, paradiesischer Zustand steht, in dem eine Kongruenz zwischen Sprache und Welt grundsätzlich gegeben ist. Zu diesem vorhistorischen ‚Zeitpunkt' existiert Sprache als reine „Namenssprache", die im Gegensatz zum konventionellen bürgerlichen Sprechen „un*mittel*bar" ist, weil sie noch nicht zum Mittel intentionaler Erkenntnis entfremdet worden ist, sondern im Selbstzweck des Benennens der Dinge aufgeht.[7] Darin liegt, so Benjamin, ihre ursprüngliche Magie begründet:

> jede Sprache teilt sich in sich selbst mit, sie ist im reinsten Sinne das ‚Medium' der Mitteilung. Das Mediale, das ist die Unmittelbarkeit aller geistigen Mitteilung, ist das Grundproblem aller Sprachtheorie, und wenn man diese Unmittelbarkeit magisch nennen will, so ist das Urproblem der Sprache ihre Magie. (ÜS, 142)

Zweitraum, seit 1916, in mehreren programmatischen Aufsätzen dargelegt hatte" (Staub, S. 179). Die Gemeinsamkeiten zwischen der Sprachphilosophie Jüngers und Benjamins betont auch Bernd Stiegler, Die Zerstörung und der Ursprung. Ernst Jünger und Walter Benjamin. In: Visions et visages d'Ernst Jünger. Contributions au colloque de Montpellier (novembre 1995) et au colloque de Bordeaux (juin 1996), hg. von Danièle Beltran-Vidal, Montpellier 1996, (Les Carnets. 1) S. 51–74.

7 Indem Benjamin den Vorbehalt einbaut, in der Namenssprache teile sich das geistige Wesen der Schöpfung mit, sofern es mitteilbar ist, bleibt allerdings eine Restdifferenz aufrecht erhalten, eine „Lücke [...] zwischen dem ‚geistigen Wesen' und dem ‚sprachlichen Wesen'" (Bettine Menke, Sprachfiguren. Name, Allegorie, Bild nach Benjamin, München 1991 (Theorie und Geschichte der Literatur und der schönen Künste: Reihe A, Hermeneutik, Semiotik, Rhetorik. 5), S. 49), die der „Kluft zwischen Idee und Logos" (Heinz J. Drügh, Andersrede. Zur Struktur und historischen Systematik des Allegorischen, Freiburg i. B. 2000 (Rombach: Reihe Litterae. 77), S. 293) entspricht. Insofern ist die benennende Namenssprache nicht zu verwechseln mit dem schaffenden Wort Gottes (ÜS, 149).

Neben der „Negation der instrumentellen Auffassung der Sprache als eines Mittels realisiert der Begriff des ‚Mediums' einen terminologischen Vor- und Anklang an jenen Sprachbereich okkulter Praxis, den Benjamin mit dem Begriff der ‚Magie' dann ganz kompakt betritt"[8]. Darüber hinaus wird er aber vor allem in ein Paradigma gesetzt, das „Medium" mit den Begriffen ‚Kern', ‚Mitte', ‚Zentrum' in Verbindung bringt. Die Magie der Sprache liegt also nach dieser Konzeption darin begründet, dass der eigentliche Gehalt der Sprache (ihr geistiges Zentrum, ihre Mitte, ihr Kern) nicht positiv mitteilbar ist und sich damit nicht in eine „innehabende" Erkenntnis fügt.[9] Mit der Kritik des Erkenntnisstrebens wird dabei aber ausdrücklich „nicht die Möglichkeit von Erkenntnis allgemein, sondern lediglich ein bestimmtes Erkenntnismodell angezweifelt, das man als intentionale Bezugnahme bezeichnen könnte"[10].

Entscheidend für das Modell ist, dass der Zugang zu einer unmittelbaren Bedeutung nicht grundsätzlich verabschiedet, sondern lediglich mediatisiert wird.[11] Sowohl im Sprachaufsatz als auch in der durch den Sprachaufsatz inspirierten „Erkenntniskritischen Vorrede" zur Monographie *Ursprung des deutschen Trauerspiels*[12] gilt der Verlust der Namenssprache als potentiell wieder einholbar,

---

[8] Menninghaus, S. 17. In der *Erkenntniskritischen Vorrede* wird dann, mit deutlichem Bezug auf den sprachkritischen Aufsatz, die Wahrheit dezidiert auf der Ebene der Namenssprache gesucht: „Nicht als ein Meinen, welches durch die Empirie seine Bestimmung fände, sondern als die das Wesen dieser erst prägenden Gewalt besteht die Wahrheit. Das aller Phänomenalität entrückte Sein, dem allein diese Wahrheit eignet, ist das des Namens. Es bestimmt die Gegebenheit der Ideen. Gegeben aber sind sie nicht sowohl in einer Ursprache, denn in einem Urvernehmen, in welchem die Worte ihren benennenden Adel unverloren an die erkennende Bedeutung besitzen." (Walter Benjamin, Ursprung des deutschen Trauerspiels. In: Benjamin, Gesammelte Schriften, 1.1, hg. von Rolf Tiedemann u. Hermann Schweppenhäuser, Frankfurt a. M. 1974, S. 216 [im Folgenden als UT im Fließtext zitiert]) Die Unterscheidung zwischen einer Ursprache und einem Urvernehmen verweist an dieser Stelle noch einmal auf die Unverfügbarkeit der in der Namenssprache anklingenden Wahrheit, die als Ur*sprache* Gefahr liefe, zum Mittel der Erkenntnis zu werden, während das Konzept eines Ur*vernehmens* bereits ein Distanzmoment impliziert.
[9] So wird auch in der *Erkenntniskritischen Vorrede* der Trauerspielmonographie das Verhältnis zur Wahrheit als Teil der Ideenwelt geschildert: „Die Wahrheit, dargestellt im Reigen der Ideen, entgeht jeder wie immer gearteten Projektion in den Erkenntnisbereich. Erkenntnis ist ein Haben. Ihr Gegenstand selbst bestimmt sich dadurch, daß er im Bewusstsein – und sei es transzendental – innegehabt werden muss." (UT, 210.)
[10] Drügh, S. 308.
[11] Anders: Menke, Sprachfiguren, S. 114.
[12] Zum Einfluss der frühen Sprachaufsätze auf Benjamins Habilitationsschrift: siehe Drügh, S. 303 ff. Auf den Zusammenhang der beiden Texte verweisen bereits Tiedemann/Schweppenhäuser: „[Benjamin] glaubte also, daß, jedenfalls bei dieser Gelegenheit [Brief an Scholem], die Spracharbeit durch die *Vorrede* substituiert, wenn nicht in ihren Intentionen sogar besser repräsentiert werden könnte." (Rolf Tiedemann, Hermann Schweppenhäuser, Anmerkungen der

etwa im Modus der Kontemplation: „Wie die Ideen intentionslos im Benennen sich geben, so haben sie in philosophischer Kontemplation sich zu erneuern. In dieser Erneuerung stellt das ursprüngliche Vernehmen der Worte sich wieder her" (UT, 217). Allerdings impliziert die Wiederherstellung eines „ursprünglichen Vernehmens" eben keine positive Erschließung der Semantik der Sprache, käme dies doch der Profanisierung durch die Begriffssprache gleich. Es geht vielmehr darum, den *Status* der Namenssprache gegenüber der Begriffssprache wiederherzustellen, der sich gerade in der Behauptung ihrer Unbestimmtheit ausdrückt. Die Aufgabe des Philosophen sieht Benjamin im Prolog seiner eigenen wissenschaftlichen Analyse des barocken Trauerspiels folglich in der Wiederherstellung der verborgenen, symbolischen Bedeutung der Wissenschaftssprache:

> Die Idee ist ein sprachliches, und zwar im Wesen des Wortes jeweils dasjenige Moment, in welchem es Symbol ist. Im empirischen Vernehmen, in welchem die Worte sich zersetzt haben, eignet nun, neben ihrer mehr oder weniger verborgenen symbolischen Seite ihnen eine offenkundige profane Bedeutung. Aufgabe des Philosophen ist es, den symbolischen Charakter [...] durch Darstellung in seinen Primat wieder einzusetzen. (UT, 217)

Unterschieden bleibt die Wiederherstellung der symbolischen Qualität von Sprache von einer Wiedereinsetzung des klassischen Symbols, von dem sich vor allem die Erkenntniskritische Vorrede deutlich abgrenzt,[13] durch den Modus der Unabgeschlossenheit:

> Im nackten offenkundigen Bestand des Faktischen gibt das Ursprüngliche sich niemals zu erkennen, und einzig einer Doppeleinsicht steht seine Rhythmik offen. Sie will Restauration, als Wiederherstellung einerseits, als eben darin Unvollendetes, Unabgeschlossenes andererseits erkannt sein. (UT, 226)

Die Wiederherstellung des Ursprünglichen, das in sich schon als „ein Ort unhintergehbarer Entzweiung: als Ur-Sprung gekennzeichnet ist"[14], gelingt somit lediglich in der Ambivalenz einer auf sich selbst verwiesenen Sprache, die aber das Begehren nach einem ‚Ur-vernehmen' gerade nicht aufgibt, sondern die Hoffnung auf die ursprüngliche Einheit im Unbestimmten bewahrt, wie Heinz Drügh überzeugend dargestellt hat:

> Unmittelbarkeit der Sprache impliziert fortan deren Unfähigkeit, über sich selbst hinauszugelangen und garantiert nicht im Mindesten eine gelungene Offenbarung. Gleichwohl wird

---

Herausgeber. In: Benjamin, Gesammelte Schriften. 2.3, hg. von Rolf Tiedemann u. Hermann Schweppenhäuser, S. 815–1523, hier: S. 935.)
13 Drügh, S. 313.
14 Drügh, S. 314.

damit kein Modell radikaler Immanenz postuliert, in dem Sprache sich irgendwann süffisant (vgl. B I, 342,) im Status der Arbitrarität einrichten könnte. Der metaphysische Wunsch nach Vermittlung der Sprachsphären bleibt bis zum letzten Satz im Sprachaufsatz virulent.[15]

Als Figur, in welcher diese ambivalente Bewegung zwischen Restauration und Unabgeschlossenheit im Sprachaufsatz zum Ausdruck kommt, erweist sich die Übersetzung: „Alle höhere Sprache ist Übersetzung der niederen, bis in der letzten Klarheit sich das Wort Gottes entfaltet, das die Einheit dieser Sprachbewegung ist." (ÜS, 157) Einerseits ist die Sprache der Übersetzung metaphysisch verbürgt, anderseits muss sie immer „etwas dazu tun, nämlich die Erkenntnis" (ÜS, 151), weshalb sie „ein ständiges Modifizieren, Einreißen von gerade erst Entstandenem [ist], bevor es zum Bewährten werden kann"[16]. Auf der einen Seite beinhaltet die Übersetzung den Versuch, „die göttliche Benennung nachzuempfinden"[17], auf der anderen Seite „ist auch die Übersetzung von einer Ambivalenz getragen, die für die Moderne spezifisch ist: Übersetzung entsteht erst dort, wo Idee und Laut auseinandergehen, also erst in der Differenz von Signifikat und Signifikant, um dann aber aus dieser Differenz heraus auf die Indifferenz von Sprache hinzuweisen"[18].

Die Verortung der Namenssprache im Modell der Übersetzung leistet also letztlich keine Rückkehr zu einem harmonischen Sprach-Welt-Verhältnis, sondern schafft eine Perspektive, aus der ein zeitgenössischer Sprachgebrauch in seinem Unvermögen ausgestellt und das Begehren nach einer Überwindung dieses defizitären Sprachgebrauchs artikuliert wird. Anders als eine symbolische Sprache, welche die Achse zwischen Besonderem und Allgemeinem arretiert, konstruiert der Sprachaufsatz die Übersetzung als Fließbewegung. Diese behauptet zwar die Präsenz einer wesenhaften Bedeutung – „Kontinua der Verwandlung, nicht abstrakte Gleichheits- und Ähnlichkeitsbezirke durchmißt die Übersetzung" (ÜS, 151) –, die Erschließung dieser Bedeutung wird jedoch systematisch aufgeschoben.

Benjamins Verweis auf eine Ursprache, die sich dem Zugriff permanent entzieht, erweist sich damit als Kehrseite der „Zerstörungsattitüde seiner Sprachphilosophie gegenüber profanen bürgerlichen Ordnungssystemen"[19]. In eben dieser ambivalenten Konstellation, die über den Zugriff auf einen metaphysischen

---
15 Drügh, S. 300.
16 Drügh, S. 300.
17 Stephanie Waldow, Der Mythos der reinen Sprache. Walter Benjamin, Ernst Cassirer, Hans Blumenberg. Allegorische Intertextualität als Erinnerungsschreiben der Moderne, Paderborn 2006, S. 52.
18 Waldow, S. 67.
19 Drügh, S. 326.

Ur-Zustand eine Kritik des zeitgenössischen Sprachgebrauchs entwickelt, findet sich die Übersetzungspoetologie auch in den Texten des Magischen Realismus.

1.2 Die Poetologie der Übersetzung im Magischen Realismus

In den Texten des Magischen Realismus hat die Übersetzungsfigur ihren prominentesten Ort in Günter Eichs Nachkriegsreden aus den 1950er Jahren, in der „Rede vor den Kriegsbilden"[20] (1953) sowie im poetologischen Text „Der Schriftsteller vor der Realität"[21] (1956), der die gekürzte und von Eich redigierte Version eines im Juni 1956 in Vézeley gehaltenen Vortrags darstellt. Wie Benjamins Sprachaufsatz binden auch die Reden Eichs die poetische Sprache an eine unbestimmt bleibende Ursprache zurück, in der Sprache und Welt noch aufeinander bezogen sind. Der poetische Akt des „Übersetzens", der Eich zufolge die „eigentliche Aufgabe des Schriftstellers" ausmacht, stellt diesen Urzustand nicht wieder her, sondern setzt sich zu diesem vielmehr in eine „paradoxale Gespanntheit"[22]. Denn auch Eichs Konzeption zeichnet sich dadurch aus, dass die Übersetzung einerseits auf einen wie auch immer gearteten Urzustand bezogen bleibt, andererseits immer in Differenz zu diesem steht:

> Wir bedienen uns des Wortes, des Satzes, der Sprache. Jedes Wort bewahrt einen Abglanz des magischen Zustandes, wo es mit dem gemeinten Gegenstand eins ist, wo es mit der Schöpfung identisch ist. Aus dieser Sprache, dieser nie gehörten und unhörbaren, können wir gleichsam immer nur übersetzen, recht und schlecht und jedenfalls nie vollkommen, auch wo uns diese Übersetzung gelungen erscheint. Daß wir die Aufgabe haben, zu übersetzen, das ist das eigentlich Entscheidende des Schreibens, es ist zugleich das, was uns das Schreiben erschwert und vielleicht bisweilen unmöglich macht. (RK, 612)

Mit dieser Konzeption steht Eich jedoch nicht nur in deutlicher Nähe zur Übersetzungspoetologie Benjamins. Vielmehr konkretisieren sich hier poetologische Überlegungen, die in unterschiedlichen Texten des Magischen Realismus wiederholt verhandelt werden. So stehen Eichs Reden nicht zuletzt der Tradition von

---

[20] Günter Eich, Rede vor den Kriegsblinden. In: Eich, Gesammelte Werke. Bd. 4. Vermischte Schriften, hg. von Axel Vieregg, Frankfurt a. M. 1991, S. 609–612 [im Folgenden als RK im Fließtext zitiert].
[21] Günter Eich, Der Schriftsteller vor der Realität. In: Eich, Vermischte Schriften, S. 613–614 [im Folgenden als SR im Fließtext zitiert].
[22] Peter Horst Neumann, Rettung der Poesie im Unsinn. Der Anarchist Günter Eich, Stuttgart 1981, S. 73.

Ernst Jüngers „Sizilischer Brief an den Mann im Mond".²³ Wie bereits herausgestellt wurde, vergleicht Jüngers poetologischer Brief das sprachliche Geschehen der Übersetzung mit der mechanischen Übersetzung, die als „wütende Unruhe" gleichzeitig auf einen Ruhepol bezogen bleibt, der als „Ursprache der Geschwindigkeit" das Zentrum dieser Bewegung bildet: „Durch welche Übersetzungen man auch die Geschwindigkeit steigern möge – jede dieser Steigerungen kann nur eine Übersetzung der Ursprache sein."²⁴

Indem das Übersetzen die Vorläufigkeit jeder positiven Formulierung gegenüber einer praktisch nicht realisierbaren Ursprache behauptet, ist der utopischen Figur der Übersetzung ein ideologiekritisches Moment eingeschrieben, da sie sich kategorisch von solchen Ansätzen abgrenzt, die bereits abgeschlossene Einsichten präsentieren. So heißt es noch in Eichs Gedicht „Nicht geführte Gespräche" aus der Sammlung *Zu den Akten* (1964):

> Wir bescheidenen Übersetzer,
> etwa von Fahrplänen,
> Haarfarbe, Wolkenbildung,
> was sollen wir denen sagen,
> die einverstanden sind,
> und die Urtexte lesen.²⁵

In der „Rede vor den Kriegsblinden" wird die Unvollkommenheit bzw. Vorläufigkeit jeder Deutung von Welt metaphorisch am Zustand der Blindheit veranschaulicht: „In mancher Hinsicht ist ja der Mensch schlechthin, nicht nur der Blinde, blind. Seine Sinnesorgane fassen immer nur einen Teil der Wirklichkeit. Unsere Ohren hören den Schrei der Fledermäuse nicht und wir erkennen nicht die Farben Infrarot und Ultraviolett." (RK, 609) Auch der Verweis auf die prinzipielle Blindheit des Menschen ist einerseits ideologiekritisch gerahmt, insofern vor der „Hybris" (RK, 609) derjenigen gewarnt wird, die ihr Weltbild nicht infrage stellen, sondern für sich eine ungebrochene „Einsicht" proklamieren. Andererseits

---

23 Auf Gemeinsamkeiten zwischen Eichs und Jüngers Text verweist schon: Goodbody, S. 336. Goodbody verweist zudem auf Ähnlichkeiten zur Poetologie Bachmanns und Celans.
24 In Walter Benjamins *Lehre vom Ähnlichen* findet sich eine Beschreibung des Übersetzungsparadigmas, das der in Jüngers *Sizilischer Brief an den Mann im Mond* beschriebenen Metapher der Kurbelwelle sehr nahekommt: „Ordnet man Wörter der verschiedenen Sprachen, die ein gleiches bedeuten, um jenes Bedeutende als ihren Mittelpunkt, so wäre zu erforschen, wie sie alle – die miteinander oft nicht die geringste Ähnlichkeit besitzen – ähnlich jenem Bedeutenden in ihrer Mitte sind." (Benjamin, Lehre vom Ähnlichen, S. 207.)
25 Günter Eich, Nicht geführte Gespräche. Für Peter Huchel. In: Eich, Gesammelte Werke. Bd.1. Die Gedichte. Die Maulwürfe, hg. von Axel Vieregg, Frankfurt a.M. 1991, S. 109.

bringt die Metapher der Blindheit zugleich die Überzeugung zum Ausdruck, dass es noch eine andere, eigentliche Wirklichkeit bzw. Wahrheit jenseits der begrenzten Wahrnehmung des Menschen gibt: „Eichs Poetik ist die an der Poesie und am Dichter exemplifizierte Erkenntnis, daß der Mensch ein über die Vordergründe der Wirklichkeit hinweg fragendes Wesen ist, das sich von verschlüsselten Botschaften umgeben weiß, von deren Verständnis der Sinn seiner Existenz abhängt."[26] In dieser doppelten Perspektive wird die Metapher der Blindheit auch in Jüngers Brief verwendet:

> Es gibt Zeichen, Gleichnisse und Schlüssel mancher Art – wir gleichen dem Blinden, der zwar nicht zu sehen vermag, doch der das Licht an seiner dumpferen Eigenschaft der Wärme verspürt. Ist es nun nicht aus so, daß jede Bewegung des Blinden für ein sehendes Auge sich im Lichte vollzieht, obgleich ihn selbst ewige Dunkelheit umhüllt? So aber auch sprechen wir eine Sprache, deren Bedeutung uns selbst nicht einsichtig ist – eine Sprache, von der jede Silbe zugleich vergänglich und unvergänglich ist. (SB, 20)[27]

In seiner Auseinandersetzung mit Eichs Sprachkonzeption stellt Neumann fest, dass sich die Übersetzungspoetologie „aus einem magischen Welt und Sprachverständnis"[28] erklärt, das die Welt in romantischer Tradition als Buch versteht, aus dem es zu lesen gilt. Gleichzeitig wird jedoch deutlich, dass sich in der magisch-realistischen Übersetzungspoetologie die Aufmerksamkeit von der Erzeugung von Lesbarkeit zugunsten einer Erzeugung der Unlesbarkeit von Welt verschiebt. Diese Akzentverschiebung wird bereits in Loerkes spätem Essay „Die Dichter vor den Erscheinungen" (1937) erkennbar, der schon über seinen Titel eine deutliche Nähe zu Eichs Vortrag „Der Schriftsteller vor der Realität" aufweist.[29] Zwar versteht auch Loerke Wirklichkeit zunächst als Sprache, die jedoch als Kakophonie erfahren wird, weil sie aus sich selbst keine Ordnung hervorbringt. Sie erweist sich nicht als gelungene Komposition einer Schöpfersprache, sondern als formlose „murmelnde Masse", wie der Erzähler beinahe vorwurfsvoll feststellt:

---

26 Neumann, S. 75.
27 Die Gemeinsamkeiten zwischen Jüngers und Eichs Texten gehen bis in die konkreten Begrifflichkeiten. So bedient sich Eich wie Jünger (SB, 21) nicht nur der Metapher des Blinden, sondern auch des Beispiels der Trigonometrie, um das Verhältnis zwischen Sprache und Wirklichkeit zu beschreiben „Ich schreibe Gedichte, um mich in der Wirklichkeit zu orientieren. Ich betrachte sie als trigonomische Punkte oder als Bojen, die in der unbekannten Fläche den Kurs markieren. [...] Solche Definitionen sind nicht nur für den Schreibenden nutzbar. Daß sie aufgestellt werden, ist mir lebensnotwendig. In jeder gelungenen Zeile höre ich den Stock des Blinden klopfen, der anzeigt: Ich bin auf festem Boden." (RK, 613f.)
28 Neumann, S. 25.
29 Oskar Loerke, Die Dichter vor den Erscheinungen. Gruß an Gerhart Hauptmann, (XLVII, 11, 1927). In: Loerke, Literarische Aufsätze aus der Neuen Rundschau, S. 234–250.

> Es überfiel mich im Wachen ein merkwürdiger Traumzustand. Die Welt schien in allen ihren Sprachen alle ihre Wörter durcheinanderzulauten, Zuruf und Verständigung auf den Straßen und bei der Arbeit, Gespräch von Fenster zu Fenster, Rede der Kirchen, Schulen, Säle; nichts blieb unbenannt, – aber die Schälle verbanden sich nicht, als fänden sie keine Hirne, um geordnet anzuhaften, und sanken rasch wieder zurück in ihre ungeheure murmelnde Masse. Ich war benommen: in all den Wörtern war nichts erzählt worden, es war kein einziges Gedicht in ihnen gewesen.[30]

Das Problem einer Wirklichkeit, die dem kulturellen Subjekt als unverständliches Rauschen gegenübertritt, bestimmt schon Loerkes späte Prosa um 1920. Die Erfahrung der „durcheinanderlautenden" Sprache der Wirklichkeit führt hier nicht mehr zu dem Versuch, diese Kommunikation abzubilden (von der Poesie der Natur in die Poesie der Sprache), sondern dient primär als Motor einer poetischen Sprache, welche Wirklichkeit als Erscheinung überhaupt erst – wenn auch defizitär – hervorbringt:

> Jedenfalls: War der Überfall auf die Sinne aus dem Weltstoff gekommen, so war er ganz unstofflich. War er aus dem Geiste gekommen, so war er ganz ungeistig, – aus der Seele, so hatte er die Seele verloren. War er aus den Mitteln der Versinnlichung gekommen, so hatte er nichts vermittelt. Nichts? – Doch etwas: die tägliche neue Sehnsucht nach der Verdichtung des Diffusen, nach Erscheinungen also, und, noch inniger, nach der Erscheinung der Erscheinungen in der Kunst![31]

Indem Loerke die Realität der Erscheinungen als Konsequenz des Begehrens nach der „Verdichtung des Diffusen" auffasst, verschiebt sich die Aufmerksamkeit des poetologischen Ansatzes von einer vorsprachlichen Wirklichkeit zur Wirklichkeit der Sprache. Den damit verbundenen Standort des Dichters, der den Erscheinungen vorausgeht (und im Titel von Loerkes Essay bereits anklingt), macht Eich in seinem Vortrag „Der Schriftsteller vor der Realität" dann zum Programm. Aber auch hier wird der konstruktivistische Ansatz von einem metaphysischen begleitet: Wirklichkeit wird erst dann akzeptiert, wenn sie sprachlich formuliert, poetisch hergestellt ist, der utopische bzw. metaphysische Fluchtpunkt poetischer Sprache liegt jedoch außerhalb rein sprachlicher Figuration:

> Alle hier vorgebrachten Ansichten setzen voraus, daß wir wissen, was Wirklichkeit ist. Ich muß von mir sagen, dass ich es nicht weiß. [...] Erst durch das Schreiben erlangen für mich die Dinge Wirklichkeit. Sie ist nicht meine Voraussetzung, sondern mein Ziel. Ich muß sie erst herstellen. Ich bin Schriftsteller, das ist nicht nur ein Beruf, sondern die Entscheidung, die Welt als Sprache zu sehen. Als die eigentliche Sprache erscheint mir die, in der das Wort

---

30 Loerke, Dichter, S. 234.
31 Loerke, Dichter, S. 235.

und das Ding zusammenfallen. Aus dieser Sprache, die sich rings um uns befindet, gilt es zu übersetzen. Wir übersetzen ohne den Urtext zu haben. Die gelungenste Übersetzung kommt ihm am nächsten und erreicht den höchsten Grad von Wirklichkeit. (SR, 613)

Das Paradox der Übersetzungspoetologie, so ließe sich zusammenfassend sagen, liegt darin, dass semiotische und metaphysische Entwürfe von Sprache ineinander verschachtelt werden. Im Sinne einer negativen Theologie geht es dabei nicht um das Verfügbarmachen eines Urtextes, einer finalen Wahrheit, sondern darum, die grundsätzliche Unverfügbarkeit von Wirklichkeit zu behaupten, ohne den Anspruch ihrer Darstellbarkeit aufzugeben. Eichs emphatisches Bekenntnis, „daß alles Geschriebene sich der Theologie nähert" wird deshalb in konsequenter Umsetzung der paradoxen Übersetzungspoetologie von dem Nachsatz begleitet: „Ich meine nicht die Bestätigung von Glaubenssätzen durch das geschriebene Wort, eher meine ich eine Beunruhigung." (RK, 611) Die Übersetzung erweist sich damit, entgegen der Auffassung von Christian Kohlroß tatsächlich als eine aporetische Poetik, die letztlich auf einer negativen Dialektik beruht:

> Sollte aber die poetische Vermittlung von Inhalt und Darstellung so beschaffen sein, daß sie sich nicht stillstellen, sich nicht in Antworten oder Aussagen übersetzen läßt, Wahrheiten nicht positiv zum Ausdruck bringt, dann sähe es schlecht aus für das Naturgedicht. Denn eine Lösung des Problems, wie Sprache sich auf Realität beziehen kann, fiele sodann einer negativ-dialektischen Poetologik zum Opfer.[32]

1.3 Übersetzungspoetologie und das doppelkonditionierte Verfahren

Die Übersetzungspoetologie, die vor allem in den späteren Texten des Magischen Realismus literarisch ausgestaltet wird, führt die magisch-realistische Poetik der Mitte und des Ausgleichs fort und setzt gleichzeitig neue Akzente. Wie die Konzepte der Mitte und des Ausgleichs impliziert auch dasjenige der Übersetzung, dem Prinzip der Doppelkonditionierung entsprechend, eine Konfrontation von zwei zunächst disparaten Bereichen: Sprachen, kulturellen Konzepten und epistemologischen Größen. Deutlicher als die Konzepte der Mitte und des Ausgleichs lenkt die Übersetzungspoetologie den Blick auf die semiotische Dynamik, die dem Vermittlungsprojekt des Magischen Realismus inhärent ist. Dies zeigt sich bereits darin, dass der Begriff der ‚Übersetzung' immer schon den sprachlichen Prozess der Übertragung (griechisch: *metaphorein*) als einen Codewechsel

---

32 Kohlroß, S. 162.

bezeichnet. Damit rückt im Hinblick auf die semiotische Analyse der Texte ein Moment in den Vordergrund, das der Poetologie der Übersetzung zumindest implizit eingeschrieben ist: die räumliche Überschreitung. Dass semantische Übersetzungsprozesse in literarischen Texten häufig mit einer räumlichen Überschreitung einhergehen, hat Lotman mit seinem Konzept des Sujets beschrieben, dessen „Kernelement darin besteht, dass ein Held eine sowohl räumliche als auch semantische Grenze überschreitet"[33]. In seiner kultursemiotischen Schrift *Die Innenwelt des Denkens* führt Lotman diesen Gedanken weiter aus, indem er die Grenze zwischen zwei semantischen Feldern grundsätzlich als einen Übersetzungsmechanismus beschreibt:

> Einer der grundlegenden Mechanismen der semiotischen Individuation ist die Grenze. Diese Grenze lässt sich als Linie beschreiben, an der periodische Formen enden. [...] Die Grenze kann zwischen Lebenden und Toten, zwischen Sesshaften und Nomaden, oder zwischen Stadt und Steppe gezogen werden, sie kann staatlicher, sozialer, nationaler, konfessioneller oder anderer Natur sein. [...] Die Grenze ist immer zwei- oder mehrsprachig. Sie ist ein Übersetzungsmechanismus, der Texte aus einer fremden Semiotik in die Sprache ‚unserer eigenen' Semiotik überträgt; sie ist der Ort, wo das ‚Äußere' zum ‚Inneren' wird, eine filternde Membran die die fremden Texte so stark transformiert, dass sie sich in die interne Semiotik der Semiosphäre einfügen, ohne jedoch ihre Fremdartigkeit zu verlieren.[34]

In Lotmans kultursemiotischem Entwurf wird die semantische und topologische Grenze zu einem utopischen Raum, weil durch die Überlagerung verschiedener Codes/Sprachen neue Codes/Sprachen entstehen können. Der Grenzraum ist ein „Gebiet der semiotischen Dynamik. Hier entsteht das Spannungsfeld, in dem künftige Sprachen sich entwickeln"[35]. Im Magischen Realismus zeigt sich die semiotische Dynamik der Übersetzungspoetologie darin, dass vor allem in den späteren Texten Langgässers, Eichs und Aichingers Grenzräume und Grenzfiguren ins poetologische Zentrum rücken, die immer wieder die Frage nach einer Überwindung traditioneller Entwürfe von Sprache und Welt anstoßen. Im Unterschied zu Lotmans Theorie bleibt den liminalen Entwürfen des Magischen Realismus jedoch auch hier ein metaphysisches Moment inhärent, das darauf hin angelegt ist, Sprache und Wirklichkeit zu vermitteln, bzw. die Grenzen der Sprache auf ein wie auch immer geartetes ‚Außen' hin zu überschreiten.[36] Pro-

---

33 Koschorke, Wahrheit und Erfindung, S. 119.
34 Jurij M. Lotman, Die Innenwelt des Denkens. Eine semiotische Theorie der Kultur, hg. von Susi K. Frank, Cornelia Ruhe u. Alexander Schmitz, übersetzt von Gabriele Leupold u. Olga Radetzkaja, Berlin 2010, S. 174, 182.
35 Lotman, Innenwelt, S. 178.
36 Siehe Kapitel I.3.3.3.

grammatisch ist die Übersetzung im Magischen Realismus eben nicht ausschließlich als ein Prozess zwischen zwei semiotischen Größen angelegt, die sich auf derselben epistemologischen Ebene (der Kultur) befinden.

Eine Möglichkeit, um die Spannung zwischen der semiotischen und metaphysischen Codierung der Übersetzung aus kultursemiotischer Perspektive zu beschreiben, wäre der von Kohlroß ins Spiel gebrachte Begriff der negativen Dialektik. Weil die sprachliche Dimension der Übersetzung die metaphysische Dimension letztlich nicht einholen kann, konkretisiert sich die Übersetzung immer nur negativ an dem wovon sie sich absetzt. In diese Richtung geht auch Neumanns Ansatz:

> Tatsächlich aber muss jedes magische Denken immer zugleich das Realitätsprinzip kritisieren und – bestätigen: das Realitätsprinzip ist die Voraussetzung seiner Möglichkeit. [...] Darum gibt Eich, wenn er das ‚Übersetzen' auf den poetologischen Nenner bringt, sogleich auch dessen grundsätzliche Gefährdung zu erkennen: seinen Bedürfnis- und Behauptungscharakter, seine Beweislosigkeit und Absurdität. Eine vergebliche, ja recht eigentlich gegenstandslose Anstrengung wird so benannt, eine, die sich immer nur flüchtig an dem konkretisiert, wogegen sie sich wendet. Welch ein Mangel an Positivität! Er kann nicht aufgehoben werden, solange das Realitätsprinzip herrscht.[37]

Nimmt man die negative Dialektik der Übersetzungspoetologie ernst, „die sich immer nur flüchtig an dem konkretisiert, *wogegen* sie sich wendet", bleibt das formale Spannungsverhältnis zwischen Metonymie und Metapher, das für das doppelkonditionierte Verfahren des Magischen Realismus konstatiert wurde, auch hier typisch. Semiotisch ließe sich das Prinzip der Übersetzung (als Metapher) dann vor allem in der semantischen Überschreitung des realistischen Dispositivs ausmachen. Entscheidend bleibt dabei die Frage, wie die Texte das Verhältnis zwischen sprachlicher Übersetzung auf der formalen Ebene und metaphysischer Überschreitung als programmatischer Forderung im Einzelnen modellieren. Davon hängt schließlich ab, inwiefern semantische und topologische Grenzräume als Generatoren von ‚neuem Wissen' tatsächlich produktiv gemacht werden. Dieser Frage soll in den letzten beiden Kapiteln dieser Arbeit nachgegangen werden.

---

37 Neumann, S. 76 f.

2 Grenzräume und Übersetzungsprozesse in den späten Texten des Magischen Realismus

2.1 Grenzpoetik – Elisabeth Langgässers *Gang durch das Ried* (1936)

2.1.1 Der *Gang durch das Ried* als Grenztext?

Bereits Burkhardt Schäfer weist in seiner Arbeit darauf hin, dass es sich bei Elisabeth Langgässers *Gang durch das Ried*[38] in literaturgeschichtlicher und verfahrenstechnischer Hinsicht um einen Grenztext handelt. Aufgrund seiner speziellen, an der Ruderalfläche orientierten Definition des Magischen Realismus, bleibt Schäfers literaturgeschichtliche Einordnung des Textes jedoch widersprüchlich – einerseits sei der Text *zwischen* Magischem Realismus, Expressionismus und Trümmerliteratur einzuordnen, andererseits sei Langgässers Roman *der* magisch-realistische Text schlechthin:

> Was ist bisher über den Magischen Realismus gesagt worden? Es wurde gesagt, daß diese Epoche eine typische Erscheinung der Nach-Avantgarde darstelle, die von der modernen Textur wieder auf eine verständliche Struktur umschaltete. Es schließt sich die Frage an: Ist der Gang durch das Ried ein texturierter oder ein strukturierter Text? Er ist auf jeden Fall ein „Grenztext" – und zwar ein Grenztext im wahrsten Sinne des Wortes: Der Gang durch das Ried steht stilistisch auf der Grenze zwischen Expressionismus, Magischem Realismus und Trümmerroman à la Böll. [...] Der Gang durch das Ried ist der ‚magisch-realistischste' und gleichzeitig ‚modernste' Roman der dreißiger Jahre.[39]

Um Langgässers Text vor dem Hintergrund der in dieser Arbeit zugrunde gelegten Definition des Magischen Realismus literaturgeschichtlich einordnen zu können, wird zunächst – u. a. unter Rückgriff auf Schäfers Ergebnisse – zu klären sein, in welcher Weise man von Langgässers *Gang durch das Ried* auf diskursiver und poetologischer Ebene überhaupt von einem Grenztext sprechen kann.

Dabei verdient zunächst die topologische Konzeption des Textes einige Aufmerksamkeit. Bereits der Auftakt des Romans macht deutlich, dass die Handlung in mehrfacher Hinsicht in einem Grenzraum situiert ist:

---

[38] Elisabeth Langgässer, Gesammelte Werke. Bd. 2. Gang durch das Ried, Hamburg 1953 [im Folgenden als GR im Fließtext zitiert].
[39] Schäfer, Unberühmter Ort, S. 291.

> Im Spätherbst des Jahres 1930 ging ein Mann über das verlassene französische Lager, das früher ein deutsches gewesen war und sich zwischen der hessischen Hauptstadt, umschließenden Tannen- und Birkenwäldern und dem großen Sande dahinzieht. Es nieselte langsam vom Himmel herunter, und der Mann schlug den Kragen der Jacke hoch und rückte das Kappenschild noch tiefer in die Stirne. [...] Auf den breiten Kasernenstraßen, die durch leere Barackenreihen, an Stallungen, Vorratshäusern und Kantinen vorüberführten, wuchs dichtes grünbraunes Gras, das jeden Schritt verschluckte und den Wandernden wesenlos wie eine Traumgestalt machte [...]. (GR, 7)

Das rheinische Grenzgebiet, das der noch anonym bleibende Protagonist durchschreitet, ist hier nicht nur ein nationales und demographisches Grenzgebiet (Deutschland-Frankreich, Stadt-Land), sondern auch eines, das zwischen Natur- und Kulturraum verortet ist, insofern die ehemaligen Militärgebäude allmählich von der Natur („dichtes grünbraunes Gras") überwuchert werden. Der Grenzcharakter des Landes zeigt sich auch darin, dass das „Blut" des rheinischen „Bodens" in deutlichem Gegensatz zu einer völkisch-nationalistischen Auffassung gerade nicht als „rein germanisch" figuriert wird, sondern als Konglomerat all derjenigen Völker in Erscheinung tritt, die im Laufe der Geschichte militärisch Anspruch auf das Land erhoben haben:

> Fünf Schuhe tief stecken Silbermünzen aus den napoleonischen Kriegen. Sieben Schuhe tief blättern leise die fetten gelblichen Würmer zermürbter Schädeldecken erschossener Spanier, Schweden und deutscher Söldner um. Zwölf Schuhe tief ruhen Waffen und Schilde aus der eisernen Römerzeit und donnern dumpf in die Träume dieser ältesten Landschaft hinein... (GR, 12)

Cathy Gelbin beschreibt in ihrer Studie deshalb Langgässers Gestaltung des Rheinlandes, dessen Bevölkerung selbst als Mischgesellschaft dargestellt wird, als hybrid: „Even the Rhineland soil refutes any notion of racial or cultural purity, for it compasses the dead soldiers of the various nations – Roman, Swedish, Spanish and French – who attempted to conquer the land."[40]

Im Verlauf der Erzählung wird ersichtlich, dass auch der Protagonist, der an diesem „Unort" (Schäfer) „wesenlos wie ein Traumgestalt" wirkt, eine Grenzfigur ohne eindeutige Identität darstellt. Im Unterschied zum Rheinland, das einst französisch (besetzt) war und jetzt (wieder) in deutscher Hand ist, reist der Mann, hinter dem sich der deutsche Metzgersohn Peter Schaffner verbirgt, unter der falschen Identität des verstorbenen französischen Soldaten Jean-Marie Aladin. Da Aladin als Peter Schaffner eine unbestimmt bleibende Anzahl von Jahren in der

---

40 Cathy S. Gelbin, An indelible seal. Race, hybridity and identity in Elisabeth Langgässer's writings, Essen 2001 (Literaturwissenschaft in der Blauen Eule. 29), S. 85 f.

französischen Fremdenlegion verbracht hat, kann nicht ausgeschlossen werden, dass er auch offiziell (als Peter Schaffner) die französische Staatsbürgerschaft besitzt. Gelbin hat in ihrer Studie zudem darauf hingewiesen, dass der (gefälschte) Name Aladins nicht nur französische (Jean-Marie), sondern auch arabische Elemente (Aladin) beinhaltet und darüber hinaus genderneutral ist. Zusammen mit der Beobachtung, dass Aladins physiognomische Erscheinung auf jüdische Vorfahren schließen lässt,[41] kommt sie zu dem Schluss, dass es sich bei Aladin um eine hybride Figur handelt, die jedoch – und darin sieht Gelbin die problematische Entwicklung des Romans – letztendlich durch die Wiederherstellung der deutschen Identität Peter Schaffners überwunden wird.[42]

Wenn sich auch diese Deutung, die eine Rückkehr Aladins zu einer ursprünglichen Identität behauptet, kaum halten lässt, erweist sich die von Gelbin ins Spiel gebrachte Kategorie der Hybridität dennoch als ungeeignet, um die Grenzkonzeptionen von Langgässers Roman angemessen einzuordnen. Im Folgenden wird sich zeigen, dass der *Gang durch das Ried* die für den Grenzraum und die Grenzfigur charakteristische semantische Unbestimmtheit zunächst als negative bzw. bedrohliche Konstellation konstruiert, um diese dann jedoch in einen positiven Zustand zu überführen. Diese Umkodierung erfolgt jedoch nicht über eine hybride Konstellation, sondern über die für die späten Texte des Magischen Realismus typische Figur der *Übersetzung*, die dem Modell der Doppelkonditionierung verpflichtet bleibt. Dabei verhandelt der Text das Problem der Identität nicht nur auf der Ebene der Figuren. Vielmehr lässt sich die Identitätsproblematik auf Figurenebene als Reflexion der gesamten poetologischen Gestaltung des Textes als Grenztext verstehen.

2.1.2 „Ein Weg war etwas Gutes" – Eine Semantik im Aufbruch

Der Zustand einer von genealogischen Bindungen losgelösten Identität wird in *Gang durch das Ried* zunächst als ein prekärer Zustand markiert. Dies zeigt sich bereits darin, dass Aladin zu Beginn des Romans gerade erst die psychiatrische Anstalt verlassen hat, in die er aufgrund eines Nervenzusammenbruchs einge-

---

[41] Auch wenn an keiner Stelle explizit auf Aladins Wurzeln eingegangen wird, werden doch gewisse Stereotype eingesetzt, die auf eine jüdische Herkunft Aladins hinweisen. So wird im Gespräch mit einem Handwerker Aladins auffällige Nase hervorgehoben: „,Die Nase fort', sagte der Scherenschleifer; [...] ,oder soll ich sie dir spitzen?' Der Lückenbüßer lachte: wie bei dem da, und zeigte auf Aladin. Der Scherenschleifer sah auf und musterte den Mann." (GR, 88 f.)
[42] Gelbin, S. 82.

liefert worden war, der selbst wiederum das Ergebnis eines Identitätsschwindels darstellt:

> Er war in die fremde Haut [Jean-Marie Aladins] geschlüpft, als sei sie ihm angemessen, und er hatte anfangs gefürchtet, sie möchte ihm zu weit und daher Anlaß sein, daß er mit ausgeklappten und schlottrigen Händen die gefährlich neuen Dinge vom Brett herunterstieße, so fühlte er mit Befriedigung, daß sie wie angegossen um seinen Körper saß [...]: was ihn umschlossen hatte, fraß tückisch in seinen Adern und zerstörte, vergiftete, verbrannte das Gewebe, bis er plötzlich in Flammen stand und später im Irrenhaus wie eine gelöschte Kohle unter eisigen Duschen lag. (GR, 16)[43]

Es wäre jedoch verfehlt, in der ‚Irrfahrt' Aladins einen psychologisch interessanten Sonderfall zu sehen. Dass der Verlust von Identität ein allgemeines Problem der Zeit darstellt, zeigt eine Bemerkung, die Aladins Pfleger seinem Patienten mit auf den Weg gibt. Als Aladin diesem gegenüber die Unsicherheit darüber bekundet, ob es sich bei dem Namen Jean-Marie Aladin wirklich um seinen Namen handelt, gibt dieser ihm am Beispiel einer makabren Anekdote zu verstehen, dass die Auflösung des Zusammenhangs von Name und Bedeutung selbst vor den Toten keinen Halt macht: „[E]s gäbe wohl Totensteine, die einen Namen zeigten, deren Träger schon weitergerutscht und unter den nächsten gerieselt sei, denn der Erde wäre nicht wichtig, wer unter ihr verfaule" (GR, 14).

Was hier als Bedrohung kultureller Erinnerungspraktiken sichtbar wird (und an die prekären Zustände von Kriegs- und Massengräbern erinnert), verweist zugleich poetologisch auf die Unbeständigkeit der Textbau*steine*, deren semantische *Träger* ebenfalls jederzeit schon „weitergerutscht und unter den nächsten gerieselt" sein könnten. Tatsächlich lässt sich in Langgässers Text das Weiterrutschen und Rieseln von Bedeutung auf verschiedenen Ebenen festmachen. Nicht nur die Identität der Figuren, sondern auch alle anderen Textbausteine werden im Verlauf der Handlung einem „Spiel mit den Möglichkeiten von Iden-

---

43 Der Grund dafür, dass sich Peter Schaffner überhaupt eine falsche Identität zugelegt hat, liegt offenbar darin, dass er als Fremdenlegionär unter nicht ganz geklärten Umständen für den Tod einer jungen Frau verantwortlich war. Darauf weist etwa ein Traum Aladins von einer humpelnden Katze hin, der als verdrängte Erinnerung an eine Vergewaltigung gelesen werden kann: „Sie humpelte auf drei Beinen, das vierte war gebrochen und klapperte wie ein Trommelschlegel immer hinter dem anderen drein; [...] und obwohl ihn das Tierchen dauerte, war er versucht es zu jagen – immer rund auf dem Speicher herum. Dort stand ja auch das Mädchen; unter den Dachsparren war es und hatte die Schürze voll Zwetschgen; die Katze lief durch seine Beine hindurch, er wollte ihm in die Schürze greifen, da griff er in lauter Luft" (GR, 85). Später heißt es, die Erinnerung habe „beharrlich das Tote nach oben gebracht – als Katze, als Maus und als kleines Mädchen mit blassen Geisterfüßen" (GR, 290).

tität" unterworfen, das Mülverstedt als „eines der bestimmenden Gestaltungelemente"[44] des Textes bezeichnet. Beispielhaft lässt sich dies am Begriff ‚Erde' vorführen. Bereits im ersten Kapitel wird der Begriff einer alltagssprachlichen, ‚realistischen' Bedeutung entzogen und in einen mythischen Zusammenhang gestellt, wobei die Erde gemäß des in den früheren Texten Langgässers präsenten Bachofenschemas sowohl als Ort des Lebens als auch des Sterbens figuriert wird:

> Jean-Marie Aladin saß auf der Pferdetränke [...] und starrte auf die Erde, die soviel gefressen hatte und immer weiter fraß. [...] die Erde fraß immer weiter, fraß Fleisch, Erz, Gras, unterschiedslos in ihren dicken Bauch und trank Bäche von Blut dazu [...]. Was über ihm war, wer wußte es! Doch kam er langsam der Erde näher und fühlte sie schon in den Zehen, bevor er landete, kippte plötzlich nach vorne über und hatte Sand in den Händen, der, weil er naß war, sich ballte als ob er ein fruchtvoller Mutterschoß voll Samen und Segen wäre. (GR, 12f.)

Dem Bachofen-Schema entsprechend betitelt Aladin dann auch seinen Unterschlupf im Barackenlager als Teil der tellurischen Sphäre: „Mit großen lateinischen Zeichen schrieb Aladin auf die Behausung: ‚Ventre de la mort' und darunter ‚Mutterleib'" (S. 22).[45] Wird die Bedeutung des Begriffs ‚Erde' im ersten Kapitel noch in der Dichotomie von Leben und Tod verortet, steht eine ontologisch gesicherte Bedeutung der Erde mit dem Verlassen des Barackenlagers jedoch grundsätzlich zur Disposition:

> Diese Erde, die nur davon lebt, sich beständig verändern zu lassen, und nicht weiß, wie sie aussehen würde, wenn nicht Menschen über sie hergefallen und von ihr angereizt worden wären, das Bild ihres eigenen Wesens aus ihr hervorzutreiben. Doch war, was auch herauskam, schon wieder dunkel geworden, und wenn man es befragte, so gab es nicht ja oder nein, sondern, ach, wie vieles zur Antwort, das durcheinanderging... Diese Sandschlucht zum Beispiel [...] was wollte die noch bedeuten? (GR, 43)

Am Begriff der Erde wird damit ein metaphorischer Übersetzungsprozess vorgeführt, der gleichzeitig die Frage aufwirft, inwiefern überhaupt noch sinnvolles

---

44 Carolin Mülverstedt, Denn das Thema der Dichtung ist immer der Mensch. Entindividualisierung und Typologisierung im Romanwerk Elisabeth Langgässers, Würzburg 2000 (Epistemata. 295), S. 81.
45 Dementsprechend dominiert in den ersten Kapiteln auch die Ausgestaltung nächtlicher Szenen und das Mutterrecht: „Du weißt doch, daß wir uns hier im Ort nur nach der Mutter nennen, wie das schon immer war" (GR, 25). Schäfer konstatiert: „*Materia* heißt bekanntlich Mutterstoff. Aus diesem primären Mutterstoff besteht das verkommene Barackenlager. In den ersten drei Kapiteln des Romans, in denen Aladin über das Lager geht, häufen sich die Anspielungen auf den materiellen und sexuellen Aspekt der Unrat-Topographie. [...] Das schlüpferische Barackenlager ist eine Bachofen'sche Unter-Welt, in der das Mutterrecht herrscht." (Schäfer, Unberühmter Ort, S. 315).

Sprechen möglich ist, wenn die Bedeutung dessen, was wirklich sein soll, von der sich wandelnden subjektiven Auffassung des Menschen abhängt. Langgässers Text schließt damit an die kritische Verhandlung einer arbiträren Sprache an, wie sie für die Texte des Magischen Realismus insgesamt charakteristisch ist.[46]

Die am Beispiel der Identität des Protagonisten und am Begriff ‚Erde' dargestellte Verschiebung von Bedeutungen bestimmt schließlich auch die Dialoge zwischen den Romanfiguren, wie sich etwa anhand eines Gesprächs Aladins mit einem Postboten illustrieren lässt.[47] Nachdem Aladin das Barackenlager verlassen hat, wird er im Gespräch mit dem Lumpenmüller, der Mitglied eines nationalistischen Verschwörer-Kreises ist, für einen deutschen Widerstandskämpfer gehalten, der als Knecht auf dem Bauernhof der Erlenhöfers versteckt werden soll. Als sich Aladin, ohne das Missverständnis aufzulösen, auf den Weg zum Erlenhof macht, um die Position des Knechts einzunehmen (Aladins dritte ‚falsche' Identität), trifft er auf den örtlichen Postboten, der ihn auf seinem Motorrad zum Hof bringt. Das Gespräch mit dem Postboten produziert ununterbrochen Missverständnisse, weil der Postbote an den politischen Hintergründen des vermeintlichen Knechts interessiert ist, während Aladin die Fragen des Postboten auf seine persönliche Lebensgeschichte bezieht:

> „Was wollt ihr denn auf dem Erlenhof?", fragte [der Postbote] ungehalten. [...]
>   „Ich komme von dahinten", erwiderte Aladin und deutete mit dem Daumen über die Schulter zurück.
>   „Und?" bohrte der Postbote weiter.
>   „Von der Lumpenmühle" gab er noch zu, obwohl die Waagschale für sein Gefühl schon aufgestoßen war.
>   „Das ist doch keine Antwort..." Aladin schwieg. „Na schön, dann lauf halt zu Fuß. Unsereiner muß schließlich wissen, wen er sich aufgepackt hat."
>   „Lieber nicht...", sagte Aladin böse und schlug damit ahnungslos in die Kerbe des anderen ein. Der Postbote stutzte und dachte nach. „Klar", schloß er seine Gedanken ab und drehte sich um, dann wieder nach vorne und warf den Motor an.

---

46 Bezeichnenderweise führt auch Fritz Mauthner in seinen *Beiträgen zu einer Kritik der Sprache* (1902) gerade am Begriff der ‚Erde' die sprachgeschichtlichen Probleme einer ins Unendliche wachsenden Semantik vor: „Das Wort ‚Erde' ist seit Jahrhunderten unverändert geblieben, der Begriff ist aber von Geschlecht zu Geschlecht reicher geworden. In der deutschen Sprache ist das Denken dieses Wortes gewachsen, ohne daß das Wort zugenommen hätte. Ebenso in der Individualsprache etwa eines Menschen, der im Alter von drei Jahren zu wissen glaubte, was Erde bedeutet, und der später ein Geologe oder ein Astronom geworden ist." (Mauthner, S. 206.)
47 Auf dieses Gespräch verweist schon Hoffmann, um die Dialogkonzeption in *Gang durch das Ried* nachzuweisen (Hoffmann, Wiederkunft des Heiligen, S. 185).

> Halt, jetzt weiß ich es wieder, jetzt kommt es mir, dachte Aladin ganz erleichtert und begann, geschwätzig zu werden. ‚Ach, ich war doch in was verwickelt... verwickelt...', sagte er noch einmal und blieb hilflos mittendrin stecken.
> „In was Politisches?", fragte der vorne, als wolle er eben sein Büchelchen nehmen, um Aladin aufzuschreiben.
> „Ich weiß es nicht", verfiel der andere und glotzte vor sich hin.
> Verkehrt herum, dachte der Postbote sich, du hast es falsch angefangen. „Das ist ja nichts Schlimmes", strich er ihn wieder glatt, „das geht ja vielen so. Und jetzt sind sie wohl hinter euch her?"
> „Ja – jetzt bin ich hinter mir her", entgegnete Aladin.
> Der ist gerissen, dachte der Bote, der verdreht mir die Worte im Mund.
> (GR, 61 f.)

Auf paradigmatische Weise illustriert das Gespräch zwischen dem Postboten und Aladin die Konzeption der Dialoge in Langgässers Text: „Ihr Hauptkennzeichen ist der beständige Bruch eines auf semantische Kontinuität ausgerichteten Gesprächsflusses."[48] Dieser Bruch der semantischen Kontinuität, die Baßler als „enharmonische Verwechslung"[49] bezeichnet, wird dadurch erzielt, dass die Sprecher mit den unterschiedlichen Worten jeweils eine andere Bedeutung verbinden. Während der Postbote den Ausdruck „sich aufpacken" metonymisch auf die Fahrt auf dem Motorrad bezieht, versteht Aladin den Begriff metaphorisch als Verweis auf seine „aufgeschulterten" Identitäten. Während der Postbote die politischen Verstrickungen Aladins aufklären will, deutet Aladin das Gespräch als Austausch über seine persönlichen ‚Verstrickungen':

> Die Sprachreduktion verkürzt das Gemeinte bis zur Unkenntlichkeit, die Dialogpartner könne ihren rudimentär-restringierten Code nicht mehr exakt dechiffrieren: Das eigentlich Gemeinte öffnet sich somit der Möglichkeit einer variablen Interpretation, die sprachliche Aussage erhält eine Deutungsvielfalt, wie sie bereits von der literarischen Moderne für die Darstellung der menschlichen Existenz gefordert wurde und in der Figur Aladin/Peter Schaffner angelegt ist. Besonders häufig tritt dieses gegenseitige ‚Mißverstehen' in Dialogen auf, die die Identität des Protagonisten Aladin thematisieren.[50]

Gleichzeitig deutet sich in der Konzeption der Dialoge in Langgässers Text bereits eine Möglichkeit an, die bedrohliche Unbestimmtheit der Rede in einen positiven Prozess zu transformieren: „Im Bruch der Gesprächsführung liegt ein Potential der Freiheit, ein Potential für die Neuschöpfung einer Welt. Er weist aus

---

48 Hoffmann, Wiederkunft des Heiligen, S. 185.
49 Baßler, Deutsche Erzählprosa, S. 364.
50 Mülverstedt, S. 122.

dem geschlossenen Kreis der Scheinwelt hinaus."⁵¹ Erst dadurch, dass Aladin die Worte des Postboten missversteht, kommt er seiner eigenen Geschichte auf die Spur. Gleiches gilt letztlich für die Semantik des Begriffs ‚Erde'. Erst der Abstand von einer realistischen Bedeutung lässt Aladin die Erde als Metapher für seine verdrängte, respektive ‚vergrabene' Erinnerung erkennen. Als gegen Ende des Romans während der Feldarbeit eine tote Maus ausgegraben wird, sieht Aladin sich unwillkürlich mit seiner Schuld konfrontiert, da er die Maus als Metapher für das Mädchen versteht, dessen Tod er zu verantworten hat: „diese andere Erde, die eigentlich etwas ganz anderes als Kalk und zerfallener Sandstein ist [...]. Diese andere Erde hatte beharrlich das Tote nach oben gebracht, als Katze, als Maus, und als kleines Mädchen mit blassen Geisterfüßen" (GR, 290).

Im Riedroman, so könnte man zusammenfassend sagen, ist die Bedeutung der Textbausteine andauernd ‚unterwegs', in einem Zustand permanenter Übersetzung. Nicht nur der Protagonist, sondern der gesamte Text ist in ständiger Bewegung, wie in einem Gedanken Aladins anschaulich wird:

> Ein Weg war etwas Gutes – woher er kam, wohin er führte, war Aladin jetzt nicht so wichtig. Keiner führte aus der Welt, und wenn du marschierst, fühlst du rechts und links noch die Schultern der Männer, die ihn gehauen haben. Ihn zu Ende gehen – darauf kam es an. Mit einem Mal wußte er deutlich, daß alles mit ihm ging; der Strom und die Bodenschätze, die er hinuntertrug; das Erz, welches ausgeschachtet; der Wald, der abgeflößt wurde; die Schiffer, die Kumpels, die Bauern selbst, die unruhig geworden waren. Wer heute unterwegs war, der wanderte nicht mehr allein. Der hörte was trommeln, der sah eine Fahne: die Fahne fuhr über den Himmel hinweg, sie blendete noch, sie machte Wind, und das Trommeln ging dumpf durcheinander. Doch die Füße fanden von selbst den Takt –, sie marschierten in großen, versprengten, geheimen Bataillonen. (GR, 125 f.)

Die Figuration einer Marschordnung in „großen, versprengten, geheimen Bataillonen" bildet zugleich das Gegenbild zur paramilitärisch aktiven nationalistischen Bewegung, die sich im Keller des Erlenhofs trifft und in Langgässers Text ironisch vorgeführt wird.⁵² Dieser politischen Bewegung steht hier ein epistemo-

---

51 Hoffmann, Wiederkunft des Heiligen, S. 188.
52 So heißt es über die Gemeinschaft, die sich vor allem aus alten Kriegsveteranen zusammensetzt, die ‚Schmach von Versailles' nicht überwunden haben und den Widerstandskämpfer Schlageter als Vorbild feiern: „aber was schon ewig vergangen war, erhielt sich noch lange als angewärmter Lemur: es häufte sich in Winkeln, brach auf wie Madeneier aus regnerischen Sommern und rann mit dem Speichelfaden aus dem Bartgestrüpp alter Männer [...]. Auf dem Stahlhelm des letzten stand groß ‚VERSAILLES'; er hatte sich breit und bequem in der Wirtsstube niedergelassen und schien nicht mehr weichen zu wollen... Die Männer rauchten verbissen weiter und rückten die Schultern zusammen, aber es kam nichts Rechtes heraus. Auch ein paar Junge

logischer Aufbruch gegenüber, der die Koordinaten der (realistischen) Wirklichkeit verschiebt. Intertextuell grenzt sich die Marschordnung in Langgässers Text auch von derjenigen ab, mit der Döblins Roman *Berlin Alexanderplatz* schließt. Döblins Protagonist Franz Biberkopf sieht sich am Ende des Textes zunächst als Teil einer durchaus positiv codierten Arbeitergemeinschaft: „Er steht zum Schluß als Hilfsportier in einer mittleren Fabrik. Er steht nicht mehr allein am Alexanderplatz. Es sind welche rechts und links von ihm, und vor ihm gehen welche, und hinter ihm gehen welche. Viel Unglück kommt davon, wenn man allein geht."[53] Diese Gemeinschaft, darauf deuten jedenfalls die letzten Zeilen des Textes hin, tauscht Biberkopf jedoch schließlich gegen eine nationalistische, paramilitärische Gemeinschaft ein (die Trommel „wirbelt" am Ende nicht mehr „vor seinem Fenster", sondern „hinter ihm"):

> Lieb Vaterland, kannst ruhig sein, ich hab die Augen auf und fall so bald nicht rein. Sie marschieren mit Fahnen und Musik und Gesang an seinem Fenster vorbei, Bieberkopf sieht kühl zu seiner Türe hinaus und bleibt noch lange ruhig zu Haus. [...] Die Trommel wirbelt hinter ihm. Marschieren, marschieren. Wir ziehen in den Krieg mit festem Schritt, es gehen mit uns hundert Spielleute mit, Morgenrot, Abendrot, leuchtest uns zum frühen Tod.[54]

Tatsächlich lässt sich Langgässers Riedroman in verschiedener Hinsicht als magisch-realistische Antwort auf Döblins *Berlin Alexanderplatz* verstehen. Beide Texte erzählen den Versuch einer sozialen Reintegration eines Menschen, der eine Anstalt verlassen hat – in Döblins Text ist es die Haftanstalt, in Langgässers Text die Psychiatrie. Beide Protagonisten haben eine Frau ermordet und suchen einen Weg, um mit ihrer Schuld umzugehen. Während *Berlin Alexanderplatz* am Beispiel des Franz Biberkopf jedoch den Teufelskreis von Verbrechen und Gewalt illustriert, stellt Langgässers *Gang durch das Ried* einen utopischen Entwurf vor, der einen Weg aus diesem Kreislauf aufzeigen will. Genau diese Thematik beschäftigt in Langgässers Roman auch eine Stammtischrunde, die über einen gesellschaftlichen Aussteiger, den „schönen Willi vom Kohlendampfer" (GR, 131), philosophiert:

> „Der kommt noch mal wieder; verlaßt Euch drauf", sagte der Erlenhöfer. „Wer fortläuft, läuft immer im Kreis herum und fängt an, wo er aufgehört hat."

---

waren – wirklich unwirklich – darunter." (GR, 163) Der ironische Gestus zeigt sich dann auch in der ausführlichen Karikatur der Teilnehmer des Verschwörer-Zirkels. (GR, 164 ff.)
53 Alfred Döblin, Berlin Alexanderplatz. Die Geschichte vom Franz Biberkopf, mit einem Nachwort von Walter Muschg, München 1961, S. 409.
54 Döblin, Berlin Alexanderplatz, S. 410 f.

> „Ja – wenn er nicht den Boden unter den Füßen verliert", erwiderte der Wirt. „Das haben wir schon in der Schule gelernt, daß, wenn einer immer der Nase nachginge, er zuletzt wieder landen müßte, wo er begonnen hat."
> „Weil die Erde rund ist –"
> „Sich rundherum dreht – –", ergänzte der Wassergott [der Wirt]. Sie schweigen; dann sagte Aladin: „es muß auch mal eine Straße geben, die aus dem Kreis herausführt. Man muss mal was Neues denken können, was noch niemals gewesen ist."
> „Na, so lass dich auf den Mond schießen –", sagte der Erlenhöfer.
> „Und dann fällt er doch wieder', gluckste der Wirt, ,in die Kanone zurück, aus der er gekommen ist."
> (GR, 131)

Das Angebot, das Langgässers Roman macht, um aus dem Kreislauf herauszuführen, ist eine Verknüpfung moderner und christlicher Konzepte, die erstmals Burkhardt Schäfer überzeugend aufgezeigt hat und die aus literaturgeschichtlicher Perspektive in der Tat als „was Neues" bezeichnet werden kann. Im Folgenden sollen Schäfers Überlegungen aufgegriffen, konkretisiert und im Hinblick auf die in dieser Arbeit entwickelte magisch-realistische Poetologie erweitert werden.

2.1.3 Lücke, Unkraut, Stellvertretung – Poetologische und christologische Übersetzung

Die Verschiebung von Bedeutungen, ihr „Weiterrieseln", wird im Riedroman durch ein Netz von Querverweisen verkompliziert, das immer wieder neue metaphorische Bezüge aufmacht. So verbindet sich – um bei dem bereits verwendeten Beispiel zu bleiben – der Begriff ‚Erde' über ein semantisch-morphologisches Paradigma mit dem Begriff des Erdöls, über seine metaphorische Bedeutung als Ort der Erinnerung aber beispielsweise auch mit dem Wasser, das in Langgässers Text selbst wiederum in verschiedenen metaphorischen Zusammenhängen auftaucht.[55] Die semantischen Bausteine des Textes werden, wie Eva Augsberger konstatiert, „durcheinandergeschüttelt und angereichert, aneinandergereiht und auseinanderentwickelt und in langen Assoziationsketten vorgetragen"[56]. Während Augsberger den Versuch unternimmt, genau diese Assoziationsketten hermeneutisch zu rekonstruieren, kritisiert Schäfer den Versuch, das Bedeutungsgeflecht in einen „allegorischen, symbolischen und traditionell

---

[55] Der Rekonstruktion der Leitmotive hat sich Augsberger ausführlich gewidmet: Augsberger, S. 27 ff.
[56] Augsberger, S. 37.

strukturierten"[57] Zusammenhang zu überführen und plädiert dafür, die strukturelle Offenheit des Textes selbst in den Vordergrund zu stellen:

> Über dem gesamten Roman liegt ein verwirrend dicht gespanntes Netz von Isotopien, das sich auch nach wiederholter Lektüre nicht vollständig erschließt. Verschiedene Motive und Symbole (Unkraut, Netz, Erdöl, Flasche etc.) werden im Gang durch das Ried häufig wiederholt und derart wild miteinander kombiniert, daß die dissemative und zentrifugale Bewegung der Sprache stärker ist als ihre integrierende Kraft.[58]

Überzeugend ist Schäfers Argumentation vor allem deshalb, weil er verschiedene Motive ausmacht, die das semantisch wuchernde Verfahren des Textes sowohl poetologisch zum Ausdruck bringen als auch auf der diskursiven Ebene des Textes heilsgeschichtlich verorten. Diese doppelte Perspektive zeigt sich vor allem im Zusammenspiel der Motive „Lücke", „Unkraut" und „Stellvertretung".

a) Lücke

Auf dem Erlenhof angelangt begegnet Aladin dem kleinen Peter, der von den Leuten der Gegend nur der „Lückenbüßer" genannt wird, wobei der Spitzname gleich mehrfach motiviert ist. Er erklärt sich zunächst metonymisch aus den näheren Umständen seiner Geburt: „Ja, also das Kind, ein Junge, kam mit zwei Zähnen zur Welt. [...] Ihr müßt nämlich wissen, daß ihm der Doktor die ersten Zähnchen herauszog, damit er sie nicht verschluckte; als dann die anderen kamen, blieb unten eine Lücke und ein Unname obendrein." (GR, 54) Gleichzeitig ist der Begriff jedoch metaphorisch motiviert: Weil Laura, die Mutter des Lückenbüßers und Frau des Lumpenmüllers, bei der Geburt des Kindes gegenüber ihrem gewalttätigen Ehemann behauptet hat, sie habe das Kind mit einem französischen Soldaten gezeugt (dem „Jean Dodot aus Nantes"), hat der Lumpenmüller sie verstoßen. Seitdem lebt sie als Prostituierte im alten französischen Barackenlager. Da Kätta, die Frau des Erlenhöfers und Schwester des Lumpenmüllers selbst keine Kinder bekommen konnte, hat sie den Sohn Lauras als Ziehkind aufgenommen. Mit den zwei Zahnlücken ‚büßt' der Lückenbüßer damit sowohl für das ausbleibende Kind der Erlenhöfers als auch für die nicht abgegoltene Sünde seiner Mutter: „die Leute nennen das Kind den ‚Lückenbüßer'; versteht ihr: erstmals, weil die Kätta ihn mitnahm, um einen Buben zu haben; dann weil er halt mit der Lücke für das Unglück büßen muss" (GR, 55). Der Lückenbüßer markiert also bereits auf der Ebene der Diegese in mehrerer Hinsicht eine Leerstelle:

---
57 Schäfer, Unberühmter Ort, S. 304.
58 Schäfer, Unberühmter Ort, S. 303.

> Die Zahnlücke des Lückenbüßers ist Symbol einer ‚gebrochenen Kontinuität' [...]. Der Lückenbüßer unterbricht ja, da er von außerehelicher Herkunft ist, die Kette ehelicher und damit – vom sozialrechtlichen Standpunkt aus gesehen – legitimer Fortzeugung eines Volkes. Er ist demnach der leere Raum, in dem die Kausalreihe der naturhaften Welt ins Stocken geraten ist.[59]

Auf poetologischer Ebene verweist der „Unname" des Lückenbüßer auf jenen „unscheinbaren ‚Zwischenraum', für den es Gang durch das Ried unzählige Synonyme gibt (Lücke, Niemandsland, Grenze etc.)" und bezeichnet „das geheime und leere Zentrum des Romans"[60].

b) Unkraut

Das Konzept des Lückenbüßers lässt sich auch auf Aladin übertragen, denn auch der Protagonist des Romans ist mehrfach aus der Kontinuität seiner ‚natürlichen' Lebensgeschichte ausgetreten. Auch aufgrund seiner fehlenden Erinnerung, die sich erst im Verlauf der Romanhandlung wiederherstellt, markiert er eine Leerstelle. Folgerichtig wird Aladin von dem Bauernehepaar mit dem Unnamen des „Unkrauts" belegt. Anlass des Gesprächs zwischen den Bauersleuten, das sich fast durchgängig in uneigentlicher Rede – im semantischen Feld der Botanik – bewegt, ist die Frage, ob man Aladin trotz seines falschen Passes noch Vertrauen entgegenbringen sollte: „‚Der Name', sagte sie [die Bäuerin] widerwillig, ‚wird oft für eins und das andre gegeben, aber irgendwas muss doch wohl dran sein, wenn man *Tulpe* für eine Tulpe sagt.' ‚Ja, Tulpe ist Tulpe', meinte der Bauer, ‚nur das Unkraut hat viele Namen und heißt heute so morgen so'" (GR, 252). Wie der Unname des Lückenbüßers entzieht sich derjenige des Unkrauts der semantischen ‚Kultivierung'. Die Pointe des Riedromans besteht nun darin, dass die Leerfunktionen der Lücke und des Unkrauts im Kontext einer heilsgeschichtlichen Perspektive zu einer positiven Figur umgewertet werden. Diese Umwertung hat Konstanze Fliedl als typisch für die Texte Langgässers insgesamt beschrieben: „in heilsgeschichtlicher Perspektive kann dasselbe Textelement zum Sinnbild harmonischer Integration werden, das unter dem Aspekt der Dokumentation von Zeitgeschichte als Symbol von Gefährdung und Desorientierung aufgefaßt werden muß."[61] In *Gang durch das Ried* leistet diese Umwertung das Prinzip der Stellvertretung.

---

59 Hoffmann, Wiederkunft des Heiligen, S. 182f.
60 Schäfer, Unberührter Ort, S. 307.
61 Konstanze Fliedl, Zeitroman und Heilsgeschichte. Elisabeth Langgässers ‚Märkische Argonautenfahrt', Wien 1986, (Wiener Arbeiten zur deutschen Literatur. 12) S. 103.

c) Christliche Stellvertretung und poetologische Übersetzung

Die strukturelle Offenheit der beiden „Lückenbüßer" ist in Langgässers Text nicht nur ein prekärer Zustand. Er bildet vielmehr die Bedingung dafür, dass die Figuren in positiver Weise grenzüberschreitend wirksam werden und sich stellvertretend für den Anderen/die Andere einsetzen. So wie der Lückenbüßer – mit seinem entwaffnenden Lächeln (GR, 293) – stellvertretend für die Sünde seiner verstoßenen Mutter und für die ungeborenen Kinder seiner Tante einsteht, steht Aladin für den Typus des französischen Besatzungssoldaten (Jean Dodot aus Nantes) ein, der eine zerrüttete Gesellschaft zurückgelassen hat: „Er, Aladin stand hier für einen ganz anderen Menschen: für einen, der Schuld ohne Sühne im Heereszug hatte wie Maultiertdreck hinter sich liegen lassen und seiner Wege gegangen war. Er folgte ihm, ein Soldat wie jener, und trat in seine Stapfen" (GR, 221). Aladins bedeutsamste Stellvertretung besteht darin, dass er als geistiger „Bruder des Dodot aus Nantes" (GR, 327) die Mutter des Lückenbüßers aufsucht, die in ärmsten Verhältnissen in den Ruinen des verlassenen Barackenlagers lebt. Anstatt, wie alle anderen Soldaten, die erotischen Dienste der Prostituierten in Anspruch zu nehmen, bringt er ihr eine Mahlzeit, tritt mit ihr in Dialog und überzeugt sie schließlich davon, zu ihrem Sohn zurückzukehren.[62]

Die Umkodierung der Identitätsproblematik auf der Figurenebene wiederholt sich auf der poetologischen Ebene des Textes. Denn das Prinzip der Stellvertretung unterlegt der Metapher, die einen Begriff in einen anderen semantischen Kontext überträgt, eine heilsgeschichtliche Codierung. Die in Langgässers Text auf Dauer gestellte Verschiebung von Bedeutung, die in der düsteren Anekdote vom Weiterrieseln der Gräber noch als bedrohlicher Zustand erscheint, erhält eine positive Kontur:

> Die (christliche) Übertragung ist aber nicht nur eine Metapher für die Metapher, sondern auch Stellvertretung, die ihrerseits wieder eine Metapher für die Selbst-losigkeit und Nächstenliebe [...] ist. Wenn es stimmt, dass der Mensch erst in der Selbstaufgabe zu sich selbst kommt, dann ist das ebenso christlich wie poetologisch, denn auch das Wort findet (nach Saussure) erst dann zu seiner eigenen Bedeutung, wenn es sich an alle anderen Wörter ‚verschwendet' hat.[63]

---

[62] Dieses Verhalten Aladins wird als keineswegs selbstverständlich beschrieben. Zu Anfang ist er sogar kurz davor, seinen Trieben nachzugeben: „Er packte sie um ihre dünne Taille und warf sie auf das Bett. Sie schrie vor Vergnügen und wand sich in seinen flackernden Händen, ihr Lachen sprudelte immer rascher aus der zarten, bläulichen Kehle, ihre Brüste hüpften" (GR, 319). Als Laura jedoch zu weinen beginnt und er in ihren Augen diejenigen des Lückenbüßers erkennt, hält er sich augenblicklich zurück: „Sofort lief alle Begierde tropfengleich von ihm ab." (GR, 320).
[63] Schäfer, Unberührter Ort, S. 312. Hubert Roland geht über Schäfers christliche Kontextualisierung hinaus, wenn er an den von Gelbin konstatierten hybriden Charakter Aladins anknüpft

Ausschlaggebend ist dabei jedoch, dass der Übertragungsprozess mit dem Moment der Stellvertretung nicht abgeschlossen ist. Dies zeigt sich auf der Ebene der Diegese darin, dass Aladin und der Lückenbüßer letztlich auf keiner Position heimisch werden. Wie der kleine Lückenbüßer den Erlenhof schließlich verlässt, tritt auch Aladin am Ende des Romans wieder als der anonyme „Fremdling" (GR, 331) in Erscheinung. Während er sich zunächst gegenüber der Prostituierten Laura als Bruder des Dodot vorgestellt hatte, wird die Funktion der konkreten Stellvertretung, die sich mit dem ‚Titel' verbunden hat, ausdrücklich zurückgenommen: „aber schon fühlte er, wie dieses Wort zu einem Papierschiffchen wurde, das nicht einmal mehr seine Asche über den Altrhein trug." (GR, 332)

Eine letztgültige Bestimmung der Figuren wird damit aber nicht aufgehoben, sondern lediglich aufgeschoben. Dadurch, dass der Text eine endgültige Benennung der Leerstellen des Textes als heilsgeschichtliche Option offenhält, entziehen sich die sprachlichen Kultivierungsleistungen sowohl einer ‚monokulturellen' Anordnung als auch eines arbiträren Zusammenhangs. So heißt es anlässlich des Abschieds Aladins vom Erlenhof:

> Bald würden alle auf dem Hof nichts mehr für ihn und nichts mehr gegen ihn haben: genau so wie ein Acker, auf welchem man heute Hackfrucht und morgen Weizen pflanzt. Der Acker vergißt seine vorige Frucht, die Menschen vergessen noch rascher, wie der Acker dazumal aussah; sie vergessen einander, wie alles auf Erden einander am Ende vergißt – wer aber vergißt nicht den Menschen, auch wenn er sich selber vergaß? (GR, 257).

2.1.4 Grenzen der Übersetzung

Das Prinzip der Stellvertretung bezeichnet damit nicht nur das Verfahren auf Text- bzw. Figurenebene, sondern auch das Verhältnis des präsenten Textes zu einem absenten Sinnzusammenhang. Wie der kleine Peter und Aladin in ihrer ‚Selbstlosigkeit' lediglich „Stell-Vertreter (‚Lückenbüßer') Gottes auf Erden"[64] sind, ist

---

und in dem Brüdermotiv (Aladin gibt sich als Bruder des französischen Soldaten Dodot aus) einen Verweis auf Lessings *Nathan der Weise* sieht. Vor dem Hintergrund, dass Aladin seinen falschen Namen aus dem Pass eines im Krieg gefallenen Arabers besitzt, jüdische Züge trägt und als Peter Schaffner einen christlichen Hintergrund hat, sieht Roland in der Versöhnungsgeste des Protagonisten einen Verweis auf die Versöhnung der drei abrahamitischen Religionen. Der Bezug auf Lessings *Nathan* wird auch durch die nominelle Ähnlichkeit zwischen Aladin und Saladin unterstützt. (Hubert Roland, Magischer Realismus und Innere Emigration. Das Störpotential einer Poetik in Elisabeth Langgässers Der Gang durch das Ried (1936). In: Baßler/Roland/Schuster, Poetologien deutschsprachiger Literatur, S. 51–76, her: S. 61 ff.)

64 Schäfer, Unberühmter Ort, S. 307.

auch die semantische Stellvertretung (Metapher) letztlich nur die Vorwegnahme eines transzendenten Sinns, in dem sich – mit Benjamin gesprochen – „in der letzten Klarheit das Wort Gottes entfaltet".

Als Übersetzungsfigur öffnet das metaphorische Prinzip der Stellvertretung das tautologische, in sich geschlossene realistische Verfahren und verhindert, indem es auf einen absenten, metaphysischen Sinn bezogen bleibt, gleichzeitig eine ‚Entgleisung' des Textes in eine arbiträre Dynamik. Indem ausgerechnet die Leerstelle, die in Langgässers Text durch das Unkraut und den Lückenbüßer markiert wird, den Ort darstellt, der die Sprache auf einen transzendenten Sinn hin öffnet, wird die vermeintliche Schwachstelle zum eigentlichen Stabilisator des Textes. Gemäß seiner semiotischen Funktion wird das wild wuchernde Unkraut letztlich folgerichtig als konstitutiv für das soziale Gefüge des Bauernhauses und – auf poetologischer Ebene – des gesamten Textes bezeichnet. So heißt es schließlich über den kleinen Lückenbüßer, als dieser den Erlenhof verlassen muss: „[A]ber wer wußte, ob nicht gerade seine Unkrautnatur es gewesen war, die das Haus, wie den Bahndamm die Sträucher, mit ihren Wurzeln zusammengehalten und am Einsturz gehindert hatte" (GR, 292).[65] Damit bleibt auch Langgässers Roman dem doppelkonditionierten Verfahren des Magischen Realismus verpflichtet, dessen semantische Grenzüberschreitung nicht zur Verabschiedung des realistischen Dispositivs führt, sondern dieses in einer paradoxen Konstellation mit einem modernen Verfahren vermittelt.

Langgässers Text kann also mit Recht als ein literarischer Grenztext bezeichnet werden, der nicht nur spezifisch moderne und realistische Verfahren integriert, sondern darüber hinaus eine Sprache findet, die sich im Spannungsfeld von experimenteller und traditionalistischer Epistemologie bewegt: „Der Roman ist integral und verwildert, strukturiert und texturiert, bzw. sinnbündelnd und sinnstreuend zugleich. Im ‚Unkraut', von dem im *Gang durch das Ried* ständig die Rede ist, kommen beide Aspekte zur Deckung."[66] Auch hier zeigt sich damit die Ambivalenz, die dem Prinzip der Doppelkonditionierung im Magischen Realismus eingeschrieben ist, insofern die Engführung widersprüchlicher poetologischer Prinzipen zunächst einen offenen ‚Raum' schafft, in dem sich verschiedene Deutungsprozesse ereignen. Gleichzeitig ist der Spielraum, in dem sich diese Semiose ereignet, durch implizite Verweise auf die christliche Heilsgeschichte auf der Bedeutungsebene des Textes, begrenzt und in gewisser Weise vorgezeichnet.

---

65 Die historische Bedeutung, die mit der Aufwertung der gesellschaftlichen Randfiguren in Langgässers Roman einhergeht, bringt Moritz Baßler auf den Punkt: „Die Verworfenen und Asozialen als Retter der Welt in ihrer wesentlichen Dimension – in einem deutschen Roman des Jahres 1936!" (Baßler, Deutsche Erzählprosa, S. 365.)
66 Schäfer, Unberühmter Ort, S. 310.

Der semantische Konflikt wird letztlich dadurch abgeschwächt, dass die heilsgeschichtliche Codierung des Textes eine (Er-)Lösung andeutet. Diese wird jedoch nur *gegen* den Widerstand des Textes in Aussicht gestellt, wie sich an einer Szene ablesen, in der die Todes- und Erlösungssehnsucht Aladins und des Textes zusammenfallen:

> Seine Kammer war hell, und die Weidenzweige, die an den Wänden lehnten, warfen feine, tiefschwarze Schattenstäbe an den rohen, körnigen Kalk: ein Schattengefängnis schloß Aladin ein und würde sich öffnen, zerfließen und auseinanderweichen, wenn der Mond von Osten nach Westen herübergewandert war. Er hob seine Hände, sie waren ganz leicht und spielten schattenhaft mit den Schatten – auch sie ein Gitter, das lose und sanft auseinanderzufallen bestimmt war und nichts mehr festhalten wollte. Von Stab zu Stab rührte Aladin zart jenen dunklen, flüchtigen Kerker an, der sein Leben bedeutete; der Mond ging mit, und wie Asche zerfiel die nächtliche Zeit... (GR, 311)

Auf der Ebene der Diegese berührt Aladin mit den Schatten seiner eigenen Hand die Schatten der Weidenzweige an der Wand, die ihm wie das Gitter eines Gefängnisses erscheinen, von „Stab zu Stab". Gleichzeitig verweist das „Schattenspiel" im „Schattengefängnis" mit den „Schattenstäben" jedoch auf den im Schatten der Szene sich abspielenden Schreibakt selbst, bei dem die Autorinstanz mit dem Stift in der Hand das ‚Gitter' der Buch*staben* „anrührt". In der Auflösung-Phantasmagorie Aladins spiegelt sich also diejenige des Textes. Wie schon in der Prosa Stifters wird das Gitter damit auch in Langgässers Roman zum Ansatzpunkt einer poetologischen Selbstreflexion. Dort wird das Gitter jedoch, wie Juliane Vogel gezeigt hat, in Vorbereitung einer avantgardistischen Ästhetik als Signatur einer künstlichen Ordnung figuriert, die das Chaos der natürlichen Erscheinungen überwindet. Ähnlich wie mit der Figur des Ornaments geht auch mit der des Gitters (als narrative Ausgestaltung des für die figürliche Malerei konstitutiven ästhetischen Rasters) ein „Ruheversprechen"[67] einher: „Ruhe im Gitter suchen [...] Stifters Texte. In immer wieder neuen Anläufen bewegen sie sich auf die unerreichbare Grenze des Gitters zu, an welchem sich die Unruhe der Erscheinungen verliert, um an der Regelmäßigkeit einer geometrischen Ordnung teilzuhaben."[68] Wie schon am Beispiel von Langgässers Erzählung „Merkur" gezeigt werden konnte, entkoppeln die Texte des Magischen Realismus das Ruheversprechen allerdings von der künstlichen Ordnung und projizieren es auf eine metaphysische ‚Zukunft' jenseits jeder sprachlichen Bewegung. Ruhe stellt sich hier nicht

---

67 Juliane Vogel, Stifters Gitter. Poetologische Dimensionen einer Grenzfigur. In: Die Dinge und die Zeichen. Dimensionen des Realistischen in der Erzählliteratur des 19. Jahrhunderts, hg. von Sabine Schneider u. Helmut Pfotenhauer, Würzburg 2008, S. 43–58, hier: S. 43.
68 Vogel, Stifters Gitter, S. 43.

mit der Arretierung der Form, sondern ausschließlich im Phantasma ihrer Auflösung ein.

Ein mögliches Ende des Übersetzungs-Prozesses deutet der Text auch in der Dom-Szene an, die Scherer/Frank als das „poetologische[...] Zentrum des Textes"[69] begreifen. Hier wird ein apokalyptisches Szenario entworfen, in dem für kurze Zeit die menschliche Sprache (zumindest auf inhaltlicher Ebene) keine Rolle mehr spielt und jede begriffliche wie auch kreatürliche Unterscheidung aufgehoben ist. Als ‚Akteur', der das Land mit einer nicht-menschlichen ‚Sprache' überzieht, die keine Differenzierungen mehr kennt, erscheint der Dom selbst: „Der Dom sah herunter. [...] Dann läutete er. Das war als ob er sich selber aufhob, um sich noch einmal zu erbauen und alles, was jener Schall bedeckte, in seinen Leib zu verwandeln" (GR, 148). In der ‚Sprache' des Doms kommt jedoch gerade nicht das Verfahren des Textes zum Ausdruck. Die Figuren Aladin und der Erlenhöfer werden hier vielmehr Zeugen einer apokalyptischen Vision, die jede sprachliche Bewegung – eben auch diejenige des Textes – aufheben würde. Die Dom-Szene entwirft somit eine paradoxe Sehnsucht nach der Erlösung von jeder Art von Zeichenbewegung, die als Negativfolie sprachlicher Formungsprozesse erscheint. Dementsprechend endet die Szene dann auch mit dem Motiv des alle Formen überdeckenden Schneefalls: „Als Aladin morgens das Fenster aufstieß, sah er die Rücken der Tiere wie ein Hügelgebirge, auf das es geschneit hat, Welle um Welle daliegen. In ihren Leibern schien jede Bewegung zur Ruhe gekommen zu sein." (GR, S. 151). Auch die Dom-Szene lässt sich in diesem Zusammenhang als ein Phantasma der Sprachberuhigung lesen: „Wo das Weiß überhandnimmt, erlischt nicht nur die Kontur, sondern auch die Schrift. Indem der Text in ein weißes Absolutum vordringt, indem er das totale Weiß imaginiert, stößt er an seine eigenen Grenzen an."[70]

Eine metaphysische Überwindung der sprachlichen Differenz imaginiert schließlich auch Langgässers auf 1934 datiertes, aber erst posthum gesendetes

---

69 Stefan Scherer, Gustav Frank, Komplexer Realismus als nachexpressionistische Konstellation. Elisabeth Langgässers Romane (von 1936 und 1946). In: Öhlschläger/Capano/Borsò, Realismus, S. 13–40, hier: S. 33. Auch Schuster versteht die Domszene nicht als poetologische Ausnahme, sondern als typisches Moment des magisch-realistischen Verfahrens, das zwar auf inhaltlicher Ebene Gegensätze überwindet (als Kunst des Transitorischen), sprachlich jedoch die Arbitrarität der Zeichen voraussetzt: „Nur weil die *sprachlichen* Zeichen *autonom* sind, kann *magische* Einheit *hergestellt* werden." (Schuster, Die vergessene Moderne, S. 102f.) Aus den Ausführungen dieser Arbeit sollte jedoch deutlich geworden sein, dass in den Texten des Magischen Realismus das Spannungsverhältnis zwischen Differenz und Einheitsbegehren sowohl die inhaltliche als auch die formale Ebene der Texte bestimmt.
70 Juliane Vogel, Mehlströme/Mahlströme. Weißeinbrüche in der Literatur des 19. Jahrhunderts. In: Weiß, hg. von Wolfgang Ulrich u. Juliane Vogel, Frankfurt a.M. 2003, S. 167–193, hier: S. 171.

Hörspiel „Ahnung und Gegenwart. Ein Spiel von Liebe, Tod und Schlaf", dessen Handlung am Ufer des Altrheins verortet ist. Während das Stück noch in einem realistischen Setting des Jahres 1934 ansetzt, („Zwanzig Jahre ist das nun her, daß der Weltkrieg begonnen hat"[71]), werden im Verlauf des Hörspiels Ereignisse aus verschiedenen Zeiten, die sich am Ufer des Altrheins zugetragen haben, überblendet. Das bestimmende Thema des Hörspiels ist die Relativität der menschlichen Lebenszeit und Geschichte im Verhältnis zur göttlichen Ewigkeit. Die Ankündigung der Überfahrt auf der Fähre, die das anonyme Paar (Mann, Frau) zu Beginn des Stücks erwarten, findet zwar zunächst noch in der Zeit statt: „Fährmann (durch das Sprachrohr der Zeit): Wenn einer hier übersetzen will: Mann, Frau oder Kind oder Bauern mit Pferd und Wagen, Soldaten, Generale, Franzosen, Spanier und Römer, Lebendige und Tote – so soll er es mit mir wagen!" Gleichwohl verweist die Übersetzung über den Altrhein implizit bereits auf die finale Überfahrt über den Styx, die in die göttliche Ewigkeit führt, in der „alle Bewegung [...] vollkommen stille steht. Kein Gras wächst mehr hoch, keine Blume verblüht, kein Wort spricht sich mehr aus"[72]. In einem im Hörspiel zitierten Gedichtfragment, das Julius Altmanns Liedersammlung „Balalaika"[73] entnommen ist, zeigt sich dann, dass eine gelungene, finale Übersetzung letztlich gar keine mehr ist, weil die Aufkündigung der Differenz von Raum und Zeit, und damit auch derjenigen von Sprache und Wirklichkeit, jede Übersetzungsleistung obsolet macht:

> Sang so schönen Sang der Greise,
> So gewaltig rief der Alte
> Daß die gelben Ufer neigten
> Sich das Eine zu dem andern,
> So sich neigend zueinander,
> Daß kein Räumlein blieb dazwischen,
> daß zu sehn war keine Lücke,
> Daß sie waren eng verbunden,
> linkes Ufer mit dem rechten,
> rechtes Ufer mit dem linken,
> Bildend eine sichre Brücke...[74]

---

[71] Elisabeth Langgässer, Ahnung und Gegenwart. In: Langgässer, Hörspiele, Mainz 1986, (Die Mainzer Reihe. 63) S. 7–24, hier: S. 9.
[72] Langgässer, Ahnung und Gegenwart, S. 12.
[73] Der Text ist Julius Altmanns (spätromantischer) Sammlung russischer Volkslieder entlehnt: Altmann, Der greise Sänger. In: Die Balalaika. Russische Volkslieder, gesammelt und ins Deutsche übertragen von Julius Altmann, Berlin 1863, S. 29–30.
[74] Langgässer, Ahnung und Gegenwart, S. 15.

Die paradoxe Struktur der Übersetzungspoetologie kommt letztlich darin zum Vorschein, dass sprachliche und metaphysische Übersetzung sich sowohl bedingen als auch ausschließen. Die Bedingung sprachlicher Übersetzungsprozesse, so ließen sich die Beobachtungen an Langgässers Texten zusammenfassen, ist letztlich das Ausbleiben einer metaphysischen Übersetzung, die als Phantasma nur angedeutet werden kann. Bevor diese paradoxe Struktur, die im Zusammenhang mit den programmatischen Texten als negative Poetologie beschrieben wurde, anhand von Aichers Roman *Die größere Hoffnung* und Günter Eichs Hörspiel „Das Jahr Lazertis" weiterverfolgt werden soll, beschäftigt sich das anschließende Kapitel zunächst mit einem Text, der zwar oberflächlich alle Charakteristika magisch-realistischer Prosa erfüllt, ohne jedoch eine ausgleichende Poetik konsequent zu verfolgen: Horst Langes Roman *Ulanenpatrouille*.

2.2 Arretierung der Grenzlinie – Horst Langes *Ulanenpatrouille* (1940)

2.2.1 Getrennte Räume – Kultivierter Westen und wilder Osten

Horst Langes Roman *Ulanenpatrouille*[75] (1940) erzählt die Geschichte des Leutnants Friedrich G., der sein Reiterbataillon ein Jahr vor Ausbruch des Ersten Weltkriegs zu einem Übungsmanöver über die Oder in das nordöstliche Schlesien führt und dort durch einen Reitunfall ums Leben kommt. In deutlicher motivischer Anlehnung an Hofmannsthals *Reitergeschichte* (1899) führt der Text vor, wie die persönlichen Phantasien des Leutnants in Konflikt mit der militärischen Disziplin geraten.[76] Denn mit dem Einzug in die nordostschlesischen Gebiete erinnert sich der Leutnant an eine bis dahin verdrängte Begegnung mit einer schlesischen Adeligen (Bronislawa), die fortan das Denken des Leutnants bestimmt, bis er ihr schließlich auf einem schlesischen Gut persönlich begegnet, seine Truppen verlässt und die Nacht mit ihr verbringt. Auf dem Ritt zurück zum Haupttross des Heeres stürzt Friedrich G. tödlich. Den eigentlichen Konflikt des Romans sieht Streim deshalb – in Kongruenz zu Hofmannsthals Erzählung – zwischen der „Durchführung der militärischen Aktion und der Erfüllung des individuellen Begehrens als Konkurrenz zweier verschiedener Wahrnehmungs-

---

[75] Horst Lange, Ulanenpatrouille. Geschichte einer Liebe. Stuttgart 1961 [im Folgenden als UP im Fließtext zitiert].
[76] Streim, Ende des Anthropozentrismus, S. 226.

weisen, denen zwei Grundverschiedene Mentalitäten oder, wie es im Text heißt, Denkart[en] entsprechen". Die beiden Denkarten unterscheidet Streim wie folgt:

> Die soldatische Denkart, die durch ‚Unterscheidungsvermögen' und ‚sachliche Nüchternheit' charakterisiert ist, beruht auf einer Wahrnehmung, die alle Eindrücke in eine zeitliche Reihe bringt und auf diese Weise planvolles Handeln ermöglicht [...]. Diese soldatische Denkart wird unterbrochen und schließlich weitgehend aufgelöst durch eine ‚unsoldatisch(e) und ziellos(e)' Denkart, in der die Erinnerungs- und Wunschbilder einen Zustand sinnlicher Intensität hervorrufen, der keine zeitlichen und räumlichen Einstellungen kennt.[77]

Im Folgenden soll jedoch gezeigt werden, dass der Konflikt zwischen der militärischen und der individuellen „Denkart", der die Nähe zwischen Langes Roman zu Hofmannsthals Text begründet, in Langes Text in den Hintergrund rückt. Stattdessen wird dieser Konflikt durch einen übergeordneten Antagonismus abgelöst, der vornehmlich topologisch markiert ist – den von Kultur und Natur.

Die Bedeutung topologischer Konstellationen zeigt sich bereits darin, dass der Erinnerung an die Begegnung mit der Bronislawa, die eine Distanzierung des Leutnants von der Militärdoktrin bewirkt, eine räumliche Überschreitung der Oder-Grenze vorausgeht. Die Überschreitung der Flussgrenze wird jedoch nicht als ein Übergang von einem Kulturraum in einen anderen, sondern als Eintritt in einen Naturraum figuriert, in dem jede ‚Spur' einer Kultivierungsleistung sofort von einer wuchernden Wildnis überdeckt wird:

> Die sumpfigen Landschaften nördlich des Flusses schienen ein anderes Klima zu haben, weiche gärende Luft auf den schilfigen Wiesen, schwerer Brodem, der mit den dumpfigen Gerüchen nach stehendem Wasser vollgesogen war, – eine moosige Vegetation, die üppig wucherte und die, kaum daß die Hufe die Grasnarbe vom Weg abgerissen hatten, die schwarze Erde schon wieder überkeimte, beblühte und besämte, so, als wollte der saftige Pflanzenwuchs es nicht dulden, daß der fruchtbare Schwemmboden auch nur für Minuten freilag. Weiden und Erlen, die da und dort in Gruppen standen, wurden von Schlinggewächs umstrickt, Netze aus spiralig gedrehten und geknüpften Ranken hingen zwischen den Stämmen [...]. Die dichtgewebte Matte aus Kräutern, Gras und Wurzelwerk war über eine unermeßliche Tiefe gelegt, in der die feuchten Kräfte sich zu wälzen schienen, gleich irgendwelchen unbekannten, aus der Urzeit der Erde übriggebliebenen Amphibien, die ihre Geschlechtszeit hatten und sich blindlings verknäulten und umschlungen. (UP, 35)

Die Beschreibung des wild wuchernden und beständig zeugenden Naturraums, die hier sehr deutlich der von Bachofen vorgegebenen Konzeption der tellurischen Sphäre folgt, könnte in dieser Weise den frühen Texten Lehmanns oder Langgässers entnommen sein. Wie in Langgässers Erzählung *Proserpina* wird der Na-

---

[77] Streim, Ende des Anthropozentrismus, S. 229.

turraum als ein in sich geschlossenes System vorgeführt, das seinen eigenen Gesetzmäßigkeiten unterliegt (unablässige Zeugung), von äußeren Einflüssen unberührt bleibt (die auf kulturellen Einfluss hindeutenden Hufspuren werden sofort wieder getilgt) und auf sich selbst verwiesen ist, wie im Bild der Amphibien sichtbar wird, die sich „blindlings verknäulten und umschlungen" halten. Die jede kulturelle Markierung auflösende Tendenz, die sich in der wild wuchernden Natur andeutet, wird jedoch nicht als eine Folge der von Wünschen und Begierden überlagerten Denkart des Leutnants bestimmt, sondern tritt vielmehr als eine Eigenschaft des Raumes selbst in Erscheinung, der diese Denkart erst provoziert. Joachimsthaler spricht von einer „symbolischen Landschaft, die selbst den Verfall schon darstellt, dem [Friedrich G.] in ihr anheimfällt. […] Es gibt keine Rettung aus dieser Landschaft für den, der sie von deutscher Seite aus betreten hat"[78].

Dies wird vor allem deutlich, als Friedrich G. versucht, das vorausliegende Gelände mithilfe eines Fernglases zu erkunden. Während der Text zu Anfang die Unschärfe des Blicks noch an die Figur des Leutnants zurückbindet, wird im weiteren Verlauf der Szene deutlich, dass sich die Unschärfe bereits ‚auf dem Weg' zwischen dem beobachteten Raum und dem Fernglas, dem Werkzeug der Beobachtung, einstellt. In dem konturlosen Gebiet, das die Ulanen durchschreiten, so liest sich die Szene, scheitern die üblichen Messwerkzeuge:

> Das Glas an den Augen, sah er sich rings, wohin er auch blickte, von einem dunstigen Flimmern und Flirren umgeben […]; die scharfen Linsen des Feldstechers vermochten nichts Festumrissenes und Eindeutiges aus der Ferne heranzuholen. Nicht nur die Erde und die Gliederung dieses Landes, die auf den Karten penibel genug dargestellt war, blieben ungewiß, sondern auch der Himmel darüber, den ein fein ausgesträhntes Wolkengespinst allmählich überdeckte; der Tag war ungewiß, die Stunde und diese Minute, da der entbehrte Schlaf plötzlich im Summen all der Fliegen, der Bienen und Hummeln anschwoll wie ein dunkles Lied […]. (UP, 57)

Nicht nur die Konturlosigkeit, die sich visuell im Wuchern der Pflanzen, im Flimmern und Flirren der Atmosphäre oder akustisch im Summen der Bienen ausdrückt, sondern vor allem die fehlende zeitliche und räumliche Gliederung

---

[78] Jürgen Joachimsthaler, Lockend slawisches Grauen. Horst Langes Andeutungen im ‚Dritten Reich'. In: Convivium, 2013, S. 221–252, hier: S. 247 f. Joachimsthaler weist darauf hin, dass diese Perspektive nicht zwangsläufig als (nachträgliche) Legitimation des Krieges gelesen werden muss, aber doch als solche gelesen werden kann: „Diese Handlung kann gelesen werden ebenso als Aufruf zu einer Selbstermannung gegenüber dieser gefährlichen Lockung und damit (insbesondere 1940) letztlich auch als Rechtfertigung möglichst harten Vorgehens gegen und in Polen, sie kann aber auch (insbesondere vor Kriegsausbruch) gelesen werden als Warnung vor eben diesem Krieg und dem Einmarsch in Polen bzw. (ebenfalls nach 1940) der fortgesetzten Besetzung dieses Landes." (Joachimsthaler, S. 248.)

markieren das nordschlesische Gebiet als eine „Anti-Welt", die grundsätzlich außerhalb der kulturellen Sphäre liegt. Diese Überlegung lässt sich mit einem Verweis auf die räumliche Unterscheidung zwischen Innen- und Außenwelt präzisieren, wie sie Lotman in seiner Kultursemiotik aufstellt:

> Bestimmte Elemente liegen aber generell außen. Wenn die innere Welt den Kosmos reproduziert, dann liegt jenseits ihrer Grenze das Chaos, die Antiwelt, ein von Ungeheuern infernalischen Kräften und mit ihnen verbündeten Menschen bevölkerter, unstrukturierter Raum. Außerhalb des Dorfes musste der Zauberer leben [...]. Der ‚normale' Raum hat nicht nur räumliche, sondern auch zeitliche Grenzen. Jenseits von ihm liegt die Nacht. Wer einen Zauberer brauchte, ging nachts zu ihm. In derselben Anti-Welt lebt auch der Räuber: Sein Zuhause ist der Wald (das Anti-Haus), seine Sonne ist der Mond (die ‚Sonne der Diebe', nach einer russischen Redensart), er spricht eine Anti-Sprache und pflegt ein Anti-Benehmen (lautes Pfeifen, dreckiges Fluchen), er schläft, wenn andere Leute arbeiten, und stiehlt, wenn andere Leute schlafen, usw.[79]

Wie prototypisch der Raum, den die Ulanenpatrouille durchschreitet, als Antiwelt im Sinne Lotmans figuriert wird, zeigt sich darin, dass die erste Person, auf die das Regiment trifft, bezeichnenderweise eine junge „Zigeunerin" (UP, 41 ff.) ist, die dem Leutnant eine, wie sich später herausstellt, zutreffende Prophezeiung über seinen baldigen Tod verkündet. Sie ist nicht nur mit magischen Kräften begabt und spricht eine Anti-Sprache, sondern pflegt auch ein Anti-Benehmen und wird, ohne dass Näheres über sie bekannt wäre, von den Ulanen sofort mit Räubern in Zusammenhang gebracht, wie eine nur zum Teil auf den Leutnant intern fokalisierte Passage deutlich macht:

> Die Schlumpe vergaß den Abstand, den sie ihm [Friedrich G.] und der Uniform schuldete. [...] Er versuchte sie zu unterbrechen. Sie ließ ihn nicht zu Worte kommen, plapperte immerzu dasselbe, eine sinnlose, dumme Litanei ohne Anfang und Ende. Die grelle Sonne machte alles noch aufdringlicher und unerträglicher. Der Rappe zeigte sich widerspenstiger als je, das Zahme und Gefügige war von ihm abgefallen; eine neue launische Wildheit hatte sich seiner bemächtigt, hervorgelockt durch die bloße Gegenwart und die Nähe dieses Mädchens, durch das Animalische, das ihr innewohnte, den Geruch, welchen sie ausdünstete und die selbstverständliche Vertrautheit mit der Natur der Pferde, die aus der langen Erfahrung all der Roßtäuscher und Pferdediebe herrührte, die ihre Väter und Brüder waren. (UP, 51 f.)

Seine finale Klassifizierung als kulturelle Außen- bzw. Antiwelt erhält das nordostschlesische Gebiet dadurch, dass diesem der Westen als kulturelle Sphäre und Heimat der Ulanen gegenübergestellt wird. Im Gegensatz zum konturlosen Osten

---

[79] Lotman, Innenwelt des Denkens, S. 188.

zeichnet sich der Westen durch eindeutige Gliederung, Ordnung und scharfe Konturierung aus:

> Eben erst noch der Osten, dämmrig, weich und von Zwielicht verhängt und versponnen, und nun dieser Westen, der gegen den Horizont hin, wo das Nachfeuer der Sonne noch einmal aufpulste, ehe es in sich zusammensank und gänzlich verlöschte, mit klaren Konturen und übersichtlichen, festen Bildungen aus Schatten, Licht, Erde, Baumwuchs und scharfgezeichneten Umrissen von Dörfern, Waldungen, Straßen, Hügelrücken und Feldbreiten in sich begrenzt und gegliedert war. (UP, 87)[80]

Wie die Texte Langgässers greift auch Langes Text auf die für das frühe zwanzigste Jahrhundert typische, durch die Bachofen-Rezeption angeregte Dichotomie zurück, die eine kulturelle, männlich codierte Ordnung des Okzidents einer natürlichen, weiblich codierten Unordnung des Orients gegenüberstellt. Im Unterschied zu den Texten Langgässers werden diese stereotypisierenden Antinomien in Langes Roman jedoch nicht überwunden, sondern arretiert. Obwohl Langes Text auf der Ebene der Diegese eine Grenzüberschreitung erzählt, kommt es zu keinem wirklichen Übersetzungsprozess, der die in sich geschlossene Kultur des Westens, die durch das imperialistische Militär repräsentiert wird, strukturell öffnet. Stattdessen erzählt der Text, wie der Leutnant von einer Ordnung der Kultur in die Unordnung der Anti-Kultur übertritt und dieses ‚Vergehen' am Ende mit dem Tode bezahlt. Anders als in Hofmannsthals Reitergeschichte wird die Tat des Leutnants zudem nicht durch das Militär sanktioniert, sondern durch die Macht des Schicksals. So wird sein Tod bis in die Einzelheiten bereits von der ‚Zigeunerin' prophezeit. (UP, 48 f.)

Diese kategorische Unterscheidung untermalt der Text durch „eine bunte Masse im Stereotyp versinkender Figuren"[81]. Nicht nur die ‚Zigeunerin', der die Patrouille begegnet, ist eine „verderbte" (UP, 44) Gestalt, der Gutsherr von Dubrowo und Ehemann der Bronislawa wird von Herrschsucht getrieben (UP, 110), die Bronislawa selbst besitzt einen verdorbenen Charakter, den sie erst durch die heilsame Nähe des Leutnants reflektieren kann[82], und Sigismund, der Diener des

---

80 Auch Joachimsthaler hebt die dichotome Konstruktion des Textes hervor, die der demographischen Struktur in keinster Weise entspricht: „Die Trennung der Nationen ist in die Landschaft wie ein Naturgesetz einverschrieben, wobei die hier gezogene ‚natürliche' Grenze zwischen ihnen weder real existiert noch überhaupt realen Sinn macht in einer ‚gemischten' Landschaft, die zur Handlungszeit vollständig zum Deutschen Reich gehört hatte" (Joachimsthaler, S. 247).
81 Joachimsthaler, S. 248.
82 Erst als sie sich von ihrem Geliebten Sigismund und dem Gutsherrn ab und Friedrich G. zuwendet, wird ihr das ‚Glück' der Selbsterkenntnis beschert: „Zum ersten Mal genoß sie das Glück der vollkommenen Selbsterkenntnis, das so selten ist. [...] Sie vermochte sogar das Triebhafte und

Gutsherrn, wird ebenfalls als von Grund auf verdorbene Person geschildert,[83] die gegenüber den männlichen Militärs durch eine „weibische" Art in Erscheinung tritt.[84] Zwar werden auch die Soldaten der Ulanenpatrouille mit ihren Marotten vorgeführt. So steigt der Wachtmeister Finke aufgrund seiner „natürlichen und unkomplizierten Sinnesart" (UP, 144) so gut wie nie aus „dem sicheren Sattel seiner Meinungen" (UP, 140). Es sind jedoch gerade diese preußischen Marotten, die den Wachtmeister letztlich zur positiven Figur aufwerten, wie in der direkten Gegenüberstellung von Finke und Sigismund deutlich wird:

> Der Gegensatz zwischen den beiden Männern war so augenfällig, daß er selbst dem Leutnant deutlich wurde. Hier der Soldat, klar, sauber und auf die Erfüllung seiner Pflichten und Aufgaben bedacht, ohne Nebenabsichten und seinen eigenen Vorteil außer Acht lassend, – dort der Domestik, wendig, schlau und geschickt, das Ansehen seiner Herrschaft wahrend, aber nicht unempfänglich für Trink- und Schweigegeld, doppelzüngig und imstande, schon mit einem Achselzucken oder mit einer vieldeutigen Miene einen Verrat zu begehen. (UP, 129)

Am Ende des Textes erweist sich Finke sogar als der eigentliche Held, indem er sich aus kameradschaftlicher Verschwiegenheit weigert, „Aussagen über den Tod seines Leutnants zu machen" (UP, 196) und deshalb unehrenhaft aus der Armee entlassen wird.[85]

Dämmerige ihres Wesens bis in die tiefsten Ursprünge und die äußersten Folgerungen zu verstehen." (UP, 169.)

83 „[D]er Zorn zersetzte das Ebenmaß dieser Züge, welche von dem Augenblick an, da die kühle Beherrschung und all die künstlichen Maskierungen von unverbindlicher Höflichkeit von ihnen abfielen, eine unsägliche Verderbtheit offenbarten. Herrschsucht, Eitelkeit, Zynismus und eine nie zu sättigende Begierde, das alles konnte man von der Stirn, dem Mund und den Augen ablesen, auch wenn man, wie Friedrich, kein Menschenkenner war" (UP, 79).

84 So sinniert die Bronislawa: „[...] der weibische Sigismund, der die Neugierde und Geschwätzigkeit einer Koketten besaß, konnte immer wieder sehr leicht in die Irre geführt und von der Wahrheit abgelenkt werden werden, – schon allein dadurch, daß man, wenn einem nichts anderes einfiel, seiner Eitelkeit schmeichelte. Die stumme und fast brutale Härte Friedrichs jedoch hatte sie vom ersten Augenblick an, wo er sie berührte, völlig entwaffnet." (UP, 165.)

85 Aus den genannten Gründen ist Schuster nicht zuzustimmen, wenn er konstatiert, dass „die gesamte Welt von Adel, Militär und Heldentum" in Langes Roman „hinterfragt und ironisiert wird" (Schuster, Die vergessene Moderne, S. 131).

2.2.2 Antimoderne Poetologie im Gewand eines moderat-modernen Verfahrens

Abschießend bleibt zu klären, wie sich diese abgründige Stereotypisierung auf diegetischer und diskursiver Ebene zur Schreibweise und Poetologie des Textes verhält. Diesbezüglich lässt sich beobachten, dass im Verlauf des Romans das metonymisch-realistische Verfahren des Textes zugunsten eines Verfahrens in den Hintergrund tritt, das vor allem durch das für den Magischen Realismus typische Stilmittel des Vergleichs bestimmt wird. Die zunehmende Verwendung des Vergleichs entspricht dabei der wachsenden Distanz Friedrichs von der militärisch-sachlichen Denkart bzw. Sprache. Im Moment der Überschreitung der Odergrenze widersteht der Leutnant der Tendenz zu einer poetisch-metaphorischen Sprache noch, um die militärische Operation nicht zu gefährden „Ein schöner Tag also, – sagte sich der Leutnant, – ein Tag, den ich auskosten will wie... Aber es gelang ihm nicht, den Vergleich zu Ende zu führen, weil er jetzt seine ganze Aufmerksamkeit darauf richten mußte, daß Mann und Roß alsbald wieder festen Boden unter den Füßen bekamen." (UP, 34)

Mit Erreichen des Gutshofs von Dubrowo und zunehmender Nähe zur Bronislawa dominiert jedoch die für den Magischen Realismus typische relative Prosa, die nicht nur die Sprache und das Denken Friedrichs und Bronislawas bestimmt, sondern sogar Finkes Denken affiziert.[86] Während sich die realistische Struktur des Textes zunächst noch in verheißungsvolle Phantasien auflöst, dominiert mit dem nahenden Tod des Leutnants eine morbide, düstere Atmosphäre, wie beispielhaft an der metaphorischen Zeichnung des Himmels deutlich wird:

> Der zweite Hof rahmte mit seinen Baulichkeiten, die um vieles höher zu sein schienen als am Tage, die flimmernde Sternenflut ein wie die steinernen Ränder eines Bassins, die ein Gewässer von durchsichtiger und kristallener Klarheit umgeben, in dem Myriaden von jenen kleinen Lebewesen schwimmen, die das Meeresleuchten hervorbringen. Das breite Band der Milchstraße glich dem Kielwasser eines großen Schiffes, dessen Bewegung, obwohl es längst hinter der Kimmung verschwunden ist, noch immer die Fluten durchbebt. [...] Die Sterne schienen milchig zu verlaufen, als büßten sie ihr stechendes, spitzes Strahlen ein. Eine nasse

---

[86] „Zum ersten Mal an diesem Tag fühlte Finke sich erschöpft. Er war dieser Aufwallung nicht gewachsen, die ihren Ursprung in solchen Dingen hatte, welche außerhalb seiner Dienstvorschrift lagen. Die schwerblütige und sonst kaum aus dem Gleichgewicht zu bringende Wesensart dieses einfältigen Mannes wurde von der Erregung, die er immer wieder unterdrücken mußte, gleichsam zersetzt und bekam einen neuen und anderen Zusammenhang von Empfindung, Vernunft und Kritik. [...] Das quälende und täuschende Bild verging im Nu, es zerplatzte wie die dünne und mit bunten, verzerrten Figuren bedeckte Haut eines Kinderluftballons und hinterließ nicht die mindesten Spuren. Der Wachtmeister hatte dergleichen noch nie erlebt und wischte sich mit den Fingern die Augen klar." (UP, 102.)

> Kühle schlug von unten hoch, machte die Hände klamm und durchfeuchtete das Tuch der Uniform. Die Kronen der hohen Bäume schwebten wurzellos und ohne Stamm in der Luft, wie prall gefüllte, riesige Boviste, die, wenn ihre Haut platzte, Wolken von schwarzem Staub über die Erde und das Firmament ausblasen würden. (UP, 133, 150)

Wie verhält sich diese allmähliche (metaphorische) Zersetzung des realistischen Dispositivs, die erst mit dem Tod des Leutnants abbricht und in der Liebesszene zwischen dem Leutnant und der Bronislawa ihren Höhepunkt erreicht, zur vergleichsweise positiven Zeichnung der militärisch-sachlichen Denkart auf der Ebene der Diegese? Erklären lässt sich der Widerspruch letztlich damit, dass in der Tendenz zur metaphorischen, poetischen Sprache nicht der poetologische Standpunkt des Textes zum Ausdruck kommt. Vielmehr wird die dem Verfahren des Textes entsprechende Poetologie an den (im Text figurierten) nordschlesischen Raum delegiert. Wie der Protagonist Friedrich G. letztlich ohne eigenen Willen handelt und den Weg seines unentrinnbaren Schicksals abschreitet, folgt das Verfahren des Textes letztlich der dem Handlungsort (Ostschlesiens) eingeschriebenen Poetologie der Auflösung und artikuliert lediglich, was die durch „wucherndes geiles Unkraut" (UP, 66) bestimmte Topographie des nordschlesischen Raumes vorgibt.[87]

So ist es auch wenig verwunderlich, dass die einzige explizite poetologische Vorgabe, die dem Verfahren des Textes nahekommt, von dem herrschsüchtigen und kupplerischen Gutsherrn selbst stammt, der sich als Kunstliebhaber zu erkennen gibt. Die Entwicklung des künstlerischen Geschmacks des Gutsherrn spiegelt den kunstgeschichtlichen Prozess der Überwindung einer realistischen Kunst durch eine Ästhetik der Moderne:

> Aus einer unbestimmten und dilettantischen Vorliebe für die Malerei hatte er schon seit Jahrzehnten Bilder zusammengetragen, getreue Darstellung der Wirklichkeit zunächst, Stücke in denen alles, was sichtbar war, genau wiedergegeben wurde [...]. Viel später [...] kam er dahinter, daß die Naturtreue, welche er so lange bevorzugt hatte, eigentlich nichts als der Untergrund wäre, auf dem seiner Meinung nach die wirkliche und große Kunst erst gedeihen konnte, der Boden für die Meister, die das, was sie sehen, nur als Anregung nehmen und mit den Farben und Formen höchst willkürlich umgehen, so, wie es ihnen paßt, um die neue Welt, die sie erschaffen, genügend zu unterbauen, damit sie nicht ganz im Leeren steht und sich selbst aufhebt. In den letzten Jahren erst war er dahin gelangt, auch das in seine Betrachtung und sein Verständnis einzubeziehen, was schon die äußerste Grenze des Bild-

---

[87] „Es war unabwendbar, nicht erst die Wahrsagerin hatte es heraufbeschworen, sondern sie war nur der Mund gewesen, der es laut werden ließ. Man mußte sich dem aussetzen, was die dunklen und gesichtslosen Mächte über einen beschlossen hatten, man konnte sich nicht mehr davon frei machen und war verpflichtet, es auf sich zu nehmen, selbst dann, wenn es der Tod sein sollte, der daraus sprach." (UP, 152.)

mäßigen und Malbaren bedeutet: Morbides und Ästhetisches, Dinge, die so rätselhaft sind, wie jene Zeichen, welche die Bilderschrift alter, untergegangener Völker ausmachen. (UP, 121)

Die irritierende Dynamik des Textes besteht letztlich darin, dass der Roman das ästhetische Ideal des Gutsherrn geradezu exemplarisch umsetzt, indem er zeigt, wie die militärische Denkart und Sprache, die sich durch einen realistisch-sachlichen Zugang zur Wirklichkeit auszeichnet,[88] durch eine Sprache abgelöst wird, die metaphorisch aufgeladen ist und mit „Farben und Formen spielt". Die Todesszene des Leutnants schließt dann in der Tat mit einem Bild ab, das eine Verbindung von Morbidem und Ästhetischem in idealer Weise zur Geltung bringt. So wird der Leutnant kurz vor seinem Tod als ein Schmetterling figuriert, der in all seiner Schönheit erscheint. (UP, 193) Gleichzeitig wird sein tödlicher Reitunfall metonymisch an den bedrohlichen Raum selbst zurückgebunden: „ganz zuletzt wunderte er sich noch darüber, daß der Tod ihn mit raschelndem Laub von Weiden und Erlen und mit den zähen Ranken von Geißblatt und wildem Hopfen bekränzte" (UP, 194)

In einer für den Magischen Realismus typischen Weise konfrontiert Langes Text eine realistische Poetologie mit einer modernen Ästhetik. Im Gegensatz zu den bisher diskutierten Texten Loerkes, Lehmanns und Langgässers formuliert der Roman jedoch keine Zwischenpoetik, die sich in einer ästhetischen Vermittlung konkretisiert, sondern zeigt die Entwicklung von einem realistischen zu einem metaphorisch dominierten Zeichengebrauch als einen Degenerationsprozess. Die Entwicklung des ästhetischen Geschmacks des schlesischen Gutsherrn spiegelt damit die Verfallsgeschichte des Leutnants, die letztlich als moralischer Irrweg codiert ist.

In einem Bild, das der Gutsherr dem Leutnant präsentiert, finden die ästhetischen Verirrungen des Gutsherrn und Friedrichs moralische Irrwege zusammen. Das Bild entspricht in der drastischen Darstellung einer erotisch überzeichneten Orgie der Begierde des Leutnants, die letztlich zu seinem Tod führt. Die Rede des Gutsherrn, der hier als sachkundiger Kunstkenner auftritt, bleibt so undeutlich wie die Rede der ‚Zigeunerin', das Kunstwerk wiederholt in der sinnlichen Gestaltung die Geschlechtlichkeit der schlesischen Landschaft:

> Er sah, wie das schemenhafte Abbild Bronislawas die Hand hob und auf ein riesiges Gemälde wies, welches ihnen zu Häupten hing, und in dessen breitem, verziertem Rahmen ein tau-

---

[88] Als Hilfsmittel dieses sachlichen Zugriffs auf die Wirklichkeit können beispielsweise das Fernglas (s.o.) und die Karten des Militärs angeführt werden, die jedoch zunehmend ihre Untauglichkeit erweisen. (UP, 59 ff.)

melnder Zug nackter Weiber und Männer, berauscht vom Wein und von dem schweißigem Arom der Lust, durch eine dämmrige Landschaft zog: die Münder waren feucht, die Augen glänzten, die Glieder waren gelöst, rosige Frauenhaut, gespreizte Schenkel und schwere volle Brüste, welche sich in die Hände der Begleiter schmiegten; die Haare kräuselten sich, aufgeweht vom heißen Atem, der in sie hineinfuhr, die Pantherfelle und die dünnen, seidigen Schleier hatten sich längst gelockert und warteten darauf, daß sie aus den Agraffen und Bändern, welche sie noch hielten, herausgezerrt würden. Er sah sich sehen und lauschen, die Worte, welche die Qualitäten dieses Gemäldes erklären sollten, drangen unverständlich an sein Ohr, gemurmelt und kaum zu verstehen, einem Wasser vergleichbar, das fließt und fließt, eifrig und um seiner selbst willen, und das sobald nicht versiegen wird. Das Glas hielt seinen Blick fest, wie der Spiegel, in dem man sich zu hypnotisieren sucht. (UP, 123 f.)

Indem der Text die Dichotomien von Kultur/Natur, Westen/Osten, Männlichkeit/Weiblichkeit, realistische Kunst/moderne Kunst nicht hinterfragt, sondern lediglich abbildet, reproduziert er letztlich auch die prekären Stereotypien einer völkischen Ideologie. Mehr als nur bedenklich erscheint der Umstand, dass die moderne Kunst, die im völkischen Diskurs der 1940er Jahre mit dem Stigma ‚entartet' behaftet ist, hier mit einer als moralisch ‚verdorbenen' gezeichneten Volksgruppe in Zusammenhang gebracht wird, die vermeintlich außerhalb des Kulturraums steht. Vor dem Hintergrund des nationalsozialistischen Ostimperialismus fällt es schwer, den Vergleich der modernen Kunst mit den Zeichen „untergegangener Völker" nicht als Bestätigung dafür zu lesen, dass es sich bei der polnischen Bevölkerung Nordostschlesiens selbst um ein dem Untergang überantwortetes Volk handelt.[89]

Am Morgen, der auf die leidenschaftliche Nacht mit der Bronislawa folgt, stellt sich beim Leutnant Ernüchterung ein. Was ihm im Gefühl der Erregung noch als Alternative zu seiner militärischen Disziplin erschien, offenbart sich jetzt in seiner ganzen Trostlosigkeit. Die Ernüchterung des Leutnants geht auf poetolo-

---

89 Dem entspricht schließlich auch, dass die polnischen Figuren zum Teil selbst eine Ideologie vertreten, die dem Imperialismus des NS-Regimes in die Hände spielt. Joachimsthaler stellt heraus, dass der Gutsherr selbst vor dem Übermut und der Vermessenheit seines eigenen Volkes warnt, das die anderen Völker ins Verderben führen wird, sollten es nicht von anderen beherrscht werden: „1937/38 wäre dies mit der nationalsozialistischen Vorstellung von einem ‚freundschaftlichen' Kontakt der Völker vereinbar gewesen, 1940 ist es ein Euphemismus für eine Trennung der Rassen, die mit Unterdrückung, Gräueln, Deportation und Genozid einhergeht. [...] Umso brisanter freilich ist die [...] Entscheidung, diese Äußerungen ausgerechnet einer polnischen Figur in den Mund zu legen. Aus der Perspektive von 1940 wäre dies so lesbar, als wolle bzw. solle ein Pole Hitlers ‚Urteil' über Polen begründen und legitimieren." (Joachimsthaler, S. 245.)

gischer Ebene mit der Ernüchterung über ein an Metaphern reiches Textverfahren einher, das nun als bedeutungsleere Kulisse erscheint:

> Als er die Schwelle überschritt und hinausstürzte, glaubte er vor der toten Ödnis dieser Parklandschaft, die er sich ganz anders und viel lieblicher vorgestellt hatte, zurückprallen zu müssen. Alles war kalt, leer und unbewegt [...]. Zwischen den Baumgruppen und Sträuchern, die platt und reglos, wie mit der Schere ausgeschnitten, dastanden, schien sich keine Luft zu befinden. Jedes Ding war vereinzelt, und es gab kein Rieseln und Fließen, keinen wehenden Hauch und kein huschendes Licht, um das eine mit dem anderen zu verbinden. Selbst das Schloß wirkte wie eine aus Pappe gestanzte und geschickt bemalte Kulisse. (UP, 184)

Langes Text endet dort, wo die Texte des Loerkes oder Langgässers ihren Anfang nehmen – mit der Kritik einer selbstreferentiellen, ästhetischen Konstruktion, die letztlich keinen Sinnzusammenhang präsentiert –, ohne diese kritische Perspektive jedoch in eine produktive Poetologie zu überführen.[90] Insofern bewahrheitet sich die Ahnung des Leutnants, dass die antimilitärische Denkart „zu weiter nichts nutze sein könne, als die Wirklichkeit zu verfälschen und schließlich sogar aufzuheben" (UP, 39). In Langes Text gibt es damit keinen Ort, der das poetische Verfahren, das den Text in weiten Teilen bestimmt, auffängt und positiv wendet. Mit den letzten Zeilen überantwortet der Text sein Verfahren dann, wenn auch elegisch, an die Sprache der militärischen Verwaltung:

> In der Regimentskanzlei eines auf östliche Garnisonen verteilten Ulanenregiments entstand, längst nachdem der Leutnant Friedrich von G. unter der Erde war, ein Aktenstück, das allmählich anschwoll und dann, als keine neue Zeile mehr hinzukam, in jenes Fach geschoben wurde, das mit der Kennmarke ‚Verluste' versehen war. [...] Der Staub von elf Monaten fiel auf das Faszikel, dann, im Herbst des nächsten Jahres, deckten sich haufenweise neue Akten darüber, in denen sich Name für Name aneinanderreihte, wie eine große, traurige Litanei, die nie zu Ende gehen wird... (UP, 196)

Auch Ilse Aichingers 1948 veröffentlichter Roman *Die größere Hoffnung* verhandelt das Verhältnis zwischen poetischer und militärischer Sprache. Allerdings führt Aichingers Text eine Poetologie der Übersetzung vor, die sich kaum deutlicher von der poetologischen Konzeption in Langes Roman unterscheiden könnte.

---

90 Vgl. die in der Einleitung zitierte Passage aus Langgässers Erzählung *Der gerettete Obolus* oder auch den in Kapitel IV.2.1.2 diskutierten Anfang des Riedromans.

3 Übersetzung im Zeichen von Sprache, Metaphysik und Topologie

3.1 Figurationen der Übersetzung in Ilse Aichingers *Die größere Hoffnung* (1948/60)

Es gibt wohl wenige Texte der deutschen Nachkriegsliteratur, die in den letzten Jahren in der Forschung so kontrovers diskutiert worden sind wie Ilse Aichingers *Die größere Hoffnung*[91]. Im Mittelpunkt der Forschungskontroverse steht die Frage, ob es sich bei Aichingers erstem und einzigem Roman um einen verklärenden Text handelt, der den Holocaust und die Verbrechen des NS-Regimes zugunsten einer heilsgeschichtlichen Perspektive relativiert, oder um einen strukturell offenen Text, der eine versöhnliche Lesart aufgrund seiner vielfach gebrochenen poetischen Sprache grundsätzlich verweigert. Als Beispiel für die erste Position kann Mireille Tabahs Bilanz gelten:

> Aichingers Sprachmagie verwischt im Roman alle ethischen Kategorien in einer dunklen poetischen Hymne an das Leiden und an den Tod, die durch eine schwindelerregende Fülle von phantastischen Bildern und Vergleichen den jüdischen Genozid seines geschichtlichen Eigenwerts beraubt, zur Metapher für das Leiden schlechthin entmaterialisiert und schließlich durch eine emphatische Leidens-, Todes- und Heilssymbolik überdeckt, bei der der Holocaust sakralisiert und im Endergebnis entschuldigt wird.[92]

Liest man im Gegensatz dazu Nicole Rosenbergers nahezu zeitgleich publizierte Analyse der sprachlichen Verfasstheit des Romans, könnte man meinen, den jeweiligen Analysen lägen unterschiedliche Texte zugrunde. Rosenberg zufolge „demonstrieren ausnahmslos alle Dialoge und inneren Monologe der Romanfiguren genauso wie die mehrstimmige Erzählerrede den Zerfall von Welt- und Sinnkohärenzen."[93] Die Erzählweise ziele auf die „Destruktion eines auf Ein-

---

[91] Ilse Aichinger, Werke in acht Bänden. Die größere Hoffnung. hg. von Richard Reichensperger, Frankfurt a. M. 2012. Die Textausgabe beruht auf der populären von Aichinger 1960 überarbeiteten Zweitausgabe [im Folgenden als GH im Fließtext zitiert]; Die Erstausgabe wird ggf. hinzugezogen: Aichinger, Die größere Hoffnung, Amsterdam 1948 [im Folgenden als GH1 im Fließtext zitiert].
[92] Mireille Tabah, „Das Bild muß Sinnbild sein". Die Ambivalenz weiblicher Schreibweise in Ilse Aichingers Roman „Die größere Hoffnung". In: Verschwiegenes Wortspiel. Kommentare zu den Werken Ilse Aichingers, hg. von Heidy Margrit Müller, Bielefeld 1999, S. 169–178, hier: S. 176.
[93] Nicole Rosenberger, Erzählen als Übersetzen. Zum Textbegriff in Ilse Aichingers Roman „Die größere Hoffnung" und in ihrer Kurzprosa. In: Der unfeste Text. Perspektiven auf einen literatur- und kulturwissenschaftlichen Leitbegriff, hg. von Barbara Sabel u. André Bucher, Würzburg 2001, S. 251–263, hier: S. 251.

https://doi.org/10.1515/9783110545241-015

deutigkeit gerichteten Denkens und Schreibens" und erweise sich „von einem Spiel von Differenzen her strukturiert."[94] Diese Beobachtung führt Rosenberger zu einer Einschätzung, die derjenigen Tabahs direkt widerspricht: „Im Kontext der epochalen Frage des ‚Schreibens nach Auschwitz' wird dieser auf Nicht-Identität basierende Textbegriff als radikales ‚Engagement' lesbar, das sich in der Negativität der Form Ausdruck verschafft."[95]

Die folgende Analyse, die Aichingers Text vor dem Hintergrund der hier skizzierten Poetologie und Verfahrensweise des Magischen Realismus diskutiert, kann zeigen, dass beide Positionen der Ambivalenz des Textes letztlich nicht gerecht werden. Es lässt sich vielmehr nachweisen, dass *Die größere Hoffnung* an die für den Magischen Realismus charakteristische Poetik, die im Spannungsfeld zwischen Traditionalismus und Moderne verortet wird, anknüpft und diese weiterführt. Die Kontinuität einer magisch-realistischen Schreibweise zeigt sich vor allem an der in Aichingers Text prominenten Poetologie der Übersetzung.

Als Motiv erscheint die Übersetzung auf der Ebene der Diegese zunächst in ihrer topologischen Semantik, als Überschreitung räumlicher Grenzen. So beginnt der Text mit einer utopischen Phantasie des halbjüdischen Mädchens Ellen von einer Schiffsreise nach Amerika, die als Flucht aus dem nationalsozialistischen Deutschland gerahmt ist:

> Und sie faltete aus ihrem Fahrschein ein weißes Papierschiff mit einem Segel in der Mitte. Das Schiff ging von Hamburg aus in See. Das Schiff trug Kinder. Kinder, mit denen etwas nicht in Ordnung war. Das Schiff war vollbeladen. Es fuhr die Westküste entlang und nahm immer noch Kinder auf. Kinder mit langen Mänteln und ganz kleinen Rucksäcken, Kinder, die fliehen mußten. Keines von ihnen hatte Erlaubnis zu bleiben und keines von ihnen hatte Erlaubnis zu gehen. Kinder mit falschen Großeltern, Kinder ohne Paß und ohne Visum, Kinder für die niemand mehr bürgen konnte. (GH, 9 f.)

Das Übersetzen in die USA bleibt jedoch Utopie, weil weder Ellen noch die anderen jüdischen Kinder ein Visum ausgestellt bekommen. Das Ausbleiben des Visums motiviert jedoch die Suche Ellens und der jüdischen Kinder nach ihrer Identität, weil sie davon überzeugt sind, nur so eine Chance auf eine Rettung zu haben: „Wer den Nachweis nicht bringen kann, ist verloren, wer den Nachweis nicht bringen kann, ist ausgeliefert. Wohin sollen wir gehen? Wer gibt uns den großen Nachweis? Wer hilft uns zu uns selbst?" (GH, 52) Dabei entkoppelt sich die Identitätssuche allerdings zunehmend vom praktischen Problem der Ausreise in

---

94 Rosenberger, S. 251.
95 Rosenberger, S. 251.

die USA und mündet in eine metaphysisch gerahmte Suche nach dem „heiligen Land" als einer Heimat, in der die Identität eines jeden Wesens bezeugt ist:

> „Welches von allen Ländern nimmt uns noch auf?" Nicht der Süden, nicht der Norden, nicht der Osten, nicht der Westen, nicht die Vergangenheit, nicht die Zukunft. So kann es nur ein Land sein: Wo die Toten lebendig werden. So kann es nur ein Land sein: Wo die Zugvögel und die zerrissenen Wolken nachgewiesen sind, so kann es nur ein Land sein – „Wo die Ziegen den Nachweis herhaben", sagte Herbert, „die weißen Ziegen, die Blätter, die Kastanien, dort haben auch wir ihn her." „Sei still, Kleiner! Erzähl uns keine Märchen!" „Er hat recht", sagte Leon nachdenklich „Wo der Wind nachgewiesen ist und die wilden Vögel, dort sind auch wir nachgewiesen. Aber wo ist das?" „Der für den Wind und die Haifische bürgt", rief Ellen, „der bürgt auch für uns, hat der Konsul gesagt" (GH, 59 f.).

Alle Versuche, das heilige Land historisch zu verorten, werden im weiteren Verlauf des Textes zurückgewiesen. Sowohl das Exil in den USA als auch die zionistische Variante, die das heilige Land mit Jerusalem identifiziert, werden als unzureichend bzw. – vor dem Hintergrund der geschlossenen deutschen Grenzen – als illusorisch markiert.[96] Eine erste Antwort auf die Lage des heiligen Landes finden die Kinder schließlich während einer phantastischen Kutschfahrt, in deren Verlauf verschiedene Figuren aus dem Archiv kultureller Erinnerung auftreten: König David, Kolumbus und die Wiener Stadtlegende der liebe Augustin. Hier wird zum ersten Mal der Verlust von Identität ins Positive gewendet, weil dieser von den versammelten Figuren als Voraussetzung für die Übersetzung ins heilige Land bezeichnet wird:

> „– – Alles dreht sich!" rief der Mann mit dem Dudelsack [der liebe Augustin] und sprang von hinten auf den Wagen. „Und wie schrecklich wäre es, wenn sich nicht alles drehen würde! Man könnte den Pol nicht mehr finden." (GH, 73)
>
> „Zuletzt wurde Amerika doch nicht nach Ihnen benannt!"
> „Nein!" rief Kolumbus heftig. „Aber das Unbekannte ist nach mir benannt. Alles, was noch zu entdecken ist." (GH, 74)

---

[96] Das verklärte Land, das den Nachweis bringen soll, wird daraufhin mit „Jerusalem" identifiziert, dem „Heiligen Land", das die Kinder durch Überwindung der Landesgrenzen erreichen wollen. Die Kritik an diesem Vorhaben hindert sie jedoch an einer direkten Ausführung: „,Schweig', schrie Kurt ,Du hältst uns alle zum Narren!'" (GH, 61) Daraufhin suchen sie zunächst in der Begleitung eines Beerdigungszuges, wo sie selbst als „Zeugen" des Geschehens fungieren, ihren Nachweis: „Es schien ihnen plötzlich, als wäre es der [...] letzte Weg, um irgendeinen Nachweis zu erlangen", bis sie sich schließlich doch ohne Nachweiß verabschieden müssen: „Als die Träger das Grab zuzuschaufeln begannen, wandten sie sich zögernd zum Gehen" (GH, 66). Damit wird eine erinnerungsgeschichtliche Perspektive, die das Konzept der historischen Zeugenschaft als Identitätsangebot aufruft, aufgerufen, aber nicht weiterverfolgt.

> „[...] Durchdringt den Nebel und entdeckt die Welt! Sein – das ist der Paß für die Ewigkeit!"
> [Kolumbus]
> „Glaub nicht, daß es so leicht ist" rief König David. „Die glauben zu sein, sind nicht. Nur die zweifeln an sich, dürfen landen, nur die gelitten haben." (GH, 78)

Wie in Langgässers *Gang durch das Ried* wird die Unbestimmtheit der Identität zur Voraussetzung für die Revision eines in sich geschlossenen Weltbildes und einer stagnierenden Sprache. Indem die Suche nach dem heiligen Land an die Voraussetzung gekoppelt wird, ein statisches Weltbild in eine Dynamik der Bewegung („Alles dreht sich!'), des Unbekannten und des Zweifels zu überführen, verlagert sich das topologische Übersetzungsprojekt endgültig auf die poetologische Ebene, auf das Lied, das die jüdischen Kinder selbst singen:

> „Die Pest ist ausgebrochen, aber niemand bemerkt es", kicherte der liebe Augustin, „singt das Lied in der Pestgrube, singt das Lied, singt das Lied! Wir können euch nicht nachweisen. Nur das Lied, das ihr singt, weißt euch nach." [...] „Zeit, dass ihr aufwacht", schrie der Kutscher. „Alles war vergeblich. Alles verloren, wir kommen nicht mehr über die Grenze!"
> „Wir sind schon darüber", riefen die Kinder. (GH, 78, 80)

Wie eine auf die poetologische Ebene verschobene Suche nach dem heiligen Land konkret zu verstehen wäre, zeigt sich in der weiteren poetologischen Ausgestaltung der Übersetzungsfigur, etwa im Kapitel „Im Dienst einer fremden Macht". Um „das Deutsche zu verlernen" (GH, 89) haben Ellen und die jüdischen Kinder damit begonnen, Englisch zu lernen. Als sie einen älteren Mann, bei dem sie Unterschlupf gefunden haben, darum bitten, ihnen dabei behilflich zu sein, weigert sich dieser jedoch und verweist auf die innersprachliche Dynamik der Übersetzung:[97]

> „Wir können sagen ‚Guten Morgen' oder ‚Es wird hell', ‚Wie geht es Ihnen', ‚Ein Gewitter kommt', und das ist alles, was wir sagen können, fast alles. Nur gebrochen sprechen wir unsere Sprache. Und ihr wollt das Deutsche verlernen? Ich helfe euch nicht dazu. Aber ich helfe euch, es neu zu lernen, wie ein Fremder eine fremde Sprache lernt, vorsichtig, behutsam, wie man ein Licht anzündet in einem dunklen Haus und weitergeht." [...] Übersetzen, über einen wilden, tiefen Fluß setzen, und in diesem Augenblick sieht man die Ufer nicht. Übersetzt trotzdem, euch selbst, die anderen, übersetzt die Welt. An allen Ufern irrt der verstoßene Sinn: Übersetz mich, übersetz mich! (GH, 90)

---

97 „Die Tätigkeit des Übersetzens, die das Vokabelheft symbolisiert, ist im Bild des ‚Über den Fluß setzens' als Bewegung der Sprache lesbar. [...] Erst in der Bewegung des Übersetzens entsteht Bedeutung. Damit ist ein Sprachkonzept formuliert, das von der Nicht-Identität der Zeichen ausgeht. Der ‚entflohene', sprich nicht präsente ‚Sinn' muss ‚übersetzt' werden." (Rosenberger, S. 256).

Die Weigerung des alten Mannes, den Kindern Fremdsprachenunterricht zu geben, lässt sich als ein weiteres Plädoyer dafür verstehen, das heilige Land nicht in einer räumlichen, sondern innersprachlichen Übertragung zu suchen. Dem doppelkonditionierten Verfahren des Magischen Realismus entsprechend setzt sich die innersprachliche Übersetzung als metaphorische Bewegung auch in Aichingers Text von einem realistischen Verfahren ab, das Begriff und Bedeutung unhinterfragt identifiziert. Die in den Texten Loerkes und Langgässers formulierte Kritik der für den literarischen Realismus typischen tautologischen Struktur findet sich auch hier. So bringt Ellen dem jungen Soldaten Jan gegenüber die Naivität eines ungebrochenen, realistischen Weltbilds zum Ausdruck:

> Wie einfach, gelähmt zu sein. Betäubt zu werden gegen das Geheimnis und die Schmerzen abzustreifen wie den Schaum vom Glas. Hinter mir, vor mir, rechts von mir, links von mir gilt nichts! Eine Teekanne ist eine Teekanne, eine Kanone ist eine Kanone und Jan ist Jan. Wie einfach. Eine Teekanne ist nur eine Teekanne. Alles ist so einfach wie der Fluch eines Soldaten, so einfach wie das Erfrieren. (GH, 265)[98]

Die Sprache des Realismus, die den Begriff und den Gegenstand „Teekanne" in eins setzt, ist dabei nicht nur als kontingente Sinnstiftung markiert, sondern aufgrund der kulturellen Deutungshoheit des nationalsozialsozialistischen Machtapparats auch als Sprache des Terrors diffamiert, während sich die Übersetzung in Differenz zum Realismus und damit auch in Differenz zum NS-Regime stellt.

Wie bereits Nicole Rosenberger gezeigt hat, setzt der Text diese Poetik der Differenz auch auf Verfahrensebene um: „Das im Roman ausgeführte Bild des ‚Übersetzens', das die Formel für eine ‚gebrochene' [...] Sprache enthält, läßt sich auch auf das Textgeschehen übertragen. Denn der Text inszeniert Sprache regelrecht als Produkt von Differenzen"[99]. So zeigt sich die Differenzbildung der Übersetzungspoetologie zunächst in der für den Magischen Realismus typischen

---

98 Auch in Loerkes und Langgässers Texten wird die Skepsis gegenüber einer ‚realistischen Weltsicht' mit dem Verweis auf die tautologischen Strukturen realistischen Sprechens sichtbar gemacht. Als in Loerkes *Der Oger* die Erscheinung des Ogers für kurze Zeit aufgrund einer Genesungsphase Johanns gebannt scheint, heißt es: „Ein Erlebnis wie das mit dem Oger blieb von nun an unmöglich. Ein Fleck an der Wand blieb ein Fleck an der Wand." (O, 144) Die entsprechende Stelle aus Langgässer *Gang durch das Ried*, in der sich das Bauernehepaar über Aladins geheime Identität unterhält, wurde bereits zitiert: „‚Der Name', sagte sie widerwillig, ‚wird oft für eins und das andre gegeben, aber irgendwas muss doch wohl dran sein, wenn man *Tulpe* für eine Tulpe sagt.' ‚Ja, Tulpe ist Tulpe', meinte der Bauer, ‚nur das Unkraut hat viele Namen und heißt heute so morgen so.'" (GR, 252.)
99 Rosenberger, S. 257.

relativen Prosa, die den Text in einem Schwebezustand zwischen Metonymie und Metapher hält. Der so erzeugte Zustand anhaltender semantischer „Unentschiedenheit"[100] lässt sich beispielhaft an einer Szene zeigen, die Ellens Flucht vor einem deutschen Soldaten gegen Ende des Romans schildert. Die wachsende Verwirrung des deutschen Soldaten, der im Dunkeln Ellens Schatten nachjagt, fällt hier – ähnlich wie in Lehmanns Bilderstürmer – zusammen mit der zunehmenden Zerrüttung des realistischen Verfahrens, die sich metaphorisch in dem Bild sich verflechtender Spuren ausdrückt:

> Der junge Polizist lief mit hängender Zunge, den Kopf schräg vorgeschoben und die Nase zu Boden gekehrt, wie ein witternder Hund. Die Spur, die Spur, die Spur, die Schienen entlang. Als gäbe es nicht mehr Spuren als Schienen, Spuren, die sich überkreuzten, Spuren, die sich verflochten, mehr Spuren als Schienen und kein Weichensteller, daran lag es. [...] Er streckte die Arme aus, aber seine Arme waren zu kurz. Wie ein tanzender Bär blieb er hinter dem Schatten. [...] Er warf sich zu Boden, sprang wieder auf und drehte sich verzweifelt um sich selbst wie seine Mutter, die Erde. [...] Seine Blicke glichen kleinen gefangenen Vögeln, sprangen von Dunkel zu Dunkel, schienen an Glas zu stoßen und kehrten sich feindselig gegen ihn selbst. Unruhig zuckte sein Kopf nach allen Richtungen. Drohungen sprangen wie Blasen vom Schaum seiner Lippen und zerplatzten in der feuchten Luft. (GH, 194–197)

Diese Textbewegung, die sich von der metonymischen Abfolge kontiger Zeichen löst, beobachtet auch Britta Herrmann, wenn sie feststellt, dass die Worte in Aichingers Text „ihr Sinnpotential vervielfältigen, indem sie sich [...] semantisch ausdehnen, statt sich lexikalisch und grammatisch aneinanderzureihen und zu einer Geschichte zu fügen. Mit Vorstellungen von Abfolge und Chronologie ist ein solches Konzept der Schichtung nicht vereinbar."[101] Gleichzeitig liest sich auch Herrmanns Analyse als Argument dafür, dass der Text die Spannung zwischen einem realistisch-chronologischen und einem poetischen Verfahren in einer paradoxen Logik aufrechthält: „Statt einer binaristischen Logik (entweder historische Realität oder poetische Funktion) zu folgen, durchquert der Roman – oftmals mithilfe von Paradoxien – diese Logik"[102].

Auch in der strukturellen Konzeption bestimmter Leitmotive ergeben sich deutliche Parallelen zu der in dieser Arbeit verhandelten Prosa, wie sich beispielhaft an der Figuration des Judensterns in Aichingers Roman zeigen lässt.

---

100 Mit dieser Kategorie bestimmt Katrien Vloeberghs überzeugend die Poetologie des Textes: Vloeberghs, Schlüsselblume im Schutt. Reflexionen zur Unentschiedenheit und zur Poetisierung in der Größeren Hoffnung. In: Müller, Verschwiegenes Wort, S. 179–186, hier: S. 179 ff.
101 Britta Herrmann, Gegenworte, Sprachwiderstände. Ilse Aichingers Roman „Die größere Hoffnung". In: „Was wir einsetzen können, ist Nüchternheit". Zum Werk Ilse Aichingers, hg. von Britta Herrmann u. Barbara Thums, Würzburg 2001, S. 61–78, hier: S. 67.
102 Herrmann, S. 67.

Dieser wird zunächst als „geheimnisvollste Idee der geheimen Polizei" (GH, 100) eingeführt, um dann von den jüdischen Kindern immer wieder neu ‚übersetzt' zu werden:

> „Der Stern bedeutet den Tod."
> „Woher weißt du das, Bibi?"
> „Weil meine Eltern dachten, ich wäre schon eingeschlafen."
> „Vielleicht hast du es falsch verstanden", murmelte Ellen, „vielleicht haben sie gemeint, daß der Tod den Stern bedeutet."
> (GH, 122)

Was für die Nationalsozialisten den Ausschluss aus der arischen Gemeinschaft markiert, wird für Bibis Eltern zum unmissverständlichen Todessymbol. Dieser pessimistischen Deutung des Sterns steht jedoch eine optimistische gegenüber, die sich in Ellens Umkehrung von Bildgeber und Bildspender bereits anbahnt. Die Semantik christlicher Heilsvorstellungen aktualisierend deutet Ellen den Stern, in Analogie zum „Stern der Weisen" (GH, 122) als Hoffnungszeichen, das Erlösung verspricht. Diese Deutung des Sterns ist selbst wiederum widersprüchlich, insofern der Begriff des „Sterns der Weisen" über sein morphologisches Paradigma weitere Bedeutungen freisetzt, wie bspw. den ‚Stein der Weisen' oder auch den ‚Stern der Waisen'. Die Spannung im Text entsteht nun dadurch, dass der Text keine dieser Bedeutungen autorisiert oder negiert, sondern immer wieder zwischen den Codierungen changiert. Selbst die dominanten Deutungen des Sterns als Todes- oder Hoffnungssymbol werden bis zum Schluss nicht endgültig legitimiert. So wird die pessimistische Semantik des Sterns gegen Ende des Romans zwar einerseits im Aufgang des Abendsterns aktualisiert: „Wie ein hohes Schrappnell stieg der Abendstern und blieb gegen alle Erwartung am Himmel stehen" (GH, 245). Nun ist es aber andererseits die nullfokalisierte Stimme der Erzählinstanz (die Figur Ellen existiert nicht mehr), die im letzten Satz des Textes den Stern nicht mit dem Abend, der anbrechenden Dunkelheit und dem Tod, sondern mit dem Anbruch eines neuen Morgens in Beziehung setzt: „Über den umkämpften Brücken stand der Morgenstern" (GH, 269).

Der Text lässt damit divergierende Bedeutungen des Sterns im Raum stehen und verweigert sich einer einheitlichen Codierung: „So erfahren wie nie, was der Judenstern wirklich ist."[103]. In diesem Sinne versteht auch Herrmann die semantische Entgrenzungen, die „nicht selten zu widersprüchlichen Mehrfachkodierungen und inhomogenen Sinnbildungen führen", in Anlehnung an Kristeva

---

103 Rosenberger, S. 259.

als „Teil eines Kampfes um Sinngebung"[104], der jedoch nicht entschieden wird. Der Text erzählt also nicht, welche Bedeutung das Zeichen „Stern" hat, sondern führt einen Übersetzungsprozess vor, der eine „fortwährende Dekonstruktion von Tatsachen und Gewissheiten"[105] darstellt: „Auf diese Weise kann ein Begriff, wie Stern" in der Größeren Hoffnung letztlich (wieder) alles bedeuten, kann Todessymbol ebenso wie Davidsstern sein, Stern von Bethlehem, Leitstern und Lichtsymbol."[106]

Die prinzipielle Unabgeschlossenheit des angestoßenen Deutungsprozesses bedeutet jedoch nicht, dass Aichingers Text die Übersetzungsbewegung selbst als rein semiotische figuriert. Entgegen der These Rosenbergers lässt sich zeigen, dass das differentielle Spiel des Textes immer wieder heilsgeschichtlich unterlegt wird. Der von Herrmann konstatierten historischen und poetischen Ebene des Textes ist immer auch eine metaphysische Ebene zugeordnet, die danach fragt, unter welchen Bedingungen der Text seine semiotische Verfasstheit überschreiten kann. Dass der Text in seinem Kampf um Sinngebung immer auch um eine letztgültige Referenz ringt, kommt vor allem in der Diskussion um einen „fremden Sender" zum Ausdruck. Als uniformierte deutsche Kinder die Wohnung des alten Mannes stürmen, der die jüdischen Kinder beherbergt, weil jene den Verdacht haben, dass dieser einen verbotenen britischen Radiosender empfängt, entzündet sich ein Streit über die Existenz des fremden Senders. In der für den Magischen Realismus typischen Weise überlagern sich realistische (britischer Radiosender) und metaphorische Bedeutung (verborgene metaphysische Instanz). Schließlich ist es der alte Mann selbst, der die Existenz eines fremden Senders behauptet:

> „Wo ist euer fremder Sender?"
> „Wenn wir ihn hätten", rief Georg verzweifelt, „wenn es ihn gäbe!"
> „Es gibt ihn", sagte der alte Mann, „beruhigt euch, es gibt ihn."
> [...]
> „Jeder von euch hört ihn, wenn er still genug ist", sagte der Alte. „Fangt die Wellen ab!" (GH, 97 f.)

Auf die poetologische Ebene des Textes übertragen ließe sich der Kommentar des alten Mannes folgendermaßen verstehen: So wie es nur dann Sinn macht, Englisch zu lernen, wenn man den britischen Radiofunk abhören will, ist auch die Sinnhaftigkeit der Übersetzungsfigur an die Existenz ‚fremder Signale' gebunden. Sprachkritik als Übersetzung ins Ungewisse und die Suche nach einem Geheimnis

---

[104] Hermann, S. 64.
[105] Hermann, S. 77.
[106] Hermann, S. 64.

hinter den Dingen respektive der Sprache bedingen sich in Aichingers Text gegenseitig:

> Wie ungewiß war alle Gewißheit. Gewiß war das Ungewisse, und es wurde immer gewisser seit der Erschaffung der Welt. [...] Sie warf sich dem Spätherbst entgegen. Darum liebte sie ihn, ohne es zu wissen, weil er in allem ein Tieferes, Dunkles gab, aus dem es sich hob, wie ein Wunder, weil er ihnen die Ahnung des Unfaßbaren wiederschenkte, ihr Geheimnis den Geheimnislosen. Weil er nicht offen und blendend zur Schau trug, wie der Frühling – seht, ich komme – sondern weil er sich zurückzog wie einer, der mehr wußte. (GH, 101)

Beispielhaft zeigt sich das Spannungsverhältnis zwischen Sprachkritik und Referenzbegehren auch in den Reflexionen eines Lokführers, der die jüdischen Kinder deportieren soll, aber plötzlich an der Sinnhaftigkeit seiner Aufgabe zweifelt. Die in den Reflexionen des Lokführers formulierte Kritik am Verbrechen der Deportation steht in Aichingers Text in Verbindung mit einer grundsätzlichen Kritik der (modernen) Gesellschaft, die als ein in sich geschlossenes System vorgeführt wird, das nicht über sich hinausweist:

> „Ein Betrug. Ihr verschiebt Waggons quer durch das Land und wieder zurück, rund um die Erde und wieder zurück, Waggons werden verschoben, weiter nichts. Hin und zurück, hin und zurück, Namen, Namen, sonst nichts. Neue Waggons werden angekoppelt und die alten koppelt ihr ab. Und wenn es dunkel wird, beginnt ihr zu schießen. Und alle eure Grenzen heißen Front. Namen, sonst nichts, keiner trifft ins Schwarze. [...] Eine neue Strecke müssen wir finden, eine neue Strecke müssen wir bauen, eine fremde Strecke, eine, die noch keiner gefahren ist, die Strecke ohne Endstation, die Strecke ans Ziel." (GH, 185f.)[107]

In einer für den Magischen Realismus typischen Weise sind damit auch in Aichingers Roman Sprachkritik und Referenzbegehren eng miteinander verzahnt. Während auf der einen Seite jedes Erreichen einer „Endstation" (die für die deportierten Juden den Tod bedeutet) zurückgewiesen wird, geht es gleichzeitig darum, an ein unbestimmtes „Ziel" zu gelangen. Eine Analyse, die dieses Ziel in der differenten Struktur des Textes bereits realisiert sieht, übergeht die deutlichen Signale des Textes, die das Ziel außerhalb gesellschaftlicher und sprachlicher Konventionen verorten. Wie Langgässers Aladin sucht auch der Lokführer nach einer Möglichkeit, aus dem zirkulären, tautologischen System der Gesellschaft auszusteigen und Neuland zu betreten, den Radius des ‚bloßen Scheins' zu verlassen: „Er hatte alle seine Erinnerungen abgeworfen wie eine Irrlehre, alle diese

---

[107] In der Version von 1948 ist die Modernekritik durch den Einbezug des Fortschrittsbegriffs noch deutlicher formuliert: „Ein Betrug! Ihr verschiebt Waggons quer durch das Land und wieder zurück. Waggons werden verschoben, weiter nichts. Hin und zurück, hin und zurück. Und das Ganze nennt ihr Fortschritt, Namen, Namen, sonst nichts." (GH1, 277.)

alten Erinnerungen an Namen und Signale, an Dinge, die innerhalb des Scheins lagen, innerhalb des Kreises, den die Scheinwerfer warfen." (GH, 186) Die Bedeutung der metaphysischen Codierung des Textes verstärkt sich unter der Berücksichtigung der Urfassung des Textes von 1948, die in den aktuellen Untersuchungen in der Regel keine Beachtung findet. Wie die vergleichenden Studien von Roland/Zeevaert und Seidler zeigen konnten, finden sich in der von Aichinger überarbeiteten Fassung von 1960 erhebliche Revisionen, die nicht nur einen „Willen zur Straffung" erkennen lassen, sondern nicht zuletzt „den religiösgeistlichen Hintergrund"[108] des Textes zum Teil deutlich zurücknehmen.[109] Von einer „Heilsgewissheit"[110] zu sprechen, die letztlich die poetologischen Differenzen aufhebt, greift jedoch ebenfalls zu kurz. Topologische, poetologische und metaphysische Codierungen der Übersetzungsfigur sind in Aichingers Text vielmehr in einer paradoxen, sich zum Teil gegenseitig ausschließenden Struktur ineinander verwoben.

Dieses Spannungsverhältnis wird in der letzten Szene des Romans noch einmal in aller Deutlichkeit vorgeführt. Den Straßenbahnschienen, die als Metapher für die Bedeutungslosigkeit eines realistischen, ‚am Boden verhafteten' Text- und Weltbildes gelten können, stehen am Ende die von den Deutschen und Alliierten umkämpften Brücken Wiens gegenüber. In der Figuration der Brücken sind alle Facetten der Übersetzungsfigur aufgerufen, ohne dass der Text eine dieser Codierungen autorisiert. Nicht nur die Eisenbahnschienen, sondern auch die realen Brücken der Stadt sind aufgrund der Kämpfe zwischen deutschen und

---

108 Hubert Roland, Anne-Francoise Zeevaert, Poetologische Transformationen? Die beiden Fassungen von Aichingers Roman „Die größere Hoffnung" unter besonderer Berücksichtigung des Magischen Realismus. In: Etudes Germaniques, 2, 2006, S. 219–242, hier: S. 226; vgl. auch Miriam Seidler, „Sind wir denn noch Kinder?" Untersuchungen zur Kinderperspektive in Ilse Aichingers Roman „Die größere Hoffnung" unter Einbeziehung des Fassungsvergleichs, Frankfurt a. M. u. a. 2004 (Europäische Hochschulschriften. Reihe I. Deutsche Sprache und Literatur. 1893), S. 17 ff.
109 Beispielhaft zeigt sich die Bearbeitung an der Szene, in der Ellen ihre jüdische Großmutter tauft, um sie kurz vor ihrem Tod zu erlösen. In der neuen Fassung endet die Szene mit folgenden Worten: „Großmutter, ich taufe dich im Namen des Vaters und des Sohnes und des Heiligen Geistes, Amen.' Die Nacht sank dem Tag in die Arme." (GH, 183) Die Ablösung der Nacht durch den Tag deutet eine heilgeschichtlich-symbolische Lesart an, die das Christentum (Tag) als Ablösung des Judentums (Nacht) begreift. Diese Symbolik ist in der ersten Fassung von 1948 noch weiter ausgestaltet, insofern hier der Übergang von Nacht zu Tag parallel zur Taufe der Großmutter als Moment der Erlösung dargestellt wird: „Die Nacht sank *befreit* dem Tag in die Arme." (GH1, 275) Diese Szene diskutiert auch Seidler und kommt zu einem vergleichbaren Ergebnis (Seidler, Kinderperspektive, S. 46).
110 Irene Heidelberger-Leonard. Klärung oder Verklärung? Überlegungen zu Ilse Aichingers Roman „Die größere Hoffnung". In: Müller, Verschwiegenes Wort, S. 157–168, hier: S. 163.

alliierten Truppen zerstört, sodass Ellen schließlich ihre eigene, unsichtbare Brücke herstellt, die für sie gleichzeitig den Übergang vom Leben in den Tod markiert. Die finale ‚Übersetzung' Ellens lässt sich dabei sowohl als Verweis auf die virtuelle Übersetzungsleistung der Sprache, als auch eine religiös codierte Übersetzung in ein Leben nach dem Tod lesen – die religiöse Codierung wird vor allem durch die Präsenz des Morgensterns evoziert. Georgs Versprechen, die Brücken neu zu bauen wiederum lässt sich als utopischer Blick auf die (Wieder-) Herstellung einer gesellschaftlichen Ordnung verstehen, die ‚Brücken' zwischen den Nationen errichtet, anstatt sie zu zerstören:

> ‚Georg, Georg, die Brücke steht nicht mehr!'
> ‚Wir bauen sie neu!'
> ‚Wie soll sie heißen?'
> ‚Die größere Hoffnung! Unsere Hoffnung!'
> ‚Georg, Georg, ich sehe den Stern!'
> Ellen hielt die Augen in brennender Hoffnung auf den zersplitternden Rest der Brücken gerichtet, sprang über eine aus dem Boden gerissene, emporklaffende Straßenbahnschiene, warf mit der ihr eigentümlichen Bewegung den Kopf zurück und wurde, noch ehe sie die Schwerkraft wieder zur Erde zog, von einer explodierenden Granate in Stücke gerissen.
>
> Über den umkämpften Brücken stand der Morgenstern.
> (GH1, 399 f.)

Der Zeilensprung, der nur in der Urfassung von 1948 durch eine Leerzeile markiert ist und deshalb in der Analyse der Textstelle zumeist auch unterschlagen wird, bringt die in der Übersetzungsfigur angelegte, schlichtweg nicht lösbare Ambivalenz zum Ausdruck. Die Lücke markiert auf der einen Seite die krasse Differenz, die zwischen dem grausamen Tod Ellens und dem Morgenstern als Symbol besteht: „Das Immanente resp. Irdische und das Transzendente bleiben bis über den Schluss hinaus getrennt; eine Brücke besteht nicht."[111] Das Fehlen einer durch das Textmaterial bereitgestellten Brücke zieht jedoch nicht zwangsläufig die Unmöglichkeit einer Übersetzung nach sich. Vielmehr sieht sich der Leser – ähnlich, wie Ellen – vor die Wahl gestellt, diese Brücke selbst herzustellen – die ‚größere Hoffnung' bleibt als Hoffnung präsent. Indem der Text die endgültige Übersetzung verweigert, stellt er gleichzeitig das Prinzip der Übersetzung auf Dauer. Unterstrichen wird die Ambivalenz schließlich dadurch, dass auch der Morgenstern, der dem als Schrappnell figurierten Abendstern gegenübergestellt wird, in seiner positiven Bedeutung nicht eindeutig ist, sondern ebenso wie der Abendstern zumindest implizit auf eine Kriegswaffe verweist: den Morgenstern als (mittelalterliches) Kampfwerkzeug.

---

111 Vloeberghs, S. 186.

Es bleibt am Ende die Frage, ob Aichingers Text in der Lage ist „die Einzigartigkeit des Judeozids"[112] herauszustellen und damit den „Zivilisationsbruch Ausschwitz" als solchen zum Ausdruck zu bringen. Dies bleibt vor allem deshalb fraglich, weil die Kritik des NS-Regimes und die, für den Magischen Realismus typische, allgemeine Modernekritik nicht selten ineinander verflochten sind, wie die Lokführer-Episode beispielhaft gezeigt hat. Auch die Sprache des Textes setzt sich nicht in einen radikalen Bruch zur literarischen Tradition. Vor dem Hintergrund der hier herausgestellten Kontinuitäten schließt der Text auf der Verfahrensebene vielmehr an zentrale Schreibweisen nicht nur der sprachkritischen Moderne, sondern auch des Magischen Realismus der Zwischenkriegszeit an und ‚übersetzt' diese in die Nachkriegszeit. Ein Unterschied zwischen Aichingers Roman und Langgässers Prosa ließe sich allenfalls darin ausmachen, dass Aichingers Text – vor allem in der zweiten überarbeiteten Fassung von 1960 – die Verknüpfung zwischen sprachlicher und metaphysischer Übersetzung aus dem Bereich der Erwartung in den unsicheren Bereich der Hoffnung verschiebt. Anders als Eichs Hörspiel „Das Jahr Lazertis" hält Aichingers *Die größere Hoffnung* jedoch bis zum Schluss an der für den Magischen Realismus charakteristischen Übersetzungspoetologie fest.

3.2 Ein Ende der Übersetzung – Eichs Hörspiel „Das Jahr Lazertis" (1953/58)

Günter Eichs Hörspiel „Das Jahr Lazertis"[113], das Oppermann als das „bei weitem komplexeste und schwierigste aller bis 1955 entstandenen Eich-Hörspiele"[114] bezeichnet, beginnt damit, dass der Protagonist Paul in der Neujahrsnacht (vermutlich im Jahr 1880) das entscheidende Wort vernimmt, in dem Sprache und Welt zusammenfallen:

> In einem ebenerdigen Zimmer lag ich und das Fenster war einen Spalt weit geöffnet hinter den Gardinen. In meinem Traum schallte der Gesang der Betrunkenen, die heimgingen, und der Stundenschlag der Paulskirche. Es war jetzt kurz nach sechs. Ich fuhr empor, als ich das Wort vernahm. Jemand, der an meinem Fenster vorüberging, mußte es ausgesprochen haben, im Gespräch und nebenbei, obwohl es das Wort war, das alle Geheimnisse löste. (JL, 15)

---

112 Heidelberger-Leonard, S. 162.
113 Günter Eich, Das Jahr Lazertis: In: Eich, Gesammelte Werke in vier Bänden. Bd. 3. Die Hörspiele 2, hg. von Karl Karst, Frankfurt a. M. 1991, S. 13–57. Die Textausgabe orientiert sich an der überarbeiteten Variante von 1958 [im Folgenden als JL im Fließtext zitiert].
114 Michael Oppermann, Innere und äußere Wirklichkeit im Hörspielwerk Günter Eichs, München 1990, S. 87.

Der Trick des Hörspiels besteht nun darin, dass der Hörer besagtes Wort nicht vernimmt, weil die Szene – durchaus gegen die Logik des Mediums – in einem Monolog des homodiegetischen Erzählers Paul retrospektiv erzählt wird und damit immer schon narrativ vermittelt ist: „Für seine Dauer war die Welt verwandelt und begriffen, aber im gleichen Hauch war es auch schon wieder vergessen" (JL, 15). Als Paul auf die Straße läuft, um – natürlich vergeblich – den Ursprungsort des Wortes ausfindig zu machen, trifft er auf eine Person, die sich als Laparte vorstellt. Im Gespräch mit diesem versucht er vergeblich das Ur-Wort zu wiederholen, bis er schließlich bei dem Kunst-Wort ‚Lazertis' verharrt, das dem gehörten Wort Paul zufolge am nächsten kommt:

Paul	Eigentlich habe ich ein Wort gesucht.
Laparte	Ein Wort?
Paul	Ein bestimmtes Wort.
Laparte	Wofür? Und auf der Straße?
Paul	Warum nicht auf der Straße? Warten Sie! Ich bin jetzt nahe daran. Ziemlich am Anfang muss ein A gewesen sein, ich meine jedenfalls. Aber man kann sich so leicht täuschen.
Laparte	Ist es ein Wort, das Sie g e h ö r t haben?
Paul	Nicht ein Wort, sondern d a s Wort. Das einzige Wort.
Laparte	Dann enthält es kein A.
Paul	Es kommt mir dennoch so vor. Es könnte griechisch oder lateinisch gewesen sein.
Laparte	Meinen Sie?
Paul	Es klang wie – ja, wie: Lazertis.
Laparte	Lazertis?
Paul	Nein, das ist es nicht. *Laparte lacht.* Aber so ähnlich könnte es gewesen sein.
Laparte	So ähnlich!
Paul	Näher komme ich nicht heran. Lazertis! Doch, das war es beinahe.
Laparte	Beinahe! Das ist beinahe nicht. Zu früh ausgesprochen!
Paul	Wörter sind dazu da, um ausgesprochen zu werden.
Laparte	Wörter, aber war es nicht d a s Wort?
Paul	Lazertis –
Laparte	Verspielt, mein Lieber! Sie finden es nicht mehr. Hätten Sie doch gewartet mit ihrem Griechisch und Latein, mit Ihren Vokalen und Konsonanten!
Paul	Sie tun, als wüssten Sie es.
Laparte	Ich weiß eine Menge Wörter, die ebenso weit davon entfernt sind wie Lazertis. Einmal ausgesprochen, fallen sie wie Steine zur Erde, das Schweben ist vorbei, die Möglichkeit, im Fluge noch näher heranzukommen. (JL, 18 f.)

Ausgehend von dem Wort Lazertis, das der Erzähler Paul retrospektiv als „sinnlos" bezeichnet, weil er schon damals „wußte, dass es nicht das richtige Wort war" (JL, 15), entfaltet sich ein Übersetzungsvorgang, in dem sprachliche und topologische Übersetzung zusammenfallen. Im Unterschied zur Übersetzungspoetologie, wie sie bisher im Kontext des Magischen Realismus gezeigt wurde, geht die Übersetzung in Eichs Hörspiel jedoch nicht von einem semantischen, sondern einem morphologischen Ähnlichkeitsverhältnis aus. So erfolgt die erste sprachliche Übertragung, als Laparte Paul davon erzählt, dass er Eidechsen erforsche und die fachsprachliche Bezeichnung für Eidechsen *Lazerten* laute: „Es klingt nach Lazerten, es muß etwas mit Eidechsen zu tun haben." (JL, 19) Diese morphologische Übersetzung zieht eine topologischen nach sich. Denn Paul, der von Beruf Maler ist, folgt Laparte wenig später auf eine Expedition nach Brasilien, um dort Eidechsen für Forschungszwecke abzuzeichnen. Im Gespräch mit dem dort ansässigen Schlangenspezialisten Dr. Bayard wird die Wortkette *Lazertis-Lazerten* um ein weiteres Glied erweitert. Bayard betrachtet sich selbst offenbar als *Laertes*, Vater des Odysseus, weil er einen Sohn hat, der schon „zwölf Jahre lang über das Meer fährt" (JL, 27). Während des Aufenthalts im brasilianischen Urwald erfährt Paul dann von dem Leprakranken Richards, der von einem der dortigen Ureinwohner-Stämme versorgt wird. Aufgrund der morphologischen Ähnlichkeit zwischen dem Wort Lazertis und der biblischen Figur *Larzarus* sieht Paul seine Bestimmung von nun an darin, Richards bis zu seinem Tod zu begleiten. Als Paul nach dem Tode Richards bemerkt, dass er selbst einen roten Ausschlag bekommt, lässt er sich von Bayard untersuchen, der ihm bestätig, dass er selbst an Lepra erkrankt ist. Die Gewissheit der Diagnose unterstützt Bayard dadurch, dass er Paul die Ähnlichkeit zwischen dem Wort Lazertis und dem franzsösischen Ausdruck für Gewissheit, *La certitude*, aufzeigt. Bayard weist ihn daraufhin in ein brasilianisches Leprosenhaus ein, dessen Name wiederum eine morphologische Variante des Wortes Lazertis darstellt: „Das brasilianische Leprosenheim war früher ein Kloster und lange Zeit hindurch von italienischen Mönchen bewohnt: Es heißt heute ‚die Kartause', La Certosa" (JL, 47).

Wie in den bisher diskutierten Texten des Magischen Realismus fällt auch in Eichs Hörspiel das Ende der Übersetzungsfigur mit der Andeutung des Todes des Protagonisten zusammen. Den Zusammenhang zwischen Übersetzung und Tod in Eichs Texten konstatiert bereits Neumann: „In [Eichs] Texten der fünfziger Jahre aber wird ausgesprochen, dass die Übersetzung erst im Augenblick der irreversiblen Transgression, im Augenblick des Sterbens gelingt"[115]. Von einem Gelingen der Übersetzungsfigur kann jedoch nicht die Rede sein, weil die Gewissheit, die Paul mit der Diagnose über seine unheilbare Krankheit erlangt, den sprachlichen Übersetzungsprozess gerade aufhebt: Paul lässt sich im Leprosenheim nieder, weitere sprachliche Übersetzungen folgen nicht. Genau darin liegt aber das Grundparadox der Übersetzungspoetologie begründet: Mit der gelungenen „ir-

---

[115] Neumann, S. 77.

reversiblen Transgression" vom Leben zum Tod endet gleichzeitig die Übersetzung als poetologische Figur. Eichs Hörspiel macht diese Problematik durch eine ironische Wendung deutlich, insofern die vermeintliche *certitude* sich offenbar als Fehldiagnose entpuppt: Als Paul davon erfährt, dass der ihn behandelte Arzt Dr. Bayard kurz nach seiner Behandlung in die Psychiatrie eingewiesen worden ist, stellt er dessen Diagnose mit Erfolg infrage, zumal die Hautrötungen, die als Symptom seiner Krankheit galten, schon nach wenigen Tagen im Leprosenheim verschwunden sind. (JL, 49 ff.) Das vermeintliche Ziel der Übersetzung, das sich mit der Gewissheit des Todes eingestellt hatte, erweist sich damit als konstruiert.

Zwar kommt die Übersetzung in Eichs Hörspiel an ihr Ende. Dieses Ende ist jedoch nicht als positive Erfüllung der Übersetzungspoetologie zu verstehen. Vielmehr wird in *Das Jahr Lazertis* die Plausibilität der Übersetzungsfigur selbst verabschiedet. Dies kündigt sich bereits in der speziellen Konzeption der Übersetzungsfigur an. Während in den Texten des Magischen Realismus die Übersetzung programmatisch im Spannungsfeld von Sprache und Wirklichkeit verortet ist, ist die Übersetzung in *Das Jahr Lazertis* von Beginn an als ein rein sprachliches Phänomen, als formales Experiment ausgewiesen. Neumann nimmt genau diesen Umstand zum Anlass für eine ästhetische Kritik des Stückes: „Die linguistische Wegleitung der Sinn-Suche im ‚Jahr Lazertis' gleicht der Lektüre von Stichworten wie sie in einem Dictionnaire beieinanderstehen. Mir scheint, daß sie Eichs Hörspiel mit einem Zuviel an artistisch-intellektuellem Kalkül behaftet."[116] Genau um dieses „Zuviel an artistisch-intellektuellem Kalkül" kreist aber die poetologische Problematik des Hörspiels. Dies zeigt sich bereits in einer Szene zu Anfang des Hörspiels, in der Paul und Laparte versuchen, das Resultat des Bleigießens vom Vorabend der Neujahrsnacht zu deuten:

Laparte	[...] Die Eidechse hat übrigens auch eine Beziehung zur Wahrsagerei. Apollon zum Beispiel –
Paul	Das wiederum erinnert mich an gestern Abend. Ist das hier vielleicht eine Eidechse.
Laparte *spöttisch:*	In Blei gegossen?
Paul	Manuela meinte, ein Torbogen.
Laparte	Manuela wird recht haben. Viel eher ein Torbogen als eine Eidechse.
Paul	Schade, es hätte so gut gepasst.
[...]	
Laparte	Man hat den Torbogen falsch gedeutet. Kein Torbogen, sondern ein Schiff. Ein Schiff, das nach Pernambuco fährt. Ein gutes Vorzeichen.

(JL, 19 f.)

---

116 Neumann, S. 144.

3.2 Ein Ende der Übersetzung – Eichs Hörspiel „Das Jahr Lazertis" (1953/58)   — **283**

Es liegt nahe, die Arbitrarität der Deutung der aus Blei gegossenen Form auf die Wortsuche Pauls zu übertragen. Dass es sich bei der vorgeführten Übersetzung um einen willkürlichen sprachlichen Akt handelt, der keine außersprachliche Wirklichkeit erschließt, sondern lediglich die Selbstreflexivität des sprachlichen Prozesses zum Ausdruck bringt, zeigt sich vor allem in der Semantik der Begriffe, die Paul auf seiner Reise begegnen. Die Interpretation der einzelnen Übersetzungen stößt Laparte selbst an, indem er auf die symbolische Bedeutung der Eidechse hinweist (JL, 19 f). Bekannt ist die Eidechse jedoch nicht primär als Symbol für Wahrsagerei, sondern vor allem dafür, dass sie ihren Schwanz abwerfen kann – die poetologische Referenz ist offensichtlich: „Will man eine Eidechse fangen, bleibt oft nur ihr Schwanz in der Hand zurück – sie scheint so wenig greifbar wie das Wort, das Paul in der Neujahrsnacht vernahm."[117] Auch die anderen Übersetzungen lassen sich als selbstreflexive Verweise auf Pauls Suche lesen: Über Laertes, den Vater des Odysseus, ist Pauls Suche als Irrfahrt markiert; die Krankheit Richards, die im Hörspiel auch in der ursprünglichen deutschen Bezeichnung *Aussatz* vorkommt, (JL, 51) macht die sprachliche Unwiederholbarkeit des Ur-Wortes deutlich – es liegt jenseits der Sprache, ‚außerhalb' des ‚Satzes'. Der Begriff *La certitude* erweist sich als Tautologie, insofern der Begriff keinen Inhalt vermittelt, sondern lediglich den (falschen) Status der Suche selbst beschreibt. Auch der (im Hörspiel nicht erwähnte) Wahlspruch des Kartäuserordens stellt letztlich eine Umschreibung des Übersetzungsprozesses selbst dar: „Fest steht das Kreuz, indes die Welt sich dreht"[118].

Oppermann, der den sprachlich-selbstreflexiven Charakter des Stückes mit dem Konzept der Spielrealität beschreibt, sieht in der Strategie des Hörspiels die „Quintessenz des Eichschen Schreibmodells"[119] ausgedrückt, wie es in den Nachkriegsreden formuliert wird:

> Wenn Wirklichkeit so nicht die Voraussetzung, sondern erst das ‚Ziel' des Lyrikers Günter Eich darstellt, wenn sie ‚entworfen' sein will, dann folgt daraus auch, daß gerade dem komplexesten ästhetischen Gebilde der höchste Grad an Wirklichkeit zukommt. [...] Das gilt umso mehr, als das der Text den Modus seiner Herstellung mit aufruft: Er erzählt nicht nur eine Geschichte, sondern thematisiert gleichzeitig das Verfahren, wie diese hergestellt wird.[120]

---

117 Oppermann, S. 89.
118 Marijan Zadnikar, Adam Wienand (Hg.), Die Kartäuser. Der Orden der schweigenden Mönche, Köln 1983, S. 6.
119 Oppermann, S. 98.
120 Oppermann, S. 98.

Zwar räumt auch Oppermann ein, dass in den Hörspielen Eichs, auch in *Das Jahr Lazertis*, der Eindruck entsteht, „als ballten sich die Texte Eichs vom Ende her ironisch gegen die eigene Struktur zusammen"[121], dennoch sieht er die Valenz der Übersetzungsfigur bestätigt. Die Verlagerung des Übersetzungsprozesses auf eine rein sprachliche Ebene lässt sich mit der in den Nachkriegsreden entworfenen Poetologie jedoch kaum mehr vereinbaren. Eine ausschließlich selbstreflexive Poetologie, wie sie in *Das Jahr Lazertis* vorgeführt wird, führt die Poetologie der Übersetzung vielmehr *ad absurdum*.

So lehnt am Ende des Hörspiels auch Paul die sprachliche (und topologische) Übersetzung ab und entscheidet sich trotz seiner unvollendeten Suche dazu, im Leprosenhaus zu bleiben. Das sprachliche Geflecht, in dem jedes Element auf das andere verweist" und das als „äußerst komplexes Konstrukt"[122] bezeichnet werden kann, wird durch ein soziales Geflecht ersetzt, das Verweisungsstrukturen auf der Ebene menschlicher Beziehungen realisiert:

> Auch wenn ich davon fuhr, mit dem Schiff, übers Meer, in die Freiheit – blieb nicht die einzige Gewißheit die, daß ich die anderen verlassen hatte? [...] Mir fiel ein, daß O'Connor immer elender wurde und Juanita schwanger war, in einigen Wochen sollte der Theaterabend stattfinden, und ich hatte Manuela versprochen, ihre Zelle zu weißen. Professor Fervao wartete darauf, daß ich ihm den siebten Gesang der Lusiaden vorläse, und man musste Jorge beschäftigen, dessen Frau sich von ihm hatte scheiden lassen. Feliz hatte mir gestern erzählt, daß Juanitas Kind von ihm war, und Maria würde nicht mehr lange die Teller waschen können, es ging plötzlich schlechter mit ihr. Gewiß, sie konnten alle auch ohne mich sterben, aber ich konnte nicht ohne sie leben. (JL, 52)

Die Verbindung von sprachlicher und sozialer Übersetzung, die für Langgässers *Gang durch das Ried* charakteristisch ist, fällt in Eichs Hörspiel auseinander. Denn die Entscheidung Pauls, bei den Leprakranken zu bleiben, anstatt weiter nach dem Ur-Wort zu suchen, dreht die Entscheidung, die den Beginn seiner Reise überhaupt erst motiviert hat, ausdrücklich um. In der Neujahrsnacht, die das Stück eröffnet, spielt Paul zunächst noch mit dem Gedanken, „Manuela aufzusuchen. Beim Erwachen indessen schien mir dieser Gedanke fragwürdig" (JL, 23). Anstatt Manuela aufzusuchen, macht er sich auf die Suche nach dem Wort, von dem Paul glaubt, „daß es etwas von Wichtigkeit für mich sei" (JL, 26). Im Leprosenheim trifft Paul auf eine Frau, die ebenfalls den Namen Manuela trägt. Jetzt entscheidet er sich jedoch dafür, bei Manuela zu bleiben: „Ich packte den Koffer wieder aus. Es war nicht viel, was ich auszupacken hatte, ein Paar Schuhe, drei

---

121 Oppermann, S. 99.
122 Oppermann, S. 98.

3.2 Ein Ende der Übersetzung – Eichs Hörspiel „Das Jahr Lazertis" (1953/58)

Hemden, eine Hose, fünf Taschentücher, vier Paar Strümpfe, nicht viel, aber es genügte." (JL, 52)

Dass diese Arbeit die Auseinandersetzung mit den Texten des Magischen Realismus sowohl mit dem Motiv des Koffers eröffnet hat als auch nun beendet, ist zunächst reiner Zufall, da sich in Eichs Hörspiel keine belastbaren intertextuellen Verweise auf Loerkes „Die Puppe" ausmachen lassen. Der Vergleich zwischen der Bedeutung des Koffermotivs in Loerkes Erzählung und Eichs Hörspiel kann jedoch dazu dienen, die Möglichkeiten und Grenzen magisch-realistischen Erzählens abschließend noch einmal festzuhalten. In Loerkes Erzählung führt das Problem eines eigentlich leeren Koffers, dem der Protagonist Schedel einen Inhalt andichtet, zu der poetologischen Frage, inwiefern sich eine Sprache denken lässt, die über ihre selbstreflexiven Mechanismen hinaus einen Bezug auf eine außersprachliche Wirklichkeit herstellen kann. Während das doppelkonditionierte Verfahren des Magischen Realismus, das sich in der poetologischen Ausgestaltung der Übersetzungsfigur konkretisiert, als (wenn auch aporetischer) Versuch verstanden werden kann, genau auf dieses Vermittlungsbegehren zu antworten, kündigt „Das Jahr Lazertis" diesen poetologischen ‚Vertrag' des Magischen Realismus auf. Der utopische Entwurf einer poetischen Übersetzung wird zugunsten einer sozial codierten Übersetzung verabschiedet. Der Koffer, den Paul am Ende seiner Reise auspackt, hat einen ganz konkreten Inhalt, und auch Sprache wird im letzten Satz des Hörspiels explizit in ihrer pragmatischen Dimension aktualisiert: „Dann rief Manuela wieder. Ich ging hinaus, um zu fragen, was sie wollte." (JL, 53)

Schlussbetrachtungen und Ausblick

Die Studie hat eine Analyse der Verfahrensweise magisch-realistischer Texte vorgelegt, die vor allem die poetologische Dimension der Texte und ihre diskursive Verortung im intertextuellen Feld der späten Moderne verhandelt hat. Dadurch konnte gezeigt werden, dass die paradoxe Struktur der Texte, die in der Forschung als Widersprüchlichkeit von Magie und Realismus (Forster), Fragmentarisierung und Harmonisierung (Scheffel), Klassik und Moderne (Hans-Dieter Schäfer) oder strukturiertem Text und wuchernder Topographie (Burkhardt Schäfer) beschrieben worden ist, als direkte Konsequenz einer kritischen Auseinandersetzung mit den Poetiken und Verfahren der Avantgarden zu verstehen ist.

Vor allem der zweite Teil der Arbeit konnte an den programmatischen und literarischen Texten Rudolf Kaysers, Oskar Loerkes und Wilhelm Lehmanns nachweisen, dass die Texte des Magischen Realismus eine Poetologie der Mitte entwickeln, die daran arbeitet, die ‚radikalen' Formexperimente der ästhetischen Moderne unter Rückgriff auf realistische Zeichengebungsverfahren in eine gemäßigte, moderate Schreibweise zu überführen. Die zwischen realistischer Struktur und moderner Textur angesiedelte Schreibweise der Texte, die hier unter dem Begriff eines doppelkonditionierten Verfahrens beschrieben wurde, erweist sich damit – zumindest im Rahmen der magisch-realistischen Programmatik – nicht als eine ästhetische Schwäche, sondern als folgerichtige Ausgestaltung des magisch-realistischen Projekts. Als Voraussetzung dieser Entwicklung wurde in Anlehnung an Frank/Palfreyman/Scherer die Historisierung der Avantgarden bestimmt, welche die avantgardistischen Entwürfe und Verfahren im kulturellen Archiv verfügbar macht und die Avantgarden selbst in der Tradition verortet.

Im dritten Teil der Arbeit wurde deutlich, dass die Texte Elisabeth Langgässers, Ernst Jüngers sowie die Publizistik der literarischen Zeitschrift *Die Kolonne* – in je unterschiedlicher Weise – an die aus dem Nachexpressionismus entstandene magisch-realistische Poetologie anknüpfen. Vor allem die Auseinandersetzung mit Langgässers früher Prosa konnte zeigen, dass das doppelkonditionierte Verfahren magisch-realistischer Prosa Strategien bereitstellt, um verschiedene dualistische Konfigurationen der Moderne narrativ in eine Poetik des Ausgleichs zu überführen. Auch die programmatischen Texte der *Kolonne* und Jüngers um 1930 verfasste poetologische Texte konnten dem hier aufgezeigten Modell einer magisch-realistischen Poetik der Mitte zugeordnet werden, auch wenn die Texte den poetologischen Weg der Mitte nicht immer konsequent umsetzen.

Anhand einer Poetologie der Übersetzung, die als Konkretisierung der poetologischen Ansätze der Mitte und des Ausgleichs beschrieben worden ist, konnte im vierten Teil der Arbeit schließlich vorgeführt werden, dass die poetologischen Entwürfe wie auch die Verfahrensweise des Magischen Realismus über die historischen Schwellen 1930/33 und 1945 hinaus wirksam bleiben. Dabei erwies sich vor allem in den Romanen Langgässers und Ilse Aichingers die Übersetzung als zentrales Konzept, um die poetologischen, topologischen und metaphysischen Dimensionen einer Poetik der Mitte in ihrer paradoxen Struktur zu gestalten. Gleichzeitig ließ sich hier eine Transformation der magisch-realistischen Poetik ausmachen, insofern die Texte über die sprachlichen Implikationen der Übersetzungsfigur ihre eigenen Paradoxien zunehmend ausstellen. Die in Langgässers Text angedeutete Verabschiedung bzw. Überwindung der sprachlichen Übersetzung, die letztlich die grundsätzliche Sprachskepsis der Texte zum Ausdruck bringt, wird in Eichs Hörspiel „Das Jahr Lazertis" vollzogen.

Indem die Texte des Magischen Realismus die Kategorien der Mitte, des Ausgleichs und der Übersetzung über die Verhandlung kultureller Konstellationen hinaus immer auch auf eine ontologische Überschreitung der Grenzen von Natur und Kultur, Sprache und Wirklichkeit beziehen, erweisen sie sich letztlich als Symptom einer späten Moderne. Anders als die Avantgarden, die der Moderne in Richtung auf ein postmodernes Denken vorangehen, das letztlich die Zeichenhaftigkeit kulturell hergestellter Artefakte in den Vordergrund rückt, bleiben die Texte des Magischen Realismus in den Paradoxien der Moderne verhaftet. Ein Modell, das Sprache als ein freies Spiel von Zeichen betrachtet, das letztlich seine eigene Wirklichkeit erzeugt, ist im Magischen Realismus keine Option, wie Eichs Hörspiel „Das Jahr Lazertis" abschließend noch einmal vor Augen geführt hat: In dem Moment, in dem Sprache und Wirklichkeit direkt auseinandertreten, Sprache gewissermaßen endgültig in ihrer Selbstreferentialität aufgeht, schlägt sich der Magische Realismus auf die Seite der ‚Wirklichkeit'.

Überzeugend ist die programmatisch gesetzte, vermittelnde Position, die im Grundsatz auch eine Versöhnung zwischen Moderne und Tradition impliziert, immer dann, wenn die Texte ihre eigenen Paradoxien offenlegen. In eine eindeutig restaurative Tendenz kippen die hier verhandelten Texte, sobald die Paradoxien des Ansatzes nicht mitreflektiert werden, wie beispielhaft an den Texten Friedrich M. Hübners, Horst Langes und zum Teil auch Martin Raschkes und Ernst Jüngers deutlich geworden ist. Eine Poetik der Mitte, des Ausgleichs, der Übersetzung ist nur dann als moderne Konzeption glaubhaft, wenn sie sich in einer gebrochenen Sprache ausdrückt, die den aporetischen Entwurf des Vermittlungsprojekts sichtbar macht.

Ein Bereich, der in dieser Untersuchung nur gestreift werden konnte, betrifft die Frage nach dem Verhältnis von ästhetischen und gesellschaftspolitischen Konzeptionen von Mitte und Ausgleich in der Kultur des zwanzigsten Jahrhunderts. Auf das keinesfalls einheitliche Verhältnis des Magischen Realismus zu den kultur- und nationalkonservativen Ansätzen der 1920er und 1930er Jahre wurde bereits in der Diskussion der Texte Elisabeth Langgässers, Ernst Jüngers und Horst Langes sowie in der Auseinandersetzung mit der Publizistik der literarischen Zeitschrift *Die Kolonne* verwiesen. Offen bleibt an dieser Stelle, wie sich die Poetik der Mitte zu politischen Mitte-Konzeptionen etwa im Bereich der Konservativen Revolution verhält. Auch für das politische Klima der frühen Bundesrepublik lässt von einer „Magie der Mitte" sprechen, die nicht zuletzt als „Resultat traumatischer geschichtlicher Erfahrungen" des zweiten Weltkriegs gelten kann: „Aus dieser Situation ergab sich seit Mitte der 50er Jahre ein dominantes Spektrum von Mitte-Parteien, die sich unterschiedslos als Volksparteien verstanden"[1]. Lenk spricht von einer regelrechten „Tendenz in den Volksparteien, um den Platz in der Mitte zu konkurrieren" und nennt verschiedene Argumente für den Erfolg des Mitte-Konzepts, in denen sich unterschiedliche poetologische Positionen des Magischen Realismus spiegeln:

> Mitte ist ein Symbol für den sozialen und politischen Ausgleich, für die Harmonie von Gegensätzen; die Mitte wird von den Volksparteien als etwas beschworen, das die Lösung komplexer Fragen verspricht. Zugleich hält das Bekenntnis zur Mitte eine Absage an beide Extreme: Von diesem Doppelcharakter der Beschwörung und der Absage leistet sich die magische Anziehungskraft ab, die die Mittelposition für die Mehrheit der Wähler besitzt.[2]

Vor allem in der Beschwörung der Mitte als einer Alternative zu den extremen rechten oder linken „Flügelradikalismen" (Weltsch) ergeben sich beachtliche Überschneidungen zwischen dem literarischen Programm des Magischen Realismus bzw. dem publizistischen Projekt der *Kolonne* auf der einen und den gesellschaftspolitischen Debatten der Bundesrepublik auf der anderen Seite: „Wer die Mitte repräsentiert, beansprucht einen Platz *jenseits* bloß parteiischer Politik […], zumal das Plädoyer für die ‚gesunde Mitte' zugleich die Verheißung einer höheren dritten Position enthält, die sich der ideologischen Einseitigkeit der linken und rechten Extreme entledigt."[3]

Konzeptionen der Mitte beeinflussen nach 1945 aber auch kulturgeschichtliche Analysen.[4] An Hans Sedlmayrs sehr erfolgreicher Studie *Verlust der Mitte* lässt

---

[1] Kurt Lenk, Die Link-Rechts-Skala und die Magie der Mitte. In: Lenk, Rechts, wo die Mitte ist. Studien zur Ideologie: Rechtsextremismus, Nationalsozialismus, Konservatismus, Baden-Baden 1994, S. 11–13, hier: S. 12.
[2] Lenk, S. 12.
[3] Lenk, S. 13.
[4] Annegret Pelz sieht die Mitte-Konstellationen in den zwischen 1941 und 1945 verfassten Werken der drei untersuchten Autoren allgemein als Symptom einer zeittypischen „Stimmung, die neutralisierend gegenüber der irreversiblen Zerstörung des Krieges wirkt und die von der Erwartung

sich exemplarisch aufzeigen, dass auch kulturkonservative kunstgeschichtliche Ansätze nach 1945 zum Teil von einer Avantgarde-Rezeption bestimmt werden, durch die letztlich die Poetik des Magischen Realismus in den 1920er Jahren überhaupt erst motiviert worden ist. So speist sich auch Sedlmayrs Kritik an der ästhetischen Moderne, die in den experimentellen Projekten der Avantgarden ihren Höhepunkt erreiche, aus der Überzeugung, dass die verhandelten Kunstwerke die Mitte aus den Augen verlieren:

> Es zeigt sich überall eine Neigung, ins Extreme zu gehen, eine Polarisierung. [...] Im modernen Bauen strebt die Kunst zum Pol höchster Rationalität, in der modernen Malerei neigt sie sich zum absolut Irrationalen. [...] Verstand und Gefühl, Verstand und Triebe, Glauben und Wissen, Herz und Kopf, Leib und Geist, Seele und Geist werden auseinandergerissen und zu Widersachern erklärt. Der Wunsch, sie in Vereinigung zu halten, wird, wie die Mäßigung überhaupt, als Lauheit verschrieen. [...] Die Zusammenschau dieser Symptomgruppen ergibt die Diagnose: Verlust der Mitte. Die Kunst strebt fort von der Mitte. [...] Die Kunst wird – in jedem Sinne des Wortes – exzentrisch. Der Mensch will fort von der Kunst, die ihrem Wesen nach ‚Mitte' zwischen dem Geist und den Sinnen ist. [...] Die Kunst strebt fort vom Menschen, vom Menschlichen und vom Maß.[5]

Obwohl sich in der Diagnose der Avantgarden deutliche Gemeinsamkeiten zur magisch-realistischen Programmatik ausmachen lassen, propagiert Sedlmayr im Gegensatz zum Magischen Realismus kein formales Vermittlungsmodell, sondern eine Rückkehr zur figürlichen Kunst als Ausweg aus der „ästhetischen Krise" der Moderne.[6]

Da diese Arbeit bewusst die Anbindung der magisch-realistischen Texte an die literarische Moderne in den Vordergrund gestellt hat, konnte der Frage nach der der Kontinuität des magisch-realistischen Verfahrensmodells in der deutschsprachigen Literatur nach 1945 nur im Ansatz nachgegangen werden. Die methodische Herangehensweise dieser Arbeit, die das Verfahren der Texte in den Vordergrund stellt, hat zum Teil zu einer Neuordnung derjenigen Texte geführt, die allgemein dem Textkorpus des deutschen Magischen Realismus der Zwischen- und Nachkriegszeit zugerechnet werden. Neben der Prosa Wilhelm Lehmanns ist, in Anknüpfung an die Studie Burkhardt Schäfers, die späte Prosa Loerkes, wie auch die frühe Prosa Elisabeth Langgässers ins Zentrum der Analysen gerückt, während andere Texte, die bisher als Standardwerke des Magischen Realismus

---

oder Hoffnung gekennzeichnet ist, dass das Latente hervortreten und sich zeigen möge." (Pelz, S. 88) Die Anknüpfungspunkte zu den Texten des Magischen Realismus liegen auf der Hand.
5 Hans Sedlmayr, Verlust der Mitte. Die bildende Kunst des 19. und 20. Jahrhunderts als Symptom und Symbol der Zeit, Salzburg 1948, S. 144 f.
6 Sedlmayr, S. 144 f.

diskutiert worden sind, wie etwa Langgässers *Das Unauslöschliche Siegel*, nicht thematisiert wurden.[7] Inwiefern das hier vorgestellte Beschreibungsmodell auch für andere Texte Gültigkeit besitzt, wie die Prosa Ernst Kreuders oder Herman Kasacks, wäre im Einzelnen zu diskutieren. Weitere literaturgeschichtliche Kontinuitäten der hier vorgestellten magisch-realistischen Poetik können im Folgenden nur angedeutet werden.

Wie deutlich gerade die frühen literarischen Debatten der Nachkriegszeit die Sprache und die poetologischen Kategorien des Magischen Realismus der Zwischenkriegszeit übernehmen, zeigen die frühen programmatischen Texte Hans Werner Richters oder des Schriftstellers Rudolf Hartung. Bereits Scheffel weist darauf hin, dass hier „wenn auch vielleicht nicht bewußt, an Traditionen aus den zwanziger Jahren angeknüpft wird"[8]. Die Überschneidungen zwischen Hans-Werner Richters programmatischem Essay „Literatur im Interregnum" und Rudolfs Kaysers Vorwort der Gedichtsammlung *Verkündigung* ist kaum zu übersehen. Tatsächlich könnte der folgende Abschnitt, der den Übergangscharakter der zeitgenössischen Literatur sowie die Suche nach einem neuen Sinnzusammenhang in den Vordergrund stellt, ebenso gut der Feder Kaysers entstammen:

> Wir leben zwischen zwei Welten. Der Totentanz der bürgerlichen Welt ist noch nicht beendet und das Morgen einer neuen Welt hat noch nicht begonnen. Es ist eine Zeit des Umbruchs, der größten Umschichtung der soziologischen Struktur einer Gesellschaftsordnung, eine Zeit seelischer und geistiger Unsicherheit, in der das Irrlicht irrationaler Einflüsse, magischer Suggestionen, unfaßbarer Massenbewegungen dem Ringen um ein neues Weltbild gegenübersteht. Unsicher und sich selbst unfaßbar geworden in seinem Sein, in seinen gesellschaftlichen Bindungen und seiner materiellen und geistigen Existenz, ringt der Mensch zugleich mit seinem Kampf um eine andere Ordnung, um eine neue Sinngebung seines Lebens, um die Gestaltung seiner geistigen Existenz im kosmischen Geschehen.[9]

Diesen existentiellen Zwischenstatus überträgt Richter dann auf den poetologischen Begriff eines Magischen Realismus. Er versteht darunter eine Schreibweise, die „in der unmittelbaren realistischen Aussage dennoch hinter der Wirklichkeit das Unwirkliche, hinter der Realität das Irrationale, hinter dem großen gesell-

---

7 Die Ausführungen Mülverstedts zeigen, dass Langgässers vor allem nach 1945 ausgestaltete Poetologie des neuen christlichen Romans so dominant wird, dass die magisch-realistischen Tendenzen zwar noch in Langgässers Spätwerk präsent sind, jedoch zugunsten der neuen Poetologie deutlich in den Hintergrund treten (Mülverstedt, S. 51 ff.); vgl. dazu auch: Fliedl, S. 75 ff.
8 Scheffel, Geschichte eines Begriffs, S. 29.
9 Hans Werner Richter, Literatur im Interregnum. In: Der Ruf, 1, 1947, S. 10 f., hier: S. 10; vgl. die Formulierung Kaysers: „Diese Zeit – es ist Herbst 1920, und die Atmosphäre ist sehr müde und verbraucht – ist alles andere als Aufstieg und Vollendung. Sie ist Unter- und Übergang, und Aufgang erst als fahler Schatten vorm Morgendämmer." (Kayser, Verkündigung, S. V.)

schaftlichen Wandlungsprozess die Wandlung des Menschen sichtbar werden"[10] lässt und greift zur Beschreibung des Magischen Realismus auf jene dialektisch-chiastische Formel zurück, die auch die Poetik der magisch-realistischen Texte der Zwischenkriegszeit bestimmt. Dies wird etwa im Vorwort der letztlich nicht publizierten Zeitschrift *Der Skorpion* deutlich: „Im Magischen Realismus ist die Wirklichkeit transparent und das Unwirkliche real, sind die zwei Komponenten des Lebens, das Sichtbare und das Unsichtbare, das Physische und das Metaphysische, das Wirkliche und das Unwirkliche in eine Form gegossen."[11] Dabei fällt auf, dass auch Richter von einem vormodernen Realismusbegriff ausgeht, um dann – in Abgrenzung zu den klassischen Poetiken des Realismus – auf eine „vertieften Realismus" zu verweisen, einen „Realismus, der sich mit der Gestaltung der Oberfläche nicht begnügt, der nicht nachzeichnet oder fotografiert, sondern das Hintergründige unserer Zeit in den Vordergrund rückt"[12]. In deutlicher Kongruenz zu den in dieser Arbeit verhandelten poetologischen Ansätzen sieht auch Richter die neue Schreibweise letztlich in einer Vermittlung realistischer und romantischer Verfahren verwirklicht:

> Der Wille zum Realismus fand in der Gestaltung des Sichtbaren seine Begrenzung wie der Wille zum Magischen sich in der Romantik des Unendlichen verlor. Hier aber erweitert und begrenzt eins das andere. In der Gestaltung des Sichtbaren findet der Realismus seine Erweiterung durch den Willen zum Magischen, in der Gestaltung des Magischen findet die Romantik ihre Begrenzung durch den Willen zur Wirklichkeit. [13]

In ganz ähnlicher Weise verpflichtet auch Rudolf Hartung die deutsche Literatur der Nachkriegszeit auf einen „Magischen Realismus" und knüpft nahtlos an die Anfänge des Magischen Realismus der Zwischenkriegszeit an, wenn er programmatisch von einer Vermittlung von Realismus und Expressionismus spricht:

---

10 Richter, Literatur im Interregnum, S. 11.
11 Hans Werner Richter, Skorpion. In: Richter, Der Skorpion. Reprint, mit einer Dokumentation zur Geschichte des ‚Skorpions' und einem Nachwort zur Geschichte der Gruppe 47 von Heinz Ludwig Arnold, Göttingen 1991, S. 8. „Der Mensch dieser Zeit, der alle Bindungen verloren hat, der aus dem konventionellen Lebenskreis der Vergangenheit herausgetreten ist, der zwischen gestern und morgen lebt, der wieder unsicher in eine Zukunft geht, die er nicht mehr kennt, empfindet das Dämonische, Magische, Irrationale stärker als der Mensch einer gebundenen Ordnung und Zeit. [...] Zwischen Knechtschaft und Freiheit, zwischen Krieg und Frieden, zwischen Verfall und Aufbau leben wir in der Erkenntnis unserer soziologischen Abhängigkeit, in der Ohnmacht gegenüber der Bewegung der materiellen Dinge, dennoch in dem Gefühl des Grenzenlosen." (Richter, Skorpion, S. 8 f.)
12 Richter, Skorpion, S. 8.
13 Richter, Skorpion, S. 8.

> Der Expressionismus war gewissermaßen eine Explosion der angestauten Innerlichkeit, Visionen dieser Innerlichkeit in eine Welt geschleudert, die selbst nicht sprach. Diese kosmische Einsamkeit des Menschen im Expressionismus steht uns heute ebenso fern wie uns seine Direktheit der Aussage verfehlt. [...] Irgendwie aber wird dies voraussichtlich die Literatur von Morgen, sehr schematisch gesprochen, so etwas wie eine Synthese aus Realismus und abgewandeltem Expressionismus sein. Die dargestellte Wirklichkeit wird nicht nur mehr Resultat registrierender Beobachtung, sondern die Polarität wirklicher Lebensbezüge sein. Dinge und Menschen werden im Vergleich mit einer bloß realistischen Darstellung wieder durch eine ganz einzigartige Zunahme an Bedeutsamkeit charakterisiert sein, sie werden auf eine ganz eigene und ‚versprechende' Weise uns angehen, gewissermaßen magisch ‚aufgeladen' werden. [...] Die pure Faktizität der Umwelt wird sich in jenen magischen Raum verwandeln, wo die Dinge realistisch und zugleich in traumhafter Fremdheit stehen, um jene Spannung zwischen Mensch und Dingen zu erzeugen, die das Schöpferische in den Bereichen der Kunst und des Lebens immer aufs Neue verbürgt.[14]

Volker Dörr macht in seiner Studie zur Mythomimesis in der Literatur nach 1945 auf die Nähe von Hartungs Modell zum Vermittlungsanspruch des Poetischen Realismus aufmerksam, der „seinen Gehalt aus einer vorgängigen Ideologie ableitet und von ihm behauptet, daß er das Wesen der ‚Wirklichkeit' treffe"[15]. Diesen Bezug auf eine ‚wahre' Wirklichkeit, die hinter einer täuschenden, ‚oberflächlichen Realität' liegt, sieht Dörr auch in Hartungs Entwurf ausgedrückt: „Und in der Tat fordert auch Hartung die Darstellung einer eigentlichen Wirklichkeit, aber diese, und das ist gegenüber dem überkommenen Konzept des bürgerlichen Realismus neu, ist jetzt selbst durch das Epitheton ‚magisch' charakterisiert."[16] Ein Bezug zu den hier diskutierten Texten des Magischen Realismus findet sich in Dörrs Analyse bezeichnenderweise nicht.

Die Brisanz der von Richter und Hartung verfassten Programmtexte besteht letztlich vor allem darin, dass die Propagierung eines Neuanfangs, der eine Brücke zu den literarischen Traditionen vor dem NS-Regime schlagen soll (Romantik, Realismus, Expressionismus), letztlich genau jene poetologischen Konzeptionen aufgreift, welche die Literatur seit den 1920er Jahren entscheidend bestimmt haben. Ob und inwiefern diese Programmatik eines Magischen Realismus, die zum Teil auch von Heinz Friedrich, Alfred Andersch oder Wolfdietrich Schnurre aufgegriffen wird,[17] die literarische Produktion der Nachkriegszeit nachhaltig bestimmt, bliebe, in Anknüpfung an die hier vorgelegten Ergebnisse,

---

14 Rudolf Hartung, Zur Situation unserer deutschen Literatur. Strömungen und Möglichkeiten. In: Welt und Wort, 1, 1946, S. 107–110, hier: S. 109.
15 Volker Dörr, Mythomimesis. Mythische Geschichtsbilder in der westdeutschen (Erzähl-)Literatur der frühen Nachkriegszeit (1945–1952), Berlin 2004, S. 122.
16 Dörr, S. 122.
17 Scheffel, Geschichte eines Begriffs, S. 29.

noch zu erörtern. Dass sich gewisse Kontinuitäten zwischen Magischem Realismus und der ‚Trümmerliteratur' der Bundesrepublik aufzeigen lassen, hat bereits Burkhardt Schäfer in seiner Arbeit herausgestellt.[18]

Abschließend sei auf einen programmatischen Entwurf verwiesen, der deutlich macht, dass die Strategien, die im Magischen Realismus entwickelt werden, um ein realistisches Erzählen nach den Avantgarden zu legitimieren, bis in die gegenwärtigen literarischen Debatten hinein wirksam sind. Bereits Gerhard Plumpe hat darauf aufmerksam gemacht, dass der von den Autoren Martin R. Dean, Thomas Hettche, Matthias Politycki und Michael Schindhelm 2006 in der *Zeit* veröffentlichte Text „Was soll der Roman?" zentrale Aspekte der Programmatik des Poetischen Realismus übernimmt. Was die hier vertretene Position aber in besonderer Weise mit der Poetik des Magischen Realismus verbindet, ist die Verhandlung avantgardistischer und realistischer Verfahren über eine Poetik der Mitte, die eine allzu experimentelle wie auch eine allzu konservative Position gleichermaßen als problematisch wertet:

> Mitte. Vorn, ganz vorn sind immer noch die großmäuligen Alten, die Deutungshoheiten mit und ohne Pfeife. Dicht gefolgt von den einst nicht minder lärmenden Damen und Herren um die sechzig, den Emanzipierten um jeden Preis, die sich in splendider Isolation eingerichtet haben und aus dieser von Zeit zu Zeit mit steiler Geste zu Wort melden. Hinten und deshalb auch wieder ganz vorn, sobald der Betrieb plötzlich kehrtum macht (hat er das nicht schon?), die Dienstleister gestriegelter Populärliteratur und die mehrheitlich TechnikerInnen einer unerschöpflichen Ästhetik der Erschöpfung. Dazwischen – ja dazwischen das adulte Mittelfeld.[19]

Gerade so, wie sich die Autoren des Magischen Realismus gegen eine Überbewertung der formalen Experimente der Avantgarden ausgesprochen haben, richtet sich der programmatische Aufruf zu einem „Relevanten Realismus" primär gegen einen Kulturbetrieb, der „die existenzielle Dimension der Literatur nicht einklagt und stattdessen weiterhin das Lob der Bastelware singt"[20]. Stattdessen fordern die Autoren die Verpflichtung auf eine Realität außerhalb sprachlicher Zeichen, ohne einem naiven Realismus aufsitzen zu wollen:

---

18 Schäfer, Unberühmter Ort, S. 215 ff. In Anknüpfung an Schäfer hat Moritz Baßler die Kontinuität magisch-realistischer Verfahren zudem in der Prosa Rolf Dieter Brinkmanns diskutiert: Baßler, Totenpark mit Riesenrad. Zum Verhältnis von Magischem Realismus und Pop. In: Abfälle. Stoff- und Materialpräsentation in der deutschen Pop-Literatur der 60er Jahre, hg. von Dirck Linck u. Gert Mattenklott, Hannover-Laatzen 2006, S. 215–232.
19 Martin R. Dean, u. a., Was soll der Roman. In: Die Zeit, 26, 2005, http://www.zeit.de/2005/26/Debatte_1, abgerufen am 3.7.2017.
20 Ebd.

> Wir sind zu jung, um unsere Erfahrung weiter in den stickigen Kathedralen einer selbstreferenziellen Literatur verglühen zu lassen. Gleichzeitig sind wir zu alt, um einem populistischen Begriff von Realität aufzusitzen, wie ihn die jüngere Generation zum Markenzeichen ihrer Pseudospontaneität gemacht hat. Die Popliteratur ist tot, vorbei der Versuch, Problemdarstellung über die Infantilisierung der Gesellschaft zu betreiben.[21]

Wie in der Programmatik des Magischen Realismus wird das Konzept der Mitte in jeder Hinsicht zum ultimativen Schlagwort. Die Autoren positionieren sich nicht nur zwischen den Generationen und zwischen den ideologischen Extremen, sondern eben auch zwischen Sprache und Wirklichkeit bzw. zwischen den Sprachartisten, die das „postmoderne Spiel des Anything goes" perpetuieren, und den ‚naiven' Realisten:

> Was also ist die Haltung des Relevanten Realismus? Stilistisch gesprochen: eine Gratwanderung zwischen dem, was als Erzählen aus der Mitte erlebten Lebens heraus seit je einzig angemessen, und dem, was von der einstigen Avantgarde als Kunstfertigkeit übrig geblieben ist. Moralisch gesprochen: die beständige Sichtung unsrer untergehenden Welt und das Ringen um neue Utopien. Vielleicht sollten wir uns dabei mit dem Gedanken anfreunden, wir ewig Linksliberalen, dass wir am Ende wertkonservativ denken müssen, um des grassierenden kulturellen Kannibalismus Herr zu werden.[22]

Die von Plumpe aufgezeigten Parallelen zwischen der in dem *Zeit*-Artikel entfalteten Position mit den Programmen des Poetischen Realismus wäre vor dem Hintergrund der hier präsentierten Ergebnisse zu erweitern, insofern der Text deutlich in der postavantgardistischen Tradition des Magischen Realismus steht. Welche Möglichkeiten und Probleme sich aus dem Postulat eines „relevanten Realismus" ergeben, wäre vor dem Hintergrund der in dieser Arbeit präsentierten Ergebnisse zu diskutieren. Insgesamt darf man Plumpe wohl zustimmen: „Die vier Autoren des Zeit-Artikels vom 23. Juni 2005 würden über diese Genealogie ihrer Postulate wahrscheinlich erstaunt sein."[23]

Der kurze Ausblick sollte deutlich gemacht haben, dass die Frage nach der Verknüpfung von realistischen und avantgardistischen Programmen und Verfahren respektive die Frage nach einem realistischen Erzählen nach den Avantgarden über die hier diskutierten Texte hinaus von Relevanz ist. Der Magische Realismus der Zwischen- und Nachkriegszeit kann als besonders früher Entwurf

---

21 Ebd.
22 Ebd.
23 Gerhard Plumpe, Der Widerstand der Welt. Realismus und Literatur der Moderne. In: Realitätseffekte. Ästhetische Repräsentationen des Alltäglichen im 20. Jahrhundert, hg. von Alexandra Kleihues, München 2008, S. 13–23, hier: S. 16.

betrachtet werden, eine politisch wie ästhetisch gemäßigte Position nach den Avantgarden zu besetzen, die eine wie auch immer gebrochene Rückkehr realistischer Zeichengebungsverfahren ermöglicht. Inwiefern die hier vorgestellte Poetik der Mitte über das verhandelte Textkorpus hinaus selbst wiederum Schule macht, muss an dieser Stelle offenbleiben.

Literaturverzeichnis

Quellen

Aichinger, Ilse, Die größere Hoffnung, Amsterdam 1948 [Erstausgabe].
Aichinger, Ilse, Die größere Hoffnung, hg. von Richard Reichensperger, Frankfurt am M. 2012, (Werke in 8 Bänden) Die Textfassung beruht auf der von Aichinger 1960 überarbeiteten Zweitausgabe.
Baeumler, Alfred, Bachofen und Nietzsche (1929). In: Baeumler, Studien zur deutschen Geistesgeschichte, Berlin 1937, S. 220–243.
Baeumler, Alfred, Bachofen, der Mythologe der Romantik. In: Der Mythus von Orient und Occident. Eine Metaphysik der alten Welt. Aus den Werken von J.J. Bachofen, mit einer Einleitung von Alfred Baeumler, hg. von Manfred Schröter, München ²1956, S. XXV–CCXCIV.
Bachofen, Johann Jakob, Das Mutterrecht. Eine Untersuchung über die Gynaikokratie der Alten Welt nach ihrer religiösen und rechtlichen Natur. Eine Auswahl, hg. von Hans-Jürgen Heinrichs, Frankfurt a. M. 1975.
Benjamin, Walter, Gesammelte Schriften in 7 Bänden (14 Teilbände), hg. von Rolf Tiedemann, Frankfurt a. M. 1972–1989.
Benn, Gottfried, Sämtliche Werke, hg. von Gerhard Schuster u. Holger Hof, in Verbindung mit Ilse Benn, Stuttgart 1983–2003.
Becher, Johannes R., Unsere Front. In: Die Linkskurve, 1, 1929, S. 1–3.
Best, Otto F. (Hg.), Theorie des Expressionismus, Stuttgart ²2004.
Bloch, Ernst, Geist der Utopie, bearbeitete Neuauflage der zweiten Fassung von 1923, Frankfurt a. M. 2007, (Gesammelte Werke. 3).
Dean, Martin R., Thomas Hettche, Matthias Politycki, Michael Schindhelm, Was soll der Roman? In: Die Zeit 26, 2005, http://www.zeit.de/2005/26/Debatte_1, abgerufen am 3.7.17.
Dix, Otto, Objekt gestaltet Form (1927), In: Otto Dix. 1891–1969. Museum Villa Stuck, 23. August bis 27. Oktober 1985, hg. von Rainer Beck, München 1985, S. 274.
Döblin, Alfred, Berlin Alexanderplatz. Die Geschichte vom Franz Biberkopf, mit einem Nachwort von Walter Muschg, München 1961.
Edschmid, Kasimir, Puppen. In: Edschmid, Frühe Schriften, hg. von Ernst Johann, Neuwied, Berlin 1970, S. 114–118.
Eich, Günter, Gesammelte Werke in 4 Bänden, revidierte Ausgabe, hg. von Axel Vieregg, u. Karl Karst, Frankfurt a. M. 1991.
Eich, Günter, Rebellion in der Goldstadt. Texttranskript und Materialien, hg. von Karl Karst, Frankfurt a. M. 1997.
Francesco, Grete de, Auch Lear schwört bei Apoll. In: Frankfurter Zeitung 65, 1932, Nr. 51, S. 17–19.
Freytag, Gustav, Soll und Haben. Roman in 6 Büchern, mit einem Nachwort von Helmut Winter, Leipzig 2002.
Goll, Iwan, Das Wort an sich. Versuch einer Poetik. In: Die Neue Rundschau, 32, 1921, S. 1082–1085.

Hamann, Johann G., Aesthetica in nuce. Eine Rhapsodie in kabbalistischer Prose (1792). In: Hamann, Schriften über Philosophie, Philologie, Kritik. 1758–1763, hg. von Joseph Nadler, Wien 1950 (Sämtliche Werke. 2), S. 195–217.
Hartung, Rudolf, Zur Situation unserer deutschen Literatur. Strömungen und Möglichkeiten. In: Welt und Wort 1, 1946, S. 107–110.
Hatvani, Paul, Der Mensch in der Mitte [Rezension]. In: Der Friede, 2, 1918, S. 844.
Hegel, Georg W. F., Ästhetik. Bd. 1, hg. von Friedrich Bassenge, Frankfurt a. M. 1966.
Hiller, Kurt, Gustav Wynekens Erziehungslehre und der Aktivismus, Hannover 1919 (Die Silbergäule. 4).
Hoffmann, E.T.A., Der goldene Topf. In: Hoffmann, Fantasiestücke in Callot's Manier, hg. von Hartmut Steinecke, Frankfurt a. M. 1993 (Sämtliche Werke. 2.1), S. 229–321.
Hofmannsthal, Hugo von, Sämtliche Werke. Kritische Ausgabe, hg. von Heinz O. Burger u. a., Frankfurt a. M. 1975–2013.
Huebner, Friedrich Markus, Zugang zur Welt. Magische Deutungen, Leipzig 1929.
Jünger, Ernst, Blätter und Steine, Hamburg ²1942.
Jünger, Ernst, Sämtliche Werke. Stuttgart 1978–2003.
Kandinsky, Wassily, Über das Geistige in der Kunst. Insbesondere in der Malerei. Mit acht Tafeln und zehn Originalholzschnitten, München 1912.
Kayser, Rudolf, Der Sohn. Anmerkungen zur Neu-Aufführung. In: Das junge Deutschland, 1, 1918, S. 315 f.
Kayser, Rudolf, Das Ende des Expressionismus. In: Der Neue Merkur, 4, 1920, S. 248–258.
Kayser, Rudolf, Prolog. In: Kayser (Hg.), Verkündigung. Anthologie junger Lyrik, München 1921, S. V–XI.
Kayser, Rudolf, Zeit ohne Mythos, Berlin 1923.
Kenémy, Alfréd, Das dynamische Prinzip der Welt-Konstruktion im Zusammenhang mit der funktionellen Bedeutung der konstruktiven Gestaltung. In: Der Sturm, 14, 1923, S. 62–64.
Klages, Ludwig, Der Geist als Widersacher der Seele I, Leipzig 1929.
Kracauer, Siegfried, Das Ornament der Masse. In: Kracauer, Das Ornament der Masse. Essays, mit einem Nachwort von Karsten Witte, Frankfurt a. M. 1963, S. 50–63.
Kuhnert, Arthur A., Martin Raschke (Hg.), Die Kolonne. Zeitung der jungen Gruppe Dresden [ab dem 7. Heft ersetzt durch den Untertitel: Zeitschrift für Dichtung], 1–3 (1929–1932).
Lange, Horst, Landschaftliche Dichtung. In: Der weisse Rabe. Zeitschrift für Vers und Prosa, 2, 1933, S. 21–26.
Lange, Horst, Ulanenpatrouille. Geschichte einer Liebe, Stuttgart 1961.
Langgässer, Elisabeth, Proserpina. Welt eines Kindes, Leipzig 1933.
Langgässer, Elisabeth, Das Bild des Mannes in den Augen der Frau. In: Berliner Hefte für geistiges Leben, 4, 1949, S. 337–341.
Langgässer, Elisabeth, Gesammelte Werke, Hamburg 1959–1964.
Langgässer, Elisabeth, Hörspiele, Mainz 1986 (Die Mainzer Reihe. 63).
Langgässer, Elisabeth, Briefe 1924–1950. 2 Bände, hg. von Elisabeth Hoffmann, Düsseldorf 1990.
Lehman, Wilhelm, Gesammelte Werke in 8 Bänden, hg. von Agathe Weigl-Lehmann, Hans-Dieter Schäfer, Bernhard Zeller, in Verbindung mit der Akademie der Wissenschaften und der Literatur in Mainz und dem Deutschen Literaturarchiv in Marbach a. N., Stuttgart 1982–1999.
Loerke, Oskar, Der Prinz und der Tiger, Berlin 1920.
Loerke, Oskar, Der Oger, Berlin 1921 (Die junge Welt. 4).

Loerke, Oskar, Tagebücher 1903–1939, hg. von Hermann Kasack, Heidelberg, Darmstadt 1956 (Veröffentlichungen der deutschen Akademie für Sprache und Dichtung, Darmstadt. 5).
Loerke, Oskar, Die sieben jüngsten Jahre der deutschen Lyrik, mitgeteilt von Reinhard Tghart. In: Jahrbuch der deutschen Schillergesellschaft 8, 1964, S. 33–40.
Loerke, Oskar, Der Bücherkarren. Besprechungen im Berliner Börsenkurier. 1920–1928, hg. von Hermann Kasack, unter Mitarbeit von Reinhard Tghart, Heidelberg, Darmstadt 1965 (Veröffentlichungen der Deutschen Akademie für Sprache und Dichtung, Darmstadt. 34).
Loerke, Oskar, Literarische Aufsätze aus der ‚Neuen Rundschau' (1909–1941), hg. von Reinhard Tghart, Heidelberg, Darmstadt 1967 (Veröffentlichungen der deutschen Akademie für Sprache und Dichtung, 38).
Loerke, Oskar, Die Puppe. In: Prosa des Expressionismus, hg. von Fritz Martini, Stuttgart 2003, S. 272–81. [Erstveröffentlichung in: Das Jahrbuch der Zeitschrift *Das neue Pathos* 1919, hg. von Paul Zech, Berlin-Steglitz 1919, S. 29–39.]
Loerke, Oskar, Gedichte und Prosa (2 Bände), hg. von Peter Suhrkamp, Frankfurt a. M. 1958.
Ludwig, Otto, Zwischen Himmel und Erde, Stuttgart 2001.
Mann, Golo, Felix Weltsch. Das Wagnis der Mitte. In: Mass und Wert, 1, 1937/38, S. 814–817.
Mann, Klaus, Das Wagnis der Mitte. In: Mann, Das Wunder von Madrid. Aufsätze, Reden, Kritiken. 1936–1938, hg. von Uwe Naumann u. Michael Töteberg, Reinbek bei Hamburg 1993, S. 224–226.
Mann, Thomas, Mass und Wert [Vorwort]. In: Mass und Wert, 1, 1937/38, S. 1–16.
Marcus, Hugo, Der Oger [Rezension]. In: Die Neue Rundschau, 33, 1922, S. 1058f.
Mauthner, Fritz, Beiträge zu einer Kritik der Sprache, Bd.1. Zur Sprache und Psychologie, Leipzig ³1923.
Neiße, Max H., Gottfried Benns Prosa. In: Die Neue Bücherschau, 7, 1929, S. 376–380.
Plumpe, Gerhard (Hg.), Theorie des bürgerlichen Realismus, Stuttgart 2005.
Richter, Hans Werner, Literatur im Interregnum. In: Der Ruf, 1, 1947, S. 10–11.
Richter, Hans Werner, Skorpion. In: Richter, Der Skorpion. Reprint, mit einer Dokumentation zur Geschichte des ‚Skorpions' und einem Nachwort zur Geschichte der Gruppe 47 von Heinz Ludwig Arnold, Göttingen 1991, S. 7–9.
Roh, Franz, Nachexpressionismus – Magischer Realismus. Probleme der neusten europäischen Malerei, Leipzig 1925.
Rubiner, Ludwig, Der Mensch in der Mitte, Berlin-Wilmersdorf 1917.
Saiko, George, Sämtliche Werke, Salzburg, Wien 1986–1992.
Scheler, Max, Der Mensch im Weltalter des Ausgleichs. In: Scheler, Späte Schriften, mit einem Anhang, hg. von Manfred S. Frings, München 1976 (Gesammelte Werke. 9), S. 145–170.
Schopenhauer, Arthur, Die Welt als Wille und Vorstellung, Paderborn ³2005.
Schreyer, Lothar, Anschauung und Gleichnis. Die Gegenwart der Kunst. In: Der Sturm, 14, 1923, S. 83–93.
Sedlmayr, Hans, Verlust der Mitte. Die bildende Kunst des 19. und 20. Jahrhunderts als Symptom und Symbol der Zeit, Salzburg 1948.
Vierkandt, Alfred, Der Dualismus im modernen Weltbild, Berlin 1923.
Weltsch, Felix, Das Wagnis der Mitte. Ein Beitrag zur Ethik und Politik der Zeit, M.-Ostrau 1937.
Westheim, Paul, Rundfrage des Kunstblatts: „Ein neuer Naturalismus". In: Das Kunstblatt, 6, 1922, S. 369–413.
Worringer, Wilhelm, Abstraktion und Einfühlung, München ¹¹1921.
Worringer, Wilhelm, Formprobleme der Gotik. Mit 25 Tafeln, München 1918.

Forschungsliteratur

Anz, Thomas, Literatur der Existenz. Literarische Psychopathographie und ihre soziale Bedeutung im Frühexpressionismus, Stuttgart 1977 (Germanistische Abhandlungen. 46).

Anz, Thomas, Thesen zur expressionistischen Moderne. In: Becker/Kiesel, Literarische Moderne, S. 329–347.

Anz, Thomas, Michael Stark (Hg.), Manifeste und Dokumente zur deutschen Literatur 1910–1920, Stuttgart 1982.

Arva, Eugene, Hubert Roland (Hg.), Magical Realism as narrative strategy in the recovery of historical traumata, 2014 http://www.interferenceslitteraires.be/nr14, abgerufen am 11.5.17 (Interférences littéraires. Literaire interferenties. 14).

Augsberger, Eva, Elisabeth Langgässer. Assoziative Reihung, Leitmotiv und Symbol in ihren Prosawerken, Nürnberg 1962 (Erlanger Beiträge zur Sprach- und Kunstwissenschaft. 12).

Balke, Friedrich, „Ausnahme" oder „Ausgleich". Zwei Leitbegriffe der Zeitdiagnostiken Max Schelers und Carl Schmitts. In: Kulturelle Enteignung. Die Moderne als Bedrohung, hg. von Georg Bollenbeck u. Werner Köster, Wiesbaden 2003 (Kulturelle Moderne und bildungsbürgerliche Semantik. 1), S. 51–65.

Bannasch, Bettina, Subversive Reichsmystik. Zur Modernität des Erzählens bei Elisabeth Langgässer. In: Außler/Roland/Schuster, Poetologien, S. 195–214.

Barner, Wilfried (Hg.), Geschichte der deutschen Literatur von 1945 bis zur Gegenwart, München 2006 (Geschichte der deutschen Literatur von den Anfängen bis zur Gegenwart. 12).

Barthes, Roland, Der „Wirklichkeitseffekt" (1969). In: Barthes, Das Rauschen der Sprache, übersetzt von Dieter Horning, Frankfurt a. M. 2006 (Kritische Essays. 4), S. 164–172.

Baßler, Moritz, Die Entdeckung der Textur. Unverständlichkeit in der Kurzprosa der emphatischen Moderne 1910–1920, Tübingen 1994 (Studien zur deutschen Literatur. 134).

Baßler, Moritz, Absolute Prosa. In: Fähnders, Expressionistische Prosa, S. 59–78.

Baßler, Moritz, Totenpark mit Riesenrad. Zum Verhältnis von Magischem Realismus und Pop. In: Abfälle. Stoff- und Materialpräsentation in der deutschen Pop-Literatur der 60er Jahre, hg. von Dirck Linck u. Gert Mattenklott, Hannover-Laatzen 2006, S. 215–232.

Baßler, Moritz, Gegen die Wand. Die Aporie des Poetischen Realismus und das Problem der Repräsentation von Wissen. In: Magie der Geschichten. Weltverkehr, Literatur und Anthropologie in der zweiten Hälfte des 19. Jahrhunderts, hg. von Michael Neumann u. Kerstin Stüssel, Konstanz 2011, S. 429–443.

Baßler, Moritz (Hg.), Entsagung und Routines. Aporien des Spätrealismus und Verfahren der Frühen Moderne, Berlin, Boston 2013, (linguae & litterae. 23).

Baßler, Moritz, Aporien des Spätrealismus und die Routines der Frühen Moderne. In: Baßler, Entsagung und Routines, S. 3–21.

Baßler, Moritz, Deutsche Erzählprosa 1850–1950. Eine Geschichte literarischer Verfahren, Berlin 2015.

Baßler, Moritz, Hubert Roland, Jörg Schuster (Hg.), Poetologien deutschsprachiger Literatur. Kontinuitäten jenseits des Politischen. Berlin, Boston 2016 (Untersuchungen zur deutschen Literaturgeschichte. 146).

Bauer-Rabé, Günter E., Hälfte des Lebens. Untersuchungen zu den Tagebüchern Wilhelm Lehmanns 1900–1925, Würzburg 1986.

Bär, Gerald, Das Motiv des Doppelgängers als Spaltungsphantasie in der Literatur und im deutschen Stummfilm, Amsterdam, New York 2005 (Internationale Forschungen zur allgemeinen und vergleichenden Literaturwissenschaft. 84).

Becker, Sabina, Helmuth Kiesel (Hg.), Literarische Moderne. Begriff und Phänomen, Berlin, New York 2007.

Becker, Sabina, Neue Sachlichkeit. 2 Bände, Köln, Weimar, Wien 2000.

Beßlich, Barbara, ‚Können Dichter die Welt ändern?' Medialer Wirkungswille in Benns Rundfunkdialog und Brechts Radiotheorie. In: Gottfried Benn – Bertolt Brecht. Das Janusgesicht der Moderne, hg. von Achim Aurnhammer, Würzburg 2009 (Klassische Moderne. 11), S. 233–354.

Beyme, Klaus von, Das Zeitalter der Avantgarden. Kunst und Gesellschaft 1905–1955, München 2005.

Biebuyck, Benjamin, Die poietische Metapher. Ein Beitrag zur Theorie der Figürlichkeit, Würzburg 1998 (Epistemata – Reihe Literaturwissenschaft. 204).

Blok, Vincent, Stereoskopie und Trigonometrie. Jüngers Methode im Licht des ‚Sizilischen Briefes an den Mann im Mond'. In: Ernst Jünger – Eine Bilanz, hg. von Natalja Zarska, Gerald Diesner u. Wojciech Kunicki, Göttingen 2010, S. 58–73.

Bowers, Maggie Ann, Magic(al) Realism, London, New York 2005 (The New Critical Idiom).

Brinkmann, Richard, Wirklichkeit und Illusion. Studien über Gehalt und Grenzen des Begriffs Realismus für die erzählende Dichtung des neunzehnten Jahrhunderts, Tübingen 1966.

Bronfen, Elisabeth, Marius Benjamin, Einleitung. In: Hybride Kulturen. Beträge zur anglo-amerikanischen Multikulturalismusdebatte, hg. von Elisabeth Bronfen, Marius Benjamin u. Therese Steffen, Tübingen 1997 (Stauffenburg-Discussion. 4), S. 1–29.

Brunnträger, Hubert, Der Ironiker und der Ideologe. Die Beziehungen zwischen Thomas Mann und Alfred Baeumler, Würzburg 1993 (Studien zur Literatur- und Kulturgeschichte. 4).

Buhl, Svend, „Licht heißt hier Klang". Synästhesie und Stereoskopie als bildgebende Erzählformen in den Tagebüchern Ernst Jüngers, Bonn 2003.

Bürger, Peter, Theorie der Avantgarde, Frankfurt a. M.^{2} 1974.

Cuomo, Glenn R., Career at the Cost of compromise: Günter Eich's life and work in the years 1933–1945, Amsterdam, Atlanta 1989 (Amsterdamer Publikationen zur Sprache und Literatur. 82).

Delabar, Walter, Ursula Kocher (Hg.), Gottfried Benn (1886–1956). Studien zum Werk, Bielefeld 2007 (Moderne-Studien. 2).

Dierks, Manfred, Studien zu Mythos und Psychologie bei Thomas Mann. An seinem Nachlass orientierte Untersuchungen zum ‚Tod in Venedig', zum ‚Zauberberg' und zur ‚Joseph'-Tetralogie, Berlin 1972 (Thomas-Mann-Studien. 2).

Dolan, Joseph P., Die Rolle der ‚Kolonne' in der Entwicklung der modernen deutschen Naturlyrik, Ann Arbor 1979.

Dörr, Volker, Mythomimesis. Mythische Geschichtsbilder in der westdeutschen (Erzähl-) Literatur der frühen Nachkriegszeit (1945–1952), Berlin 2004.

Draganovic, Julia, Figürliche Schrift. Zur darstellerischen Umsetzung von Weltanschauung in Ernst Jüngers erzählerischem Werk, Würzburg 1998 (Epistemata. Reihe Literaturwissenschaft. 199).

Drügh, Heinz J., Andersrede. Zur Struktur und historischen Systematik des Allegorischen, Freiburg i.B. 2000 (Rombach – Reihe Litterae. 77).

Eisele, Ulf, Realismus und Ideologie. Zur Kritik der literarischen Theorie nach 1848 am Beispiel des ‚Deutschen Museums', Stuttgart 1976.
Erdbeer, Mathias, Der Text als Verfahren. Zur Funktion des textuellen Paradigmas im kulturgeschichtlichen Diskurs. In: Zeitschrift für Ästhetik und allgemeine Kunstwissenschaft, 46, 2001, S. 77–105.
Fähnders, Walter (Hg.), Expressionistische Prosa, Bielefeld 2001 (Studienbücher. 1).
Fähnders, Walter, Avantgarde. Begriff und Phänomen. In: Becker/Kiesel, Literarische Moderne, S. 277–290.
Fliedl, Konstanze, Zeitroman und Heilsgeschichte. Elisabeth Langgässers ‚Märkische Argonautenfahrt', Wien 1986 (Wiener Arbeiten zur deutschen Literatur. 12).
Forster, Leonard, Über den ‚Magischen Realismus' in der heutigen Dichtung. In: Neophilologus, 34, 1950, S. 86–99.
Frank, Gustav, Stefan Scherer, Komplexer Realismus als nachexpressionistische Konstellation. Elisabeth Langgässers Romane (von 1936 und 1946). In: Öhlschläger/Capano/Borsò, Realismus nach den europäischen Avantgarden, S. 13–40.
Frank, Gustav, Rachel Palfreyman, Stefan Scherer, *Modern Times?* Eine Epochen-konstruktion der Kultur im mittleren 20. Jahrhundert. Skizze eines Forschungsprogramms. In: Modern Times? German literature and arts beyond political chronologies. Kontinuitäten der Kultur, hg. von Gustav Frank, Stefan Scherer u. Rachel Palfreyman, Bielefeld 2005, S. 387–431.
Furnkäs, Josef, Ernst Jüngers „Abenteuerliches Herz. Erste Fassung" (1929) im Kontext des europäischen Surrealismus. In: Ernst Jünger im 20. Jahrhundert, hg. von Hans-Harald Müller u. Harro Segeberg, München 1995, S. 59–76.
Gebhard, Walter, Oskar Loerkes Poetologie, München 1968.
Geppert, Hans V., Der realistische Weg. Formen pragmatischen Erzählens bei Balzac, Dickens, Hardy, Keller, Raabe und anderen Autoren des 19. Jahrhunderts, Tübingen 1994.
Genette, Gérard, Die Erzählung, München ^{2}1998.
Goodbody, Axel, Natursprache. Ein dichtungstheoretisches Konzept der Romantik und seine Wiederaufnahme in der modernen Naturlyrik (Novalis – Eichendorff – Lehmann – Eich), Neumünster 1985 (Kieler Studien zur deutschen Literaturgeschichte. 17).
Graevenitz, Gerhard von, Einleitung. In: Konzepte der Moderne, hg. v. Gerhard von Graevenitz, Stuttgart 1999 (Germanistische Symposien-Berichtsbände. 20), S. 2–16.
Haefs, Wilhelm, Nachexpressionismus. Zur literarischen Situation um 1900. In: Georg Britting (1891–1964). Vorträge des Regensburger Kolloquiums 1991, hg. von Bernhard Gajek u. Walter Schmitz, Frankfurt a. M. u. a. 1993 (Regensburger Beiträge zur deutschen Sprach- und Literaturwissenschaft. 52), S. 74–98.
Haefs, Wilhelm (Hg.), Martin Raschke. Leben und Werk, Dresden 2002 (Arbeiten zur neueren deutschen Literatur. 11).
Heidelberger-Leonard, Irene, Klärung oder Verklärung? Überlegungen zu Ilse Aichingers Roman „Die größere Hoffnung". In: Verschwiegenes Wortspiel, hg. von Heidy M. Müller, S. 157–168.
Herrmann, Britta, Gegenworte, Sprachwiderstände. Ilse Aichingers Roman „Die größere Hoffnung". In: „Was wir einsetzen können, ist Nüchternheit". Zum Werk Ilse Aichingers, hg. von Britta Herrmann u. Barbara Thums, Würzburg 2001, S. 61–78.
Heselhaus, Clemens, Oskar Loerke und Konrad Weiß. Zum Problem des literarischen Nachexpressionismus. In: Der Deutschunterricht, 6, 1954, S. 28–55.
Hilzinger, Sonja, Elisabeth Langgässer. Eine Biographie, Berlin 2009.

Hoffmann, Daniel, Die Wiederkunft des Heiligen. Literatur und Religion zwischen den Weltkriegen, Paderborn u. a. 1998.
Jakobson, Roman, Über den Realismus in der Kunst. In: Jakobson, Poetik. Ausgewählte Aufsätze 1921–1971, hg. von Elmar Holenstein u. Tarcisius Schebert, Frankfurt a. M. 1993, S. 129–139.
Jakobson, Roman, Zwei Seiten der Sprache und zwei Typen aphatischer Störungen [1956]. In: Jakobson, Aufsätze zur Linguistik und Poetik, hg von Wolfgang Raible, München 1974, S. 117–142.
Jaitner, Arne, Zwischen Metaphysik und Empirie. Zum Verhältnis von Transzendentalphilosophie und Psychologie bei Max Scheler, Theodor W. Adorno und Odo Marquard, Würzburg 1999.
Joachimsthaler, Jürgen, Die Pest der Bezeichnung. In: Günter Eichs Metamorphosen. Marbacher Symposium aus Anlass des 100. Geburtstages am 1. Februar 2007, hg. von Carsten Dutt u. Dirk von Petersdorff, Heidelberg 2009, S. 87–119.
Joachimsthaler, Jürgen, Lockend slawisches Grauen. Horst Langes Andeutungen im ‚Dritten Reich'. In: Convivium, 2013, S. 221–252.
Karcher, Eva, Eros und Tod im Werk von Otto Dix. Studien zur Geschichte des Körpers in den zwanziger Jahren, Münster 1984 (Form und Interesse. 7).
Karcher, Eva, Otto Dix. 1891–1969. Leben und Werk, Köln 1988.
Katzmann, Volker, Ernst Jüngers Magischer Realismus, Hildesheim, New York 1975 (Germanistische Texte und Studien. 1).
Kiedaisch, Petra, Volker Schober, Krisenzeit der Moderne. In: Haefs, Martin Raschke, S. 37–58.
Kiesel, Helmuth, Ernst Jünger. Die Biographie, München 2007.
Kirchner, Doris, Doppelbödige Wirklichkeit. Magischer Realismus und nicht-faschistische Literatur, Tübingen 1993 (Stauffenburg-Kolloquium. 27).
Kittler, Friedrich A., Aufschreibesysteme 1800/1900, München ²1987.
Klinke, Otto, E.T.A. Hoffmanns Leben und Werk. Vom Standpunkte eines Irrenarztes, Halle a.S. ²1908.
Kohlroß, Christian, Theorie des modernen Naturgedichts. Oskar Loerke – Günter Eich – Rolf Dieter Brinkmann, Würzburg 2000, (Epistemata. 303).
Korte, Hermann, Expressionismus und Jugendbewegung. In: Internationales Archiv für Sozialgeschichte der deutschen Literatur 13, 1988, S. 70–106.
Korte, Hermann, Ordnung und Tabu. Studien zum Poetischen Realismus, Bonn 1989.
Korte, Hermann, Lyrik am Ende der Weimarer Republik. In: Literatur der Weimarer Republik 1918–1933, Bernhard Weyergraf, München, Wien 1995 (Hansers Sozialgeschichte der deutschen Literatur vom 16. Jahrhunderts bis zur Gegenwart. 8), S. 601–635.
Koschorke, Albrecht, Ein neues Paradigma in den Kulturwissenschaften. In: Die Figur des Dritten. Ein kulturwissenschaftliches Paradigma, hg. von Eva Esslinger u. a., Frankfurt a. M. 2010, S. 9–31.
Koschorke, Albrecht, Wahrheit und Erfindung. Grundzüge einer allgemeinen Erzähltheorie, Frankfurt a. M. 2012
Krolow, Karl, Eine folgerichtige Entwicklung. Das neue deutsche Naturgedicht. In: Kindlers Literaturgeschichte der Gegenwart. Autoren, Werke, Themen, Tendenzen seit 1945. Die Literatur der Bundesrepublik. Bd. 2, hg. von Dieter Lattmann, Frankfurt a. M. ²1980, S. 38–99.

Kyora, Sabine, Eine Poetik der Moderne. Zu den Strukturen modernen Erzählens, Würzburg 2007.
Lampart, Fabian, Nachkriegsmoderne. Transformationen der deutschsprachigen Lyrik 1945–1960, Berlin, Boston 2013 (linguae & litterae. 19).
Lamping, Dieter, Das lyrische Gedicht. Definitionen zu Theorie und Geschichte der Gattung, Göttingen ³2000.
Leine, Torsten W., „Unsere Jenny hat doch Recht". Zur Poetologie des Spätrealismus in Fontanes „Frau Jenny Treibel". In: Baßler, Entsagung und Routines, S. 48–69.
Leine, Torsten W., Die Flucht ins Mittelmäßige. Ein New Yorker Roman (1959). In: Handbuch der deutschsprachigen Exilliteratur. Von Heinrich Heine bis Herta Müller, hg. von Bettina Bannasch u. Gerhild Rochus, Berlin, Boston 2013, S. 314–321.
Lenk, Kurt, Die Links-Rechts-Skala und die Magie der Mitte. In: Lenk, Rechts, wo die Mitte ist. Studien zur Ideologie. Rechtsextremismus, Nationalsozialismus, Konservatismus, Baden-Baden 1994, S. 11–13.
Lethen, Helmut, Neue Sachlichkeit 1924–1932. Studien zur Literatur des ‚weißen Sozialismus', Stuttgart 1970.
Loose, Gerhard, Ernst Jünger. Gestalt und Werk, Frankfurt a. M. 1957.
Lozza, Erica, Die Prosaepik Oskar Loerkes, Zürich 1972.
Lotman, Jurij M., Die Struktur literarischer Texte, übersetzt von Rolf-Dietrich Keil, München ³1993.
Lotman, Jurij M., Die Innenwelt des Denkens. Eine semiotische Theorie der Kultur, hg. von Susi K. Frank, Cornelia Ruhe u. Alexander Schmitz, übersetzt von Gabriele Leupold u. Olga Radetzkaja, Berlin 2010.
Menke, Bettine, Sprachfiguren. Name, Allegorie, Bild nach Benjamin, München 1991 (Theorie und Geschichte der Literatur und der schönen Künste: Reihe A. Hermeneutik, Semiotik, Rhetorik. 5).
Menke, Timm, Benns Text zum Oratorium „Das Unaufhörliche" und Brechts Lehrstück „Die Maßnahme". Fluchtpunkte der Geschichtsphilosophie in der deutschen Literatur des 20. Jahrhunderts. In: Delabar/Kocher, Gottfried Benn, S. 143–158.
Menninghaus, Winfried, Walter Benjamins Theorie der Sprachmagie, Frankfurt a. M. 1980.
Meyer, Helmut, Die frühen Erzählungen Elisabeth Langgässers. Dichtung zwischen Mythos und Logos, Köln 1972. Meyer, Martin, Ernst Jünger, München u. a. 1990.
Müller, Guido, Europäische Gesellschaftsbeziehungen nach dem ersten Weltkrieg. Das Deutsch-Französische Studienkomitee und der Europäische Kulturbund, Oldenburg 2005 (Studien zur internationalen Geschichte. 15).
Müller, Heidy M. (Hg.), Verschwiegenes Wortspiel. Kommentare zum Werk Ilse Aichingers, Bielefeld 1999.
Müller-Tamm, Pia, Katharina Sykora, Puppen, Körper, Automaten. Phantasmen der Moderne. In: Puppen, Körper, Automaten. Phantasmen der Moderne [erscheint anläßlich der Ausstellung Puppen, Körper, Automaten. Phantasmen der Moderne, Kunstsammlung Nordrhein-Westfalen, Düsseldorf, vom 24. Juli bis 17. Oktober 1999], hg. von Pia Müller-Tamm u. Horst Bredekamp, Köln 1999, S. 65–93.
Müller-Richter, Klaus, Arturo Lacarti, Metapher und Geschichte. Die Reflexion bildlicher Rede in der Poetik der deutschen Nachkriegsliteratur (1945–1965), Wien 2007 (Österreichische Akademie der Wissenschaften. Veröffentlichungen zur Literaturwissenschaft. 27).

Mülverstedt, Carolin, Denn das Thema der Dichtung ist immer der Mensch. Entindividualisierung und Typologisierung im Romanwerk Elisabeth Langgässers, Würzburg 2000 (Epistemata. 295).

Neumann, Peter Horst, Rettung der Poesie im Unsinn. Der Anarchist Günter Eich, Stuttgart 1981.

Oppermann, Michael, Innere und äußere Wirklichkeit im Hörspielwerk Günter Eichs, München 1990.

Ort, Claus-Michael, Zeichen und Zeit. Probleme des literarischen Realismus, Tübingen 1998 (Studien und Texte zur Sozialgeschichte der Literatur. 64).

Öhlschläger, Claudia, Abstraktionsdrang. Wilhelm Worringer und der Geist der Moderne, München 2005.

Öhlschläger, Claudia, Lucia Perrone Capano, Vittoria Borsò (Hg.), Realismus nach den europäischen Avantgarden. Ästhetik, Poetologie und Kognition in Film und Literatur der Nachkriegszeit, Bielefeld 2012.

Parker, Stephen, Peter Davies, Matthew Philpotts, The Modern Restauration. Re-thinking German literary history. 1930–1960, Berlin, New York 2004.

Pelz, Annegret: Mitte-Konstellationen um 1945 (Rehm, Sedlmayr, Auerbach). In: Konstellationen. Versuchsanordnungen des Schreibens, hg. von Helmut Lethen, Annegret Pelz u. Michael Rohrwasser, Göttingen 2013 (Schriften der Wiener Germanistik. 1), S. 189–206.

Pieper, Thomas, Überwindung des Welt-Leids. Loerkes Lyrik im Spannungsfeld zwischen Nietzsche und Schopenhauer, Frankfurt a. M. u. a. 1992 (Bochumer Schriften zur Deutschen Literatur. 33).

Plumpe, Gerhard, Einleitung. In: Plumpe, Theorie des bürgerlichen Realismus, S. 9–41.

Plumpe, Gerhard, Der Widerstand der Welt. Realismus und Literatur der Moderne. In: Realitätseffekte. Ästhetische Repräsentationen des Alltäglichen im 20. Jahrhundert, hg. von Alexandra Kleihues, München 2008, S. 13–23.

Roland, Hubert, George Saikos Kriegserzählungen und die Tradition des ‚magischen Realismus' in der österreichischen Literatur der Nachkriegszeit". In: Germanistische Mitteilungen, 67, 2008, S. 172–185.

Roland, Hubert, Leben und Werk von Friedrich Markus Huebner (1886–1964). Vom Expressionismus zur Gleichschaltung, Münster u. a. 2009 (Studien zur Geschichte und Kultur Nordwesteuropas. 19).

Roland, Hubert, Anne-Francoise Zeevaert, Poetologische Transformationen? Die beiden Fassungen von Aichingers Roman ‚Die größere Hoffnung' unter besonderer Berücksichtigung des Magischen Realismus. In: Etudes Germaniques, 2, 2006, S. 219–242.

Roland, Hubert, Magischer Realismus und Innere Emigration. Das Störpotential einer Poetik in Elisabeth Langgässers Der Gang durch das Ried (1936). In: Baßler/Roland/Schuster, Poetologien deutschsprachiger Literatur, S. 51–76.

Rosenberger, Nicole, Erzählen als Übersetzen. Zum Textbegriff in Ilse Aichingers Roman ‚Die größere Hoffnung' und in ihrer Kurzprosa. In: Der unfeste Text. Perspektiven auf einen literatur- und kulturwissenschaftlichen Leitbegriff, hg. von Barabara Sabel u. André Bucher, Würzburg 2001, S. 251–263.

Samuelson-Koenneker, Marguerite, Der Stellenwert des Romans ‚Der Oger' im dichterischen Werk Oskar Loerkes. In: Zeitgenosse vieler Zeiten. Zweites Marbacher Loerke-Kolloquium 1987, hg. von Reinhard Tghart, Mainz 1989 (Die Mainzer Reihe. 66), S. 223–250.
Schäfer, Burkhardt, Unberühmter Ort. Die Ruderalfläche im Magischen Realismus und der Trümmerliteratur, Frankfurt a. M. 2001 (Tübinger Studien zur deutschen Literatur. 18).
Schäfer, Hans-Dieter, Wilhelm Lehmann. Studien zu seinem Leben und Werk, Bonn 1969 (Abhandlungen zur Kunst-, Musik- und Literaturwissenschaft. 66).
Schäfer, Hans-Dieter, Naturdichtung und Neue Sachlichkeit. In: Die deutsche Literatur in der Weimarer Republik, hg. von Wolfgang Rothe, Stuttgart 1974, S. 359–381.
Schäfer, Hans-Dieter, Das gespaltene Bewußtsein. Deutsche Kultur und Lebenswirklichkeit 1933–1945, München, Wien 1981.
Schäfer, Hans-Dieter, Der Mythos der jungen Kolonne. In: Haefs, Martin Raschke, S. 25–36.
Scheffel, Michael, Magischer Realismus. Die Geschichte eines Begriffes und ein Versuch seiner Bestimmung, Tübingen 1990 (Stauffenburg Colloquium. 16).
Scheffel, Michael, Magischer Realismus. In: Reallexikon der deutschen Literaturwissenschaft, Bd. 2, hg. von Harald Fricke u. a., Berlin, New York 2000, S. 526–527.
Scheffel, Michael, „Wunder und Sachlichkeit". Martin Raschke und der „magische Realismus" einer um 1930 jungen Genration. In: Haefs, Martin Raschke, S. 59–77.
Schmidt-Burkhardt, Astrit, Stammbäume der Kunst. Zur Genealogie der Avantgarde, Berlin 2004.
Schnetz, Wolf-Peter, Oskar Loerke. Leben und Werk, München 1967.
Schuster, Jörg, Hörspiele zwischen NS-Propaganda, Magischem Realismus und Spätavantgarde (1930–1960). In: Baßler/Roland/Schuster, Poetologien deutschsprachiger Literatur, S. 179–194.
Schuster, Jörg, Die vergessene Moderne. Deutsche Literatur 1930–1960, Stuttgart 2016 (Kröners Taschenausgabe. 219).
Schwilk, Heimo (Hg.), Ernst Jünger. Leben und Werk in Bildern und Texten, Stuttgart 1988.
Scrase, David, Wilhelm Lehmann. Biographie, übersetzt von Michael Lehmann, Göttingen 2011 (Mainzer Reihe. 10).
Seferens, Horst, Leute von übermorgen und vorgestern. Ernst Jüngers Ikonographie der Gegenaufklärung und die deutsche Rechte nach 1945, Bodenheim 1998.
Seidler, Miriam, „Sind wir denn noch Kinder?" Untersuchungen zur Kinderperspektive in Ilse Aichingers Roman „Die größere Hoffnung" unter Einbeziehung des Fassungsvergleichs, Frankfurt a. M. u. a. 2004 (Europäische Hochschulschriften. Reihe I. Deutsche Sprache und Literatur. 1893).
Siegert, Bernhard, Die Geburt der Literatur aus dem Rauschen der Kanäle. Zur Poetik der phatischen Funktion. In: Electric Laokoon. Zeichen und Medien, von der Lochkarte zur Grammatologie, hg. von Michael Franz u. a., Berlin 2007, S. 5–41.
Spanke, Daniel, Otto Dix. Großstadt. In: Drei. Das Triptychon in der Moderne, hg. von Marion Ackermann, Stuttgart 2009, S. 80–85.
Sprengel, Peter, Geschichte der deutschsprachigen Literatur 1900–1918. Von der Jahrhundertwende bis zum Ende des Ersten Weltkriegs, München 2004 (Geschichte der deutschen Literatur von den Anfängen bis zur Gegenwart. 9,2).
Staub, Norbert, Wagnis ohne Welt. Ernst Jüngers Schrift „Das Abenteuerliche Herz" und ihr Kontext, Würzburg 2000 (Epistemata. Reihe Literaturwissenschaft. 277).

Stiegler, Bernd, Die Zerstörung und der Ursprung. Ernst Jünger und Walter Benjamin. In: Visions et visages d'Ernst Jünger. Contributions au colloque de Montpellier (novembre 1995) et au colloque de Bordeaux (juin 1996), hg. von Danièle Beltran-Vidal, Montpellier 1996 (Les Carnets. 1), S. 51–74.

Streim, Gregor, Das Ende des Anthropozentrismus. Anthropologie und Geschichtskritik in der deutschen Literatur zwischen 1930 und 1950, Berlin, New York 2008 (Quellen und Forschungen zur Literatur- und Kulturgeschichte. 49).

Streim, Gregor, Das Abenteuerliche Herz. Aufzeichnungen bei Tag und Nacht (1929). In: Ernst-Jünger-Handbuch. Leben, Werk, Wirkung, hg. von Matthias Schöning, Stuttgart, Weimar 2014, S. 91–99.

Swales, Martin, Epochenbuch Realismus. Romane und Erzählungen, Berlin 1997 (Grundlagen der Germanistik. 32).

Tabah, Mireille, „Das Bild muß Sinnbild sein". Die Ambivalenz weiblicher Schreibweise in Ilse Aichingers Roman ‚Die größere Hoffnung'. In: Müller, Verschwiegenes Wortspiel, S. 169–78.

Uecker, Matthias, „Können Dichter die Welt ändern?" Gottfried Benn und die Politik des Weimarer Literaturbetriebs. In: Delabar/Kocher, Gottfried Benn, S. 159–180.

Václavek, Ludvík, Der deutsche magische Roman. In: Philologia Pragensia, 13, 1970, S. 144–156.

Vieregg, Axel, Der eigenen Fehlbarkeit begegnet. Günter Eichs Realitäten 1933–1945, Eggingen 1993.

Vietta, Silvio, Sprache und Sprachreflexion in der modernen Lyrik, Berlin, Zürich 1970 (Literatur und Reflexion. 3).

Vietta, Silvio, Hans-Georg Kemper, Expressionismus, München ⁵1994 (Deutsche Literatur im 20. Jahrhundert. 3).

Vloeberghs, Katrien, Schlüsselblume im Schutt. Reflexionen zur Unentschiedenheit und zur Poetisierung in der „Größeren Hoffnung". In: Müller, Verschwiegenes Wortspiel, S. 179–186.

Vogel, Juliane, Mehlströme/Mahlströme. Weißeinbrüche in der Literatur des 19. Jahrhunderts. In: Weiß, hg. von Wolfgang Ulrich u. Juliane Vogel, Frankfurt a. M. 2003, S. 167–193.

Vogel, Juliane, Stifters Gitter. Poetologische Dimensionen einer Grenzfigur. In: Die Dinge und die Zeichen. Dimensionen des Realistischen in der Erzählliteratur des 19. Jahrhunderts, hg. von Sabine Schneider u. Helmut Pfotenhauer, Würzburg 2008, S. 43–58.

Vogel, Juliane, Anti-Greffologie. Schneiden und Kleben in der Avantgarde. In: Impfen, pfropfen, transplantieren, hg. von Uwe Wirth, mit einem Beitrag von Emmanuel Alloa, Berlin 2011 (Wege der Kulturforschung. 2), S. 159–172.

Waßner, Rainer, „Die Suche nach dem Wunderbaren". Ernst Jüngers Programmschrift „Sizilischer Brief an den Mann im Mond". In: Weimarer Beiträge, 53, 2007, S. 541–558.

Wagner, Hans-Ulrich, Axel Vieregg, Der eigenen Fehlbarkeit begegnet. Glenn R. CuomoCareer at the cost of compromise. In: „Unsere Sünden sind die Maulwürfe". Die Günter-Eich-Debatte, hg. von Axel Vieregg, Amsterdam, Atlanta 1996 (German Monitor. 36), S. 77–83.

Waldow, Stephanie, Der Mythos der reinen Sprache. Walter Benjamin, Ernst Cassirer, Hans Blumenberg. Allegorische Intertextualität als Erinnerungsschreiben der Moderne, Paderborn 2006.

Wehler, Hans-Ulrich, Modernisierungstheorie und Geschichte, Göttingen 1975.

Winter, Steven *de, Der magische Realismus* und die Dichtung Hermann Kasacks. In: Studia Germanica Gandensia, 3, 1961, S. 249–276.
Whittaker, Gwendolyn, Überbürdung – Subversion – Ermächtigung. Die Schule und die literarische Moderne 1880–1918, Göttingen 2013 (Literatur- und Mediengeschichte der Moderne. 2).
Zadnikar, Marijan, Adam Wienand (Hg.), Die Kartäuser. Der Orden der schweigenden Mönche, Köln 1983.
Zelle, Carsten, Die doppelte Ästhetik der Moderne. Revisionen des Schönen von Boileau bis Nietzsche, Stuttgart 1995.
Zeller, Rosemarie, Realismusprobleme in semiotischer Sicht. In: Begriffsbestimmung des literarischen Realismus, hg. von Richard Brinkmann, Darmstadt ³1987, S. 561–587.

Personenregister

Aichinger, Ilse 16, 45, 55, 237, 267–269, 272 f., 275–277, 279, 287
Anz, Thomas 3–5, 15, 90, 127, 182 f.
Augsberger, Eva 187, 192, 202, 248

Bachofen, Johann J. 14, 188–192, 194–196, 200, 243, 258, 261
Baeumler, Alfred 14, 190 f., 195 f., 198
Balke, Friedrich 198
Bannasch, Bettina 11
Bär, Gerald 85, 90 f., 273
Barthes, Roland 18–20
Baßler, Moritz 5, 8, 24–27, 44, 83, 95, 101, 127, 160, 245, 253, 293
Bauer-Rabé, Günter E. 119
Becher, Johannes R. 155–158, 160, 162, 202
Becker, Sabina 58 f., 63, 67, 76, 79, 92
Benjamin, Marius 38
Benjamin, Walter 20, 38, 222–224, 227–233, 253
Benn, Gottfried 26, 103, 126–128, 132, 137 f., 140–145, 148, 153, 155, 157–162, 164 f., 210, 214
Beßlich, Barbara 158
Beyme, Klaus von 3, 44
Biebuyck, Benjamin 20, 103
Bloch, Ernst 182–186
Blok, Vincent 215
Bowers, Maggie Ann 29
Brinkmann, Richard 17 f., 24
Bronfen, Elisabeth 38
Brunnträger, Hubert 191
Buhl, Svend 219
Bürger, Peter 3

Cuomo, Glenn R. 169–171

Dierks, Manfred 188
Dix, Otto 76, 174 f., 177
Döblin, Alfred 39, 59 f., 116, 247
Dolan, Joseph P. 137, 145, 155
Dörr, Volker 292

Draganovic, Julia 29, 205, 208, 220
Drügh, Heinz 228–231

Edschmid, Kasimir 71, 84–88, 186
Eich, Günter 16, 45, 55–58, 161–165, 169–172, 205, 232–238, 257, 279, 281–285, 287
Eisele, Ulf 22

Fähnders, Walter 3
Fliedl, Konstanze 250
Fontane, Theodor 22, 24, 26
Forster, Leonard 30–35, 205, 286
Frank, Gustav 9 f., 38–40, 237, 255, 286
Freytag, Gustav 23
Furnkäs, Josef 218

Gebhard, Walter 70, 93, 142
Geppert, Hans V. 18, 20 f., 24
Goll, Iwan 59, 64
Goodbody, Axel 56, 62, 117, 227, 233
Graevenitz, Gerhard von 12 f.

Haefs, Wilhelm 49, 75, 79
Hamann, Johann Georg 227
Hatvani, Paul 5 f., 87, 101
Hegel, Georg W. F. 9, 23
Heidelberger-Leonard, Irene 277, 279
Herrmann, Britta 273–275
Hiller, Kurt 4, 120 f.
Hilzinger, Sonja 173, 188
Hoffmann, Daniel 63, 92 f., 184, 244–246, 250
Hoffmann, E.T.A. 97 f.
Hofmannsthal, Hugo von 181, 183
Horn, Heinz 155–157, 159–161, 202
Huebner, Friedrich M. 53 f., 145–154, 160, 206, 210

Jaitner, Arne 198 f.
Jakobson, Roman 17–20, 102, 110
Joachimsthaler, Jürgen 163, 259, 261, 266

Jünger, Ernst   27, 29, 32, 45, 49, 133, 146, 149, 205–215, 217–224, 227f., 233f., 286–288

Kandinsky, Wassily   4–6, 27, 60, 159
Karcher, Eva   174–177
Katzmann, Volker   206–210, 212, 214
Kayser, Rudolf   15f., 58–62, 64–73, 75, 78f., 84, 91, 116, 124, 128, 148–150, 162f., 165, 173, 183, 187, 198, 286, 290
Kenémy, Alfred   117
Kiedaisch, Petra   154
Kiesel, Helmuth   220
Kirchner, Doris   50, 63
Kittler, Friedrich A.   98–101
Klages, Ludwig   14, 190, 196
Kohlroß, Christian   57, 236, 238
Korte, Hermann   21, 57, 120f.
Koschorke, Albrecht   38, 41–43, 237
Kracauer, Siegfried   176f., 179f., 182–184
Krolow, Karl   55f.
Kyora, Sabine   104

Lampart, Fabian   164
Lamping, Dieter   56
Lange, Horst   45, 54f., 146, 165, 167–169, 257–259, 261, 265, 267, 287f.
Langgässer, Elisabeth   16, 25, 27, 32, 43, 45, 55, 57, 63, 133, 166, 172–174, 178f., 181–188, 190, 192–194, 196, 199–202, 204f., 211f., 223, 237, 239–248, 250f., 253–258, 261, 265, 267, 271f., 276, 279, 284, 286–290
Lehmann, Wilhelm   15f., 49, 54–58, 63, 74, 80, 115–125, 127–133, 137, 149, 151, 156, 173, 198, 203, 258, 265, 273, 286, 289
Leonhard, Rudolf   59–61
Lethen, Helmut   8, 45
Loerke, Oskar   15, 49, 55–59, 63f., 70–75, 79–82, 84, 91, 93, 97f., 105, 107, 113, 116, 131, 137, 142f., 151, 187, 203, 234f.
Loose, Gerhard   206f.
Lotman, Jurij M.   237, 260
Lozza, Erica   93–95
Ludwig, Otto   22, 62

Mann, Golo   10f.
Mann, Klaus   11
Mann, Thomas   10f., 163, 188, 191
Mauthner, Fritz   147, 149, 228, 244
Menke, Bettine   228f.
Menke, Timm   144
Menninghaus, Winfried   227, 229
Meyer, Helmut   182
Müller-Tamm, Pia   85f.
Mülverstedt, Carolin   243, 245, 290

Neiße, Max H.   157
Neumann, Peter Horst   232
Nietzsche, Friedrich   13f., 26, 31, 66, 68, 112, 138, 160f., 195, 213

Öhlschläger, Claudia   49, 149, 179f., 185
Oppermann, Michael   279, 283f.
Ort, Claus-Michael   21

Palfreyman, Rachel   9f., 38–40, 286
Pelz, Annegret   8, 288f.
Piaget, Jean   188
Pieper, Thomas   112
Plumpe, Gerhard   293f.

Raschke, Martin   50, 53f., 137–146, 148, 152–154, 157, 161–172, 287
Richter, Hans W.   15, 290–292
Roh, Franz   29f., 58, 74–79, 161, 205
Roland, Hubert   30f., 44, 147, 252, 277
Rosenberger, Nicole   268f., 271f., 274
Rubiner, Ludwig   3, 5–8

Saiko, George   29, 31
Samuelson-Koenneker, Marguerite   105, 111
Schäfer, Burkhardt   34, 36f., 53, 58, 81–83, 89, 109, 239, 243, 249–253, 293
Schäfer, Hans-Dieter   30, 50, 53f., 56, 116, 286
Scheffel, Michael   26, 29f., 32–36, 39f., 50, 52–54, 56, 58, 61, 63, 75, 98, 139, 146, 205, 286, 290, 292
Scheler, Max   16, 45, 196–199, 201
Scherer, Stefan   9f., 38–40, 255, 286
Schmidt, Julian   22
Schober, Volker   96, 154

Schopenhauer, Arthur   14, 26, 112, 144, 195
Schreyer, Lothar   151
Schuster, Jörg   44, 89, 169, 255, 262
Sedlmayr, Hans   289
Seferens, Horst   212 f., 217 f.
Seidler, Miriam   277
Siegert, Bernhard   96 f.
Spanke, Daniel   174, 177
Staub, Norbert   209
Stiegler, Bernd   228
Streim, Gregor   138, 206, 257 f.
Swales, Martin   22
Sykora, Katharina   85

Tabah, Mireille   268
Trott, Werner von   145 f., 151–154, 160

Uecker, Matthias   143, 161

Vieregg, Axel   169 f., 232 f.
Vierkandt, Alfred   13 f.
Vietta, Silvio   26, 56, 74
Vloeberghs, Katrien   273, 278
Vogel, Juliane   254 f.

Waldow, Stephanie   231
Waßner, Rainer   214
Weltsch, Felix   7–12, 16, 288
Westheim, Paul   60
Whittaker, Gwendolyn   118–120
Winter, Steven de   29, 32–35
Worringer, Wilhelm   78, 149, 179–183, 185 f.
Wyneken, Gustav   120 f.

Zelle, Carsten   13, 284
Zeller, Rosmarie   20